국제상거래 계약실무

이 용 태

세창출판사

이 도서의 국립중앙도서관 출판시도서목록(CIP)은 서지정보유통지원시스템 홈페이지(http://seoji.nl.go.kr)와 국가자료공동목록시스템(http://www.nl.go.kr/kolisnet)에서 이용하실 수 있습니다.(CIP제어번호: CIP2016014429)

머 리 말

우리나라 내수시장의 한계로 인해, 우리 경제는 대외무역 의존도가 90%를 넘는 수출주도형 구조를 취하고 있고, 대부분의 주요 기업들은 해외시장을 대상으로 국제상거래 위주의 사업을 전개해 오고 있습니다.

그러나 둘 이상의 국가 간의 거래로 인한 특성상, 복잡하고 상이한 법 제도와 문화로 인해 이를 망라하여 비교·정리하기란 벅찬 작업일 뿐 아니라, 공통적 원칙과 관례를 토대로 보편화(Generalization)하는 경우, 수많은 개별 특수성을 무시하게 되는 오류를 범할 수 있기 때문에, 국내 상거래 영역과 비교했을 때, 국제상거래 계약 및 법규에 관한 체계적 정리나 저술은 아직도 많이 부족한 실정입니다.

이 책은 필자가 1980년대 후반 미국 로스쿨 수학을 기반으로, 지난 25년간 기업법무에 종사하며, 경험한 실무과정에서 틈틈히 정리해 둔 노트들을 바탕으로 정리해 본 실무안내서입니다. 개별 상거래에 따라 적용될, 수많은 국가들의 법제를 망라하여 한 권의 책에 담는다는 것은, 기업법무 영역에서 일해온 저자의 역량 밖인지라, 이러한 비교 법학이나 이론적 접근보다는, 기업법무 실무자 입장에서 주로 접하게 되는 계약 및 협상 관점에서의 국제상거래 계약에 대한 개론적 성격의 실무안내에 초점을 맞추게 되었습니다.

즉, 필자의 경험을 기준으로, 기업법무 실무자들이 자주 접하게 되는 주요 국제상거래 유형과 이와 관련된 계약 유형들을 도출한 후, 제1장에서는 이러한 국제상거래 계약들에 공통적으로 적용될 계약법적 기초원칙과, 계약 협상, 체결 및 이행과정에서 주의를 요하는 주요 강행법규 등을 영역별로 간략히 소개하고, 제2장에서는 주요 국제상거래계약 유형별로 그 특성, 계약시 유의사항 및 주요조건 등을 정리하고, 마지막으로 제3장에서는 이러한 계약유형별 샘플 양식을 수록하여, 실무시 참조할 수 있도록 수록하였습니다.

오래전부터 별러 오던 작업임에도 바쁘다는 핑계로 손을 대지 못하다가, KOICA(한국국제협력단)의 원조하에 있는 어느 개발도상국 정부의 요청에 따라 법률고문으로 잠시 머무는 동안, 국제개발 및 협력관련 공무원들을 대상으로 진행한 주간 세미나 및 중앙공무원 연수원 출강으로 인해 쌓이게 된 영어 원고가 이 책의 기초가 된 셈이니, 수강생이었던 이들 공무원들에게 오히려 감사할 따름입니다.

막상, 탈고를 하고 보니, 오랫동안 미뤄 둔 숙제를 마쳤다는 뿌듯함보다는, 너무나 부족하고 빈약함으로 인한 부끄러움이 앞섭니다.

기업법무 실무현장에서 일하거나 일할 예정인 분들께 이 책이 조금이나마 도움이 되길 바라며, 기회가 닿는 대로 지속적인 보완을 통해 좀 더 나은 정보를 제공해 드릴 것을 약속드립니다.

현재에 이르기까지

베풀어 주시고,
가르쳐 주시고,
도와주신

여러분들께 감사드리며,

2016년 6월

이 용 태

차 례

제1장 총 론

제2장 국제상거래 계약

제3장 국제상거래계약 유형별 양식

제 1 장

총 론

I 국제상거래 계약 개요
International Business Transaction Agreements

국제상거래란 International Business Transactions 또는 International Trade라는 영어 용어에서 설명되듯이, Inter + National, 즉 국가 간의 상거래(business transaction 또는 trade)로서, 단순히 국적이 다른 당사자들 간의 상거래라기보다는, 서로 다른 국경을 이동(cross-border business transactions)한다는 개념으로 각각 다른 국가에 영업지를 둔 당사자 간의 상거래를 대상으로 한다.[1] 여기서 상거래(trade)란 (a) Trade in Goods(상품 거래), (b) Trade in Technology & Service (기술 및 용역 거래) 와 (c) Trade in Capital(자본 거래)를 포함하는 개념으로 볼 수 있다.[2]

따라서, 국제상거래 계약이란 통상 서로 다른 국가에 영업지를 둔 당사자 간의 (a) 상품 매매, (b) 기술이전/라이선스 또는 용역 및 (c) 해외 투자, 대출 (loan) 또는 금융(financing)을 목적물로 하는 계약인바, 원칙적으로 국내 계약에서와 마찬가지로 계약으로서의 기본적인 성립 요건인 청약과 승낙이라는 확정적 의사 표시를 통해, 공공정책이나 강행법규 등에 위반되지 않는 한, 계약자유의 원칙에 따라 양당사자간 합의에 따른 조건(terms and conditions)으로 계약을 구성할 수 있다.

좋은 계약을 작성하기 위해서는, 가능한 한 이해하기 쉬운 용어와 표현으로 육하원칙에 입각하여 대상 목적물, 이행방법, 장소와 시기 및 당사자 상호간 권리와 의무를 명확히 규정하고, 예상 가능한 모든 경우에 따른 책임과 조

1) 1980년의 국제물품매매계약에 관한 유엔협약(UN Convention on Contracts for the International sale of Goods)에 따르면, 동 협약이 적용되는 국제물품매매계약 관련 국제성 요건을 "상이한 국가영역에 있는 영업소"로 단일화하여 규정하고 있다(제1조).

2) Barton and Fisher, *Interntional Trade and Investment*(Little, Brown and Company, 1986), pp.3~4; 장효상, 국제경제법, 법영사, 1996, 제1장 참조.

건들을 명확히 열거, 협의 후 합의사항을 반영하는 것에 초점을 두어야 한다.

[참고] 고려해야 하는 일반적 공통규정

① 준거법의 선택(Choice of law)
② 관할법원 또는 중재지/기관(Jurisdiction/venue or Arbitration)
③ 불가항력(Force majeure)
④ 선적조건(Shipping terms)
⑤ 지불(통화 및 환위험)[Payment (Currency and exchange risk)]
⑥ 언어의 선택(Choice of language)
⑦ 준법(Legal compliance)

그럼에도 불구하고 해석상 이견의 발생이나, 미처 규정하지 못한 사항 또는 분쟁 발생시 구제책 등에 대한 대비가 필요한바, 특히 국제계약 특성상 국적이 다른 영업소 간의 거래이므로, 적용 법규에 대한 분쟁예방을 위해 준거법(governing law) 조항과 함께 분쟁해결법정(jurisdiction) 또는 중재지/기관(arbitration)조항 등을 사전에 합의해 두어야 한다.

관할법원 지정 시, 서로 상대국 법정에서 소송 진행 시 상대방 본거지에 따른 불이익 및 변호인 선정, 법규 이해 부족 및 법률비용 부담 등을 꺼려 하는 관계로 대부분의 경우 사실상 양 당사자국 중 한쪽 국가로의 관할법원 지정 합의는 어려우며, 제3국 법원 지정은 해당국 소송법규상 관할권 부재로 성립이 어려운 관계로, 주로 제3국에서의 중재를 통한 분쟁해결을 약정하는 경우가 지배적이다. 단, 중재의 경우 판사와는 달리 독립성 및 객관성 확보가 쉽지 않은 관계로 사실에 대한 오판 또는 편견 발생 시 중대한 절차상 하자가 없는 한 항소 방법이 없다는 위험이 잠재한다. 경우에 따라, 당사자 간 원만한 합의를 통한 분쟁해결을 유도하고, 제소 억제를 위한 방안으로 피소지(피고지관할) 법원으로 관할법원을 지정하는 사례도 종종 있다.

반면, 준거법은 관할법원 대비 상대방에 대한 편견이나 불이익 요인이 적음은 물론, 국제경제가 미국시장 중심으로 편성 또는 미국법에 따른 기준/원칙을 중심으로 계약 협상이 이루어지고 있는 경우가 대부분이고, 상대적으로 세계 어느 지역에서든 미국법 전문 변호사 확보가 가장 용이한 관계로 미국(뉴욕주 또는 캘리포니아주)법을 준거법으로 하는 경우도 많으나, 분쟁 발생 시 관할법원

재판부 또는 중재인 및 사건 대리 변호인들 간의 이해편의상 법정지(중재지)의 법을 준거법으로 지정하는 것이 무난하며 계약 실무상 통례이다.

기본적으로 2개 이상 국가가 관련됨에 따라, 준거법 외에도 계약 작성 및 해석상 기준이 될 언어의 선택 또한 필수 고려사항이나, 오늘날 거의 모든 국제상거래 계약에서는 사실상의 국제 통용어인 영어를 적용언어로 선택하고 있다. 국적이 다른 영업지 간 거래의 특성상, 지불관련 화폐의 지정 또한 필수적이며, 환율변동에 따른 환차손익 부담을 고려하여 결정하여야 할 것이다.

국내거래 대비 국경이동에 따른 선적/운송업자 선정, 수출입 통관, 운송 중 화재, 손상, 분실 등에 따른 책임 및 보험 등 관련 책임과 비용 부담에 대한 사전 합의가 이루어져야 함은 물론, 특히 개발도상국 또는 후진국과의 거래 시 정치, 경제, 노동관련 불안정 및 자연재해에 따른 예측치 못한 이행 지연, 불능 등 거래 당사자가 통제불가능한 천재지변 또는 기타 불가항력에 대비한 면책 및 일정기간 초과시 계약 해지권 등에 대한 고려도 필요하다.

또한 국제상거래 계약의 경우, 계약자유의 원칙에 따라 당사자가 계약상 상호 합의한 구체적인 조건들의 적용 외에도,

① 계약에 규정되지 않은 권리, 의무 및 기타 제반 거래조건의 해석 관련 당사자 간 상호합의에 따른 특정국의 준거법 적용은 물론,

② 일반적인 수입국의 무역규제(Trade Regulations) 영역에 해당되는,

i) 수출입 관세 및 조세,

ii) Aniti-dumping(자국 시장 가격 또는 제조원가 대비 현저히 낮은 가격으로 수출한 경우),

iii) 상계관세(countervailing duties: 자국 정부가 제공한 보조금 등에 따른 수입국의 상계관세),

iv) 기타 Economic Sanctions(경제제재: 국제질서에 반한 적성국가에 대한 무역/외화 송금 금지 및 기타 제재조치),

③ 카르텔 및 기타 반독점행위 규제와 인수합병(M&A) / 합작투자 등 관련 합병심사 등 공정거래(anti-trust) 영역,

④ 제3자 영업비밀, 특허/저작권 등 지적재산권 보호 영역,

⑤ 제조물책임 및 소비자 보호법규,

⑥ 환경보호상 규제,

⑦ 뇌물제공 방지를 위한 규제,

⑧ 개인정보보호법규,

⑨ 국제산업표준 또는 국가표준 등 산업/안전 표준화 기준 준수 및 규제 등

다양한 영역의 강행법규가 적용될 수 있음은 물론,

양 당사자국 외에도, 거래의 영향이 제3국에도 미치는 경우[공정거래(anti-trust) 또는 부패방지(anti-corrupt) 등], 제3국의 강행법규 적용에 따른 행정당국 또는 법원의 제재가 발생하는 경우도 많으므로, 사전 및 사후 지속적인 관련 법규 점검과 관리를 요한다.

이 책에서는 국제상거래 계약의 주요 유형과 더불어, (편의상, 일반적인 무역규제 영역은 제외하고) 국제상거래 계약 관련 규제 및 분쟁 발생 빈도가 상대적으로 높은 공정거래, 합병심사, 제조물책임, 영업비밀/ 특허 등 지적재산권 보호 및 국제상거래 뇌물방지법 등 주요 관련 강행 법규를 개괄적으로 다루도록 한다.

II 계약 개요
General Introduction to Contracts

1. 계약의 성립

(1) 계약이란?

계약이란 법률적인 측면에서 규율해야 할 가치 있는 약속으로, 당사자 간의 합의(의사표시의 합치)에 따른 권리의무관계가 성립하고, 이에 대한 불이행이나 위반 등의 경우에 법률에 의해 강제집행 가능한 구속력 있는 합의(법적 구속력 있는 합의)를 말하는 것으로, 청약과 승낙에 따른 당사자 상호 간의 의사표시의 일치를 통해 이루어지며, 형식상 서면합의에 한정되지 않고, 구두합의를 통해 이루어질 수도 있는 등, 계약은 당사자들 간의 합의를 보여주기에 충분하다면 어떤 형식으로든 성립될 수 있다.

즉, 전체 의사소통 내용을 통해(from the totality of communication), "법적 구속력 있는 합의(계약 체결)를 하고자 하는 의도가 명백한가?"라는 기준으로 판단하여야 한다.

[참고] 의사표시의 일치(청약+승낙)

① 별도의 구체적 지정이나 요구가 없는 한, 청약은 교차청약(당사자 간에 같은 내용의 청약이 상호 교차한 경우) 또는 의사실현(청약을 통해 요청한 행위의 이행이나, 승낙의 의사표시로 인정되는 사실)에 의해서도 승낙될 수 있다.
② 그러한 합의에 의해 구속되고자 하는 확고하고 명백한 의도(확정의사, firm and clear intention to be bound)가 있어야 한다.

(2) 계약의 주요 요소

① 청약(Offer)과 승낙(Acceptance)

② 법률관계를 형성하려는 의사(Intention to create legal relations)

③ 확정성(Certainty)

그 외에도, 해당국 법제에 따라서는, 일반적인 계약 성립 요소에는 약인(Consideration: 일방의 약속에 대한 상대방의 대가), 행위능력(Capacity) 등이 요구되는 경우도 있으나, 국제상거래계약은 주로 기업들 간에 이루어지므로 크게 고려할 요인은 아니다.

특히, 국제물품매매계약에 관한 UN협약("CISG")에 따르면, 계약은 청약에 대한 유효한 승낙이 이루어질 때 성립되는 것으로 규정하고 있어[a contract is concluded (becomes binding) "when an acceptance of an offer becomes effective"],[1] 약인(consideration) 등은 계약성립의 요건이 아니다. CISG상, 청약은 (a) a proposal for concluding a contract, (b) intention to be bound in case of acceptance, 및 (c) sufficiently definite를 요건으로 하며, sufficiently definite하기 위해서는 최소한 (i) 매매대상 제품, (ii) 수량 및 (iii) 가격에 대한 규정을 요구한다.[2] 단, 수량이나 가격에 대한 규정은 계약 당시에 특정/확정되지 않더라도, 그 결정 방법 또는 기준 등에 대한 규정만으로도 충족되는 것으로 해석된다. 한편, CISG상에서도, 승낙은 의사표시뿐만 아니라, 청약에 대한 동의로 간주되는 사실행위("other conduct" by an offeree "indicating assent to an offer")에 의해서도 성립되는 것으로 규정하고 있다.[3]

2. 법적 구속력이 있는 합의 식별법

기업실무에서, 양해각서(Memorandum of Understanding, MOU) 또는 의향서(Letter of Intent, LOI)는 일반적으로 법적 구속력이 없는 것으로 알려져 있으나, 그 이유는 양해각서의 특성 또는 표제(title)로 인한 것이 아니라 다음과 같이 당

1) See, Article 23, CISG(1980).

2) See, Article 14, CISG(1980).

3) See, Article 18, CISG(1980).

사자들 간의 상호 합의에 의해 법적 구속력이 없는 것으로 명시하였기 때문임을 명심해야 한다

"This MOU is not a binding commitment or contractual undertakings of either party and no commitment will exist unless and until both parties enter into the Definitive Agreements satisfactory to them. Neither party shall have any liability to the other should the parties fail to consummate the transactions outlined herein or fail to enter into the Definitive Agreement for any reason. Either party, in its business discretion, may terminate negotiations at any time without obligation or liability to the other, and each party agrees that it shall bear its own expenses in connection with the negotiation of the proposed business relationship."

다시 말해, 쌍방당사자는 다른 어떤 계약처럼 MOU와 LOI를 구속력이 있는 것으로 만드는 데에 동의할 수 있고, 필요와 당사자간 의도여하에 따라, 법적 구속력을 가진 의향서나 양해각서도 실무에서 통용되고 있다.

그러므로, 서류의 양식이나 표제만을 근거로 하여 구속력 여부를 속단하지 말고, 전체 의사표시 내용을 통해 주의 깊게 검토, 판단하여야 할 것이다.

또한, 대부분의 경우, 구속력이 없는 양해각서의 경우에도,

① 기밀유지(confidentiality) 조항 또는 대외보도 금지(non-publicity) 조항,

② 중재지 또는 기관/관할법원 및 준거법 조항,

③ 계약기간 및 종료 조항,

④ 독점협상(lock-up or exclusive dealing) 조항, 그리고

⑤ 구속력배제(non-binding) 조항 등에는

구속력을 부여해야 할 필요성이 있을 것이다.

그러한 구속력 있는 조항들을 만들기 위해서는 다음과 같이 상술한 non-binding provision에 대한 예외 또한 구체적으로 명기해 두어야 할 것이다.

"Notwithstanding the foregoing, the provisions of paragraphs x, y and z shall be binding upon the parties."

(1) 주의사항

1) 표제를 근거로 판단하지 말라.

양해각서(MOU), 의향서(LOI), 합의서(LOA), 동의서(Letter Agreement), 조건표(Term Sheet), 메모(Memo), 합의서(Agreement), 계약서(Contract), Work Plan, Terms & Conditions 등.

2) 형식(양식)을 근거로 판단하지 말라.

간단한 서한 또는 구두 의사소통도 법적 구속력 있는 합의/약속일 수 있다.

3) 실질적인 내용과 표현(wording)에 나타난 의도를 찾아라.

① 당사자들 간의 합의 또는 일방 당사자에 의한 약속이 있는지?

② 확고하거나 최종적인가? 아니면 조건부(정지/해제조건) 또는 잠정적인가?

(예) "to perform the works, subject to a final definitive contract"

③ 단순한 이해, 의도, 희망의 표현, 회의록, 사업/작업 계획, 또는 메모에 불과한 것인지?

4) 실질적인 내용과 표현에 집중하라

① 구체적인 명문 조항들은 이전의 모든 의사소통 또는 다른 정황적 증거들보다 우선 적용된다.

② 불확실, 묵시적 또는 모순된 쟁점들이 있는 경우에만 당사자의 진의를 찾기 위해 이전의 의사소통 또는 다른 정황 증거들이 소개될 수 있다.

③ 동사와 조동사의 선별적 사용에 유의하라.

i) Agree, Promise, Commit, Obligate, Guarantee, Warrant (VS) Intend, Plan, Wish, Desire, Want, Need, Assist, Help

ii) Shall, Will, Must, Should (VS) Would, Could, Might

(2) 서면 합의의 필요성

1) 증거자료로서의 가치

해당 국가의 법규상 서면계약 또는 특정 양식의 계약을 요구하는 경우를 제외하고, 통상적인 상거래 계약은 서면계약에 한정되지 않음에도 불구하고, 서면체결을 강력히 권고하는 이유는 시간이 경과함에 따라 상황의 변화에 따른 일방 당사자의 변심 등으로 계약 성립 또는 존재를 부인하는 경우은 물론, 정확한 계약 조건 및 내용에 대한 이해와 기억의 한계로 당사자 간 분쟁발생 risk가 존재하기 때문에 이에 대한 분쟁 risk 예방을 위해 서면계약이 강력히 요구되고 있고, 경우에 따라서는 계약 작성/체결과 함께 해당 국가의 법규에 따른 공증을 받아 두면 증거력은 더욱 확실해질 수 있다. 대부분의 경우, 당사자 간 원만히 계약이 이행되고 있는 경우에는 되돌아보지 않다가도, 분쟁 발생 시에 서면 계약서의 필요성이 결정적으로 나타나게 되고, 일방 당사자의 변심 등의 유혹을 방지하는 심리적 강제효과도 있다는 점을 유의하기 바란다.

2) 의사해석의 기준

앞서 설명한 바와 같이, 체결 시 특정조건에 대한 상해 이해와 인식의 차이 발생 가능성은 물론, 체결 후 당자자의 변심 또는 시간의 경과에 따른 기억력 쇠퇴 등의 이유로, 성립된 계약의 Terms & Conditions에 대한 상호 이해 및 해석에 대한 상호간의 분쟁을 예방하기 위해서도 서면 합의/계약이 바람직하다.

(3) 미비조건 보완순서(Gap-filling Order)

① 명시적 규정(Express terms)

② 동일계약에서의 다른 거래(Course of performance under the same contract)

③ 동일당사자 간 다른 유사한 계약에서의 거래(Course of dealing under similar contracts between the parties)

④ 상관습(Usage of trade; industry practices)

특정 사안 또는 조건에 대한 명시적 규정이 존재하는 경우에는, 다른 보충/보완 조건이 적용될 여지가 없고, 명시적 조건이 존재하지 않거나 불명확한 경우에는 해당 사안/조건의 보충 또는 해석을 위해 상술한 조건들이 순차적으로 적용되게 된다.

3. 거래진행 단계에 따른 계약 유형[4)]

(1) 비밀유지계약(NDA: Non-Disclosure Agreement)

장기구매계약, 합작투자, 기술도입 등 목적으로 하는 프로젝트/거래를 위한 교섭, 협상 단계에서 그 타당성 평가 및 검토에 필요한 샘플, 정보, 서류 등을 입수코자 할 때 대상업체에서 정보 제공 전에 요구하는 서식이다. 일반적으로 영업비밀 등 기밀 정보를 보호하기 위해 요구되는 계약이다.

(2) 의향서/양해각서(Letter of Intent/Memorandum of Understanding)

논의 중인 프로젝트나 거래가 복잡한 쟁점들에 대한 협상 및 타당성 평가 등의 이유로 최종 계약을 위한 합의까지 상당 기간을 필요로 하는 경우, 기초 평가/검토결과 기본적인 사업타당성이 확인되고, 목적으로 하는 거래를 진행하고자 하는 쌍방 당사자 간의 의도 및 협상의 기본 조건, 원칙 등이 합의된 단계에서 이러한 상호 이해를 일단 정리하고, 이러한 상호신뢰를 바탕으로 구체적인 조건에 대한 협상 진행을 위한 초석을 마련하기 위한 서류로 계약서 형식으로 정리하기도 하고, 때로는 서한 교환 형식을 취하기도 한다.

실무상, 최종계약 체결 시까지 특정 조항을 제외하고는 법적 구속력이 없고, 중도에 일방이 임의로 협상을 중단할 수도 있다는 전제와 의도하에 작성, 체결되는 경우가 대부분이다.

(3) 기본합의서/협정서(Letter of Agreement)

기본합의서는, 합작투자 프로젝트의 예를 들면, 자산양도/주식매매 계약(Asset/Stock Purchase Agreement), 주주간 계약(Shareholder's Agreement), 기술 또는 지적재산 이전/라이선스 계약(Technology Transfer /License Agreement), 운영지원계약(Administration Service Agreement), 부동산 리스(Real Property Lease), 물품공급계약(Supply/Distribution Agreement) 등과 같이 매우 복잡하고 다양한 유형의 관련, 부속거래를 필요로 하게 되는바, 이러한 여러 관련 거래(계약)의 유형과 구조를 확정하고, 각 거래별 기본조건에 대한 합의를 선결하여야 할 필요가 있는 경우에, 체결되는 경우가 많다. 여러 유형의 최종계약 체결까지 예상되는 장기간의

4) 이 책 제2장 Ⅰ. 예비단계 계약유형 참조.

협상 기간은 물론, 협상과정상 복수의 계약에 따른 영역별 분리협상 등으로 인한 관련 계약 간 주요 조건의 혼선 및 모순 등을 방지하기 위해서는, 쌍방당사자로부터 이러한 여러 최종 계약들의 체계가 될 주요 계약조건에 관한 확고하고 구속력 있는 약속을 확보하지 않고서는 협상을 지속하기는 매우 어려울 경우가 있을 것이다. 이러한 이유로 양해각서나 의향서 등과는 달리, 많은 경우에 기본 합의서에는 상호 법적 구속력을 인정하는 규정을 부과하게 된다.

(4) 본계약(Definitive Agreement)

양 당사자들 간 상호 협상 결과 도출된 최종 합의사항을 정리한 법적 구속력이 있는 계약이다. 일반적으로, 최종계약 이전에 교환된 당사자들 간의 합의, 협의, 제안 등은 최종계약상 명시적 특약으로 그 효력을 인정하지 않은 한, 최종 계약서상의 명문 규정이 우선적 효력을 갖게 된다. 단, 최종계약상 명시적 조항이 없는 사안이나 해석상 이견이 발생하는 경우에는 보충적 증거로 활용될 수는 있다.

III 계약위반에 대한 구제방법
Remedies for Breach of Contract[1)]

구제책은 계약의 일방 당사자가 계약을 위반한 경우, 그 상대방에게 인정되는 권리구제 또는 그로 인한 손해를 보전하는 수단이다. 피해 당사자가 행사할 수 있는 구제방법은 위반의 성격 및 계약상 약정된 의무의 내용에 따라 달라질 수 있다. 보통법 또는 대륙법제 여하에 관계 없이, 계약의 위반에 대한 가장 일반적인 구제책은 손해배상 청구권이다. 그러나, 금전적 손해배상으로는 불충분한 경우에는 형평법[2)]상의 다른 구제수단이 법원의 재량에 따라 인정될 수 있다.

[비교] 불법행위(Torts)에 대한 구제책

고의, 과실행위 또는 관리책임의무자(특정 시설물 소유자, 관리자, 제조/판매자 등)의 관리상 부주의로 인해 발생한 인사상 상해, 재산상 피해, 제조물책임 등에 대해 적용되는 불법행위에 따른 구제수단은, 그러한 계약상 의무가 없는 경우에도 부여

---

1) 이태희, 국제계약법 이론과 실무, 학연사, 1989, 80~89쪽 참조. 한국무역협회, 표준 무역실무, 2013, 674~686쪽 참조. See also, https://en.wikipedia.org/wiki/Legal_remedy(Legal remedy, Wikepidia).

2) 형평법은 선례나 제정법이 적용될 수 없거나 적합하지 않은 경우에 구제수단을 제공할 목적에서 생겨났다. 대법관에 의한 새로운 형평법은 다음과 같은 구제수단을 형성하기에 이르렀다. 첫째, 계약의 특정이행은 토지와 특정 동산을 매매하는 계약에서처럼 손해배상이 그 피해를 보충하기에 불충분한 경우, 계약위반의 피해자가 사전에 약정된 그대로의 이행을 강제할 수 있는 제도이다. 둘째, 신탁의 강제는 타인을 위하여 재산을 관리하도록 재산에 대한 명의를 부여받은 자에게 신탁상의 의무를 수행하도록 요구할 수 있는 제도이다. 셋째, 유지명령은 예상되는 해악의 위협이나 계속적인 해악을 방지하기 위한 제도이다. 그 밖에 불법취득한 이득을 강제적으로 인도하게 하는 부당이득의 반환, 착오와 부실표시에 의한 문서의 보정과 취소, 환매형평권 등이 인정되었다. http://100.daum.net/encyclopedia/print/b25h1144a 참조.

되며, 관련 계약이 있는 경우에는 계약상 의무 위반에 따른 구제수단에 추가하여 부여된다. 단, 불법행위에 따른 권리구제 행사로 피해배상이 완료된 경우에는 그 즉시 계약위반에 따른 권리구제권은 소멸된다.

1. 손해배상

(1) 개 요

손해배상은 계약위반에 따른 구제책 중 가장 일반적인 형태이며, 손해배상의 주된 목적은 위반 당사자가 그 상대방이 입은 피해를 금전으로 보전해 주는 것이다. 손해배상은 만일 계약이 본래 합의된 대로 이행되었더라면 상대방 당사자가 있었어야 할 상태(position)로 다시 돌려놓기 위해 허여되는 것이다. 그러므로 손해배상은 위반 당사자를 징벌하기 위해 부과되어서는 아니 된다. 손해배상의 성질은 피해를 보전하기 위한 것이므로, 손해배상은 계약위반에 따라 상대방에게 자연적으로 발생하게 되는 손해를 산정하여 배상하는 것이다. 따라서, 그러한 손해배상액은 만일 계약이 의도한 대로 이행되었더라면 어떤 위치에 있을지를 고려하여 계산되어야 한다.

손해배상을 주장하는 당사자는,
① (당해 위반으로 인해 발생한) 손해 사실과
② 실제 손해액 또는 통상 발생 가능한 합리적인 손해액을 증명해야 한다.

(2) 계산 공식(매매계약 기준)

(a) 가격차액 (Price differential)	+	(b) 부수적 손해 (incidental damages)
	+	(c) 파생적 손해 (consequential damages)
	–	(d) 절감비용 (expenses saved)

1) 매도인(Seller) 구제책

(a) 가격 차액 = 계약가격 – 재판매가격(또는 시장가격)

ⅰ) 일실이익(lost profit): 표준가격기준으로 해당 상품을 무제한 공급가능한 공급자(매도인)의 경우에 한해 예외적으로 허용되는 것으로, 통

상적인 가격차액 대신, 계약 위반에 따라 공급기회가 상실되어 발생한 판매량 감소에 따른 이익감소를 배상액으로 인정해 주는 것이다.

ii) 계약 가격(특정이행 또는 이행강제): 매수인이 매수인으로부터 상품을 인도받은 후 화재 등으로 상품에 손상이 발생한 경우나, 매수인의 주문에 따라 특수 제작된 상품과 같이 재판매가 불가한 경우에는 계약상 합의한 가격이 손해배상 기초액(a)이 된다.

(b) 부수적 손해: 계약위반에 따라, 이후 배송 중단 조치, 반송/회수 비용, 해당 상품의 보관 및 관리 비용 또는 재판매 관련 발생 수수료 및 기타 상관습상 합리적인 모든 관련 비용.

(d) 절감 비용: 공급자가 대상 목적물의 운송 전에 계약위반이 발생하여, 공급자가 운송/보험비용 등을 지출하지 않았음에도, 이러한 운송/보험비용 등이 손해배상액에 포함되어 산정된 경우에는 이러한 절감비용은 공제되어야 한다.

2) 매수인(Buyer) 구제책

(a) 가격 차액 = 보전가격(재구매가격 또는 시장가격) - 계약가격

i) 독특하거나 대체 불가능한 상품, 공급 부족 또는 금전적 손해배상으로는 불충분한 특수 상황에서는 예외적으로 이행 강제 또는 특정이행(specific performance)이 허용될 수 있다.

ii) (c) 항의 파생적 손해(consequential damages)는 매도인이 계약 체결 당시, 위반 시 통상적인 손해 외에 추가적인 손실이 발생하게 될 특별한 사정(special circumstances)을 알았거나, 알 수 있었고(예견가능성), 그것이 대체 매매(cover)나 다른 어떤 방식으로도 합리적인 방지가 불가능했던 경우에 한하여 예외적으로 허용된다.

iii) (b) 항의 부수적 손해(incidental damages)란, 제품상 하자 발견 등 계약상 정당한 사유로 매수인이 인도를 거부, 또는 반송한 경우에, 그 제품의 검사, 수령, 운송, 보관, 관리 등에 따라 발생한 부대 비용; 대체품 구매 관련 발생한 합리적 수수료 및 비용; 및 배달 지연 또는 위반에 따른 합리적인 부대 비용 그리고 지연 또는 위반에 부수적인 기타 합리적인(상당한) 비용을 포함한다.

(3) 손해경감의무(Duty to Mitigate Damages)[3)]

계약 위반을 주장하는 당사자는 그 위반으로 인해 발생할 이익의 상실 및 기타 손실 최소화 또는 경감을 위해 상황에 따라 취할 수 있었던 모든 합리적인 조치를 취할 일반적인 의무가 있다. 만일 그러한 경감의무를 이행하지 않았다면, 위반 당사자는 피해 당사자가 청구하는 손해배상액에서 그가 경감할 수 있었던 손해액만큼의 감액을 청구할 수 있다.

(4) 손해배상액의 예정(Liquidated Damages)

계약 당사자들이 계약위반 시 피해자에게 지급하여야 할 손해배상액을 계약 당시에 미리 약정하여 두는 경우이다.

우리 법과는 달리 영미법제에서는 특정 조건을 충족한 경우에만 예정된 손해배상액 청구권의 효력을 인정하는 경우가 많다.

미국 통일상법(Uniform Commercial Code)상의 조건에 따르면,

① 계약 당시를 기준으로 아래에 기초하여 산정된 합리적 금액의 예정이어야 하며,

i) 예측 또는 실제 손해 추산액의 산정이 어렵고

ii) 위반 발생 시 발생할 손해액의 입증 또는 확정이 어려운 경우;

iii) 다른 충분한 구제책을 찾기가 어렵거나(inconvenience), 현실적 타당

---

3) 신의칙 또는 손해부담의 공평이라는 손해배상제도의 이념에 비추어 볼 때, 불법행위의 피해자에게는 그로 인한 손해의 확대를 방지하거나 감경하기 위하여 노력하여야 할 일반적인 의무가 있으며 피해자가 합리적인 이유 없이 손해경감조치의무를 이행하지 않을 경우에는 법원이 그 손해배상액을 정함에 있어 민법 제763조, 제396조를 유추적용하여 그 손해확대에 기여한 피해자의 의무불이행의 점을 참작할 수 있고, 한편 손해의 확대를 방지하거나 경감하는 데 적절한 법적 조치가 존재하는 경우 이는 손해경감조치에 해당될 수 있고, 피해자가 그 법적 조치를 취함에 있어 감당하기 어려운 많은 비용이 소요된다든가, 그 결과가 불확실하다거나, 판단을 받기까지 현저하게 많은 시간이 필요하다는 등의 사정이 없음에도 불구하고 합리적인 이유 없이 그 법적 조치를 취하지 아니한 경우에는 그 손해확대에 기여한 피해자의 의무불이행의 점을 손해배상액을 정함에 있어 참작할 수 있다(대법원 1999. 6.25.선고 99다10714 판결).
피해자의 손해경감을 위한 법적 조치가 시기에 늦었다 하여 이를 손해배상액을 정함에 있어 참작할 수 있는지를 판단함에 있어서는 당해 법적 조치의 종류와 성질, 사전 준비에 소요되는 시간, 사전의 다른 조치의 이행 여부, 피해자의 법률적 지식 등을 감안하여 사회통념에 따라 신중하게 판단하여야 한다(대법원 2003.7.25.선고 2003다22912 판결).

성이 없는 경우(non-feasibility)

② 위계, 위압 기타 협상력에 현저한 형평성을 잃은 당사자 간의 약정이 아니어야 한다(no unconscionability).

이러한 조건을 충족치 못하거나, 손해배상액보다 과도한 금액으로 제재적 성격을 가진 징벌적 성격의 위약금(penalty)의 경우에는 그 집행력이 인정되지 않는다.

우리 민법은 손해배상액의 예정에 대한 효력 인정은 물론, 위약금의 약정 또한 손해배상액의 예정으로 추정하도록 하고 있다(민법 제398조[4]).

2. 계약해제(Rescission/Termination)와 원상회복(Restitution/Restoration)

상대방의 계약상 주요 의무 위반으로 손해를 입게 된 당사자는 손해배상이나 특정이행(이행강제)을 청구할 수 있을 뿐만 아니라, 계약 해제권 행사를 통해 계약을 취소하고 원상회복을 청구할 수 있다. 또한, 계약상 당사자는 상대방의 계약상 허위진술(misrepresentation) 또는 사기(fraud)를 이유로 계약을 취소, 해제할 수 있으며, 상대방이 해제권 행사자에게 계약상 의무 불이행에 따른 손해배상 또는 특정이행을 청구하는 경우에, 계약 해제자는 허위진술 또는 사기를 이유로 대항(defense)할 수 있다. 계약해제권 행사 시, 양 당사자 모두 이행 의무로부터는 해제되지만, 해제권자만이 상대방(사기/허위표시자)에 대해 손해배상을 청구할 수 있다.

[참고] 원상회복

계약 해제에 따라, 쌍방 당사자는 원상회복의무(계약상대방으로부터 받은 물품 또는 그에 상당한 가치를 반환하는 것)를 진다. 이는 해당 당사자가 입은 손해를 근

4) 민법 제398조(배상액의 예정) ① 당사자는 채무불이행에 관한 손해배상액을 예정할 수 있다. ②손해배상의 예정액이 부당히 과다한 경우에는 법원은 적당히 감액할 수 있다. ③손해배상액의 예정은 이행의 청구나 계약의 해제에 영향을 미치지 아니한다. ④위약금의 약정은 손해배상액의 예정으로 추정한다. ⑤당사자가 금전이 아닌 것으로써 손해의 배상에 충당할 것을 예정한 경우에도 전4항의 규정을 준용한다.

거로 한 것이 아니며, 부당이득(unjust enrichment)에 기초한 것으로, 계약위반자가 대가 지불 없이 상대방으로부터 제공된 금전, 물품 또는 service를 계속 보유하게 되는 부당한(unfair) 상황을 치유하기 위한 것이다.

3. 특정이행 또는 이행강제(Specific Performance)

대륙법제에서는 양 당사자가 계약상 합의한 바와 같이 그 의무를 이행할 것을 청구하는 것은 당연한 권리인 반면, 영미법제에서는 손해배상으로는 충분한 구제를 받을 수 없고, 형평법(equity)에서 인정되는 한정적인 경우에만 법원이 특정이행 (또는 이행강제)을 명령하게 된다. 특정 토지 또는 예술품 매매 등과 같이 unique한 물품의 경우와 같이 금전적 손해배상만으로는 손해 보전이 불충분한 경우에 허여된다. 또한, 인적 용역제공 계약과 같이 약속된 작업이 잘 이행되고 있는지 법원이 판단하기 어려운 경우나 법원의 지속적인 감독을 필요로 하는 계약의 경우에는 법원은 특정이행을 명령하지 않을 것이다.

4. 금지명령(Injunction)

금지명령은 형평법상의 구제 수단으로, 법원이 당사자에게 계약 위반 행위 또는 기타 부당한 행위를 금지하도록 명하는 것으로, 과거 피해에 대한 구제수단이라기보다는 미래 피해를 차단하기 위한 예방적 조치이다. 특정이행의 경우와 같이, 금전적 손해배상이 적절한 보전수단이 될 수 있는 경우에는 금지명령은 인정되지 않을 것이다. 원칙적으로, 금지명령에는 다음과 같은 특정한 검토 기준이 요구된다.

① 치유불가한 피해 발생(irreparable harm),

② 다른 적절한 구제책의 부재(no other adequate remedy available),

③ 금지명령에 따른 반대 위험과의 비교, 형평성(balancing against adverse risks, or undue hardship defense).

금지명령 위반자에 대해서는 민, 형사상 벌금, 금전적 제재 및 징역형까지 부과될 수 있으며, 법정모독죄(contempt)로 기소될 수도 있다.

금지명령은 아래와 같은 유형으로 나누어 볼 수 있다.

① 강제이행 명령 & 금지적 유지명령(Mandatory Injunction & Prohibitory Injunction)

② 영구적 금지명령(재판 후) & 예비적 금지명령(가처분)(재판 전)[Permanent Injunction(after trial) & Preliminary Injunction (before trial)]

i) 예비적 금지명령(가처분)(재판 전)[Preliminary Injunction (before trial)]: 법원 판결 시까지 현 상태를 유지(status quo)하도록 명령.

ii) 임시(단기) 금지명령(Temporary Restraining Order): 예비적 금지명령의 경우와 같이 현상 유지를 위한 것이나, 상대방에 대한 통지(notice) 또는 청문회(hearing) 없이 내려질 수 있으며, 법원이 청문회를 열어 예비적 금지명령(가처분)을 허여할지를 결정할 때까지에 한정된 초단기적 명령.

5. 선언적 판결(Declaratory Judgment)

선언적 판결은 권리/의무 관계 등 분쟁의 경우와 같은 법적 불확실성을 해결하기 위한 법원의 사법적 결정이다. 이는 현재 또는 잠재적 법적 분쟁에 계루된 당사자의 청구에 따라, 관할법원이 민사 분쟁 대상인 일방 또는 쌍방 당사자의 권리, 책임, 의무 등을 확인하고 내리게 되는 확정 판결이며, 법적 구속력 있는 예방적 형태의 판결이다. 선언적 판결은 일반적으로 (미국 경우, 형평법상 구제책이 아닌) 법정 구제책인 관계로 형평법상 요건이 필요하지 않다.

선언적 판단은 그 자체만으로는 어느 당사자에게도 특정 행위를 명령하거나 손해배상 또는 금지 명령을 암시하지는 않는다. 계약 위반에 따른 권리구제 청구에 앞서, 그러한 계약상 권리, 의무가 있는지 여부에 분쟁이 있는 경우에는, 대상 계약 존재여부, 청구한 당사자의 계약상 권리 존재 (또는 상대방의 권리 부재), 상대방의 의무 존재 (또는 청구자의 의무 부재) 확인 판결을 받은 후라야, 이를 기초로 계약상 의무 이행강제, 불이행에 따른 손해배상 등의 청구소송을 진행할 수 있게 될 것이다.

IV 분쟁해결: 국제상사중재
International arbitration & Alternative dispute resolution[1)]

1. 중재 개요

일반적으로, 중재는 소송의 대체 수단으로써, 법정 밖에서 당사자 간의 상사분쟁을 해결하는 제도이다. 소송 대신 중재를 분쟁해결 수단으로 이용하기 위해서는 당사자 상호간의 합의가 필요하다. 이러한 합의는, (i) 해당 계약상 중재조항 설정 등을 통해 분쟁이 발생하기 이전에, 혹은 (ii) 분쟁발생 이후, 일방이 소를 제기하기 전이라면 언제든지 체결될 수 있다. 일반적으로, 중재는 증거조사(discovery) 과정과 제3자 중재인에 의한 심리(hearing) 과정을 포함하는, 분쟁 해결을 위한 공식적이며, 확정적인 과정이다. 그러므로, 이러한 심리 과정을 거쳐 이루어지는 중재 판정은, 당사자들 간의 중재 합의 시 반대 또는 다른 특약을 하지 않은 이상, 양 당사자들에 대한 확정적 구속력을 갖게 된다.

(1) 소송과의 비교

소 송	중 재
합의 필요 없이 단독 제소	서면상의 상호 합의
판사에 의한 판결(판사선택 불가)	해당 산업에 대한 전문성 있는 중재인에 의한 판정 (중재인 선택가능)
3심 제도에 따라 항소(상고) 가능	항소(상고) 불가
법 원	중재 판정부/위원회

1) 법무부, 우리기업을 위한 국제중재 가이드(2015) 참조. 무역협회, 표준 무역실무(2013), 713~736쪽 참조. See also, https://en.wikipedia.org/wiki/Arbitration(Arbitration, Wikipedia).

(2) 조정과의 비교

조 정	중 재
합의와 해결을 유도하기 위한 조력자로서의 조정자	분쟁 해결을 위한 의사결정자로서의 중재인
당사자 간 최종 합의 전까지 구속력이 없음	법원 판결과 같은 구속력을 가짐
실패할 경우, 분쟁 해결을 위해 소송이나 중재가 필요	최종적 분쟁 해결(소송 불가)

(3) 일반적 장점(소송대비)

① 시간적 신속성[2)]

② 저렴한 비용[3)]

③ 단일 절차

④ 중재인의 전문성

⑤ 비밀보장(비공개 원칙)

⑥ 당사자들이 중재 판정대상 사안을 선별, 한정할 수 있다.

(4) 국제분쟁관련 장점

① 국제 사법관할권 분쟁 방지

② 상대방 국가의 법원에서 생길 수 있는 부정적 영향 회피

③ 제3자 중재판정부 선택 가능

④ 중재 장소 선택 가능

⑤ 언어 선택 가능

⑥ 중재인 선택 가능

⑦ 뉴욕 협약 가입국인 경우, 중재판정의 집행력 인정에 따라 (체약국 내) 외국 법원을 통한 집행판결 확보가 용이하다.

---

2) 대한상사중재원의 안내에 따르면, 중재소요기간은 평균 5개월(국내 4.4개월, 국제 7.1개월)이며 1억원 이하 국내사건은 평균 3개월이 소요된다(「중재를 통한 분쟁해결 안내」, 『대한상사중재원』, 2004. 6-7쪽. http://bit.ly/1o1Jwb3).

3) 대한상사중재원의 안내에 따르면 중재는 단심제이기에 3심제인 소송에 비해, 또한 변호사 대리의 원칙이 적용되지 않아 변호사 선임비용 절감이 가능하여 비용이 절약된다(분쟁금액 1억원, 2014년 6월기준 중재비용 450,000원 vs. 1심소송비용 561,500원). Ibid.

(5) 중재에 적합한 사건

① 분쟁이 복잡하고 해결에 전문성이 필요한 경우(건설, 금융, 합작 투자, 인수 합병 등).

② 분쟁 중인 사업 성격상 신속한 해결이 요구되는 경우

③ 상대방 국가의 법원에서의 부정적인 영향을 피하고자 하는 경우

④ 국제 투자 및 기타 다국적 기업 간의 국제 상거래

⑤ 영업비밀 유지가 필수적인 첨단, 핵심 기술 분야

⑥ 분쟁 해결 이후에도 지속적인 상거래 유지를 희망하는 경우

⑦ 비용의 효율성, 해결의 신속성, 대중의 접근 편의성을 요하는 경우 등이다.

2. 기타 분쟁해결 수단

(1) 대체적 분쟁해결 수단(Alternative Dispute Resolution: ADR)

전형적인 중재와 달리, 조정(mediation)이나 화해(conciliation)는 법원 소송 절차의 일부로써, 법원의 판결 이전에 당사자들 간의 화해를 통한 분쟁해결을 유도하기 위한 절차로 종종 이용된다. 관할 재판부의 명령에 따라 이러한 조정/화해 절차를 경유하기도 하고, 소송 당사자들 간 자발적으로 진행되기도 하며, 경우에 따라서는 소송과 무관하게 진행되는 경우도 있다.

① 협상(Negotiation): 협상은, 쌍방 당사자들 간의 자발적 의사에 따라 진행되며, 해결 과정을 유도, 촉진, 조정하거나 해결을 권유 또는 강제하는 제3자는 존재하지 않는다.

② 조정(Mediation): 조정의 경우, 분쟁 해결을 유도, 권유하는 제3자인 조정자의 사회(주재) 또는 조력 하에 분쟁해결을 위한 협의를 진행하며, 조정자가 조정안(mediator's proposal)을 제시하기도 하나, 당사자에 대한 강제력은 없다. 대부분의 경우, 조정자는 중재인과 같이 조정을 전문으로 하는 직업인(주로 전직 판사 및 변호사 등) 중 판사가 지정하거나, 당사자가 합의에 따라 선임하는 경우가 많다. 특히, 법원 소송 진행 중 행하게 되는 조정 절차의 경우, 일반적으로 조정인은 조정협의 경과 및 결과 에 대한 보고서를 담당 재판부에 제출하는 관계로 참여 당사자들(대리인 및 임직원)은 재판부에 부정적인 영향을 미치지 않도록

최소한 표면적으로라도 신중하고 진지한 타결 자세를 보이기 위해 노력하게 된다.

③ 화해(Conciliation): 화해는 중재보다 훨씬 자유로운 방식으로, 당사자 간의 사전 합의를 요건으로 하지도 않으며, 일방은 자발적 필요에 따라 conciliator 선임을 제안할 수 있고, 상대방은 자유롭게 conciliation 제안을 수용 또는 거부할 수 있다. Conciliation을 진행하게 된 경우, conciliator 입장에서 양 당사자 간 화해 조정 가능 요소가 보인다고 판단되면 이러한 화해안 및 조건을 작성하여 양당사자에게 제안하게 되고, 양 당사자가 이를 수용하여, 상호 합의, 서명하게 되면 그 화해 합의서는 양쪽 모두에게 종국적 구속력을 갖게 되지만, 동일 사안에 대한 추가적 분쟁방지를 위해서는, 진행중인 소송(또는 향후 잠재적인 소송)의 취하 및 종결 합의서를 체결하여야 필요가 있다(당사자의 합의 여하에 따라, with 또는 without prejudice 조건의 소송 취하/부제소 합의서 작성).

[참고]

실무상 mediation과 conciliation의 구분이 어려운 경우도 많지만, 어차피 제3자의 도움 하에 진행되고, 양 당사자 간 자발적 합의 성사를 유도한다는 점에선 차이가 없으므로 굳이 구분할 실익도 없다. 이런 이유로, 우리나라에서 번역되고 있는 용어 또한 통일성이 없고, mediation과 conciliation을 각각 조정, 화해로 번역하는 경우도 있고, conciliation을 조정이라고 번역하는 경우도 있다. 실질적인 면에서는 소송에 대한 대안으로 중재(arbitration) 또는 조정(mediation or conciliation) 양자로 대별하는 것이 실무상 적절하다는 것이 저자의 견해이다. 협상을 굳이 소송에 대한 대체수단으로 분류하는 것 또한 부적절하게 생각된다. 협상이란 어떤 수단하에서든지 당사자 간 자발적 합의가 있는 한 가능한 방법이므로 분쟁해결의 특정 형식/방식으로 분류하는 것 또한 무의미해 보인다.

(2) 공식절차 및 비공식절차

(i) 소송 계류 및 (ii) 신청 및 진행을 위한 공식조직 존재 여부에 따라, 아래와 같이 분류할 수 있다.

① 공식 절차

i) 상설 중재기관을 통한 법적 구속력 있는 전형적 중재

ii) 법원(담당재판부) 의뢰에 따라 선임된 조정자 또는 조정부에 의한 조정.

② 비공식적 절차

i) 법적 구속력 없는 권고형 중재

ii) 사회적 조정 과정 또는 해당 산업관련 협회 및 사회단체 소속의 저명인사를 통한 중재, 조정 알선

iii) 분쟁 해결 조력역량이 우수한 동료에게 중재/조정 의뢰

3. 중재절차(Arbitration Procedures)

(1) 기관중재(institutional arbitration) 또는 임시중재(ad hoc arbitration)

① 중재기관을 통해 진행되는지 또는 중재기관의 관여 없이 진행되는지에 따른 분류이다.

② 주요 중재기관은 다음과 같다.

i) 국제상업회의소(International Chamber of Commerce)

ii) 미국중재협회(American Arbitration Association)
[국제분쟁해결센터(International Centre for Dispute Resolution (ICDR))]

iii) 런던국제중재법원(London Court of International Arbitration)

iv) 싱가포르국제중재센터(Singapore International Arbitration Center)

v) 홍콩국제중재센터(Hong Kong International Arbitration Centre)

vi) 대한상사중재원(Korean Commercial Arbitration Board)

(2) 중재 절차 및 규칙(Arbitration Procedure & Rules)

① 국제상업회의소(ICC) 중재규칙

② 유엔 국제상거래법위원회(United Nations Commission on International Trade Law: UNCITRAL) 중재규칙

③ 미국중재협회(AAA) 중재규칙

④ (관할국가) 중재법: 당사자들 간에 중재기관, 또는 중재규칙에 대한 합의가 이루어지지 않은 임시 중재의 경우, 통상적으로 중재규칙은 당사자들 간에 상호 합의된 중재지에 대한 관할권을 갖는 국가의 중재법이 적용된다. 특정 중재기관에 대한 합의는 있으나 특정 규칙에 대한 합의가 없는 경우, 일반적으로 해당 중재기관의 규칙에 따라 절차가 진행될 것

이다. 대부분의 국가들은 유엔국제상거래법위원회(UNCITRAL)의 모델 중재규칙을 자국의 중재법으로 채택하고 있다.

(3) 실체법(Substantive Laws)

중재에 적용될 실체법에 대한 합의가 없다면, 당사자들 간에 상호 합의된 중재지에 대한 관할권을 갖는 국가의 실체법(Lex Arbitri)이 준거법으로 적용된다.

(4) ICC 중재규칙의 일반 절차

① 중재신청(신청서 제출 및 중재비용 예납)

② 답변서

③ 중재 판정부 구성: 중재지 국가 위원회(national committee)에서 추천받은 목록에서 (i) 중재인 선정, 통보, (ii) 중재인 확인서(후보 중재인이 본건 중재관련 conflict 요인 없음을 확인, 서명), (iii) ICC court의 중재인 확정 결정

④ 중재위탁 요지서(terms of reference): 중재의 범위와 중재의 대상이 되는 사안

⑤ 절차협의 기일(conference): 양측(대리인)과 중재인이 참석하여 향후 중재 절차 진행 순서 및 일정 협의(국제 상거래 분쟁 특성상, 양 당사자 소재지와 중재지가 각각 다른 지역인 관계로, 편의상, 전화회의로 진행하는 경우도 많다)

⑥ 증거개시(문서제출절차, 소송상 discovery와 유사)

⑦ 심리기일 전 회의(pre-hearing conference): 심리 순서, 증인 심문 방법, 변론 방식, 절차별 배정 시간, 통역 등 심리기일 준비관련 상세 절차 협의

⑧ 심리(hearing) 및 증인 신문

⑨ 최종 판정(arbitration award)

4. 중재판정의 승인 및 집행(Enforceability)[4)]

(1) 개 요

뉴욕협약은 국제 상거래를 활성화할 목적으로 중재판정에 대한 강제집행의 요구를 받는 국가 외의 국가 영토 내에서 외국중재판정을 승인하고 집행하기 위해 유엔 주도하에 1958년에 체결한 다자간 국제조약으로, 공식명은 "the Convention on the Recognition and Enforcement of Foreign Arbitral Awards (외국중재판정의 승인 및 집행에 대한 협약)"이며, 우리나라는 1973.5.9. 42번째로 가입하였고, 2015년 10월 기준 152개 체약국이 있다.

협약에 따라, 중재 합의와 판정에 대해 각 체결국에서는 그들 관할권 내의 법원 판결과 동일한 법적 효력과 집행력을 보장한다.

(2) 효 력

원칙적으로, 우리나라의 중재판정이 외국에서도 승인되고 집행되며 반대로 외국의 중재판정도 우리나라에서 그 효력과 집행력을 보장받는다.

단, 우리나라 법상 상사관계의 분쟁에 한해서 그리고 외국중재판정일지라도 그 국가가 뉴욕협약의 체약국인 경우에 한해서 적용할 것을 유보선언하였음을 유의하여야 한다.

(3) 승인 · 집행의 요건

① 유효한 중재합의가 있어야 한다.
② 중재판정은 적법한 절차진행으로 내려져야 한다.
③ 중재판정이 판정지 국가에서 기판력(확정력)을 가지고 있어야 한다.
④ 중재판정의 내용이 집행지 국가의 공서양속에 반하지 않아야 한다.

5. 모델 중재 조항

"Any disputes arising out of or in connection with this contract shall be

---

4) www.uncitral.org/uncitral/en/uncitral_texts/arbitration/NYConvention_status.html; 대한상사중재원, 중재를 통한 분쟁해결 실무; 법무부, 우리기업을 위한 국제중재 가이드(2015) 참조.

finally settled by arbitration in [the place of arbitration], in accordance with [applicable arbitration rules].

The number of arbitrators shall be three.

The language to be used in the arbitral proceedings shall be English."

* "**Provided, however,** the following issues and matters are specifically excluded from the scope of arbitration hereunder:

a.

b.

[…]"

"이 계약으로부터 또는 이 계약과 관련하여 발생하는 모든 분쟁은 [중재지]에서 [지정중재규칙]에 따라 중재에 의해 최종 해결한다.

중재인의 수는 3명으로 하고,

중재에 사용될 언어는 영어로 한다."

* "**다만**, 아래와 같은 사안과 문제들은 중재범위에서 제외하기로 확약한다:

a.

b.

[…]"

6. 중재 시 고려하여야 할 사안

① 중재범위 및 중재 제외 사안

② 중재지의 선택

③ 중재기관의 선택

④ 중재 절차규칙의 선택

⑤ 중재인의 선정[수 및 선정 절차]

⑥ 실체법의 선택[준거법]

⑦ 언어의 선택

⑧ 긴급절차 신청 관할 지정[가처분 등 임시 긴급명령 신청 관할]

⑨ 중재 신청 선행조건으로서의 조정 또는 화해 경유 필요성

⑩ 중재비용

⑪ 금전적 판정을 위한 특별 조건

i) High-Low Arbitration: 쌍방당사자는 사전에 중재인이 판정 가능한 손해배상금액의 범위(가장 높은 금액과 가장 낮은 금액)를 사전에 합의할 수 있다.

ii) Baseball Arbitration: 각 당사자는 각자 판정 금액(손해배상액 등)을 제출하고, 중재인은 그중 하나를 판정금액으로 선택하여야 하며, 평균이나 중간값 등 임의의 금액으로 판정액을 결정할 수 없다.

[참고] 뉴욕 협약 체약국 현황 및 협약문5)

Afghanistan	France	Nicaragua
Albania	Gabon	Niger
Algeria	Georgia	Nigeria
Andorra	Germany	Norway
Antigua and Barbuda	Ghana	Oman
Argentina	Greece	Pakistan
Armenia	Guatemala	Panama
Australia	Guinea	Paraguay
Austria	Guyana	Peru
Azerbaijan	Haiti	Philippines
Bahamas	Holy See	Poland
Bahrain	Honduras	Portugal
Bangladesh	Hungary	Qatar
Barbados	Iceland	Republic of Korea
Belarus	India	Republic of Moldova
Belgium	Indonesia	Romania
Benin	Iran (Islamic Republic of)	Russian Federation
Bhutan	Ireland	Rwanda

5) "Contracting States," *NEW YORK ARBITRATION CONVENTION*, 2016.6., http://bit.ly/1UFM2xS.

Bolivia(Plurinational State of)	Israel	San Marino
Bosnia and Herzegovina	Italy	Sao Tome and Principe
Botswana	Jamaica	Saudi Arabia
Brazil	Japan	Senegal
Brunei Darussalam	Jordan	Serbia
Bulgaria	Kazakhstan	Singapore
Burkina Faso	Kuwait	Slovakia
Burundi	Kyrgyzstan	Slovenia
Cambodia	Lao People's Democratic Republic	South Africa
Cameroon	Latvia	Spain
Canada	Lebanon	Sri Lanka
Central African Republic	Lesotho	St. Vincent and the Grenadines
Chile	Liberia	State of Palestine
China	Liechtenstein	Sweden
Colombia	Lithuania	Switzerland
Comoros	Luxembourg	Syrian Arab Republic
Cook Islands	Madagascar	Tajikistan
Costa Rica	Malaysia	Thailand
Cuba	Mali	The former Yugoslav Republic of Macedonia
Cyprus	Malta	Trinidad and Tobago
Czech Republic	Marshall Islands	Tunisia
Democratic Republic of the Congo	Mauritania	Ukraine
Denmark	Mauritius	United Arab Emirates
Djibouti	Mexico	United Kingdom of Great Britain and Northern Ireland
Dominica	Monaco	United Republic of Tanzania
Dominican Republic	Mongolia	United States of America
Ecuador	Montenegro	Uruguay

Egypt	Morocco	Uzbekistan
El Salvador	Mozambique	Venezuela (Bolivarian Republic of)
Estonia	Myanmar	Viet Nam
Fiji	Nepal	Zambia
Finland	Netherland	Zimbabwe
Kenya	New Zealand	

[참고] 협약문(한글 번역본)

외국중재판정의 승인 및 집행에 관한 협약[6]

제1조

1. 이 협약은 중재판정의 승인 및 집행을 요구받은 국가 이외의 국가의 영역 내에서 내려진 판정으로서, 자연인 또는 법인 간의 분쟁으로부터 발생하는 중재판정의 승인 및 집행에 적용된다. 이 협약은 또한 그 승인 및 집행을 요구받은 국가에서 국내판정으로 간주되지 아니하는 중재판정에도 적용된다.
2. "중재판정"이란 개개의 사건을 위하여 선정된 중재인이 내린 판정뿐만 아니라 당사자가 회부한 상설 중재기관이 내린 판정도 포함한다.
3. 어떠한 국가든지 이 협약에 서명, 비준 또는 가입할 때, 또는 이 협약 제10조에 따라 적용을 통고할 때에는, 상호주의에 기초하여 다른 체약국의 영역 내에서 내려진 판정의 승인 및 집행에 한하여 이 협약을 적용할 것을 선언할 수 있다. 또한 어떠한 국가든지, 계약적 성질의 것인지 여부를 불문하고, 그러한 선언을 행하는 국가의 국내법상 상사상의 것이라고 간주되는 법률관계로부터 발생하는 분쟁에 한하여 이 협약을 적용할 것을 선언할 수 있다.

제2조

1. 각 체약국은, 계약적 성질의 것인지 여부를 불문하고, 중재에 의하여 해결이 가능한 사항에 관한 일정한 법률관계와 관련하여 당사자 간에 발생하였거나 또는 발생할 수 있는 분쟁의 전부 또는 일부를 중재에 회부하기로 약정하는 당사자 간의 서면에 의한 합의를 승인한다.
2. "서면에 의한 합의"란 당사자 간에 서명되었거나 교환된 서신이나 전보에 포함되어 있는 계약서상의 중재조항 또는 중재합의를 포함한다.
3. 당사자들이 이 조에서 의미하는 합의를 한 사항에 관한 소송이 제기되었을 때에는 체약국의 법원은, 전기 합의를 무효, 실효 또는 이행불능이라고 인정하는 경우를 제외하고, 어느 한쪽 당사자의 요청에 따라서 중재에 회부할 것을 당사자에게 명한다.

제3조

각 체약국은 중재판정을 다음 제 조항에 규정된 조건 하에서 구속력 있는 것으로 승인하고 그 판정이 원용되는 영역의 절차 규칙에 따라서 집행한다. 이 협약이 적용되는 중재판정의 승인 또는 집행에 대해서는 국내 중재판정의 승인 또는 집행에 대하여 부과하는 것보다 실질적으로 더 엄격한 조건이나 더 높은 비용을

6) 이 협약문은 외교부 사이트에서 인용하였다.

부과하여서는 아니 된다.

제4조

1. 위 조항에 언급된 승인과 집행을 얻기 위하여 승인과 집행을 신청하는 당사자는 신청 시 다음의 서류를 제출한다.
   가. 정당하게 인증된 판정정본 또는 정당하게 인증된 그 등본
   나. 제2조에 언급된 합의의 원본 또는 정당하게 인증된 그 등본
2. 전기 판정이나 합의가 원용되는 국가의 공식 언어로 작성되지 않은 경우, 판정의 승인과 집행을 신청하는 당사자는 그 문서의 공식 언어 번역문을 제출한다. 번역문은 공식 또는 선서한 번역사에 의하여, 또는 외교관 또는 영사관원에 의하여 인증된다.

제5조

1. 판정의 승인과 집행은 판정의 피원용 당사자의 요청에 따라서, 그 당사자가 판정의 승인 및 집행을 요구받은 국가의 권한 있는 당국에 다음의 증거를 제출하는 경우에 한하여 거부될 수 있다.
   가. 제2조에 언급된 합의의 당사자가 그들에게 적용가능한 법에 따라 무능력자이었거나, 또는 당사자가 준거법으로서 지정한 법에 따라 또는 그러한 지정이 없는 경우에는 판정을 내린 국가의 법에 따라 전기 합의가 유효하지 않은 경우, 또는
   나. 판정의 피원용 당사자가 중재인의 선정이나 중재절차에 관하여 적절한 통고를 받지 아니하였거나 또는 그 밖의 이유에 의하여 응할 수 없었을 경우, 또는
   다. 판정이 중재회부조항에 규정되어 있지 아니하거나 그 조항의 범위에 속하지 아니하는 분쟁에 관한 것이거나, 또는 그 판정이 중재회부의 범위를 벗어나는 사항에 관한 결정을 포함하는 경우. 다만, 중재에 회부한 사항에 관한 결정이 중재에 회부하지 아니한 사항과 분리될 수 있는 경우에는 중재에 회부한 사항에 관한 결정을 포함하는 판정의 부분은 승인 및 집행될 수 있다. 또는
   라. 중재판정부의 구성이나 중재절차가 당사자 간의 합의와 합치하지 아니하거나, 또는 이러한 합의가 없는 경우에는 중재가 행해진 국가의 법과 합치하지 아니하는 경우, 또는
   마. 당사자에 대하여 판정의 구속력이 아직 발생하지 아니하였거나 또는 판정이 내려진 국가의 권한 있는 당국에 의하여 또는 그 국가의 법에 따라 판정이 취소 또는 정지된 경우.
2. 중재판정의 승인 및 집행을 요구받은 국가의 권한 있는 당국이 다음의 사항을 인정하는 경우에도 중재판정의 승인과 집행이 거부될 수 있다.
   가. 분쟁의 대상인 사항이 그 국가의 법에 따라서는 중재에 의해 해결될 수 없

는 것일 경우, 또는

나. 판정의 승인이나 집행이 그 국가의 공공의 질서에 반하는 경우.

제6조

판정의 취소 또는 정지를 요구하는 신청이 제5조 제1항의 마에 언급된 권한 있는 당국에 제기되었을 경우에는, 판정의 원용을 신청받은 당국은, 그것이 적절하다고 간주하는 때에는 판정의 집행에 관한 판결을 연기할 수 있고 또한 판정의 집행을 요구하는 당사자의 신청이 있는 경우 적절한 담보를 제공할 것을 다른 쪽 당사자에 명할 수 있다.

제7조

1. 이 협약의 규정은 체약국에 의하여 체결된 중재판정의 승인 및 집행에 관한 다자 또는 양자 협정의 효력에 영향을 미치지 아니하며, 또한 어떠한 이해 당사자가, 중재판정의 원용이 요구된 국가의 법이나 조약에서 허용한 방법 및 한도 내에서, 판정을 원용할 수 있는 권리를 박탈하지도 아니한다.
2. 1923년 중재조항에 관한 제네바 의정서 및 1927년 외국중재판정의 집행에 관한 제네바협약은 체약국이 이 협약에 의한 구속을 받게 되는 때부터, 그리고 그 구속을 받는 한도 내에서 체약국 간에 있어 효력을 상실한다.

제8조

1. 이 협약은 국제연합회원국, 또한 현재 또는 장래의 국제연합 전문기구의 회원국, 또는 현재 또는 장래의 국제사법재판소 규정의 당사국, 또는 국제연합총회로부터 초청을 받은 그 밖의 국가의 서명을 위하여 1958년 12월 31일까지 개방된다.
2. 이 협약은 비준되어야 하며 비준서는 국제연합사무총장에게 기탁된다.

제9조

1. 이 협약은 제8조에 언급된 모든 국가의 가입을 위하여 개방된다.
2. 가입은 국제연합사무총장에게 가입서를 기탁함으로써 발효한다.

제10조

1. 어떠한 국가든지 서명, 비준 또는 가입 시에 국제관계에 있어서 자국이 책임을 지는 전부 또는 일부의 영역에 이 협약을 적용함을 선언할 수 있다. 그러한 선언은 이 협약이 관련국가에 대하여 발효할 때 효력이 발생한다.
2. 그러한 적용은 그 후 언제든지 국제연합사무총장에게 통고함으로써 행할 수 있으며, 그 효력은 국제연합사무총장이 이 통고를 접수한 날부터 90일 후 또는 관련국가에 대하여 이 협약이 발효하는 날 중 늦은 일자에 발생한다.
3. 서명, 비준 또는 가입 시에 이 협약이 적용되지 아니하는 영역에 관하여는, 각

관련국가는 헌법상의 이유로 필요한 경우에는 그 영역을 관할하는 정부의 동의를 얻을 것을 조건으로, 이 협약을 그러한 영역에 적용하기 위하여 필요한 조치를 취할 수 있는 가능성을 고려한다.

제11조

연방국가 또는 비단일국가의 경우에는 다음의 규정이 적용된다.

가. 이 협약의 조항 중 연방정부의 입법 관할권 내에 속하는 것에 관해서는, 연방정부의 의무는 이러한 한도 내에서 연방국가가 아닌 다른 체약국의 의무와 동일하다.

나. 이 협약의 조항 중 연방의 헌법체제 하에서 입법조치를 취할 의무가 없는 주 또는 지방의 입법관할권 내에 속하는 것에 관하여는, 연방정부는 가급적 조속히 주 또는 지방의 적절한 당국에 대하여 호의적 권고를 포함하여 그러한 조항에 대한 주의를 환기시킨다.

다. 이 협약의 당사국인 연방국가는, 국제연합사무총장을 통하여 전달된 다른 체약국의 요청에 따라서, 이 협약의 어떠한 특정 규정에 관하여 입법 또는 그 밖의 조치를 통해 그 규정이 이행되고 있는 범위를 보여주는 연방과 그 구성단위의 법과 관행에 대한 정보를 제공한다.

제12조

1. 이 협약은 세 번째의 비준서 또는 가입서의 기탁일 후 90일째 되는 날에 발효한다.
2. 세 번째의 비준서 또는 가입서의 기탁일 후에 이 협약을 비준하거나 이 협약에 가입하는 국가에 대하여는, 이 협약은 그 국가의 비준서 또는 가입서의 기탁일 후 90일째 되는 날에 효력을 발생한다.

제13조

1. 어떠한 체약국이든지 국제연합사무총장에게 서면으로 통고함으로써 이 협약을 탈퇴할 수 있다. 탈퇴는 사무총장이 통고를 접수한 일자부터 1년 후에 발효한다.
2. 제10조에 따라 선언 또는 통고를 한 국가는, 그 후 언제든지 국제연합사무총장에게 통고함으로써, 사무총장이 통고를 접수한 일자부터 1년 후에 관련 영역에 대한 이 협약의 적용이 종결됨을 선언할 수 있다.
3. 탈퇴가 발효되기 전에 승인이나 집행절차가 개시된 중재판정에 대해서는 이 협약이 계속하여 적용된다.

제14조

체약국은 자국이 이 협약을 적용하여야 할 의무가 있는 범위 외에는 다른 체약국에 대하여 이 협약을 원용할 권리를 가지지 아니한다.

제15조

국제연합사무총장은 제8조에 규정된 국가에 대하여 다음의 사항에 관하여 통고한다.

가. 제8조에 따른 서명 및 비준,

나. 제9조에 따른 가입,

다. 제1조, 제10조 및 제11조에 따른 선언 및 통고,

라 제12조에 따라 이 협약이 발효한 일자,

마. 제13조에 따른 탈퇴 및 통고

제16조

1. 중국어본, 영어본, 프랑스어본, 러시아어본 및 스페인어본이 동등하게 정본인 이 협약은 국제연합 기록보관소에 보관된다.
2. 국제연합사무총장은 이 협약의 인증등본을 제8조에 규정된 국가에 송부한다.

V 지적재산권
Intellectual Property Rights

1. 기술과 법(Technology & Law)

지적재산권은 일반적으로 법률로 정한 특정한 유형의 지적 창작물에 대해, 해당 법률상 요건을 갖춘 경우, 한정된 기간 동안 그 창작자에게 허여하는 독점적 배타적 권리이다.

우리법제상으로는 특허권, 실용신안권, 영업비밀, 디자인권, 상표권, 저작권 등이 있으며, 특허법, 실용신안법, 부정경쟁방지 및 영업비밀보호에 관한 법률, 디자인보호법, 상표법, 저작권법 등 개별적인 법률이 각각에 대해 규정하고 있다.

발명 또는 개량의 결과인 신기술은 우리 사회가 추구하는 공공/소비자 복지 증진을 위한 중요한 수단 중 하나이다. 역사적으로, 지적재산권법은 새롭고 유용한 상품(products), 더욱 효율적인 공정(process)과 표현의 창작물(original works of expression)의 발명가/창작자에게 특정한 배타적 권리를 허여하여, 다른 이들로 하여금 그러한 혁신기술(innovation)을 허락 없이 사용하지 못하게 함으로써, 발명과 창작에 대한 incentive를 제공하기 위해 발전되어 왔다. 이를 통해, 지적재산권법은 창작과 혁신기술의 공개(public disclose)를 장려하여, 그것의 상용화를 기반으로, 다른 이들로 하여금 중복 또는 자원의 낭비 없이, 더 한층 개선, 발전 시킬 수 있도록 촉진해 왔다.

발명가/창작자들에게 배타적 권리를 허여하여 기술 혁신을 도모하는 지적재산권법이 존재하는 한편, 친경쟁적 효과를 넘어서 과도하게 반경쟁적인 형태의 지적재산권의 행사를 금지, 제한하여, 공정하고 경쟁적인 시장 체제를 보호하고 공공복지를 증진(더 적은 비용으로 더 나은 품질의 상품/서비스)하고자 하는 공정거래법규와 같은 규제법도 있다. 일반적으로, “공공복리” 또는 “소비자 복지” 증진이라는 공통 목표 달성을 위해서는 지적재산권 보유자들과 이용자들의 합법적 이해(legitimate interests) 간에 상호 균형이 필요하다.

역사적으로, 그리고 지정학적으로, 특정 국가/사회가 직면한 시장 또는 정치, 경제 및 사회적 환경에 따라, 자국 시장과 자국 산업 경쟁력 보호를 위해 때론 친지적재산권적 정책을 펴기도 하고, 친경쟁 정책을 펴기도 하여 왔다. 이런 연유로, 공정거래와 지적재산권은 종종 신보호주의의 수단으로 활용되기도 하고, 때로는 남용되는 경우도 발생하여 왔다.

[참고] 지적재산권-공정거래(Antitrust) 관계도

기술개발(발명)

[보호법규]		⇒	[계약 (계약자유)]	⇔	[규제법규]
권리화 (보호수단 선택)			지재권 활용		권리행사 제한
특허	〈고려요인〉 - 경쟁현황 및 경영전략 - 대상정보 유형 - 특허등록요건충족 및 허여 가능성 - 비용 등 경제성	⇒	특허 License 기술표준	⇔	공정거래법상 Guideline * 소비자 복지증진 위한 자유경쟁 유지 
영업비밀	- 비밀유지난이도 (유출위험성) - 유사경쟁기술 용이성 - 침해입증, 구제 용이성 - 보호기간	⇒	Knowhow License	⇔	Means to filter trade restaints having anti-competitive effects outweighing pro-competive effects

2. 지적재산권의 유형

(1) 특 허(Patent)

특허는 ‘자연법칙을 이용한 기술적 사상’으로서, 산업상 이용할 수 있는 ‘발

명'에 대하여 발명자는 출원일로부터 20년 동안 발명자의 허락 없이 발명의 생산, 판매, 판매의 청약, 수입 또는 기타 사용을 금지할 권리를 부여받는다.

발명은 특정한 과학기술상의 문제에 대한 해결방법으로,
물건(기계, 제품 또는 물질의 조성) 또는 방법(process)이어야 하며,
일반적으로 다음 세 가지 조건을 모두 충족하여야 한다:
① 신규성(novel)[1)]
② 진보성 또는 비자명성(not obvious to ordinary practitioners of the technology)[2)]
③ 유용성(useful; technically workable)[3)]

또한 추상적 사상, 자연법칙 또는 자연현상은 특허법상 보호 가능한 발명의 범위에 포함되지 않는다.

이상과 같은 요건을 갖춘 발명은, 반드시 보호를 받고자 하는 국가의 특허청을 통해 출원, 심사 및 공개(우리나라 경우, 출원일로부터 1년 6개월 후)를 거쳐

---

1) 우리 특허법은 발명이 ① 특허출원 전에 국내 또는 국외에서 공지된 경우(公知), ② 특허출원 전에 국내 또는 국외에서 공연히 실시된 경우(公用), ③ 특허출원 전에 국내 또는 국외에서 반포된 간행물에 게재된 경우(간행물 게재), ④ 특허출원 전에 전기통신 회선을 통하여 公衆이 이용가능하게 된 경우(인터넷 공개)에는 신규성이 없다고 규정하고 있다(특허법 제29조 제1항).
미국 특허법에 따르면, 출원된 발명이 그 발명 이전에 미국에서 타인에게 알려지거나 사용되지 않은 것이어야 하며, 미국에서 특허출원일로부터 1년 이상 전에 그 발명이 미국 또는 외국에서 특허로 등록되거나 판매된 경우가 아니어야 한다[미국특허법 102조 (b), (d)항].

2) 우리 특허법상 진보성이란 제29조 제2항에 규정된 특허요건을 일컫는 말로써, 그 기술 분야에서 통상의 지식을 가진 자인 당업자가 특허 출원 당시의 기술수준에서 용이하게 생각해 낼 수 없는 정도를 말한다. 우리나라, 일본, 유럽 등과 달리, 미국은 비자명성(non-obviousness)라는 용어를 사용하고 있지만 그 개념이나 기준은 사실상 같다[미국 특허법 103조 (a)항].

3) 산업상 이용가능성이 없는 발명 또는 산업 이외의 분야에서만 이용할 수 있는 발명은 비록 신규성과 진보성을 갖추고 있다고 해도 특허를 받을 수 가 없다(특허법 제29조 제 1항, 미국 특허법 101조). 산업상 이용가능성이라 함은 그 발명이 산업에 실제 활용되는 것을 의미하며 지금 당장 산업에 이용되고 있지 않는다 하더라도 앞으로 이용될 가능성이 있으면 된다. 반면, 반복생산이 불가능한 발명, 학술적·실험적으로만 이용될 수 있는 발명인 경우 산업상 이용가능성이 없는 발명으로 간주된다. 특허법상의 산업이란 발명이 활용될 수 있는 업무영역으로서 공업, 광업, 농업, 수산업, 어업, 임업 등 생산업은 물론 운수업, 교통업 등 보조적인 산업분야 및 세탁업과 같이 직접 생산이 수반되지 않는 보조 산업적인 분야도 포함되나 금융업, 보험업, 의료업 등은 산업에서 제외된다.

유효하게 등록되어야만 해당 국가에서 보호 가능한 특허권이 부여된다.

(2) 실용신안(Utility Model)[4]

실용신안권은, 방법이나 물질에 대한 기술이론을 제외한, 물품의 형상, 구조, 조합에 관한 실용적 고안으로, 특허권과 마찬가지로 등록을 요건으로 하며, 유효하게 등록된 실용신안권은 출원일로부터 10년간 배타적인 권리가 인정된다.

① 기술적 사상을 보호한다는 점에서는 특허와 동일하나,

② 특허권 대상이 고도한 기술적 창작인 발명을 대상으로 하는 반면 실용신안은 실용적인 고안을 대상으로 하며,

③ 특허는 물건(일정한 형태가 있는 물품 및 형태가 없는 물질)과 방법을 모두 대상으로 하는 반면, 형태가 없는 물질이나 방법은 실용신안의 대상이 될 수 없고 물품에 한정된다(물품의 형상, 구조, 조합에 한정).

④ 예: 전화기의 경우, 음성을 전기적 신호로 전환하여 발신하고, 다시 전기적 신호를 받아 음성으로 변환하는 기술(방법)은 특허의 대상이며, 실용신안의 대상은 될 수 없다.

⑤ 대부분 대륙법계 국가에서는, 우리나라와 같은 실용신안과 유사한 유형의 지적재산권이 있으나, 미국에서는 특허권 외에 기술적 사상을 대상으로 한 실용신안 제도는 따로 없다.

(3) 저작권(Copyright)

저작권은 문학, 학술, 예술적 창작의 표현을 보호의 대상으로 하며, 창작성(original)과 표현성(expression)을 요건으로 한다,

대부분의 국가에서 서적, 기타 집필물, 음악 작곡, 회화, 조각, 컴퓨터프로그램 및 영화와 같은 창작, 지적, 문학 또는 예술 작품에 대한 저작자의 권리는 저작자 사후 또는 공표 후 70년까지의 기간 동안 보호되며,[5] "fair use"[6]와 같은

---

4) 실용신안은 고안이나 유용성 있는 기술을 대상으로 하고 있다. 실용신안은 두 가지 점에서 특허와 구별된다. 실용신안은 특허와 비교해 기술적 진보(진보성)가 낮고 보호기간도 짧음. 일부 국가에서는 실용신안권을 실용신안특허 또는 소특허라고도 한다. 우리나라 실용신안법에 따르면 실용신안은 이미 발명된 것을 개량해서 보다 편리하고 유용하게 쓸 수 있도록 한 물품에 대한 고안 그 자체를 말하며 소발명 내지는 개량발명으로 취급한다. 특허가 발명을 보호대상으로 한 반면 실용신안은 고안을 보호대상으로 한다("실용신안," 『지식재산권용어사전』, 서울: 특허청, 2005).

5) 미국의 경우는, 개인 저작권자의 저작권은 생존기간 및 사후 70년까지로 동일하나, 법인

예외를 제외하고는 배타적 권리가 인정된다. 배타적 권리란 그 저작물을 복제, 공연, 공중송신, 전시, 배포, 대여하거나 이를 개작한 2차적 저작물을 작성하는 행위를 포괄한다.

저작권은 저작자의 사상의 표현(expression of the author's original ideas)과 그것이 표현된 형태 또는 방식만을 보호하고, 사상(ideas) 또는 정보(information) 그 자체를 보호하지는 않는다.

특허와 달리, 저작권으로 보호받기 위해서는 저작물이 신규(novel)일 필요는 없으나, 다른 자료로부터 그 표현이 복제되지는 않았다는 관점(not copied from other sources)에서 독창적(original)이어야 한다.

또한 실연가(예: 연기자, 가수 및 음악가), 음반 제작가(녹음물) 및 방송사업자는 다른 제3자가 허락 없이 그들의 공연을 녹화하거나 다른 방식으로 표현하는 것을 방지할 배타적 권리를 누린다(저작권 및 관련 권리 또는 "저작인접권"이라고도 한다).

컴퓨터 프로그램(소프트웨어)과 특정 데이터베이스도 창작성 요건을 충족시키는 경우, 역시 저작권법에 따른 보호대상이 될 수 있다. 컴퓨터 프로그램은 컴퓨터를 통하여 어떠한 기능을 수행한다는 아이디어를 독창적으로 "표현"한 것이라기보다는, 수행할 기능에 따라서 필요한 일련의 지시 및 명령을 조합한 것으로 표현이 기능에 결부되어 있기 때문에 표현의 창작성을 인정하기가 쉽지는 않다. 그러나, 컴퓨터 프로그램 침해 claim은 그 프로그램 전부 또는 상당부분을 그대로 복제하는 경우에 주로 발생하는 관계로 창작성 결여를 이유로 저작권이 부정되는 경우는 찾기 힘들다.

저작물(work for hire)의 경우는 (ⅰ) 창작 후 120년 또는 (ⅱ) publication 후 95년 중 짧은 기간을 보호기간으로 하고 있다.

6) 저작권에 의해 보호받는 저작물의 표현을 복제 등으로 이용할 수 있도록 허용하는 법리로서 저작권자가 복제 등을 허용하지 않더라도 이용자는 저작권 침해로 인한 책임으로부터 면책된다. 이러한 공정이용법리는 저작권자와 이용자의 이익균형을 위하여 형평의 견지에서 미국 판례에 따라 발전되어 온 이론이다. 현재 공정이용은 저작권침해 판단에서 피고의 적극적 항변(affirmative defense) 수단으로서만 기능하고 있으므로 외관상 공정이용이 명백한 경우에도 피고가 항변하지 않으면 이에 대한 심리가 이루어지지 않는 문제점이 제기되고 있다. 저작물 이용 행위가 공정이용에 해당하는지 여부를 판단할 때에는 ① 영리성 또는 비영리성 등 이용의 목적 및 성격, ② 저작물의 종류 및 용도, ③ 이용된 부분이 저작물 전체에서 차지하는 비중과 그 중요성, ④ 저작물의 이용이 그 저작물의 현재 시장 또는 가치나 잠재적인 시장 또는 가치에 미치는 영향 등을 종합적으로 고려하게 된다(저작권법 제35조의3 제2항)[손승우, "인터넷서비스와 저작권 공정이용 법리의 문제,"(『저작권정책연구보고서』, 한국인터넷기업협회, 2015.4.) 2쪽].

저작권은 특허권, 실용신안권 또는 디자인권과는 달리 등록 등 특별한 절차를 요건으로 하지 않으므로, 창작행위 자체만으로 저작권법에 따른 권리로 성립된다. 따라서 등록 등을 통한 공시제도가 없는 관계로, 선출원주의를 원칙으로 하는 특허 등과는 달리, 저작권은 다른 저작물을 복제하지 않은 한, 다른 경쟁자가 우연히 창작한 유사한 저작물을 금지하지는 않는다.

(4) 디자인(Design; Industrial Design; Design Patents)

제품의 외형에 대한 창작은 '의장', '디자인' 또는 '산업디자인'(industrial design)이라고도 하며, 우리나라에서는 디자인 보호법에서 규정, 보호하고 있다. 디자인보호법상 디자인이란 "물품의 형상, 모양, 색채 또는 이들을 결합한 것으로서 시각을 통하여 미감을 일으키게 하는 것"을 말한다.

디자인권은 특허권과 마찬가지로, 출원심사를 거쳐 등록되어야만 권리로서 효력이 발생되며, 우리법상 디자인권은 설정 등록일로부터 20년간 보호된다. 이는 미국법상 Design Patents에 해당되어 미국법에 의하면 2015년 5월 13일 이전 출원 건은 등록일로부터 14년간, 2015년 5월 13일 이후 출원 건은 등록일로부터 15년간 보호된다.[7)]

〈등록요건〉

① 공업상 이용할 수 있는 디자인(공업상 이용가능성)으로,
② 출원 당시에 일반인에게 알려졌거나, 알려진 디자인과 유사한 디자인이 아니어야 하며(신규성),
③ 해당 분야에서 통상의 지식을 가진 자가 기존 디자인 또는 기존 디자인과 유사한 디자인과 결합하여 용이하게 창작할 수 없어야 한다(비용이성).

디자인은 독창적(original), 장식적(ornamental)이며, 비기능적인(non-functional) 특징, 달리 말하면, 순수히 실용적(utilitarian) 기능 측면이 아니라, 목적물의 시각적 외관 또는 디자인을 보호한다. 산업디자인은 기술적 기능 및 비용과 더불어 소비자가 다른 경쟁제품 대비 특정 제품을 선호하게 해주는 주요 고려요인 중

---

7) 2015.5.13.일자로 「산업디자인의 국제등록에 관한 헤이그 협정」이 발효되어 종전 14년에서 15년으로 변경되었다.

하나인 만큼, 디자인에 대한 법적 보호를 통해, 상품의 시각적 요소를 향상 시키기 위한 투자를 장려하고 있다.

한편 등록되지 않은 디자인의 경우에도, 경쟁업체 등 다른 사람의 상품 형태를 모방하는 행위는 부정경쟁행위로서 부정경쟁방지법에 따른 제재 대상[8]이 될 수도 있음을 유의하여야 한다.

(5) 상표/서비스표(Trademark)

상표 또는 서비스표(이하 통칭하여 "상표")는 특정 거래자의 상품 또는 서비스를 다른 경쟁자의 유사한 상품 또는 서비스로부터 구별할 수 있도록 식별 가능한 기호(sign), 디자인 또는 표현(또는 소리 및 냄새도 포함)이다. 그러나, 특정유형의 상품을 지칭하는 보통명칭(generic name)은 상표로 보호받을 수 없다. 그러한 generic name은 특정인/기업이 생산한 상품을 구별해 줄 수 없기 때문이다. 상품의 표장(mark)이 덜 기술적(descriptive)일수록, 유사한 표장에 대한 상표의 보호는 더욱 강력해질 것이다. 소비자가 상품이나 서비스의 출처나 후원 관련 특정 상표권자의 제품과 혼동을 일으킬 수 있을 정도로 특정 상표와 동일한 상표 또는 유사한 표장을 무단으로 사용하는 경우, 해당 상표권의 침해가 발생하게 된다.

실무상, 등록된 상표/서비스표는 ® 기호로 표시되고, 미등록 상표는 "TM" 기호로, 미등록 서비스표는 "SM"으로 표시된다는 점을 유의하여 구분하기 바란다.

특허권, 디자인권, 저작권, 영업비밀과 같은 유형의 산업재산권은 주로 혁신, 디자인 및 신기술 창출을 장려하기 위해서 그러한 발명자/저작자들에게 배타적 권리를 인정, 보호한 것인 반면, 상표의 경우는 그러한 표장을 통해 소비자들이 다양한 경쟁제품/서비스들로부터 선호하는 특정 제품/서비스를 구별하여 구매할 수 있도록 하는 소비자 보호가 주된 목적이다, 따라서, 상표는 특정 기업이 자신의 상품/서비스를 식별하기 위한 표장으로 계속 사용하는 한 권리의 존속기간을 제한할 이유가 없으므로, 상표법상 기본 존속기간은 10년이나, 이후 10년 단위로 무제한 갱신 가능하다.

---

8) 부정경쟁방지법은 상품의 유부나 부정경쟁목적 여하를 불문하며 오직 혼동이 발생되는가 여부만으로 그 규제대상을 정하기 때문이다[홍창원, "상표법과 부정경쟁방지법,"(『지식재산21』 통권 제59호, 2000.3)].

등록되지 않은 상표의 경우에도, 해당 국가에 널리 알려져 있는 경우에는, 대부분 국가에서, 무단 사용으로 인한 소비자 혼선과 피해 방지를 위해 부정경쟁방지법상 부정경쟁행위에 해당되어 규제될 수 있다.

(6) 영업비밀(Trade Secret)

영업비밀이란, 이를 알지 못하거나 이용하지 않는 경쟁자들에 비해 영업상 경제적 이익을 얻을 수 있는, 일반적으로 알려지지 않거나 합리적으로 알아낼 수 없는 공식(formula), 데이터베이스, 작업(practice), 공정(process), 디자인(design), 기구(instrument), 양식(pattern) 또는 정보의 편집물(compilation of information)을 포함하는 것으로,

우리 법('부정경쟁방지 및 영업비밀보호에 관한 법률')에 따르면, 영업비밀은 "공공연히 알려져 있지 아니하고 독립된 경제적 가치를 가지는 것으로서 상당한 노력에 의하여 비밀로 유지된 생산방법, 판매방법 그 밖에 영업활동에 유용한 기술상 또는 경영상의 정보"를 말한다.

영업비밀은 그 명칭에서 내포한 바와 같이, 비밀성 유지를 요건으로 하므로, 특허 등 다른 산업재산권과는 달리, 출원/공개제도가 없고, 이러한 비밀성이 유지되는 한 영구히 존속할 수 있는 반면, 영업비밀의 보호는 공개에 따른 소비자 및 공공 복지 증진에 대한 장려와 기여를 위해 적극적인 보호와 함께 배타적인 권리를 발명자에게 허여한 것이라기보다는, 다른 경쟁자의 영업비밀을 부당하게 도용 또는 기타 부정한 방법으로 사용하는 등의 부정한 경쟁행위를 규제함에 따른 반사적 보호의 성격이 강한 관계로, 대부분의 국가의 부정경쟁행위방지법 등에서 규정하고 있다. 따라서 다른 경쟁자가 도용 또는 부정한 방법으로 특정인의 영업비밀을 침해한 것이 아닌 한, 공개 기술, 독자 개발 등의 방법으로 동일, 유사한 기술/정보를 확보하게 되는 경우, 이에 대한 규제나 보호가 불가할 수 있다는 위험을 감수하여야 한다.

[참고] 주요 지적재산권 개요

		보호 제도	권리설정방식	보호기간	기 타
산업재산권	특허	• 자연법칙을 이용한 기술적 창작으로서 고도한 발명 • 산업상 이용가능성 • 신규성 • 진보성(비용이성)	• 등록에 의해 발생	출원일로부터 20년	
	실용신안	• 방법이나 물질에 대한 기술이론을 제외한, 물품의 형상, 구조, 조합관련 실용적 고안	• 등록에 의해 발생	출원일로부터 10년	미국법상은 해당 없음
	디자인	• 물품의 형상, 모양, 색채 또는 이들의 결합으로 공업적으로 이용 가능한 심미적 창작	• 등록에 의해 발생	등록일로부터 20년	미국 Design Patent는 등록 후 14년 또는 15년[9)]
	상표	• 자신의 상품을 타상품과 식별하기 위해 사용하는 기호, 문자, 도형 또는 그 결합	• 등록주의 • 단, 미등록 저명 상표침해는 부정경쟁방지법에 의한 보호만 인정	등록일로부터 10년, 이후 매 10년 단위 갱신가능	상호: 선사용에 의한 권리 취득, 상법 및 부정경쟁방지법에 의한 보호
저작권		• 문학/학술/예술적 창작의 표현 • 창작성(original) • 표현성	• 무방식주의 • 권리발생은 저작일로부터 발생	생존기간 + 사후70년	우연히 창작된 다수의 동일 저작물 은 각각에 저작권 인정
영업비밀		• 생산방법, 판매방법 기타 영업활동에 유용한 기술상 또는 경영상의 정보 • 비공지성 • 비밀유지성 • 유용성	• 법정요건 없음	비밀성 유지되는 한, 영구	부정수단에 의한 침해행위를 규제함으로 얻어지는 이익

9) 이 책 제1장 Ⅴ. 2.(4) 본문 참조.

[비교 Note 1]

① 특허, 실용신안, 디자인권(의장), 저작권은 발명/창작의 공개를 장려하기 위해 일정한 기간 동안 해당 발명/창작에 배타적 권리를 인정하는 반면,

② 영업비밀은 발명/창작의 공개를 통한 소비자 및 공공복리 증진을 장려하기 위한 것이 아니라, 경쟁자 또는 타인의 영업비밀(발명/정보)을 도용 또는 기타 부정한 방법으로 취득, 사용하거나, 계약상의 비밀유지의무를 위반하여 부당하게 사용, 공개하는 행위를 규제하기 위한 것이므로 부정경쟁방지법에 따라 간접적으로 보호된다.

③ 상표 또한, 경쟁자의 상표를 복제하거나, 유사한 표장을 사용하여 소비자의 혼선을 유발하고 이를 통한 부당한 이득을 얻으려는 불공정한 경쟁행위를 금지함에 따른 간접적 보호의 성격이 강하다.

[비교 Note 2]

① 특허, 실용신안, 그리고 영업비밀은 기술적 '사상(ideas)'을 보호하는 한편,

② 디자인권, 상표권, 저작권은 창작물의 사상이 아니라 시각적 외관, 명칭 내지 기호 또는 표현을 각각 보호한다.

i) 따라서 도서에 기록된 사상의 이용(예를 들어, 특정 장치를 만드는 법)은 저작권에 의해 보호되지 않는 반면, 그러한 도서의 구매자는 저작자의 허락 없이 도서의 복제물을 만드는 것이 금지된다.

ii) 그러나 만일 그러한 장치 또는 공정이 특허 등록을 통해 보호되어 있다면, 특허권자의 허락(라이선스) 없이, 그 기술적 사상인, 특허 등록된 장치를 생산하거나 특허된 공정을 이용하는 행위는 침해가 된다.

[비교 Note 3]

등록을 통한 공개를 요구하는 특허 등 다른 유형의 지적재산권과 달리, 영업비밀은 그것이 비밀로 유지되는 한 보호된다.

i) (등록을 통해 일반대중에 대한 공시효과를 가진 관계로) 특허의 침해는 침해 당사자가 특허된 발명을 실제로 복제하였는지, 독립적으로 개

발하였는지, 또는 다른 방법으로 제3자로부터 합법적으로 취득하였는지 여부와 관계없이 특허된 발명과 동일 또는 유사성이 입증되는 한, 침해가 되나,

ii) 영업비밀은 이를 절취하거나 비공개 계약과 같은 비밀유지계약이나 경업금지 약정을 위반하는 등의 부정한 방법으로 취득, 사용한 것이 아니라면, 단순히 상호 간의 동일, 유사성만으로는 침해가 되지 않는다. 저작권의 경우에도, 복제의 입증이 필요하다. 즉, 어떤 이가 실제로 복제한 것이 아니라, 우연히 저작물과 동일하거나 유사한 예술적 작품을 창작해 낸다면, 이는 침해가 되지 아니한다. 특허, 상표 또는 디자인권과는 달리, 영업비밀 보유자 또는 저작권자는 침해자의 의도(목적), 고의 또는 과실을 입증해야 한다.

[참고] 영업비밀 / 특허 / 저작권 비교

	영업비밀	특 허	저작권
권리성	침해규제에 따른 상대적 이익 또는 채권적 권리	독점적, 배타적 권리	독점적, 배타적 권리
공개성	비공개성(비밀성)	등록에 따른 공개성	표현과 반포에 따른 공개성
범 위	기술상, 영업상 또는 경영상의 정보 포괄	자연법칙을 이용한 고도의 기술적 창작	문학 · 학술 · 예술적 창작의 표현
권리자	보유자 모두에게 영업 비밀 인정	등록된 권리자 한정	우연히 창작된 다수의 동일저작물은 각각에 저작권 인정
침해의사	선의의 제3자 특례	선의, 무과실에 의한 행위도 침해	우연에 의한 유사성은 침해 아님
존속기간	비밀성 유지되는 한 영구	특허등록에 의해 특허권 발생, 출원일로부터 20년	저작일부터 권리발생, 생존기간 + 사후 70년
전환성	특허(저작권) 전환가능	영업비밀로 전환불가	영업비밀로 전환불가

[참고] 발명과 상품 보호전략

경쟁자로부터 발명과 제품을 보호하기 위해서는, 특정 발명기술/제품을 특허와 영업비밀로 나누어 혼합적으로 보호하는 전략이 바람직하다. 즉, 하나의 제품을 일

부는 특허로 구성하여 출원하고, 일부는 출원/공개치 아니하고 블랙박스 형태의 영업비밀로 유지하는 병행 보호전략이다.

발명 기술/제품의 특성상, 물리적인 외관 자체만으로, 또는 분해/해체(unpacking/de-capping), 역설계(reverse engineering)10) 등을 통해 경쟁자들이 용이하게 발명을 파악하기 쉬운 부분은 특허 등록을 통해 보호장치를 확보하는 것이 안전한 반면, 경쟁업체의 침해를 입증키가 어렵거나, 발명자의 제공 또는 증거를 확보하기 어려운 부분은 영업비밀로 유지하는 것이 보호에 유리할 수 있다.

3. 지적재산권 침해 구제수단11)

지적재산권 침해행위에 대한 대응방법은, 관할 국가에 따라 그리고 특정 유형의 지적재산권에 적용 가능한 준거법에 따라 다양한 구제수단이 있다. 일반적으로, 이들 구제수단에는 금전적 손해배상(지적재산권의 유형과 관할 국가에 따라, 실제 손해배상액 대신 고의 침해에 따른 징벌적 손해배상이나 법정 손해배상 포함), 가처분 및 영구적 침해금지 명령 등이 포함된다. 또한 침해자에게는 민사소송 외에도 형사소송에 따른 형사 처벌 및 벌금 등이 가해질 수 있다.

편의상 아래에서는 지적재산권의 대표적 유형인 특허권을 중심으로 설명하고자 한다.

특허권은 등록국가 관할권 내에서 특허권자의 허락 없이는, 다른 사람들이 해당 발명의 생산, 이용, 판매, 그리고 (관할권 내로) 수입을 배제할 권리를 제공하기 때문에, 특허 보호기간 동안, 특허권자의 허가(라이선스) 없이 등록국가의 관할권 영토 내에서 해당 특허에 의해 보호되는 발명의 생산, 이용, 판매 또는 수입하는 행위는 해당 특허권의 침해가 된다.

특허권이 침해된 경우에는, 특허권자는 다음과 같은 구제책을 청구할 수 있다:

① 침해행위의 지속을 방지하기 위한 법원의 금지명령

재판결과, 원고(특허권자) 승소의 경우, 법원은 최종 명령으로서 피고가 장래 지속적인 침해 행위를 하지 않게(침해 행위를 중단하게) 하기 위해, 공공이익

---

10) 분석을 통해 원래의 제품에 구현된 구조, 원리, 기술, 방법, 기능, 알고리즘, 노하우 등을 역으로 분석하여 재구성하는 과정. 역공학, 역분석, 리버싱, RCE, RE라고도 한다[이강석, "역분석의 기술적 이해,"(『SW 역분석과 기술적 보호조치』, 한국저작권위원회, 2009.1). 9쪽].

11) 정승복, 해외특허분쟁 가이드북, 세창출판사, 2008, 304~329쪽 참조. 법무부, 중소기업을 위한 국제지식재산권 분쟁 가이드, 2013, 135~150쪽 참조.

에 반하지 않는 한, 일반적으로 영구적 침해금지 명령[12]을 내린다. 반면, 가처분 명령[13]은, 특허권자(원고)가 (i) 해당 특허의 유효성을 명백히 제시하고, (ii) 특허권자의 승소(피고의 침해판정) 가능성이 높고, (iii) 가처분을 통한 침해중지가 내려지지 않았을 때 발생할 임박하고 회복할 수 없는 피해를 성공적으로 보일 수 있는 경우에만, 한정적으로 허여된다.

◇ 단, 특허권자나 상표권자와 달리, 저작권자는 가처분 명령 없이 침해가 지속되었을 경우 입게 될 영구적인(회복할 수 없는) 피해를 입증할 것이 요구되지 않는다. (특허 및 상표의 경우와 다른 점)

[참고] 국가별 가처분 제도 비교

	특 징	신청요건
미국	- 상대방 참석/의견 진술기회 제공 없이 일방 참석 진행(Ex-parte) 불가능	① 특허권자 승소 가능성 ② 특허권자의 회복 불가능한 피해 여부 ③ Balance of Hardship ④ Public Interest * ①, ② 충족시 ③, ④는 대부분 추정됨
독일	- 긴급하고 명확한 사안의 경우 • 상대 의견 비청취(Ex-Parte) • 짧게는 2~3일 내 가처분 명령 - 의견 청취 필요 시 • 상대에게 청구내용 송달 후 의견청취 또는 심리 진행	① 권리의 법적 유효성 ② 명백한 문헌침해(전문가 감정 없음) ③ 긴급성 * 침해인지 후 2~3개월 내에 제기필요
영국	- Ex-parte 가능 - 가처분 신청 시 법원은 법적 또는 사실적 논란을 해결하지는 않음.	① 특허권자 승소 가능성 ② 특허권자의 회복 불가능한 피해 여부 ③ Balance of Convenience
프랑스	- Ex-parte 가능 - 금지 명령 요건 매우 엄격 • 거의 허여되지 않음 • 일반인은 잘 이용하지 않음 - 신청자 Bond 제공 요구 가능	① 승소 가능성(유효성과 침해 입증) ② 회복 불가능한 피해 ③ 긴급성 * 별도 특허침해소송 제기 필요 * 침해사실 인지 직후 신청 필요: 7개월 내(단, 협상의 경우 연장 가능)
이태리	- Ex-Parte 가능 - 가처분 허여되는 경우 드묾.	① 권리의 유효성 ② 침해가 명백한 경우

12) 이 책 제1장 Ⅲ. 4. 금지명령, 참고.
13) *Ibid.*

	- 원고 담보제공의무 • 비침해 경우 원고가 손해배상 - 일반적으로 6개월 정도 소요되나 기술전문가 의견청취 시 1년도 가능(단, 침해 증거 확실 시 수주 내) - 브뤼셀 조약국 중 일국 소송 시 타국 소송 진행 중지 • 이태리의 느린 소송 속도를 방어 목적으로 이용(Italian Torpedo)	③ 긴급성

② 과거 침해분에 대한 금전적 손해배상

과거 침해행위로 인해 발생한 손실을 보상하는 금전적 손해배상을 말한다. (미국의 경우, 손해배상은 특허의 등록 이후에만 주장할 수 있고, 침해 주장의 통지로부터 최대 6년까지만 배상받을 수 있다)

i) 손해배상액은 침해로 인해 잃은 이익(lost profit)이나 합리적 로열티를 기준으로 판정한다.[14] 여기서 합리적 로열티[15]란, 그 특허권자가 다른 licensee들에게 부과한 royalty rate 또는 침해된 상품에서의 해당 특허의 중요성 또는 가치(기여도)를 고려할 때, 업계에서 다른 경쟁업자들이 부과한 royalty rate중 하나를 기준으로 산정된다.

ii) 미국에서는, 의도적이거나 고의 침해의 경우에는 소송 및 법정대리 비용과 더불어, 특허권자가 입은 손해의 3배까지 부과하는 징벌적 손해배상을 명령할 수 있다.

◇ 미국에서는 저작권의 경우, 저작권자는 실제 손해배상 대신, 침해당 통상 500달러에서 20,000달러까지, 고의 침해일 경우 최고 100,000달러의 법정 손해배상을 택할 수 있다.

③ ITC(국제무역위원회)[16] 제소를 통한 수입금지

---

14) 정승복, 해외특허분쟁가이드북, 세창출판사, 2008, 304~324쪽 참조.

15) 이 책 제2장 Ⅲ. 2.(2).8) Royalty, 참조.

14) ITC는 무역문제에 관한 광범위한 조사권을 가지고 무역 관련 자료를 수집하여 분석하며 미국 무역정책의 기초가 되는 정보를 대통령과 의회에 제공하는 독립적이고, 비정치적이며, 준사법적인 연방정부 무역구제기관[한국전자산업진흥회, "미국의 ITC 특허소송제도,"(『국제특허세미나』, 2004.) p.1]. 변호사, 경제학자, 회계사 등 전문가들로 이루어진 방대한 인적 구성과 기업 간의 연계가 활발하고 정보교류가 빈번하여 무역구제조치로의 연결이 비교적 수

특허권을 침해한 상품이 해외로부터 수입되어 들어 오는 경우, 미국의 경우, 관세법 337조에 따라, 특허권자는 미국 상무부의 국제무역위원회(International Trade Commission: ITC) 산하 행정법원(ITC Court)에 수입배제명령(exclusion order) 또는 중지명령(cease and desist order)과 같은 금지명령(Injunctive Relief)을 신청할 수 있다.

일반적으로 저작권자, 디자인권자, 또는 상표권자는 ITC보다는 관세 당국을 통해 위조 또는 침해 상품을 압수하거나 기타 수입통관을 금지하는 방법이 훨씬 빠르고 용이한 수단이 될 수 있기 때문에, 이들은 ITC보다 관세압류를 주로 활용하는 반면, 특허침해를 근거로 한 세관압류 제도가 없는 대부분의 국가(미국 및 우리나라 등)에서는 주로 특허권자가 국제무역위원회를 통한 수입금지 구제책을 신청한다.

④ 관세청을 통한 통관 보류/압류

EU, 일본, 중국, 인도 등과 같은 일부 국가에서는, 관세법에 따라, 관세청에서 수입 통관절차 대기 중인 특허권 침해 상품의 통관 보류, 금지 및 압수(seizure)를 요청할 수 있는 규정이 있다.

반면, 그 외 대부분의 국가의 관세법상으로는, 침해 확인/식별이 용이한 저작권, 디자인권, 또는 상표권에 대한 침해 상품(위조, 모방 등)에 대해서는 통관 보류 및 압수 규정이 있으나, 특허권에 대해서는 침해를 근거로 한 관세청 압류 규정이 없다.

이는 특허권의 경우, 보호대상 기술/권리 범위 확인은 물론, 침해 판단 등이 대부분 전문성을 요하고, 복잡한 관계로 법원의 명령, 판결 없이 단순히 세관차원에서 압수 또는 통관 금지 등의 조치 허여는 상대방에게 지나치게 부당한 폐해를 초래할 수 있다는 입법적 판단에서 비롯된 것으로 보인다. 실무상, NPE(Non-Prcticing Entities; patent troll 및 기타 해당 상거래를 영위하지 않는 라이선싱 전문업체)가 로열티 협상력 제고를 위한 압박 수단으로 특허권 침해를 사유로, 시장 지배력을 가진 특정 업체가 후발기업의 신규시장 진입을 저지하기 위한 초기 압박 수단으로, 그리고 경우에 따라서는 해당 특허의 유효성, 침해성,

---

월하다는 것이 특징이며, 내용면에서 교역상대국의 무역조치에 관한 조사까지 포함하여 국제통상환경의 변화 및 국내산업에 미치는 영향에 대해서 심층 분석이 이루어진다[동국대학교·지식경제부, "미국 ITC, ITA의 조직 및 역할에 관한 연구,"(2009.12.15.). 97쪽].

[참고] 국가별 특허 침해 관세압류 제도

구분	유럽(27국)	일본	중국		인도
발효연도 (특허권까지 확대)	1999년 * EU Council Reg. * 국가별 관세법 or 특허법 등에서 규정	2003년 * 관세정율법	2004년 *세관관리조례 비안 無	비안 有	2007년 *세관관리조례
통관보류 기간	10일 (추가 10일 연장)	10일 (추가 20일 연장)	20日	50日	제한 無 (비침해 확인 시까지)
특허권자 Bond금액	-	세관요구 금액 (세관필요 판단 시)	물품 전체금액 해당 담보제시	10만 RMB이하 해당 담보제시	물품 전체금액의 27.5%
침해 접수자 Bond금액	예상 손해 배상액	예상 손해 배상액	물품 전체금액	물품 전체금액	미정립 (Bond미접수 or 접수 여부 세관별 상이)
세관 침해조사	진행 無	진행	진행 無	진행	진행
특허청 참여	-	특허청장 의견청취	-	특허청 협조	-

* EU 세관조치: Council Regulation No. 1383/2003

* 비안(備案)제도: Protective Brief filling 제도(사전 filling 통한 상시 monitoring)

부품/기초 단계 특허 허여에 따른 소진론 등 피고측(또는 경쟁업체)의 항변에 대한 승소 불확실성을 잠재우고 유리한 협상으로 종결하기 위한 압박수단으로, 특허권을 근거로 한 관세청 압류제도를 악용하는 사례가 상당히 발생하여 왔다.

⑤ 특허권 침해 claim에 대한 대응

이러한 특허권자의 침해 주장 및 이에 따른 손해배상 등 구제책 신청에 대응하여, 피고는 (i) 원고 측 특허의 무효(invalidity), (ii) 피고 제품/기술의 비침해(non-infringement), (iii) 원고 측의 특허 출원/등록 과정에서 발생한 허위진술/사기(fraud) 등 inequitable conduct 또는 (iv) 특허권 남용(patent misuse) 등과 counter-claim 또는 항변(defense)을 근거로 원고(특허권자)에게 대항할 수 있다.

또한 특허권자의 침해 claim을 받은 잠정 피고 측은, (피소 후에 특허권자의 일방적 일정진행과 공격에 피동적으로 대응, 항변하기보다는) 특허권자가 침해 소송을 제기하기 전에, 먼저 상대적으로 피고 측에 유리할 것으로 생각되는 지역의 법원에, 해당 특허에 대한 무효확인 청구 소송 또는 자신의 제품/기술에 대한 비침해 확인청구 소송 등 선언적 판결(declaratory judgment)을 신청하여 원고 측의 일방적인 일정진행 및 공격에 대한 견제를 통해, 효과적으로 대응 또는 협상력의 균형을 유지하는 전략을 고려할 필요도 있을 것이다.

VI 공정거래(경쟁) 정책과 규정
Anti-Trust(Competition) Policies & Regulations

1. 규제 영역 및 유형

실무상 흔히 공정거래법이라 약칭하고 있는 이 영역은 우리나라에서는 「독점규제 및 공정거래에 관한 법률」에서 규정하고 있으며, 미국에서는 주로 anti-trust law, 유럽에서는 competition law로 불려지고 있다.

각국마다 경쟁법의 구체적 실체법상 규정과 기준은 각기 다르나, 경쟁 정책의 공통적인 목표는, 반경쟁적 행위 및 관행을 규제함으로써 시장에서의 건전한 경쟁을 유지, 증진하여, 소비자 보호와 복지 증진을 도모하는 것이다.

일반적으로, 대부분 국가의 공정거래 법규가 규제하는 주요 3대 영역은 아래와 같다.

① 카르텔(담합) 또는 기타 반경쟁적 계약 또는 부당한 공동행위

[미국, Sherman Act 제1조; EU, 유럽연합의 기능에 관한 조약(TFEU) 101조]

② 시장 지배적 지위의 남용을 통한 반경쟁적 행위

[미국, Sherman Act 제2조; EU, 유럽연합의 기능에 관한 조약 102조]

③ 반경쟁적인 합병 또는 인수(합작 포함)

[미국, Clayton Act 제7조; EU, 유럽연합 이사회 규칙(Regulation) No. 139/2004]

「OECD 다국적기업 가이드라인」에서 회원국의 기업들에게 권고하고 있듯이, 기업들은 그들의 영업활동이 반경쟁적인 효과를 야기할 수 있는 모든 국가의 경쟁법규를 준수하며 영업할 것이 요구된다. 더 구체적으로, 기업들은 경쟁자 상호간에 다음과 같은 사항을 포함하는 반경쟁적 계약 체결 또는 관행을 금지한다. OECD 가이드라인에서 금지한 아래 4대 부당경쟁행위는 미국 및 EU

등 대부분 국가들에서 입법 및 판례를 통해 당연 위법으로 규정되어 왔다.

① 가격담합(Price Fixing)

② 입찰담합(Bid Rigging)

③ 생산량 제한 또는 쿼터 할당(Output Restraint or Quota Allocation)

④ 고객, 공급자, 지역(territory) 또는 중개인(dealer) 할당을 통한 시장 분할 (Market Allocation)

Legal compliance 프로그램의 일환으로 기업은 주기적인 임직원 교육, 특히 최고 경영진을 대상으로 한 교육, 훈련을 통해, 모든 관련 경쟁 법규 준수의 중요성에 대한 임직원의 이해와 인식을 증진하여야 한다.

경쟁법의 일반적인 재판관할권 원칙은, 각 국가의 영토적 경계 이내로 제한되기 때문에, 국내 경쟁법은 자국 시장에 중대한 영향을 미치지 않는 한, 관할 영토 밖의 행위를 다루지 않는다. 그러나 역사적으로 많은 국가들, 특히 미국과 유럽연합은 그들의 관할권 밖에서 이루어지는 반경쟁적인 행위로부터 자국 시장과 소비자(고객)들을 보호하기 위해, 영향이론 또는 효과이론(effects doctrine)[1)]이라 불리는 원칙을 근거로 자국시장 바깥에서 행해진 반경쟁 행위에 대해서도, 국내 시장에 반경쟁적인 효과를 끼친 경우, 치외법권 적용에 의한 재판관할권을 인정하고 있다.

오늘날 거래의 국제화 경향 확산과 함께, 반경쟁행위에 대한 역외관할 적용사례도 확산되어, 특정 제품관련 가격담합 등 동일한 위반 사건에 대해 미국, 유럽 및 중남미 국가에 이르기까지 여러 국가 경쟁당국의 조사, 벌금 및 형사처벌 제재가 줄지어 다발적으로 이루어지는 경우가 빈번히 발생하고 있다. 특히, 이미 오래전부터 미국 독점금지법이 글로벌 스탠더드로 확산된 상황에서, 한국 기업들의 글로벌 경쟁력(또는 market share)이 높은 국가적 효자 산업일수록 각국 경쟁당국의 감시, 규제에 직면할 risk가 높다는 점을 각별히 유의하여, 기업 내 자체적인 'Antitrust Compliance Program'을 만들어 실행에 옮겨야 한다.

이러한 '반독점법 준수 프로그램'에 따른 임직원 교육 및 내부 상시 감시를

---

1) 타국에서 일어난 행위가 자국의 관할권의 거래에 영향을 미칠 때, 국적에 관계없이 자국법을 행위의 주체에게 적용할 수 있다는 이론으로서, 역외적용의 근거가 되어 경쟁법의 국제규범화의 현실적인 필요성을 부각시켰다[김상권, "경쟁정책의 국제규범화와 공정거래법,"(『한국경제연구원』, 1997.9) 22쪽].

통해, 위법행위의 사전예방은 물론, 우발적으로 발생한 위법행위도 조기에 적발하여, 경쟁당국에 자진신고하여 감면혜택(Leniency[2]) 기회를 확보, 과징금 및 형사처벌 risk를 최소화하고, 이로 인한 소비자 피해 또한 조기 차단하여 민사상 손해배상 risk 또한 최소화하는 활동에 최선을 다해야 할 것이다.

[참고] 한국 · 미국 담합사건 처벌비교

미 국	항 목	한 국
담합 부당이익의 2배 또는 피해액의 2배	과징금 한도	담합 관련 매출액의 10% (실부과액 1.5~2%)
법무부가 판단 관련자 70~80% 징역형	형사처벌	• 공정위가 검찰고발해야 가능 • 2007~2011년 담합사건 194건 중 검찰고발건수는 27건(14%) 불과
소비자 집단소송 제기 가능 징벌적 손해배상 적용 (피해액 3배 청구 가능)	소비자 보호	소비자 집단소송 불가 개별 민사소송 의존 (장기간 소요되고 피해 산정 어려움)

* 자료출처: "가격담합땐 미국선 징역형, EU는 매출액 10%까지 벌금," 한겨레, 2014.2.14. http://bit.ly/IPS546K.

2. 부당경쟁 행위 유형 및 검토기준

실무 입문자들의 체계적 이해를 돕기 위해, 미국 법무성과 연방공정거래위원회가 발간한 거래 영역별 Anti-trust Guidelines을 기준으로, 부당경쟁 행위 규제영역 및 유형, 검토기준 등을 요약, 정리하면 아래 도표와 같다.

2) 리니언시 제도는 "부당공동행위에 참여한 기업이 그 사실을 자진 신고하거나 조사에 협조하는 경우 시정조치나 과징금 등 제재의 수준을 감면하는 제도"로서, 첫 번째 자진신고자는 과징금을 100% 면제받게 되며, 두 번째 신고자는 과징금 및 시정조치를 50% 감경받을 수 있다(공정거래법 제22조의2, 동법 시행령 제35조).

심사 면제	심사기준: 합리의 원칙(Rule of Reason)	당연위법
1. 표면적으로 부당경쟁요인이 없으며(and), 2. 관련자들의 총 시장 점유율이 20% 이하 or 경쟁적인 가격으로 사용자에게 제공 가능한 4종 이상의 대체기술이 존재	부당경쟁행위 규제를 위한 안전장치로써, Rule of Reason에 따른 balancing test가 부과됨 [규제영역] ① 수직적(Distribution) 또는 수평적 제한(카르텔과 같은 협력계약) ② 지배적 지위의 남용(독점) ③ 합병 및 인수(합작 투자 포함) [부당경쟁 행위 유형] ① 가격 차별(price discrimination) ② 재판매 가격 유지(resale price maintenance*) ③ 거래 거절(group boycott *) ④ 끼워팔기(package sale/license) ⑤ 배타적 거래(지역, 사용분야, 부품, 대체품 제한) ⑥ 합작투자 ⑦ Cross-Licensing 또는 Pooling Arrangements시 유의사항 • fair, reasonable and non-discriminatory terms and conditions • limiting to technically essential patents, not including alternatives • free to be licensed individually or in a package • worldwide non-exclusive • royalties on actual use of the patents • free to develop and use alternatives • grant back under non-exclusive, non-discriminatory licenses • no joint defense	① Price Fixing ② Output Restraint ③ Bid Rigging ④ Market Allocation (customer, territory)
	Balancing Test: 1. Whether the restraint is likely to have anti-competitive effects? 2. Whether, under the relevant market context, the restraint is reasonably necessary to achieve pro-competitive efficiencies that outweigh anti-competitive effects? (practical and significantly less restrictive alternatives?)	

(1) Per Se Illegal(당연위법)[3)]

불공정거래 목적이나 효과의 입증이 없는 경우에도, 입법 또는 판례를 통해 "per se illegal"로 규정된 행위의 경우에는 그 목적이나 효과에 관계없이 규제됨에 유의하여야 한다.

① price fixing(가격담합)

② output restraint(생산/공급제한)

③ market division(시장분할)

(2) Rule of Reason(합리적 판단)

Balance test between pro-competitive effects VS anti-competitive effects

해당 담합행위가 그 특성상 "per se illegal"이 아닌 경우, anti-competitive effect와 pro-competitive effect와의 비교 및 less restrictive한 대체수단의 존재여부를 종합적으로 고려하여 위반여부를 결정하게 된다. 미국 법원은 경쟁법 위반이 되는지 여부를 판단함에 있어서는 그 행위가 경쟁에 미치는 여러 가지 영향을 고려하여 그것이 합리적인지, 또한 경쟁에 중대한 악영향을 미치는지의 여부를 검토하고, 불합리한 경쟁제한 효과를 가진 행위만을 불법으로 간주한다는 '합리의 원칙'(rule of reason)을 확립해 왔다.

1) Resale Price Maintenance(RPM)[4)]

최근 들어 재판매가격유지에 대한 유럽과 미국의 경쟁당국과 법원의 입장에 상당한 차이가 발생함에 따라, 재판매가격유지를 둘러싼 논쟁이 더욱 확산되고 있다.

---

3) 행위의 부정적 효과와 긍정적 효과를 비교하는 것과 같이 행위에 대한 경제적 비용이나 편익에 대한 판단이나 평가를 인정하지 않는 원칙[이재우, "경쟁과 담합,"(『한국경제연구원』, 1997.1) 17쪽].

4) 공정거래법 제2조(정의) 제6호: "재판매가격유지행위"라 함은 사업자가 상품 또는 용역을 거래함에 있어서 거래상대방인 사업자 또는 그 다음 거래단계별 사업자에 대하여 거래가격을 정하여 그 가격대로 판매 또는 제공할 것을 강제하거나 이를 위하여 규약 기타 구속조건을 붙여 거래하는 행위를 말한다.

공정거래법 제29조(재판매가격유지행위의 제한) ① 사업자는 재판매가격유지행위를 하여서는 아니된다. 다만, 상품이나 용역을 일정한 가격 이상으로 거래하지 못하도록 하는 최고가격유지행위로서 정당한 이유가 있는 경우에는 그러하지 아니하다.

미국에서는 재판매가격유지는 per se illegal유형으로 분류되어 당연 금지되어 왔으나, 2007년, Leegin 판례(Leegin Creative Leather v. PSKS) 이후로 '효과중심(effects based)' 또는 'rule of reason'에 따른 분석, 심사의 대상으로 재분류되었다. Leegin 사건의 법원은 RPM이 [당연(per se) 금지 유형으로 판단하기 위해 필요한 기준인] "항상 또는 거의 항상" 경쟁을 제한하고 output을 감소시킨다고 확언할 수는 없으므로, 해당 재판매가격 제한 합의가 경쟁에 불합리한 피해를 야기했음을 입증하여야 한다고 판시했다.[5)]

반면, 유럽에서는 재판매가격 확정 또는 최저가격의 부과(예, RPM)는 그 자체만으로 일반적인 제한 대상으로 간주되므로, 실제 경쟁에 미친 영향과 관계없이 유럽연합의 경쟁법을 침해하는 것으로 추정된다. 따라서, 재판매가격유지 합의가 경쟁법의 위반인지를 판단하기 위해 경쟁에 미치는 부정적 영향여부를 검토할 필요가 없다. 이러한 추정에 따른 금지를 피하기 위해서는, 합의 당사자들이 예외적 면제를 받기에 충분한 친경쟁적 효과가 충분하다는 것을 반증하여야 하나, 실무상 그러한 면제를 얻기는 어렵다.

2) Group Boycott

경쟁법상, 집단 boycott은 관련 시장에서 경쟁관계에 있는 둘 이상의 사업자들이 실제 또는 잠정적 경쟁자인 특정 기업과의 거래를 중단하지 않는 한, 그러한 당사자와의 거래를 거부하기로 약정하는 2차적 유형의 boycott으로, 이는 거래 거부(refusal to deal)의 유형으로 경쟁자를 시장에서 축출하거나 신규진입을 제지하는 방법으로 악용될 수 있다.

미국에서, 이러한 행위는 셔먼 공정거래법을 위반하는 것으로 간주된다.

해당 boycott의 성격에 따라 법원은 rule of reason을 적용하기도 하고, per se illegal로 판결할 수도 있다.

3) Exclusive Dealing(배타적 거래)

다른 경쟁업체로부터의 경쟁기술 도입 또는 경쟁 제품/부품 구입을 금지 또는 제한하는 약정

---

5) Leegin Creative Leather Products, Inc. v. PSKS, Inc., 551 U.S. 877, (2007).

[참고] Microsoft('95 FTC consent decree)[6)]

Window OS license상 PC 제조업체에 대한 royalty를 실제 적용된 per copy 방식이 아닌 per processor 방식으로 부과하여, 다른 Operating System(예: IBM O/S 2) 탑재 시, 이중으로 royalty를 부담하게 되어 사실상 다른 OS 탑재를 기피하게 되는 결과를 초래한 반경쟁행위로 위법이라는 결정

4) Tying Arrangements(끼워팔기) 또는 Package Licensing

공급자가 특정 물품 공급조건으로, 구매자가 필요로 하는 제품/부품 외에 다른 물품/제품을 끼워서 공급하고, 구매자가 이를 패키지로 구매하도록 강제하는 규정.

표준 특허 라이선스 계약의 경우, 표준 구현상 필수적인 특허 외에 기타 부수적인 특허까지 포함하여 라이선스를 받도록 하고, licensee에게 부수적 특허 포함여부에 대한 선택권을 주지 않는 package license 등도 tying arrangement의 유형으로 rule of reason 기준에 따른 형평성 판단을 요한다.

[참고] U.S. v. Microsoft(1997)[7)]

PC제조업체에 웹브라우저인 Internet Explorer를 Windows 95와 연계 판매한 행위는 반경쟁쟁적 위법행위라는 판결.
* '02 합의금: 캘리포니아($11억), 플로리다(약 $2억).

[참고] Motion Picture Patents Co. v. Universal Film Mfg. Co.(1917 연방 대법원)[8)]

영사기에 필름을 걸어주는 당시 유일한 특허장치 공급자가 자신이 공급하는 필름만을 사용한다는 조건을 붙인 행위는 영화필름 제조업의 독점을 초래할 것이라는 이유로 위법이라고 판시.

---

6) United States of America v. Microsoft Corp., Case Number 94 CV-1564(U.S. Court of Appeals Case Number 97-5343).

7) 1997년 12월 11일, 법관 Thomas Penfield Jackson이 Microsoft가 pc 생산자들로 하여금 Windows 95를 설치하도록 권한 것에 대해 제소, 가처분을 내림[홍성욱, "첨단기술 시대의 독점과 경쟁: Microsoft 소송과 새로운 경제학의 패러다임,"(1998) 1쪽].

8) Motion Picture Patents Co. v. Universal Film Co., 243 U.S. 502(1917).

5) 판매지역 또는 사용지역 제한

지재권에 허여된 독점적 권리의 성격상, 제한적인 license 혹은 no license도 가능한바, 판매지역 및 사용분야 제한은 일반적으로 용인하고 있다. 판매지역/사용분야 제한 등은 경쟁시장에서 특허권자/실시[9]권자를 보호해 줌으로써, 더욱 적극적인 기술투자 및 라이선스를 허여할 인센티브 증대효과가 있기 때문이다.

① 반면, 이러한 exclusive license는 exclusive dealing과 달리 다른 대체/경쟁기술 공급자와 실시권자 간의 거래를 제한하지는 않기 때문에 통상 경쟁제한을 유발하지는 않는다.

② 단, 이러한 exclusive license가 동종업종의 카르텔형성 또는 촉진목적으로 이루어진다면 공정거래법상 규제대상이 된다.

[참고] U.S. v. Pilkington, 1954 FTC consent decree(계약 종결)[10]

평면유리 특허/영업비밀 license계약을 통해 전 세계적으로 판매지역을 분할하여 카르텔을 형성함으로써 세계시장을 독점했다고 제소

6) Grant-Back

라이선스 제공자가, 도입자의 개량기술에 대해 제공자에게 Non-exclusive 조건의 라이선스를 허여하도록 강제하는 grant-back 조항에 대해서는 일반적으로 pro-competitive 효력을 인정한 사례가 많다(개량기술공유, 재실시권 허여로 중복투자 예방 및 혁신 파급효 증대상 필요).[11]

---

9) 발명 또는 특허발명을 그 발명의 내용에 따라 사용하는 것. 즉, 물건발명의 경우에는 그 물건을 생산·사용·양도·대여 또는 수입하거나 그 물건의 양도 또는 대여의 청약을 하는 행위, 방법의 발명인 경우에는 그 방법을 사용하는 행위, 물건을 생산하는 발명의 경우에는 그 방법을 사용하는 행위 및 그 방법에 의하여 생산한 물건을 사용·양도·대여 또는 수입하거나 그 물건의 양도 또는 대여의 청약을 하는 행위["실시," 『지식재산권용어사전』(서울: 특허청, 2005)].

10) United States v. Pilkington plc, 6 Trade Reg. Rep.(CCH) 45, 094, at 44, 689(D. Ariz. filed May 25, 1994), final judgment entered, 1994-2 Trade Cas.(CCH) 70,842(D. Ariz. 1994). Civil Action No. CV 94-345-TUC-WDB.

11) Transparent-Wrap Mach. Corporation v. Stokes & Smith Co., 329 U.S. 637(667 S.Ct. 610, 91 L.Ed. 563).

[참고] 동아건설산업㈜ - Alanco 국제 계약 사례(공정거래위)[12)]

탈황설비관련 기술도입 계약서 중, "기술도입자가 계약제품관련 개량기술 개발시 그 소유권은 기술제공자가 갖는다"는 조항에 대해 이 조항은 기술개량을 이룬 기술도입자의 권리를 부당하게 구속하여 계약제품에 대한 개발의지를 손상시켜 기술개량을 저해하고 그 결과 관련시장에서의 경쟁악화 우려 있다고 판단하여 시정명령 내림.

7) Merger & Acquisition / Joint Ventures / Exclusive Licensing[13)]

미국 anti-trust 법규상, 특허 매입 또는 독점 license 계약의 경우도 Merger Control 절차에 따른 notification이 필요하며, 관할경쟁국의 심사를 경유하여야 한다.

시장지배력을 가진 특정기술 보유자가 한정된 경쟁기술 매입/독점사용권 등의 확보로 인한 독과점 형성 또는 경쟁제한 초래로 인한 anti-competitive effects 발생 가능성을 심사하고, 필요시 이를 규제하기 위한 절차이다.

8) Cross-Licensing 및 Pooling 계약 시 유의사항

① fair, reasonable and non-discriminatory terms and conditions
② limiting to technically essential patents, not including alternatives
③ free to be licensed individually or in a package
④ worldwide non-exclusive
⑤ royalties on actual use of the patents
⑥ free to develop and use alternatives
⑦ grant back under non-exclusive, non-discriminatory licenses
⑧ no joint defense

12) 1994년 4월, 이에 대하여 쌍방은 1994년 8월 해당조항을 "기술도입자가 계약제품과 관련하여 개량기술을 개발하였을 경우 그 소유권은 도입자가 보유한다"라고 기존 계약을 수정하여 개량기술에 대한 권리를 기술도입자가 자유롭게 행사할 수 있도록 하였다[한현옥 · 서정환 · 이인권, 『e비즈니스와 경쟁정책』(서울: 한국경제연구원, 2002) 172쪽].
13) 이 책 제2장 IV. 해외직접투자와 합작투자 참조.

3. 산업기술 관련 표준화 활동 시 유의사항

① 기술 제안 전 특허확보 중요: 산업기술표준 성격상, 제안된 기술들은 공개를 원칙으로 하므로, 더이상 영업비밀로 유지될 수 없는바, 표준채택을 위한 제안 전 특허출원을 통한 권리확보가 필요하다.

② 특허 보유 여부 공개의무와 위반 시 특허권 행사제한 risk

③ 표준화 단체의 규정 및 참여계약상, FRAND(Fair, Reasonable & Non-Discriminatory)[14] 조건 또는 RF(Royalty Free/zero) 조건[15] 존재 여부 확인 및 licensing 시 준수 유의

④ 성격상, 복수 경쟁업체간 협의로 인한 공정거래법상 부당 공동행위 유형에 해당되므로 각별한 주의의무

i) 경쟁/대체 기술 개발/사용 제한

ii) (표준기술에 대한 기술적 논의 외) biz 전략, 생산수량, 가격, 제품화 시기 등 합의

iii) 표준기술에 대한 접근 거부 및 의도적 지연

iv) 경쟁업체의 참여 배제

v) 의도적으로 특정기업에 유리/불리한 표준 사양 책정

vi) 표준에 적용된 특허 비공개

vii) Essential 특허 평가는(특허권자 간의 협의, 결정이 아닌) 독립된 전문기관에 위임

viii) Licensing 협의는 표준화 단체와 분리된 특허권자들이 단독 또는 공동으로 진행/관리

⇒ 저촉 가능성 있는 특허조사 과실로 인한 손해배상 책임문제 발생 가능성 등

---

14) 프랜드(Frand)란 Fair, Reasonable and Non-discriminatory의 약자이다. RAND(Reasonable and Non-Discriminatory)라고 불리기도 하는데, 표준제정기구들(Standard-setting Organizations)에서 단체의 규정 또는 참여사들 간의 계약/서약을 통해, 기술표준화 과정에 참여한 기술제안자에게 요구되는 것으로, 제안자의 제안기술이 기술 표준으로 채택될 경우 다른 기업들에서 그 특허기술을 사용하고자 할 때 제안자(특허권자)는 공정하고 합리적이며 비차별적(Fair, Reasonable and Non-discriminatory)으로 로열티 등 사용조건을 협의해야 하는 의무를 말한다. Wikipedia 참조.

15) RF(Royalty Free) 조건: 필수기술에 대한 로열티를 면제하는 로열티 면제조건[건국대학교 · 산합협력부, "공정거래법 자율준수를 위한 표준화기구의 모범운영지침에 대한 연구"(2011. 6.30.) 89쪽].

[참고] Dell Computers, Inc. (1996)[16)]

VESA (Video Electronics Standard Association)의IPR policy에 따른 규격채택 이전 보유 특허 공개의무 위반으로 해당 특허권 행사불가(FTC consent decree)

[참고] Rambus, Inc. (v. Infenion, 2003)[17)]

JEDEC (Joint Electron Devices Engineering Council) IPR policy에 따른 SDRAM 규격채택 이전 특허(출원) 공개의무 위반으로 해당 특허권 행사불가

[참고] Sun Microsystems, Inc. (v. Kingston Technologies, 2001)[18)]

DIMM(dual inline memory module) 규격관련 JEDEC IPR policy 위반으로 소송 drop

---

16) Dell Computer Corp., FTC No. C-3658, 1996 FTC LEXIS 291(Decision and Order)(May 20, 1996).

17) *Rambus Inc. v. Infineon Technologies AG*, 318 F.3d 1081(Fed. Cir. 2003).

18) Sun Microsystems, Inc. v. Kingston Technology Co., 57 U.S.P.Q.2d 1822(N.D. Cal. 2000).

VII 국제상거래 관련 준법관리
Legal Compliance

1. Discovery(증거조사제도)와 증거보존의무

앞서 살펴본 바와 같이, 국제 상거래관련, 당사자 간 상호 합의에 따라 체결한 계약상 분쟁은 물론, 이러한 거래를 위한 협상, 체결, 이행 과정에서도 양 당사자국은 물론 관련 제3국의 공정거래 법규상 카르텔 등 anti-trust 조사/제재 및 지적재산권 보호법규에 따른 특허, 영업비밀 침해 피소, 제조물책임 관련 피소 등 다양하고 광범위한 영역에 걸쳐 뜻밖의 법원, 중재 또는 준사법/행정기관의 심판에 계루될 risk가 상존하고 있음을 유의하여야 하며, 이에 따른 legal compliance(준법관리) 및 문서 및 기타 증거 관련 일상적 교육 및 관리에 만전을 기해야 한다.

각국마다, 소송절차 및 증거관련 법상 세부적인 차이가 있으나, 미국이 오늘날 대부분 주요 국제거래의 중심이 되어 있는 것은 부정할 수 없는 사실이며, 직접적인 거래가 미국과 관련 없다 하더라도 2차적 또는 간접적으로 미국시장에 영향을 미치는 한[1], 미국 법정/중재를 통한 분쟁제기 및 방어가 불가피한 현실이므로, 미국 소송관련 절차법/판례를 기준으로 향후 분쟁 시에 대비한 문서, 자료 등 잠재적인 증거 관리 및 보존 의무에 대한 필요성이 대두되고 있다.

---

1) 제1장 VI. 1.에서 기술한 Effects Doctrine 참조.

[참고]

미국법정 선호 이유: 다른 어느 국가에서 보다 변호사 비용 등 소송 비용이 높음에도 불구하고 아래와 같은 이유로 원고 측은 미국시장과의 직접, 간접 관련성을 이유로 미국 법원에 제소하는 경향이 높음.

i) 상대방 보존 자료에 대한 광범위한 접근 통한 증거 확보가 가능하다.

ii) ITC(International Trade Commission)[2] 또는 법원 제소 직후 Temporary Restraining Order, Preliminary Injunction[3] 등 신청을 통해 손해배상 판결 이전의 초기단계에서 상대방의 영업을 제지하는 등 압박수단 확보가 용이하다.

iii) 상대적으로 높은 손해배상 규모 및 특허권 고의침해 등의 경우 징벌적 3배 배상이 가능하다.[4]

(1) Discovery(증거조사제도)

우리나라를 포함한 대부분의 대륙법계에서는 증거자료 제출은 입증책임이 있는 당사자가 부담하는 것이 원칙으로 되어 있고 민사소송법상 문서제출 명령제도(민소법 제344조 이하[5])가 있음에도 상대방이 보관하고 있는 문서를 법정에

---

2) 제1장 V. 각주 14 참조.

3) 제1장 Ⅲ. 4. 금지명령 참조.

4) 손해배상의 전보적 기능뿐만 아니라 불법행위자를 제재하고 차후 불법행위의 반복을 방지할 수 있도록 하는 영미 특유의 제도. 이때 가해자의 단순한 과실만으로는 부족하고, 사회가 일반적으로 용인하는 범위의 잘못을 넘어 피해자의 권리 내지 법익침해에 대하여 악의적이거나 의도적으로 결과발생을 용인하는 정도의 심한 고의가 있어야 한다. 이에 대한 입증책임은 피해자에게 있다(「징벌적손해배상연구」, 『세계법제정보센터』, 2012.12., 10쪽. http://bit.ly/1QEeoYt).

5) 민사소송법 제344조(문서의 제출의무) ① 다음 각호의 경우에 문서를 가지고 있는 사람은 그 제출을 거부하지 못한다.

1. 당사자가 소송에서 인용한 문서를 가지고 있는 때
2. 신청자가 문서를 가지고 있는 사람에게 그것을 넘겨 달라고 하거나 보겠다고 요구할 수 있는 사법상의 권리를 가지고 있는 때
3. 문서가 신청자의 이익을 위하여 작성되었거나, 신청자와 문서를 가지고 있는 사람 사이의 법률관계에 관하여 작성된 것인 때. 다만, 다음 각목의 사유 가운데 어느 하나에 해당하는 경우에는 그러하지 아니하다.
   가. 제304조 내지 제306조에 규정된 사항이 적혀있는 문서로서 같은 조문들에 규정된 동의를 받지 아니한 문서
   나. 문서를 가진 사람 또는 그와 제314조 각호 가운데 어느 하나의 관계에 있는 사람에 관하여 같은 조에서 규정된 사항이 적혀 있는 문서
   다. 제315조제1항 각호에 규정된 사항중 어느 하나에 규정된 사항이 적혀 있고 비밀을 지킬 의무가 면제되지 아니한 문서

② 제1항의 경우 외에도 문서(공무원 또는 공무원이었던 사람이 그 직무와 관련하여 보관하거나 가지고 있는 문서를 제외한다)가 다음 각호의 어느 하나에도 해당하지 아니하는 경

제출토록 강제하기에는 현실적인 어려움이 있다.

반면, 영미법계에서는 소송진행과정상 Discovery(증거조사) 단계[6]를 두어, 소송 당사자는 소송과 관계된 모든 자료를 법정에 제출하도록 하여, 당사자 상호 간 상대방의 관련 자료 및 제3자로부터 소송에 관련된 자료를 수집하여 증거를 확보할 수 있도록 강제하고 있다. 특히 미국 연방 민사소송법규상 법원의 증거제출 명령에 따르지 않을 경우, 법원은 상대방의 주장대로 사실을 인정하거나, 청구의 전부 또는 일부를 기각당하는 등의 제재를 받는 등, 소송에 치명적인 불이익을 받을 수 있어 증거제출을 대비한 증거보존에 상당한 관리와 유의를 요하고 있다. 소송초기 Discovery과정을 통해 광범위한 관련 자료 및 증거분석이 가능한 결과, 상대적으로 소송 전망에 대한 판단이 용이하여, 대부분의 소송 건들이 Discovery 단계 완료 전 또는 직후 협상을 통해 화해, 또는 소 취하를 통해 중도에 종결되고 있다.

1) Discovery 범위

원칙적으로, 특정 면책특권(privilege)[7]으로 보호되지 않는 한, 당사자 상호 간의 주장, 방어 및 기타 소송에 직접, 간접적으로 관련된 모든 정보 및 자료는 Discovery의 대상이 된다. 이메일, 전자문서 및 각종 전산 데이터 file 등과 같은 Electronically stored information도 대상 범위에 포함된다는 점을 유의하여야 한다(e-discovery).

2) 증거보존의무

이러한 discovery 대상이 되는 자료 및 기타 증거에 대한 보존 의무는 소송이 합리적으로 예견되는 시점부터 발생하고, 그 시점부터는 증거 보존에 만전

우에는 문서를 가지고 있는 사람은 그 제출을 거부하지 못한다.
1. 제1항 제3호 나목 및 다목에 규정된 문서
2. 오로지 문서를 가진 사람이 이용하기 위한 문서

6) Discovery 단계는 "Complaint & Summons(소환과 소환장) → Answer(답변서) → Discovery(증거조사) → Summary Judgment(약식판결) → Presentation of Evidence at Trial(공판) → Execution of Judgment(판결 집행)"으로 이루어지는 일반적인 미국의 소송 절차 중 하나의 단계이다.

7) 증거제출의무에 대한 예외를 설정할 수 있는 변호사-의뢰인 특권(Attorney-client Privilege)와 직무성과물 면책(Work Product Immunity)[이창훈, "미국 특허소송 중 증거개시절차의 면책규정 적용에 대한 고찰"(『지식재산연구』 제6권 제3호, 2011.9.) 74쪽].

을 기해야 하며, 임의로 파기·은닉한 사실이 발견되면 법원의 제재[8]를 받을 수 있다. 소송이 합리적으로 예견되는 시점이라 함은, 소장 접수만이 아니라, claim letter 접수 또는 소송의 예고/경고 등을 접한 시점까지 포함되며, 이러한 예견 시점부터 가급적 조속히 사내 관련 임직원에게 그러한 정보, 자료를 보존하라는 취지의 litigation hold notice를 문서로 통보해 두어야 한다.

이러한 증거조사 및 보존의무 대상은 상당히 광범위한 영역에 걸쳐 있고, 내부 업무분야에 상관 없이 상대방의 요구에 따라 광범위한 내·외부 인사를 대상으로 방대한 자료가 제출되는 관계로, 수많은 관련자료 속에 섞여 무심코 제출된 단순한 이메일 또는 서한이 단초가 되어 대상인력의 범위가 뜻하지 않게 확대되거나, 이 과정에서 최초 제출되지 않았던 2차적 문건으로 연결되어 결정적 증거로 채택, 패소하는 경우도 다수 발생한다. 따라서, 사후적 문서 관리뿐만 아니라, 문서 작성, 배포 단계에서부터 향후 잠재적 소송 증거 대상이 될 수 있다는 관점에서 체계적·효율적인 문서·자료 관리가 요구된다.

(2) 문서관리

〈문서관리의 12대 원칙〉

① 반드시 필요한 경우에만 문서 작성/전송할 것: 유선 또는 회의 통한 구두 협의

② 자기의 권한(구체적 수임 포함)과 책임 하에 결정 또는 지시, 통보할 것: 권위 또는 힘 싣기 용도로 상사 또는 기타 경영진 확대 언급 자제

③ 위법한 내용을 기재하지 말 것

④ 입증되지 않은 책임 또는 과실을 인정하지 말 것: 타사 영업비밀, 특허 등 지재권 침해 또는 anti-trust 오해 소지 있는 표현 금지

⑤ 의도하지 않은 약속 또는 합의를 하지 말 것

⑥ 사실을 은닉, 왜곡하거나 과장하지 말 것

⑦ 반드시 필요한 임직원들에게만 문서를 공유 또는 참조 전송할 것: 실무 회의록, 보고서 등을 자신의 실적 appeal 등 해당 관련업무 외의

---

8) SK하이닉스와 램버스 간의 14년간에 걸친 1심 판결에서 SK하이닉스가 램버스 특허를 침해했다는 판결과 함께 손해배상 명령이 났음에도, 이후 램버스가 불법적으로 증거자료를 파기했다는 증거로 인해, 손해배상금이 대폭 감액되는 대반전이 일어났던 사건이 좋은 사례이다. 참조: '드라마' 같던 SK하이닉스-램버스 14년 특허전쟁, 머니투데이, 2013.6.12.

목적으로 직접 참석 또는 의사결정선상에 있지 않은 CEO 및 경영진까지 default로 확대 배포 경향 근절하고, 팀장의 재량과, 판단하에 상부보고 필요성 결정함이 바람직하다.

⑧ 반드시 필요한 경우에만 재전송할 것: 일단 배포된 후는 전자문서 특성상 확대 재전송, 복사 등에 대한 사실상 관리가 불가하여, 향후 증거보존의무에 치명적 결함 발생 우려

⑨ PC 하드디스크 등에 불필요한 전자파일을 저장하지 말 것.

⑩ 캐비닛 등에 불필요한 문서/서류를 보관하지 말 것.

⑪ 외부 정보/data 수록 시 출처를 반드시 밝힐 것: 타사로부터의 영업비밀 침해 claim 대비 사전 defense 확보필요; anti-trust관련 조사, 제소 시 경쟁업체 간 협의 통한 정보 입수가 아니라, 시장조사기관 또는 public source 등 정당한 route 통해 입수한 정보임을 반증할 필요가 있다.

⑫ 대외비 문서에는 "대외비"임을 반드시 표시할 것: 자신의 영업비밀을 보호하기 위한 요건 중 하나(비밀 유지/관리 노력도)이며, 향후 소송 시 증거보존의무 등 관련 제출면책 또는 기타 보호 특권 유지 위한 사전 조치이다.

(3) 문서 Marking 유형: 증거보호 및 제출의무 면책 특권

1) Confidential

대외비 또는 영업비밀: NDA 또는 영업비밀 보호법상 보호 대상인 경우, 법원에 증거제출 의무는 있으나, 소송에서 상대방 당사자나 제3자에게는 열람, 공개가 금지되고, 해당 법원과 그 변호인에게만 열람이 허용되어 영업비밀을 보호할 수 있다.

또한, 이러한 Confidential 자료/정보 중 특별히 법원의 비밀보호 명령(Protective Order)[9]을 통해 사업상, 경영상 중요한 자료 및 노하우 등을 보호할

---

9) See below, http://www.frostbrowntodd.com/resources-1084.html:

In trade secret litigation, levels of protection have been adopted to balance access to discovery and trial materials against the misuse of documents and information containing trade secrets produced in discovery. Absent any protective order, documents produced in litigation may be used for any purpose, including direct competition. Thus, protective orders are essential in trade secret litigation.

The lowest protection of trade secrets is the designation of information as "**Confidential**"

수 있는바, 그 열람 허여 범위는 구체적인 법원의 명령 내용에 따라, i) 해당 법원에만 개시되거나, ii) 상대방 변호인에게만 소송상 사용목적에 한해서만 (Attorney's eyes only) 열람이 한정되는 보호조치를 받을 수도 있다.

2) Privileged & Confidential: Attorney-Client Communication10)

① 변호사 상담관련 교신으로 (미국) 증거법상 보호 대상(제출의무 면제)

② 원칙적으로 client가 attorney로부터 법적 의견 또는 법적 절차 지원 등을 구하기 위해 양자 간 교신한 내용이 그 대상이 되며, client가 자유롭게 변호사의 법적 advise를 구할 수 있도록 보호하기 위한 특권으로 discovery 대상에서 제외된다.

i) 특권 주장자가 client이며,

ii) 변호사와의 교신으로,

◇ EU에서는 in house counsel과의 교신은 면책 특권에서 제외 경향

Under such designation, "confidential" information can only be used in that particular litigation, but may be shared with and reviewed by the parties and all employees of the parties, witnesses, experts, legal counsel, and anyone else involved in the litigation process. Such persons should be required to acknowledge the obligation to maintain the information on a confidential basis. Breach of this obligation may result in court imposed penalties, including contempt of court.

Courts designate the intermediate tier of protection as "**Attorneys And Client Representative.**" Under this category, counsel has access to all the opponent's trade secret information, but only one or a few client representatives, agreed to by the client and the litigation opponent, may receive access to such information. The limited client representative must acknowledge the obligation to refrain from disclosure to any other client employee and abide by the prohibition from use outside the litigation. Enforcement of the restriction may include the court's contempt powers.

The most restrictive designation is the limitation of information only to legal counsel under the "**Attorneys' Eyes Only**" designation. Under this restriction, documents produced and information disclosed are only shared with the parties' legal counsel, including legal staff, and under certain restrictions, outside experts. None of the specific information can be revealed to anyone associated with the client or the client itself. However, the party seeking this designation bears the burden of proving that each document labeled as "attorneys' eyes only" is sensitive enough to warrant such a restriction. Courts strictly adhere to this requirement and have threatened sanctions against the parties that label documents "attorneys' eyes only" arbitrarily or without "an adequate factual basis."

10) See, http://www.sgrlaw.com/resources/trust_the_leaders/leaders_issues/ttl5/916/.
See also, https://en.wikipedia.org/wiki/Attorney%E2%80%93client_privilege.

iii) 제3자 참여 없이 client와 attorney 간에 한정되었고,

iv) 법적 의견, 법적 서비스, 법적 절차상 지원 등 법률 자문을 구하기 위한 것으로

v) Client가 특권을 포기하지 않아야 한다.

3) Privileged & Confidential : Attorney Work Products[11)]

① 변호사 자문/의견관련 문서로 (미국) 증거법상 보호 대상(제출의무 면제)

② 소송을 예상하여 준비과정상 변호사가 작성한 문서, 또는 변호사의 검토, 지시에 따라 client가 작성한 문서나 이와 관련하여 실험, 분석한 결과 등이 그 보호 대상이다.

단, 본건 특권주장 자료 외에는 달리 동일 정보를 입수할 수 없거나 현저히 곤란한 경우는 그 특권이 인정되지 않을 수도 있다(예: 주요 증인의 사망으로 당해 변호사의 증언 기록 외 달리 증언을 확보할 수 없는 경우).

4) Privileged & Confidential: Settlement Discussion Purpose Only(Subject to FRE 408)

① 화해 협상 용도로 작성/교환된 내용 등은, 미국연방 증거법(Federal Rule of Evidence) 제408조상, 보호 대상으로 제출의무가 면제된다.[12)]

② 협상/화해 용도 증거에 대한 면책특권은 아래 두가지 원칙에 의거하여 입법상 허여된 것이다.

첫째, 협상관련 증거는 일반적으로 분쟁종식을 통한 평화/화해 도모, 소송/법률비용 절감 또는 기타 분쟁 본안과는 무관한 다양한 사유가 제안을 유도할 수 있으므로, 분쟁사안과 무관(irrelevant)한 것으로 간주된다.

둘째, 법적 분쟁에 대한 당사자 간 자발적 화해를 조장하기 위한 정책적 배려이다.

---

11) See, Craig D. Bell, Thomas E. Spahn, Christopher S. Rizek, "A Guide to the Attorney-Client Privilege and Work Product Doctrine for Tax Practitioners"(2007), p.11.
See also, https://en.wikipedia.org/wiki/Work-product_doctrine.

12) FRE 408조상 보호대상 범위가 광범위한 반면, 예외 또한 다양함을 유의하여야 한다. 제한 및 예외관련 아래 참조.
See for limitations and exceptions, http://www.law360.com/articles/245751/the-limits-of-federal-rule-of-evidence-408.

[참고] Federal Rules of Evidence 408[13)]

(a) **Prohibited uses.** Evidence of the following is not admissible on behalf of any party, when offered to prove liability for, invalidity of, or amount of a claim that was disputed as to validity or amount, or to impeach through a prior inconsistent statement or contradiction:
ⓐ furnishing or offering or promising to furnish or accepting or offering or promising to accept, a valuable consideration in compromising or attempting to compromise the claim, and
ⓑ conduct or statements made in compromise negotiations regarding the claim, except when offered in a criminal case and the negotiations related to a claim by a public office or agency in the exercise of regulatory, investigative, or enforcement authority.
(b) **Exceptions.** The court may admit this evidence for another purpose, such as proving a witness's bias or prejudice, negating a contention of undue delay, or proving an effort to obstruct a criminal investigation or prosecution

2. 영업비밀 관리 및 침해 Claim 예방

(1) 입법경향 특징

오늘날 수송, 정보, 통신수단(fax, E-mail 등)의 발달로 인해 날로 급증하는 침해행위에 신속하고 효율적으로 대처하기 위해, 세계 주요국은 최근 영업비밀 보호를 위한 특별법 제정 또는 기존 법규의 개정보완을 통해 처벌행위의 확대 및 형사적 처벌의 도입 및 확대 등 그 구제수단을 강화하고 있는 추세이다.

이러한 입법경향의 주요 특징은,
▷ 형사처벌 규정의 도입 및 강화
▷ 미수나 음모에 대한 처벌
▷ 외국유출에 대해서는 가중처벌하고,

13) See, http://federalevidence.com/federal-rules-of-evidence/Rule.408.

민사적 구제수단에 있어서도

▷ 예방/금지 청구권의 인정

▷ 악의로 침해 시 징벌적 배상을 인정하는 등

자국의 주요 산업기술 보호 및 국외유출방지를 위해, 영업비밀 침해행위에 대한 보다 강력한 응징자세를 보이고 있다.

(2) 미국의 통일영업비밀법 및 경제스파이규제법

이러한 영업비밀보호 강화정책의 대표적인 입법사례로서, 미국은 현재 47개 주가 통일영업비밀법("Uniform Trade Secret Act")을 채택하고 있으며 그 외의 주도 별도의 영업비밀법을 시행하여 민사적 구제를 강화하고 있다.

① 미국에서도 Trade Secret로 보호받기 위해서는 "(a) novel (not generally known or available), (b) economically valuable, and (c) efforts to keep secret"을 요건으로 하고 있다.

[참고] Uniform Trade Secrets Act

"information, including a formula, pattern, compilation, device, method, technique, or process, that: (i) derives independent economic value, actual or potential, from not being generally known to, and being readily ascertainable by proper means by, other persons who can obtain economic value from its disclosure or use, and (ii) is the subject of efforts that are reasonable under the circumstances to maintain its secrecy."

② 고의나 악의로 인한 침해의 경우, 2배까지의 징벌적 배상 규정을 두고 있으며, 변호사 비용까지 부담시킬 수 있다.

손해배상 외에 침해자가 얻은 부당이득에 대한 반환청구권을 인정하고,

예방/금지청구권을 인정하되, 예외적인 상황에서 사용을 금지할 수 있는 기간에 대하여 로열티 지급명령을 할 수 있다.

③ 또한, 형사특별법으로 1996년, Clinton 정부는 산업기밀침해, 특히 해외유출에 대한 형사처벌 및 제재를 제도화한 연방 경제스파이규제법(Economic Espionage Act of 1996)을 제정한 후,

2012년 일부개정을 거쳐 현재까지 시행되고 있는바,

외국정부/기관의 이익을 도모하거나 그러한 이익을 야기한 침해행위에 대해서는 국내유출과는 차별된 가중처벌을 적용하여, 개인은 징역 15년, 벌금 5백만 달러까지, 기업은 1천만 달러, 또는 침해로 인한 이익액의 3배 중 더 큰 액수 이하까지의 벌금에 처한다.

연방형사특별법 형식으로 제정된 경제스파이규제법은 산업, 경제기밀 등의 해외유출로 인한 국내산업경쟁력 저하를 방지하기 위해 검찰 및 기타 수사당국(주로 FBI)의 주도하에 신속하고 강력한 제재체계를 수립하는 데 초점을 두고 있다.

이러한 형사적 제재는 일반 사인에 의한 민사소송 시보다 신속한 진행·종결효과가 있고, 증거수집·진행 면에서 여력이 부족한 중·소규모 업체들이 국가기관을 활용하여 침해에 효과적으로 대처할 수 있도록 한다.

본 법은 침해기밀이 사용된 제품이 수입 또는 판매되는 경우 몰수를 통해 시장진입을 봉쇄할 수 있는 강력한 제재수단을 제공한다.

또한 검찰 주도하에 사건을 진행·처리하므로 피해기업이 침해기업과의 지속적인 BIZ 관계를 고려해야 할 필요가 있을 경우 불편한 반목을 피할 수 있는 장점이 있다.

(3) 우리나라의 영업비밀 보호법규: 부정경쟁방지법(영업비밀보호법)

1) 영업비밀보호법상 보호요건

① 공공연히 알려져 있지 아니하고,

② 독립적 경제적 가치를 가진 것으로서,

③ 상당한 노력에 의하여 비밀로 유지된 생산방법,

판매방법, 그 밖에 영업활동에 유용한 기술상 또는 경영상의 정보로 규정하여 「비공지성, 「유용성」 및 「비밀관리성」을 요구하고 있다.

[참고] 비밀관리성

(판례상 기준)

보유자가 비밀로서 유지하려는 객관적인 노력을 다했는지에 초점을 둔다.

① 영업비밀 표시, 접근 통제(암호설정), 보관 책임자 지정 등 관리 system

② 임직원 대상 비밀유지서약서 징구, 비밀관리 기준 등 관련 교육 및 관리실태

감사 실시 등 관리 실행
③ 공동업무, 협업 등 제한적 공개 불가피 시, 상대방에 대한 비밀유지 계약 및 서약 확보 및 제공정보에 대한 비밀표시 및 종료 시 파기, 반환 등 관리
④ 회사 시설 및 전산시스템에 대한 외부 접근 차단 system 및 관리 노력 등

2) 영업비밀 침해행위의 유형

① 영업비밀의 부정취득 · 사용 · 공개
* 부정취득: 절취, 기망, 협박, 기타 부정한 수단으로 취득하는 행위
* 공개: 불특정 다수뿐만 아니라, 비밀 유지하면서 특정인에게 알리는 것도 포함
* 해당 영업비밀을 알고 있는 자를 직원으로 채용하는 경우도 부정 취득에 해당
* Reverse engineering[14]은 부정한 방법에 의한 영업비밀 취득이 아님
단, 관련계약상 금지규정 존재 시 계약위반에 따른 책임 발생
* 실제 연구, 개발 등에 활용하지 못했더라도, 일단 해당 영업비밀을 열람(저장 후 실행)단계에 이르면 사용미수의 형사 책임 발생

② 부정취득 행위사실의 사전인지 후 취득 · 사용 · 공개(2차적 침해)

③ 부정취득 행위사실의 사후인지 후 사용 · 공개(2차적 침해)
* 선의자에 대한 특례: 부정행위자와의 계약상 권원의 범위 내에서 행한 선의자의 계속된 사용행위는 침해행위를 구성치 않음.[15]

④ (계약관계 등에 따른) 비밀유지의무 위반행위(사용 · 공개)

⑤ 비밀유지의무자의 부정한 목적에 의한 공개행위사실의 사전인지 후 취득 · 사용 · 공개(2차적 침해)

⑥ 비밀유지 의무자의 부정한 목적에 의한 공개행위사실의 사후인지 후 사용 · 공개(2차적 침해): * 선의자에 대한 특례 존재

◇ 사전인지 또는 사후인지: 알거나 중대한 과실로 알지 못한 경우 포함

---

14) 제1장 V 각주 10 참조.

15) 영업비밀 취득 시에 영업비밀의 부정공개 사실 또는 부정취득행위나 부정공개행위가 개입된 사실을 중대한 과실 없이 알지 못한 채 거래에 의하여 당해 영업비밀을 취득한 자가 거래에 허용된 범위 안에서 영업비밀을 사용하거나 공개하는 행위에 대하여는 금지청구, 손해배상청구, 신용회복조치를 청구할 수 없음[이홍재, "영업비밀의 이해 – II. 영업비밀 침해"(『고분자 과학과 기술』 제25권 3호, 2014.6) 254쪽].

3) 영업비밀 보호제도

[민사적 보호]

① 침해금지 또는 예방 청구권: 본안 및 가처분

② 침해행위 조성물의 폐기 · 제거 청구권: 본안 및 가처분

③ 손해배상 청구권

손해액 추정: 이익률 혹은 단위수량당 이익액

④ 신용회복 청구권

[형사적 보호]

5년 이하의 징역 또는

5천만 원 이하 벌금, 초과시 재산상 이득액의 2배~10배 벌금(병과 가능)

국외유출가중처벌: 10년 이하 징역 또는

1억 원 이하 벌금, 초과시 2배~10배의 벌금(병과 가능)

[참고] 업무상 배임죄

영업비밀에 해당하지 않는 경우에도 전직 종업원이 퇴직, 전직 시 해당 정보를 가지고 나간 경우 처벌 가능함은 물론, 해당 영업비밀을 경쟁사에서 사용, 공개하지 않아 영업비밀침해에 해당하지 않는 경우에도 업무상 배임죄로는 처벌 가능

10년 이하 징역 또는 3천만 원 이하 벌금

* 재산상 이득액이 5억 원 이상 경우, 특정경제범죄가중처벌법에 의한 가중처벌
* 산업기술의 유출방지 및 보호에 관한 법률(해당 기술이 국가가 지정한 핵심산업기술인 경우): 5년 이하 징역 또는 5억 원 이하 벌금 (국외유출 가중 처벌)

〈요건〉

i) (목적) 부정한 이익을 얻거나 손해를 가할 목적으로

ii) (비신분범) 해당 영업비밀을 취득, 사용하거나 제3자에게 누설한 자

iii) (미수 및 예비/음모도 처벌)

iv) (비친고죄) 피해자의 고소를 필요로 하지 않는다.

(4) 제3자 영업비밀 침해 제소 예방 및 방어 Guideline[16)]

1) 자료 관리

① 원칙적으로 외부에 경쟁사 영업비밀성 자료, 정보 요청 금지

② 경쟁사 관련 정보, 자료 입수 시 일시, 장소, 입수 source 등 기록관리

동향 파악 시에도 오해의 소지가 없도록 표현에 각별한 주의, 이메일이나 문서보다는 유선통화 또는 구두 전달이 좋다.

2) 채용 관리

① 경력직원 채용 시, 전직의사 없는 경쟁업체 핵심인력에 대한 적극적 접촉, 유인 금지(부당 스카우트 인정 우려)

② 가능한 공개채용, 헤드헌트 통한 접촉 및 채용

③ 경쟁사 단일 업무군/팀 소속 대규모 인력 채용 자제

④ 경업금지 약정체결 여부/기간 및 영업비밀유지 의무 조사/확인

⑤ 입사 시 관련 정책 교육 및 준수 확약서 확보

⑥ 전 직장 자료, 정보 반출 금지 및 폐기, 현 직장 내 반입, 저장, 보관, 사용 등 금지

단, (전 직장으로부터의 부당하게 반출한 영업비밀 자료 활용 없이) 경력직원이 과거 해당 업무 경력/경험을 통해 지득한 일반적인 전문지식이나 능력을 현업에 활용, 적용하는 경우는 영업비밀 침해가 아니다.[17)]

3) 전직(경업)금지 청구 – 판례입장

① 헌법상 직업선택의 자유를 제한할 위험 존재로 합리적 범위, 기간으로 제한 경향

② 사용자의 영업비밀 보호를 위한 합리성이 인정되는 경우, 경업(전직)금지

---

16) 법무부, 중소기업을 위한 국제지식재산권 분쟁 가이드(2013), 65~79쪽 참조.

17) 영미 판례법상 확립된 구별기준으로 종업원의 “일반적인 지식과 기술(General knowledge and skill)”인지 여부를 들 수 있다. 즉, 고용주만이 가진 영업비밀은 종업원의 퇴직 후에도 비밀유지의무의 대상이 되겠지만, 종업원이 자신의 학력과 경력에 비추어 일반적으로 가질 수 있는 지식과 기술은 고용주가 독점할 수 없는 것이기 때문에 퇴직 후의 비밀유지의무의 대상이 될 수 없다는 것이다[William R. Cornish, “Intellectual Property”(Sweet &Maxwell, London, 1989) p.230].

약정의 유효성 인정

③ 최근 판례동향은 1년 이내 금지기간 인정 추세 (장기간인 경우 약정무효가 아니라 합리적 기간으로 단축 인정)

개별적인 금지약정이 없는 경우도, (전직금지 조치가 없이는 회사의 영업비밀을 보호할 수 없다고 인정되는 경우)[18] 회사의 영업비밀 침해 우려를 이유로 해당직원에 대한 해당 업무관련 전직(경업)금지청구 가능

3. 해외부패방지법(Foreign Corrupt Practices Act: FCPA)

(1) 개 요

교통, 통신, 정보망의 발달로 인해 오늘날 기업활동 및 시장경제는 특정 국가에 한정된 것보다는 국경을 넘나드는 물품, 기술/용역 및 자본/자금의 거래 중심으로 전환된 지 오래이고, 특히 대외 무역의존도가 90% 이상인 우리나라에서는 대기업은 물론 대부분의 중소기업들도 미국, 유럽, 중국 등 global market을 무대로 사업을 영위하고 있어, 이러한 국제거래 및 관련 사업과정에서, 다른 국가의 공정거래법 등 뜻하지 않은 사법/행정기관의 조사, 소송 및 행정/형사제재에 계루될 위험이 상존하고 있음을 유의하여야 하는데, 앞서 살펴본 바와 같이, 대표적인 자국 무역보호 수단으로 활용되어 온, 특허 등 지적재산권 침해규제, 카르텔 및 기타 담합 등 anti-trust규제에 이어 최근에는 뇌물 등 해외부패방지법 관련 규제가 강화되고 있어, 이에 따른 준법관리(legal compliance) 프로그램 구축과 일상적 임직원 교육 및 관련거래 관리에 각별한 노력이 요구되고 있다.

국제거래에서의 반부패 거래 제재는 대부분 미국(법무부 및 증권위원회)이 중심이 되어 왔으나, 최근에는 우리나라의 최대 통상교역국인 중국 당국에서도 외국기업의 뇌물 행위에 대해 강력한 제재를 가하고 있어 주요국 간의 외국기업에 대한 보복적 제재 경쟁까지 우려되고 있어 국제 거래 시 부패방지를 위한 각별한 주의와 단속이 필요할 것으로 보여진다.

---

18) [대법원 2003.7.16.자. 2002마4380 결정] 참조.

국제 상거래에서의 뇌물 등 부패 척결 관련 대표적인 협약인 「OECD 뇌물방지협약」 및 「UN의 반부패협약」[19]은 적극적 규제를 위해 각국 정부에 반부패 법률의 입법, 시행을 강력히 촉구하고 있다. 이에 따른 각국 입법 동향을 보면, 미국의 해외부패방지법이 가장 강력하고 지속적인 조사, 제재를 통해 국제부패 척결을 주도하고 있고, 최근 2010년 제정된 영국의 뇌물규제법은 더 강화된 형사처벌 규정을 도입하고 있으며, 우리나라도 1998년 OECD 부패방지 협약에 따라 1998년 「국제상거래에 있어서 외국공무원에 대한 뇌물방지법」을 제정(2010년, 2014년 개정)한 바 있다.

① 우리 국제상거래 뇌물방지법이나 미국 FCPA의 경우,

i) 뇌물제공자만을 처벌하고,

ii) 외국공무원에 대한 뇌물제공을 규제

② 영국 뇌물방지법은,

i) 뇌물제공자와 수수자 모두를 처벌하고,

ii) 외국 공무원뿐만 아니라, 관련 기업에 종사하는 사기업 업무담당자에 대한 뇌물제공도 처벌대상이 되며,

iii) 더 무거운 법정형을 규정하고 있고, 영국기업 외에도 영국에서 사업에 참여하는 모든 기업에 적용되고 있다.

(2) OECD 뇌물방지협약 및 (우리나라) 국제상거래 뇌물방지법

1) OECD 뇌물방지협약의 주요내용[20]

국제상거래에서 만연하고 있는 외국공무원에 대한 뇌물공여를 처벌하고 더 나아가 공정한 국제경쟁의 장을 구축하기 위한 국제 협약으로,

---

19) 정식명칭은 UN 부패방지 협약(United Nations Convention against Corruption)으로, 2003. 10.31 유엔총회에서 채택, 한국 등 2010년 기준 143개 당사국. 공공과 민간 부문의 투명성 확보 조치, 정부, 국제기구, 민간 부문의 뇌물 및 부패, 자금세탁 행위, 사법방해 등을 처벌, 부패 자산의 동결 및 몰수, 협약 이행에 있어 당사국 간 사법공조, 피해국가의 직접 청구, 부패 자산몰수 및 반환을 내용으로 한다(「유엔 부패방지 협약 비준」, 『외교통상부 국제협약과』, 2005.4.21. http://bit.ly/1nCGA4d).

20) OECD 뇌물방지협약 및 (우리나라) 국제상거래에 있어서 외국공무원에 대한 뇌물방지법, 본절 하단 첨부 참조.

동 협약에 가입한 국가는 해당국의 입법을 통해, 외국의 공무원에게 뇌물을 제공하는 행위를 범죄화하고 뇌물범죄를 효과적으로 예방하기 위해 강력한 벌금형과 징역형을 부과할 것을 요구하고 있다. 이에 따라, 우리나라는 국내 이행을 위해 지난 1998년 12월 28일 「국제상거래에 있어서 외국공무원에 대한 뇌물방지법」을 특별법으로 제정하고, 1999년 2월 15일 OECD뇌물방지협약의 발효와 동시에 시행하였으며, 현재 동 협약을 비준한 국가는 40개국에 이르고 있다.

2) 뇌물제공 금지 규정

① 뇌물 제공의 구성요건

i) 국제 상거래 행위에서

ii) 사업의 획득이나 유지 또는 기타 부당한 이익을 취득 또는 유지할 목적으로(고의적으로),

iii) 외국공무원이 직무와 관련하여 어떤 행위를 행하거나, 행하지 않도록,

iv) 외국공무원에게 직접적으로 또는 중개인을 통해, 외국공무원 자신 또는 제3자를 위한 '부당한' 금전상의 이익 또는 기타 부당한 이익을 제안, 약속 또는 제공하는 행위(협약 제1조 제1항[21])

* 뇌물제공행위는 물론 교사 또는 방조도 범죄 구성

② 뇌물공여죄의 대상

외국공무원은 입법, 사법, 행정직 공무원뿐만 아니라 공공기관과 공기업의 선출직과 임명직을 포함하며, 외국을 위하여 공적 기능을 수행하는 자와 공적 국제기구의 직원 또는 대리인도 적용대상이다(협약 제1조 제4항 가호[22]).

---

21) OECD Anti-Bribery Convention Article 1(The Offense of Bribery of Foreign Public Officials)-1. Each Party shall take such measures as may be necessary to establish that it is a criminal offence under its law for any person intentionally to offer, promise or give any undue pecuniary or other advantage, whether directly or through intermediaries, to a foreign public official, for that official or for a third party, in order that the official act or refrain from acting in relation to the performance of official duties, in order to obtain or retain business or other improper advantage in the conduct of international business.

22) 4. For the purpose of this convention: a) "foreign public official" means any person holding a legislative, administrative or judicial office of a foreign country, whether appointed or elected; any person exercising a public function for a foreign country,

공기업은 법인형태와 관계없이 정부가 직·간접적으로 지대한 영향력을 행사하는 기업으로, 예컨대 50% 이상의 자본금을 출자하였거나 주식표결권 또는 임원의 과반수를 통제하는 경우이다(협약주석 제14~15조[23]).

③ 제재조치와 법인의 의무

i) 자국 공무원의 뇌물수뇌에 준하는 법정형을 부과하도록 규정 (협약 제3조 제1항[24])

ii) 뇌물에 대한 몰수, 추징은 물론 뇌물제공으로 인한 이익의 몰수도 요구.

iii) 법인에 대한 형사상 책임 적용이 불가한 경우, 당사국은 재발방지 차원에서 금전상 제재를 포함한 비형사적 제재를 취하도록 규정 (협약 제2조 및 제3조 제2항[25])

iv) 법인에게 부과될 수 있는 추가적인 제재조치에는,

ⓐ 공적 이익 또는 지원대상에서 제외

---

including for a public agency or public enterprise; and any official or agent of a public international organisation.

23) 14. A "public enterprise" is any enterprise, regardless of its legal form, over which a government, or governments, may, directly or indirectly, exercise a dominant influence. This is deemed to be the case, inter alia, when the government or governments hold the majority of the enterprise's subscribed capital, control the majority of votes attaching to shares issued by the enterprise or can appoint a majority of the members of the enterprise's administrative or managerial body or supervisory board.
15. An official of a public enterprise shall be deemed to perform a public function unless the enterprise operates on a normal commercial basis in the relevant market, i.e., on a basis which is substantially equivalent to that of a private enterprise, without preferential subsidies or other privileges.

24) Article 3(Sanctions)-1. The bribery of a foreign public official shall be punishable by effective, proportionate and dissuasive criminal penalties. The range of penalties shall be comparable to that applicable to the bribery of the Party's own public officials and shall, in the case of natural persons, include deprivation of liberty sufficient to enable effective mutual legal assistance and extradition.

25) Article 2(Responsibility of Legal Persons) Each Party shall take such measures as may be necessary, in accordance with its legal principles, to establish the liability of legal persons for the bribery of a foreign public official.
Article 3(Sanctions)-2. In the event that, under the legal system of a Party, criminal responsibility is not applicable to legal persons, that Party shall ensure that legal persons shall be subject to effective, proportionate and dissuasive non-criminal sanctions, including monetary sanctions, for bribery of foreign public officials.

ⓑ 정부조달 또는 기타 상업활동에서 한시적 또는 영구적 자격박탈
ⓒ 법정관리대상 지정
ⓓ 법원명령에 의한 해산 등이 포함된다. (협약주석 제3조 제4항[26])

외국 공무원에 대한 뇌물공여죄는 당사국들의 법률이나 범죄인 인도 조약에 따라 범죄인을 인도할 수 있는 범죄행위에 해당하는 것으로 간주함(협약 제10조[27])

3) 우리나라 국제상거래 뇌물방지법상 형사처벌 규정

우리나라의 「국제상거래에 있어서 외국공무원에 대한 뇌물방지법」(이하 "국제뇌물방지법")에 의하면:

뇌물 공여자는 5년 이하의 징역 또는 2천만 원 이하의 벌금에 처할 수 있다.

① 만약 범죄행위로 인한 이익이 1천만원을 초과하면, 5년 이하의 징역 또는 뇌물 제공으로 얻은 이익의 2배까지 벌금을 부과할 수 있다(국제뇌물방지법 제3조 제1항).
② 징역형을 선고하는 경우에는 반드시 벌금형을 함께 선고하도록 규정하고 있다.
③ 법인을 포함한 범인이나 그 이외의 자가 취득한, 동법에 제정된 범죄행위에 제공된 뇌물은 몰수한다(국제뇌물방지법 제5조).
④ 또한, 법인의 대표자나 대리인 및 기타 종업원 등이 그 법인의 의무와 관련하여 뇌물 공여죄를 범하면, 행위자를 벌하는 이외에 법인에 대해서도 10억원 이하의 벌금을 부과하고, 만약 범법에 따른 이익이 5억원

26) Among the civil or administrative sanctions, other than non-criminal fines, which might be imposed upon legal persons for an act of bribery of a foreign public official are: exclusion from entitlement to public benefits or aid; temporary or permanent disqualification from participation in public procurement or from the practice of other commercial activities; placing under judicial supervision; and a judicial winding-up order.
27) Article 10(Extradition) Bribery of a foreign public official shall be deemed to be included as an extraditable offence under the laws of the Parties and the extradition treaties between them.

을 초과하면, 그 이익의 2배에 상당한 금액 이하의 벌금에 처한다(국제뇌물방지법 제4조).

단, 범죄행위 방지를 위하여 (법인이) '상당한 주의나 감독'을 한 것으로 인정되는 경우에는 형사처벌로부터 면제될 수 있다(국제뇌물방지법 제4조).

4) 회계처리 규정

회계장부 및 기록, 재무제표 공시, 그리고 회계 및 감사 기준에 관한 법과 규정을 준수해야 할 기업이, 외국공무원에 대한 뇌물공여를 은닉하기 위한 목적으로 비밀장부를 작성하거나 불법ㆍ미확인된 상거래 혹은 허위지출을 하거나 또는 부정확한 채무내역기입 기타 허위문서를 작성하는 것을 방지하기 위하여, 각 당사국은 자체 법 및 규정 내에서 필요한 조치를 취할 것을 촉구함과 동시에, 상기 기업들의 회계관리 소홀 및 위조에 대하여 효과적인 그리고 균형 잡힌 재발방지 차원에서 민사상, 행정상 또는 형사상 처벌을 할 것을 요구하고 있다(협약 제8조[28]).

우리 국제상거래 부패방지법에서는 뇌물금지 규정만 있고, 회계처리 규정은 없다.

(3) 미국 해외부패방지법[29]

1) 뇌물제공 금지 규정

국제상거래 과정에서 미국기업 또는 일정 요건을 충족하는 외국기업 등이

---

28) Article 8(Accounting)

1. In order to combat bribery of foreign public officials effectively, each Party shall take such measures as may be necessary, within the framework of its laws and regulations regarding the maintenance of books and records, financial statement disclosures, and accounting and auditing standards, to prohibit the establishment of off-the-books accounts, the making of off-the-books or inadequately identified transactions, the recording of non-existent expenditures, the entry of liabilities with incorrect identification of their object, as well as the use of false documents, by companies subject to those laws and regulations, for the purpose of bribing foreign public officials or of hiding such bribery.
2. Each Party shall provide effective, proportionate and dissuasive civil, administrative or criminal penalties for such omissions and falsifications in respect of the books, records, accounts and financial statements of such companies.

29) 오택림, 미국 Foreign Corrupt Practices Act에 관한 연구, 법조 2012-6 (vol.669) 참조.

사업을 획득 혹은 유지하거나, 사업기회가 부여되도록 하거나 부적절한 사업상의 이익 확보를 목적으로 외국인 공무원 등에게 금전 또는 유가물 등을 제안, 제공하는 등의 행위를 금지하고 있다.

① 적용대상자

i) Issuer: 미국에서 설립된 기업은 물론, 미국 증권거래소에 상장된 외국기업이나, ADR(American Depositary Receipt: 미국주식예탁증서)이 발행된 외국회사도 포함된다.

ii) Domestic concern: 미국 시민권자, 미국국민, 미국거주 외국인이나 미국에서 설립되었거나, 주된 사무소가 미국인 기업이 해당되며, 이들의 임직원, agent, 주주들의 행위도 이에 해당된다.

iii) Foreign non-resident: 미국에 거주하지 않는 외국인이라도 외국 공무원에게 뇌물제공 행위를 하면서 미국의 이메일, 전화, 전신 등 정보/통신망, 은행 전산망 등을 이용하는 등 미국과의 관련성이 인정되면 FCPA가 적용될 수 있다.

② 뇌물제공 대상자

뇌물제공금지 대상자인 외국공무원의 범위는 상당히 광범위하게 규정된바,

i) 중앙, 지방 부처 공무원, 일반 직원, 국제기구 임직원, 정당, 정당간부, 정당 추천 후보자

ii) 공기업 및 국영기업: 정부가 50% 이상 지분을 가지고 있거나, 50% 미만이라도 실질적인 통제 가능한 경우[30]까지 적용 대상으로 확대 해석하

---

30) 해당 기업의 성격, 설립목적, 정부에 대한 통제력의 정도 등을 종합적으로 고려하여 비록 정부 지분이 50% 미만이어도 실질적이고 효과적인 통제가 가능하다면 FCPA 적용이 가능하다. (이에 관해 참고할 수 있는 미 연방법원 사건이 하나 있는데, 바로 플로리다주 남부 연방법원 사건인 US v. Joel Esquenazi 사건이다. 이 사건은 Terra Telecommunication Corp.라는 통신회사가 아이티 국영 통신회사 임직원들에게 뇌물을 제공한 사건인데, Terra사의 사장이었던 Joel Esquenazi에게 무려 5년이라는 FCPA 관련 최고 징역형을 선고한 사건으로도 유명하다. 이 사건을 맡은 Martinez 판사는 아이티 통신회사가 FCPA상 국가행정대행기관(instrumentality)에 해당하는 여부에 관한 배심원 지시사항(jury instruction)에서 다음과 같이 설시하고 있다. (1) 아이티 국민이나 거주자들에게 서비스를 제공하는지, (2) 주요 이사나 임원을 국가가 임명하는지, (3) 아이티 정부가 최대 지분을 보유하고 있는지 혹은 조세감면 등 정부로부터 재정적 지원을 받는지 여부 등을 포함하여 아이티 통신회사에 대한 정부통제력의 범위, (4) 아이티 통신 회사가 해당 역무 분야에서 독점사업자로 지정되었는지

고 있다.

◇ 우리 법에서는(2조 2호) 구체적으로 설명하고 있는바, 중요사업의 결정 및 임원의 임면 등 운영전반에 관하여 실질적인 지배력을 행사하고 있는 기업체의 임직원까지 적용대상으로 명기하고 있다.

③ 뇌물제공의 구성요건: OECD 부패방지협약상 규정과 유사하다.[31]

④ 특이점: OECD 부패방지법 규정 및 다수 회원국 국내법 규정과는 달리, 전형적인 급행료에 대해서는 적용을 제외하는 예외규정[32]을 두고 있으나, 실무상 실제적용에는 극히 소극적 경향이다.

2) 회계관련 규정

회계 규정은 반부패규정과는 달리, issuer(50% 이상 지분 보유한 자회사 포함)에게만 적용되며, 외국기업이더라도 ADR 유통 등에 따라 issuer에 해당되면 적용된다.

① 회계장부 기장 관리

자산의 처분이나 거래가 정확하고 공정하게 반영되도록 회계장부를 상세하게 기록, 보관하도록 하여, 이러한 회계관련 의무를 준수할 경우, 부패를 저지를 여지가 없도록 하기 위한 부패방지 장치로 작용하고 있다.

ⅰ) 불법거래 기록 누락, 기록 조작, 거래의 내용을 구체적으로 명시하지 않은 기록 등은 본 규정의 위반에 해당된다.

등 아이티 법률상 특수한 의무나 특권을 누리는지, (5) 일반적으로 아이티 통신회사가 정부기능을 수행한다고 인식되고 있는지 등을 기준으로 삼고, 다만 이 요건을 모두 충족할 필요도 없고, 어느 한 요건이 결정적이지도 않다고 하였다(US v. Joel Esquenazi, Case Number:09-21010-Cr-MARTINEZ 참조)[오택림, "미국 Foreign Corrupt Practices Act에 관한 연구"(『법조』 669호, 2012.6.) 71-72쪽).

31) 1장 Ⅶ. 3.(2).2) 참조.

32) Subsections (x) and (y) of this section shall not apply to any facilitating or expediting payment to a foreign official, political party, or party official the purpose of which is to expedite or to secure the performance of a routine governmental action by a foreign official, political party, or party official.
→ 외국 공무원의 일상적인 정부행위 수행을 촉진시키거나 원활하게 진척시키기 위한 목적으로 지불하는 비용은 제외한다는 내용. Ibid.

ii) 단, 고의적 위조에만 형사처벌이 해당되고, 단순 불이행, 누락은 민사책임에 그치고, 형사처벌 대상은 아니다.
iii) 형사처벌 대상 경우, 개인은 최고 5백만 달러의 벌금과 최고 20년 징역형까지 선고될 수 있다.

② 내부 통제수립 의무

모든 issuer는 거래가 투명하고 적절하게 이루어졌다는 확신을 제공할 수 있는 내부회계 통제 프로그램을 수립해야 할 의무가 있다. 이 경우에도, 고의적 회피, 불이행에 대해서만 형사 처벌한다.

[참고] OECD 뇌물 방지협약 전문

국제상거래에 있어서 외국공무원에 대한 뇌물제공행위 방지를 위한 협약[33]

체약당사국은,

뇌물제공이 무역과 투자를 포함하는 국제상거래에 있어 만연된 현상으로서, 심각한 도덕적·정치적 우려를 야기하고 올바른 국가경영과 경제개발을 저해하며 국제적 경쟁조건을 왜곡하고 있음을 고려하고,

모든 국가는 국제상거래에 있어 뇌물제공 방지를 위한 책임을 공유하고 있음을 고려하며,

1997년 5월 23일 경제협력개발기구(oecd)에 의하여 채택된 "국제상거래에 있어서 뇌물방지에 관한 개정권고"가 국제상거래와 관련한 외국공무원에 대한 뇌물제공행위의 억제·예방 및 방지를 위한 효과적인 조치를 취할 것과 특히 효율적이고 통합된 방식으로 개정권고에 명기된 공통합의사항 및 각국의

관할권 기타 기본적 법률원칙에 의하여, 그와 같은 뇌물제공행위를 조속히 범죄로 규정할 것을 요구하였음을 유념하고,

국제연합·세계은행·국제통화기금·세계무역기구·미주기구·구주이사회 및 구주연합 등의 조치를 포함하여 공무원의 뇌물제공을 방지하기 위한 국제적 이해 및 협력을 더욱 증진시키려는 최근의 여타 추세를 환영하며,

뇌물제공 방지를 위한 기업·경제단체·노동조합 기타 비정부기구의 노력을 환영하고,

국제상거래에 있어서 개인과 기업에 대한 뇌물권유행위를 방지하기 위한 정부의 역할을 인식하며, 이 분야에서의 진전을 이루기 위하여는 국가차원의 노력뿐만 아니라 다자간의 협력·감시 및 후속조치가 요구됨을 인식하고,

체약당사국에 의하여 취하여지는 조치들 간의 형평성을 달성하는 것이 이 협약의 중요한 대상과 목적이며 이를 위하여 그 형평성이 저해되지 아니하도록 협약이 비준되어야 함을 인식하며,

33) 이 협약은 외교부 사이트에서 인용하였다.

다음과 같이 합의하였다.

제1조(외국공무원에 대한 뇌물제공범죄) 1. 각 체약당사국은 국제상거래의 수행에 있어 영업 기타 부당한 이익을 취득 또는 유지할 목적으로, 직접 또는 중개인을 통하여, 외국공무원으로 하여금 그 직무와 관련하여 어떠한 행위를 하게 하거나 하지 아니하도록 하기 위하여, 동인에게 당해 공무원 또는 제3자를 통하여 고의적으로 부당한 금전 기타의 이익을 제의·약속하거나 또는 공여하는 행위를 자국법상 범죄행위로 규정하도록 필요한 조치를 취하여야 한다.

2. 각 체약당사국은 외국공무원에 대한 뇌물제공행위를 교사·권유·방조하는 등의 공모 또는 이를 승인하는 행위를 형사상의 범죄로 규정하도록 필요한 조치를 취하여야 한다. 외국공무원에 대한 뇌물제공행위의 미수 및 음모는 체약당사국의 자국 공무원에 대한 뇌물제공 행위의 미수 및 음모와 같은 정도의 형사상의 범죄로 하여야 한다.

3. 제1항 및 제2항에서 규정하는 범죄는 이하에서 "외국공무원에 대한 증뢰죄"라 한다.

4. 이 협약에서,

가. "외국공무원"이라 함은 선출직 또는 임명직을 불문하고 외국의 입법·행정 또는 사법상의 직위를 보유하는 자, 공공기관 또는 공기업을 위하여 공적 기능을 수행하는 자를 비롯하여 외국을 위하여 공적기능을 수행하는 자, 그리고 공적 국제기구의 직원 또는 대리인을 말한다.

나. "외국"이라 함은 중앙으로부터 지방에 이르기까지 정부의 모든 단계와 하위단체를 포함한다.

다. "공적 직무수행과 관련하여 어떠한 행위를 하게 하거나 하지 아니하도록 한다"라 함은 당해 공무원의 승인된 직무범위 안이든 아니든 관계없이 당해 지위를 이용하는 것을 말한다.

제2조(법인의 책임) 각 체약당사국은 자국법 원칙에 따라 외국공무원에 대한 증뢰죄와 관련하여 법인의 책임을 확립하는 데 필요한 조치를 취하여야 한다.

제3조(처벌) 1. 외국공무원에 대한 증뢰죄는 효과적이고 비례적이며 예방적인 형벌로써 처벌되어야 한다. 법정형은 자국의 공무원에 대한 증뢰죄의 법정형에 상응하는 것이어야 하며, 자연인의 경우 효과적인 사법공조 및

범죄인인도가 가능하도록 하는 데 충분한 자유형을 포함하여야 한다.
2. 체약당사국의 법체계상 법인에 대한 형사처벌이 가능하지 아니한 경우, 당해국은 외국공무원에 대한 증뢰죄에 대하여, 금전적 제재 등 효과적이고 비례적이며 예방적인 효과를 갖는 비형사적 제재를 관련법인에게 부과하여야 한다.
3. 각 체약당사국은 당해 뇌물 및 외국공무원에 대한 증뢰죄로 인하여 취득한 수익 또는 이에 상응하는 가치의 재산이 압수·몰수되거나 그에 상응하는 벌금이 부과될 수 있도록 규정하기 위하여 필요한 조치를 취하여야 한다.
4. 각 체약당사국은 외국공무원에 대한 증뢰죄에 대하여 추가적인 민사적 또는 행정적 제재를 부과하는 방안을 고려하여야 한다.

제4조(관할권) 1. 각 체약당사국은 외국공무원에 대한 증뢰죄의 전부 또는 일부가 자국 영토 안에서 이루어진 경우 그에 대한 관할권을 확립하는 데 필요한 조치를 취하여야 한다.
2. 자국민이 해외에서 행한 범죄행위에 대하여 자국민을 기소할 수 있는 관할권을 가지고 있는 각 체약당사국은, 외국공무원에 대한 증뢰죄에 대하여도 동일한 원칙에 의하여 기소할 수 있는 관할권을 확립하는 데 필요한 조치를 취하여야 한다.
3. 이 협약에서 규정하고 있는 범죄에 대하여 2개국 이상의 체약당사국이 관할권을 가지고 있을 때에는 일방체약국의 요청이 있는 경우, 관련 체약당사국은 기소를 위한 최적 관할권을 결정하기 위하여 협의하여야 한다.
4. 각 체약당사국은 관할권에 관한 자국의 현행 근거가 외국공무원에 대한 증뢰죄에 효과적으로 대처할 수 있는 것인지 여부를 검토하고, 만약 그러하지 아니한 경우에는 시정 조치를 취하여야 한다.

제5조(시행) 외국공무원에 대한 증뢰죄의 수사 및 기소는 각 체약당사국의 관련 법령과 원칙에 따라야 한다. 그 수사 및 기소는 자국의 경제적 이익, 외국과의 관계에 미칠 잠재적 영향 또는 관련 자연인 또는 법인의 신원에 대한 고려에 의하여 영향을 받아서는 아니된다.

제6조(시효) 외국공무원에 대한 증뢰죄에 적용되는 시효규정은 그 수사 및 기소를 하는 데 적절한 기간을 허용하는 것이어야 한다.

제7조(자금세탁) 자국의 자금세탁 관련 법령의 적용에 있어 자국공무원에 관한 뇌물죄를 전제범죄로 규정하고 있는 각 체약당사국은, 외국공무원에

대한 증뢰죄에 대하여도 동일한 조건에 따라 그 행위지에 관계없이 이를 전제범죄로 하여야 한다.

제8조(회계) 1. 외국공무원에 대한 증뢰죄에 효과적으로 대처하기 위하여, 각 체약당사국은 장부·기록의 유지, 재무제표의 공개 및 회계·감사기준에 관한 자국의 법령 체제하에서, 그러한 법령의 적용을 받는 회사가 외국공무원에 대하여 뇌물을 제공하거나 이를 은닉할 목적으로 장부누락계정의 설정, 장부누락거래 또는 부적절한 내역의 거래, 실재하지 아니하는 지출의 기입, 채무대상에 대한 부정확한 채무내역기입 기타 허위문서 사용 등을 금지하기 위하여 필요한 조치를 취하여야 한다.

2. 각 체약당사국은 위와 같은 회사에 의한 장부·기록·회계 및 재무제표와 관련하여 누락 및 허위기재에 대하여 효과적이고 비례적이며 예방적인 민사적·행정적 또는 형사적 벌칙을 부과하여야 한다.

제9조(사법공조) 1. 각 체약당사국은 자국의 법령·관련조약 및 약정상 허용되는 최대한의 범위 안에서, 이 협약에서 규정된 범죄에 대한 수사 및 소송절차, 그리고 어느 일방 체약당사국이 법인에 대하여 취하는 이 협약상의 비형사적 절차와 관련하여, 타방 체약당사국에 대하여 신속하고 효과적인 사법공조를 제공하여야 한다. 피요청 체약당사국은 그 요청을 뒷받침하기 위하여 필요한 추가적인 정보 또는 기록, 그리고 요청이 있는 경우, 공조 요청에 대한 처리상황 및 결과를 지체없이 요청한 체약당사국에 통보하여야 한다.

2. 체약당사국이 쌍방가벌성의 존재를 사법공조의 조건으로 하는 경우에는, 공조요청 범죄가 이 협약의 적용범위 안에 있는 것이면 쌍방가벌성이 존재하는 것으로 간주되어야 한다.

3. 각 체약당사국은 은행비밀을 이유로 이 협약의 적용범위 안에 있는 형사적 사항에 대한 사법공조를 거절하여서는 아니된다.

제10조(범죄인인도) 1. 외국공무원에 대한 증뢰죄는 체약당사국의 법령 및 체약당사국 간 범죄인인도조약상 인도대상범죄에 포함되는 것으로 간주되어야 한다.

2. 범죄인인도조약의 존재를 범죄인인도의 조건으로 하는 체약당사국이 자국과 범죄인인도조약이 체결되어 있지 아니한 다른 체약당사국으로부터 범죄인인도의 요청을 받은 경우, 피요청 체약당사국은 외국공무원에 대한 증뢰죄와

관련하여 이 협약을 범죄인인도를 위한 법적 근거로 할 것을 고려할 수 있다.

3. 각 체약당사국은 외국공무원에 대한 증뢰죄에 대하여 자국민을 인도하거나 동인을 기소할 수 있도록 보장하기 위하여 필요한 조치를 취하여야 한다. 자국민이라는 이유만으로 외국공무원에 대한 증뢰죄를 범한 자의 인도요청을 거절하는 체약당사국은 기소를 위하여 자국의 관할 기관에 당해 사건을 이첩하여야 한다.

4. 외국공무원에 대한 증뢰죄로 인한 범죄인인도는 각국의 국내법 · 조약 및 약정에 규정된 조건에 따라야 한다. 체약당사국이 쌍방가벌성을 범죄인인도의 조건으로 하는 경우, 범죄인인도가 요청된 범죄가 이 협약 제1조의 적용범위 안인 때에는 그 조건이 충족된 것으로 간주되어야 한다.

제11조(담당기관) 협의에 관한 제4조 제3항, 사법공조에 관한 제9조 및 범죄인인도에 관한 제10조를 이행하기 위하여, 각 체약당사국은 하나 또는 복수의 기관을 요청 및 요청접수를 담당하는 기관으로 지정하여 경제협력개발기구 사무총장에게 통보하여야 하며, 당해기관은 체약당사국 간의 다른 협정에 영향을 주지 아니하는 범위 안에서, 당해국에 있어 위와 같은 사항과 관련하여 연락창구의 역할을 한다.

제12조(감시 및 후속조치) 체약당사국은 이 협약의 완전한 이행을 감시하고 촉진하기 위한 체계적인 후속조치 프로그램의 수행에 있어 상호 협력하여야 한다. 체약당사국간의 총의로 달리 정하여지지 아니하는 한, 이는 경제협력개발기구 국제상거래 뇌물방지작업단의 체제 안에서 행하여지며, 그 위임규정에 따라 또는 이 작업단을 승계한 기구의 위임규정에 따라 체약당사국은 당해 기구에 적용되는 규정에 의하여 그와 같은 프로그램의 비용을 부담하여야 한다.

제13조(서명 및 가입) 1. 이 협약의 발효시까지, 이 협약은 경제협력개발기구 회원국 및 국제상거래 뇌물방지작업단에 정식참가국으로 초청된 비회원국에 대하여 서명을 위하여 개방된다.

2. 협약발효 후 이 협약은 경제협력개발기구의 회원국, 국제상거래 뇌물방지작업단 또는 그 승계기구의 정식참가국 중 비서명국의 가입을 위하여 개방된다.

제14조(비준 및 수탁처) 1. 이 협약은 각 서명국의 법에 따라 수락 · 승인 또

는 비준된다.

2. 수락서 · 승인서 · 비준서 또는 가입서는 경제협력개발기구 사무총장에게 기탁되며, 사무총장은 이 협약의 수탁처가 된다.

제15조(발효) 1. 이 협약은 daffe/ime/br(97)18에 기재된 10대 수출국으로서 누적수출액이 이 10대 수출국 전체 수출액의 60퍼센트 이상을 차지하는 5개국의 수락서 · 승인서 또는 비준서의 기탁일 후 60일째 되는 날에 발효한다. 이 협약은 발효후 그러한 문서를 기탁하는 국가에 대하여 그 기탁일 후 60일째 되는 날에 발효한다.

2. 이 협약이 1998년 12월 31일까지 위 제1항에 의하여 발효되지 아니하는 경우에는, 수락서 · 승인서 또는 비준서를 기탁한 서명국은 수탁처에 대한 서면으로 제2항에 의하여 이 협약의 발효를 수락할 준비가 되어 있음을 선언할 수 있다. 이 협약은 그러한 서명국에 대하여 최소한 2개국에 의한 상기 선언서의 기탁일 후 60일째 되는 날에 발효한다. 이 협약은 발효 후 그러한 선언서를 기탁하는 국가에 대하여 기탁일 후 60일째 되는 날에 발효한다.

제16조(개정) 어떠한 체약당사국도 이 협약의 개정을 제안할 수 있다. 제안된 개정안은 수탁처에게 제출되며, 이 개정안의 심의를 위하여 소집되는 체약당사국회의 개최 60일 전에 다른 체약당사국에게 통보한다. 체약당사국 간의 총의에 의하여 채택되거나 또는 체약당사국이 총의로 결정하는 방식에 의해 채택된 개정안은 모든 체약당사국에 의한 비준서 · 수락서 또는 승인서의 기탁일 후 60일째 되는 날 또는 개정안 채택 당시 체약당사국이 정하는 바에 따라 발효한다.

제17조(탈퇴) 체약당사국은 수탁자에게 서면 통고를 함으로써 이 협약으로부터 탈퇴할 수 있다. 탈퇴는 통고 접수일부터 1년 후에 효력을 발생한다. 탈퇴 후에도, 체약당사국과 탈퇴국 간에 탈퇴의 효력발생일 이전까지 계류중이었던 모든 사법공조 및 범죄인인도의 요청에 관한 협조는 지속되어야 한다.

[참고] 국제상거래에 있어서 외국공무원에 대한 뇌물방지법

[시행 2014.10.15.] [법률 12775호, 2014.10.15., 일부개정]

제1조(목적) 이 법은 국제상거래와 관련하여 외국공무원 등에게 뇌물을 제공하는 행위를 처벌함으로써 건전한 국제상거래 질서의 확립에 기여하고 경제협력개발기구의 「국제상거래에 있어서 외국공무원에 대한 뇌물 제공행위 방지를 위한 협약」의 이행에 필요한 사항을 규정함을 목적으로 한다.

제2조(외국공무원 등의 범위) 이 법에서 "외국공무원 등"이란 다음 각 호의 어느 하나에 해당하는 사람을 말한다.

1. 임명직 또는 선출직에 상관없이 외국정부(중앙으로부터 지방에 이르는 모든 단계의 정부를 포함한다. 이하 같다)의 입법, 행정 또는 사법업무에 종사하는 사람
2. 다음 각 목의 어느 하나에 해당하는 사람으로서 외국의 공공기능 수행자

가. 외국정부로부터 공적(公的) 업무를 위임받아 수행하는 사람

나. 특정한 공적 업무를 수행하기 위하여 법령에 따라 설립된 공공단체 또는 공공기관의 업무에 종사하는 사람

다. 외국정부가 납입자본금의 50퍼센트를 초과하여 출자하였거나 중요 사업의 결정 및 임원의 임면(任免) 등 운영 전반에 관하여 실질적인 지배력을 행사하고 있는 기업체의 임직원. 다만, 차별적 보조금이나 그 밖의 특혜를 받지 아니하고 일반 사경제(私經濟) 주체와 동등한 경쟁관계에서 사업을 하는 기업체의 경우는 제외한다.

3. 공적 국제기구의 업무를 수행하는 사람

제3조(뇌물공여자 등의 형사책임) ① 국제상거래와 관련하여 부정한 이익을 얻을 목적으로 외국공무원 등에게 그 업무와 관련하여 뇌물을 약속 또는 공여하거나 공여의 의사를 표시한 자는 5년 이하의 징역 또는 2천만원 이하의 벌금에 처한다. 이 경우 범죄행위로 얻은 이익이 1천만원을 초과할 때에는 5년 이하의 징역 또는 그 이익의 2배에 해당하는 금액 이하의 벌금에 처한다.

② 제1항의 경우 다음 각 호의 어느 하나에 해당하는 경우는 예외로 한다.

1. 외국공무원 등이 속한 국가의 법령에 따라 그 지급이 허용되거나 요구되는 경우
2. 삭제 〈2014.10.15〉

③ 제1항의 죄를 범하여 징역에 처하는 경우에는 제1항에서 정한 벌금을 병과(倂科)한다.

제4조(양벌규정) 법인의 대표자나 대리인, 사용인, 그 밖의 종업원이 그 법인의 업무에 관하여 제3조 제1항의 위반행위를 하면 그 행위자를 벌하는 외에 그 법인도 10억원 이하의 벌금에 처한다. 이 경우 범죄행위로 얻은 이익이 5억원을 초과할 때에는 그 이익의 2배에 해당하는 금액 이하의 벌금에 처한다. 다만, 법인이 그 위반행위를 방지하기 위하여 해당 업무에 관하여 상당한 주의와 감독을 게을리하지 아니한 경우에는 그러하지 아니하다.

제5조(몰수) 이 법에 규정된 범죄행위에 제공된 뇌물로서 법인(제4조에 따라 처벌되는 법인을 포함한다)이 소유하거나 법인 외의 자가 그 정황을 알면서 취득한 것은 몰수한다.

부칙 〈법률 제12775호, 2014.10.15.〉

제1조(시행일) 이 법은 공포한 날부터 시행한다.

제2조(적용례) 이 법의 개정규정은 이 법 시행 후 최초로 제3조 제1항의 죄를 저지른 경우부터 적용한다.

제 2 장

국제상거래 계약

I 예비단계 계약유형
Preliminary Types of Agreements

1. 기밀유지계약(Confidentiality Agreement, Non-Disclosure Agreement)1)

(1) 개 요

기술도입, 기술개발, 합작투자, 기업합병 · 매수, 건설, 장기구매, 용역 등을 위한 교섭단계에서 그 타당성 평가 및 검토에 필요한 자료를 입수코자 할 때, 정보제공자가 상대방에게 정보 제공 전에 요구하는 서식이다.

① 특허권과 같은 물권적 권리는 각국의 법률에 의하여 공개적인 상태에서 보호받고 있으므로, 특약에 의한 비밀유지의 의무 부과 없이 특정인 또는 다수인에게 공개하더라도 임의 사용에 대한 법적 보호를 받을 수 있다.

② 반면, 아직 공표되지 않았거나, 일반에게 아직 이용되지 않고 있는 영업비밀(Know-How, Trade Secret)은 법률상 절대적인 일반보호 규정이 없고, 권리자의 비밀유지노력도가 그 보호의 관건이므로, 이에 대한 서면상의 특약 없이 공개된 경우에는 그 대상 영업비밀에 대한 권리 및 침해의 입증이 어려운 바, 제공자는 그 제공비밀범위, 조건 및 용도제한 등을 계약의 형식으로 확보하여, 위반 시 영업비밀보호법 및 계약법에 기초한 손해배상 및 구제책을 사전에 확보하기 위하여 비밀유지계약(Non-Disclosure Agreement 또는 Confidentiality Agreement, 이하 "NDA")을 체결한다.

③ 향후 해당 사업에 관한 계약이 성사되는 경우, 그 본계약(Definitive Agreement, Final Agreement)의 confidentiality 규정으로 연결, 흡수되어 (또는 별개

1) 제3장 유형별 계약 양식, 양식 1 참조.

계약으로 존속) 지속적인 비밀유지의무를 부담하게 되고, 본계약이 성립되지 않는 경우에도 NDA자체의 효력에 의해 그 특약에 따라 상당기간 비밀유지의무를 부담하게 됨을 유의해야 한다.

④ 따라서, 제공자가 자신의 하청업체 및 거래업체에게 주요한 영업비밀을 특정 목적으로 제공해야 할 필요가 있는 경우에도 반드시 특약(Non-Disclosure Agreement)에 의해 그러한 영업비밀에 대한 보호장치를 해둔 후 제공토록 해야 한다.

⑤ 반대로, 기술·영업비밀의 수령자 입장에서는 그러한 계약 체결로 인해 향후 수령자가 독자적으로 또는 제3자와 공동으로 유사한 관련 기술 개발 또는 사업진행 시 부당한 장애요인이 되지 않도록 면밀히 검토 후 NDA를 체결토록 해야 한다.

(2) 주요 규정의 내용 및 유의사항

1) 영업비밀의 범위(Description of Trade Secrets)[2)]

① 기밀유지계약서 작성 시, 기밀유지대상인 영업비밀의 구체적 열거 또는 명기가 요구되는바, 이러한 구체적 명기·열거는:

i) 수령자로 하여금 특정용도 외에 사용 또는 공개금지의 의무가 부과된 대상 기밀에 대한 명시적인 인지(notice)가 있었음을 명확히 하고

ii) 이러한 명기·열거와 수령인의 이에 대한 영업 비밀성 인식으로 인해 사후 분쟁 시, 그 대상 정보가 법상 보호가치가 있는 "유효한 영업비

---

2) 영업비밀 침해행위 금지의 목적 및 금지기간의 판단 기준을 정리한 판결이 있다.
영업비밀 침해행위를 금지시키는 것은 침해행위자가 침해행위에 의하여 공정한 경쟁자보다 유리한 출발 내지 시간절약이라는 우월한 위치에서 부당하게 이익을 취하지 못하도록 하고, 영업비밀 보유자로 하여금 그러한 침해가 없었더라면 원래 있었을 위치로 되돌아갈 수 있게 하는 데에 그 목적이 있으므로 영업비밀 침해행위의 금지는 공정하고 자유로운 경쟁의 보장 및 인적 신뢰관계의 보호 등의 목적을 달성함에 필요한 시간적 범위 내로 제한되어야 하고, 그 범위를 정함에 있어서는 영업비밀인 기술정보의 내용과 난이도, 영업비밀 보유자의 기술정보 취득에 소요된 기간과 비용, 영업비밀의 유지에 기울인 노력과 방법, 침해자들이나 다른 공정한 경쟁자가 독자적인 개발이나 역설계와 같은 합법적인 방법에 의하여 그 기술정보를 취득하는 데 필요한 시간, 침해자가 종업원(퇴직한 경우 포함)인 경우에는 사용자와의 관계에서 그에 종속하여 근무하였던 기간, 담당업무나 직책, 영업비밀에의 접근 정도, 영업비밀보호에 관한 내규나 약정, 종업원이었던 자의 생계 활동 및 직업선택의 자유와 영업활동의 자유, 지적재산권의 일종으로서 존속기간이 정해져 있는 특허권 등의 보호기간과의 비교, 기타 변론에 나타난 당사자의 인적·물적 시설 등을 고려하여 합리적으로 결정하여야 할 것이다(대법원 1996.12.23.선고 96다16605 판결 참조).

밀(valid trade secret)"임을 입증하기 용이해진다는 효과를 기대할 수 있다.

② 대상 기밀의 총체적 명기・열거와 더불어, 개별적인 대상자료・서류에도 그 기밀성을 명기한 marking과 쪽매김을 해두는 신중성을 통해 수령인의 영업비밀성에 대한 인지도를 강화할 수 있을 것이다. 또한, 무형의(구두 또는 시각) 정보제공[3)]의 경우에도 반드시 적정한 기일 내에 이러한 영업비밀의 identification을 명기한 서한을 발송하여 대상 범위에 관한 불필요한 사후 분쟁을 예방할 수 있을 것이다.

③ 수령자의 입장에서도 광범위하고 일반적인 범위설정으로 인해, 사후 제공자가 부당하게 그 기밀 대상 범위를 확대 주장하여 수령인의 독자적인 개발・생산・영업활동에 제한을 받게 될 위험을 예방할 수 있을 것이다. 또한 수령자는 이러한 범위설정에 있어 이로 인해 현재 및 향후 관련 사업 수행(전사 차원)에 미치게 될 영향을 신중히 고려해야 할 것이다.

2) 당사자

계약 당사자의 존재를 명확히 하기 위하여 당사자의 정확한 명칭 및 주소, 법인설립 준거법 등을 명기해둘 필요가 있다. 이는 서명인의 대표・대리권확인 및 사후소송 등의 경우 당사자 적격 등의 근거로 필요한 내용이다.

① 또한 제공・수령 해당 법인・기관 외에 그 계열사(모・자회사)에게도 당해 계약에 따른 확인 또는 의무부담을 부과해야 할 필요성이 있는 경우에는 그러한 계열사의 명기 및 이에 따른 연대서명・위임・보증을 확보하도록 해야 한다.

② 아울러 당사자인 제공자(Disclosing Party, Discloser, Provider)와 수령자

---

3) 영업비밀은 유형물(서류, 디스크, 테이프, 필름 등)에 체화(体化)된 것뿐만 아니라, 종업원의 머리 속에 암기되어 있는 무형의 것에 있어서도 반드시 위 조치들[당해 정보가 종업원 및 외부자가 인식할 수 있을 정도로 객관적으로 비밀로 관리되고 있을 것, 당해 정보에 접근할 수 있는 자가 제한되어 있을 것]이 모두 다 강구되어야만 법상의 영업비밀이 되는 것은 아니다. 예컨대, 당해 영업비밀에 비밀등급표시가 되어 있지 않다고 해서 산업스파이 등 외부자에 의한 영업비밀 절도행위가 면책되는 것은 아니고, 또 영업비밀이 보관된 장소가 통제구역으로 설정되어 있지 않다고 해서 외부자의 불법침입이 면책되는 것은 아니다. 따라서 특정정보가 법상의 영업비밀에 해당되는 것인지 여부는 위에서 살펴본 바와 같이, 그것이 비밀로 관리되고 있는가를 기준으로 판단하되, 부정한 수단의 동원여부 등을 고려하여 구체적・개별적으로 판단하여야 한다[한국지식재산연구원・특허청, "지식재산제도의 실효성 제고를 위한 법제도 기초연구, 부정경쟁방지 및 영업비밀보호에 관한 법률 조문별 해설서"(2014.12.) 19쪽].

(Receving Party, Recipient)를 명기해야 한다.

③ 단, 쌍방이 각자의 영업비밀을 상호(mutual) 교환하는 경우에는 권리와 의무가 쌍방에게 동일하게 적용되도록 규정되었는지를 신중히 검토해야 한다.

3) 비밀유지대상의 범위

통상적으로 영업비밀로서 보호받기 위해서는 신규성(novelty)이 요구되는바, (이는 특허에서 요구되는 것보다는 낮은 정도일 수 있음), 공지 또는 공용의 기술·정보 또는 별개의 경로로 비밀유지 부담 없이 지득한 기술·정보는 통상 비밀유지의 대상에서 제외되는 것으로 명기해야 한다.

① 또한, 제공받은 기술·정보와는 무관하게 독립적으로 이루어진 독자적인 개발활동이나, 별도의 경로를 통한 제3자로부터의 기술도입·license가 부당히 금지·제한되는 경우를 방지키 위한 규정도 고려되어야 한다.

② 이러한 유사 분야에 대한 독자적인 단독연구개발이나, 제3자와의 별개의 연구개발진행시는, 제공자로부터의 사후 claim가능성이 높아지고, 그 대상 기밀인지, 독자적인 기술·정보인지가 불분명한 경우가 많으므로, 수령자로서는 사후 입증 책임을 고려하여 연구개발일지 등의 연구기록유지와 제공받은 대상 기밀 기술 검토에 관련된 연구원의 격리·차별화 등에 특별한 유의가 요구된다.

③ 장기간에 걸친 다수의 생산·개발 하청업체 및 판매대리점 등을 필요로 하는 생산자의 경우, 그 제품·기술에 관한 영업비밀을 이러한 다수의 하청업체들에게 장기간 제공하여야 하는 경우가 많은바, 그 생산자(제공자)는 모든 관련 업체를 대상으로 한 기밀유지각서 확보 및 지속적이고 정기적인 보안유지 관리책에 각별한 주의를 기울여야 한다. 이들 관련 수령자 중 일부 업체가 그 영업비밀을 부당하게 무단사용 하여 이에 대한 소송을 제기하고자 하는 경우, 통상적으로 이들 위반 업체는:

"제공자가 동일·유사한 정보를 다른 관련 업체·인사에게 비밀유지각서를 징구함이 없이 제공하였다", 또는 "제공자는 그 영업비밀관리를 소홀히 하여 이에 대한 비밀성 유지를 사실상 포기한 것으로 간주된다"는 등의 항변을 제기하고 있는 경우 대부분의 법정은, 자유·공개경쟁원칙에 입각하여, 적정한 영업보안·비밀유지제도유지 및 이의 체계적·정기적·지속적인 집행·관리가 부재하는 경우 비밀성 존속을 부정하려는 경향[4]이 있음에 주목해야 한다.

④ 따라서, 체계적인 보안, 기밀유지제도 수립 및 이의 예외 없는 적용 등

에 만전을 기하여 영업비밀의 예기치 않은 사장이 발생치 않도록 해야 한다.

⑤ 특히, 장기간의 영업비밀유지가 필요한 경우에는 비밀유지각서 · 계약서 확보 외에도, 매년 이러한 비밀성과 유지의무를 경각시키는 서한(annual reminder letter)을 발송하는 등 소유자로서 비밀성 유지를 위한 적정한 관리의무를 다해야 한다.

⑥ 통상적으로 인정되는 기밀유지제외대상은:

i) 수령자 또는 그 계열사가 기밀유지의무 없이 기보유한 기술 · 정보

ii) 공지 · 공용의 기술 · 정보

iii) 제공자에 대해서 비밀유지의무를 지지 않는 제3자로부터 수령자 또는 그 계열사가 정당하게 입수한 기술 · 정보

iv) 제공자가 제3자에게 비밀유지의무 부과 없이 공개한 기술 · 정보

v) 수령자가 독립적으로 개발 · 발견한 기술 · 정보

vi) 제공자의 승낙 하에 공개된 기술 · 정보

vii) 사법기관 등의 공권력에 의해 공개 의무가 명령되거나, 당해 기술에 관한 수령자의 권리보호 및 방어상 공권력기관에 제출이 필요한 기술 · 대상

4) 비밀기간

비밀제공 · 평가 · license기간의 종료 후에도 적정기간 동안 비밀유지의무가 부과되는 것이 일반적 관례[5]이다. 특히, 해당 기밀이 첨단 · 신조기술이거나, 거

---

4) 법원은 영업비밀 관리성이 인정되기 위해서는 일반적인 관리규정으로는 부족하고, 해당 기술자료에 대한 비밀유지의무가 명시적으로 규정되어 있어야 하며, 보안책임자를 지정하고 있는지, 보안관리장치나 보안관리규정을 두고 등급기준을 책정하고, 중요도에 따른 분류를 하거나 기밀자료라는 특별한 표시를 하는 등의 관리 조치를 하였는지를 종합적으로 판단하고 있습니다[영업비밀관리성 인정된 판례 v. 인정되지 않은 판례].

본 사례(의정부지방법원 2011.1.13.선고 2010노611 판결)에서 피고인은 두유를 제조하는 대기업의 퇴사자로서, 해당 피해회사는 일반적인 영업비밀관리 노력 수준을 넘어서 보안담당자도 회사 전체뿐만 아니라 각 개별 사업장 단위까지 지정하여 운영하였다는 점에서 영업비밀관리성을 충분히 인정할 만하다고 보입니다.

본 사례(서울중앙지방법원 2011.11.30.선고 2011노2694 판결)에서도 회사가 보안규정도 있었고 출입통제시스템도 운영하였으며 CCTV까지 설치하였으나, 보안서약서를 징구하지도 않았고, 개인저장장치 사용에 대한 제한도 없었으며, 보안책임자도 없었기 때문에 영업비밀관리성이 객관적으로 인정될 수 없다는 것이 법원의 판단입니다(영업비밀보호센터, 「꼭 알아야 할 영업비밀 보호가이드」, 『한국특허정보원』, 2014.6.3. 10-18-19쪽. http://bit.ly/1KnKhoT).

5) 예: 비밀유지 의무기간은 본 계약의 만료 또는 종료 후 ( )년의 기간 동안 유효하다.

액 · 장기의 기술투자가 소요된 고도의 기술을 수반한 경우 비밀유지의무는 대상기술의 비밀성이 존속하는 한, 영구히 부과되도록 규정한 경우도 있다(예: source code).

그러나, 현실적으로 '비밀성 존속'의 입증 · 반증에는 상당한 어려움이 따르므로, 그러한 분쟁의 방지를 위해 가급적 비밀유지의무의 존속기간을 명기해 둠이 바람직하다.

수령자의 입장에서는 이러한 비밀유지기간을 최소화하는 데 주력하여야 할 것이나, 업계의 관례는 통상적으로 수령일로부터 2~3년을 요구하며(지속적인 기술제공이 이루어지지 않는 경우, 통상적인 단위기술 · 제품의 life는 2~3년을 넘지 않는다는 논리에 기초함), 특수한 경우를 제외하고는 5년을 경과하여서는 곤란하다.

5) 사용목적

기밀 제공의 목적(통상적으로 평가/검토용도)을 명기하여, 제공기밀은 한정된 용도로 제공된 것이므로 일반적인 권리 허여가 배제된 것임을 입증키 위함. 이러한 규정에 따라 수령자는 제3자에 대한 공개금지뿐만 아니라, 수령자 자신의 사용도 특정목적 외의 다른 용도로 사용할 수 없게 된다.

[참고] 유의사항

i) 통상 evaluation 목적에 한정됨에 유의하여, 수령자료 · 정보에 관한 marking 및 기록유지를 해야 한다.
ii) 유사기술 단독 또는 타사와 연구개발진행 필요 시는 이에 관한 독립된 연구 · 개발일지를 기록 · 관리하여야 한다.
iii) evaluation 후 대상기술에 대한 수령자 검토의견의 명확한 회신이 있어야 하고, rejection 시 가급적 수령 기술 중 당사가 기보유한 기술 및 공지기술 등에 대한 범위설정을 하여 이에 관한 범위 및 근거를 거절서면에 서술하여 둠이 바람직하다.

6) 수령자의 관리 의무: 비밀유지정도(Standard of care)

통상적으로 수령자가 자신의 비밀을 유지하기 위하여 취하는 주의 정도에 한정하는 것이 관례임(단, 최소한 reasonable degree of care 요구). 수령자에게 부과될 수 있는 구체적인 의무는 아래와 같은 항목이 있으나, 수령자는 자신의 내부 보안 규정이나 현실적 관행을 고려하여, 일반적인 주의로 관리 가능한 범위 내로 한정토록 하여야 할 것이다.

① 제공정보/자료의 기록 유지
② 다른 영업비밀/자료와의 분리보관
③ 내부사용자제한(need to know)
④ 사용자 및 사용 용도/시간기록
⑤ 제공자 요구 시 또는 NDA 해제/종료 시 자료 반환 또는 파기
⑥ 사용자 개인별 기밀유지각서 확보

7) 보증(Warranty)

제공자의 대상 기술·정보제공권을 확인하고 이를 보장하도록 하여 제3자가 그 대상 기밀소유권 및 부당사용을 이유로 예기치 않은 claim을 제기할 경우, 그 제공자에게 이에 대한 책임을 전가하고 그러한 claim에 따른 손해배상의 근거를 확보키 위함. 특히 이러한 규정은 제3자가 권리를 보유하고 있다는 인지를 배제하는 입증자료로 사용될 수도 있을 것이다.

2. 의향서/양해각서(Letter of Intent/Memorandum of Understanding)[6)]

(1) 개 념

기본평가/검토결과 사업타당성이 확인되고, 당사자 간의 기본적 이해 합치가 이루어진 단계에서 상호이해를 일단 정리하고, 이러한 상호신뢰를 바탕으로 구체적인 방안 모색 및 최종계약 도출을 위한 초석을 마련키 위한 계약의 형식이나, 특정 조항을 제외하고는 일반적으로 법적 구속력이 없다.

해당산업의 실무에 따라, 의향서(letter of Intent, “LOI”) 또는 양해각서(memorandum of understanding, “MOU”), 경우에 따라서는 letter of agreement, memorandum of agreement이라고도 불려지고 있다.

형식상 letter of intent는 일반적으로 일방이 상대방에게 보내는 편지 형식으로 작성, 서명 후 송부하되, 그 내용이 상대방의 이해와 부합, 동의하는 경우,

6) 제1장 II.3.(2) 참조. 제3장 계약유형별 양식, 양식 2 및 양식 3 참조.

상대방이 말미에 counter-sign하여 회신토록 요청하는 형식으로 작성하는 반면, memorandum of understanding은 LOI보다는 계약서에 가까운 양식으로 좀 더 formal하게 작성하여 상호서명을 교환하는 형식을 취하는 것이 일반적이다.

(2) 유의사항

① 법적 비구속력은 의향서라는 형식에서 오는 특성이 아니라, 구속력을 갖지 않는다는 명문규정으로 인해 부여되는 특성이다. 따라서, 이러한 명문조항이 없는 경우, 예기치 않은 법적 책임이 부과될 수 있음을 유의하여야 한다.

② 법적 비구속력도 절대적으로 인정되는 것이 아니라, good-faith(신의 성실)[7]을 전제로 한 것이다.

예) good-faith business evaluation/judgment에 따른 철회의 경우는 비구속력(상대방에 대한 손해배상 등 법적 책임 면제)을 인정받을 수 있음.

③ Representation이나 warranty에 관한 내용은 비구속력을 명기한 규정에도 불구하고 사실과 다름이 판명된 경우, misrepresentation 또는 fraud에 따른 책임 문제가 발생할 수도 있음에 유의해야 한다..

④ 비구속적 의향서라 하더라도, 규정의 성격상 구속력을 부과해야 할 필요가 있는바, 일반적으로 구속력을 부여하는 조항은 다음과 같다.

i) 기밀유지 규정 또는 대외보도/공개금지,

ii) 관할법원 또는 중재(jurisdiction/arbitration) 및 준거법(governing law),

iii) 유효기간 및 해제/해지(term and termination),

iv) 독점적 우선협상기간(exclusive dealing),

v) 비구속력(non-binding) 확인

따라서, 해당 의향서의 일반적인 비구속력에도 불구하고 상술한 조항들은 예외적으로 법적 구속력이 있음을 아래와 같이 명기하여야 한다:

"Notwithstanding the foregoing, the provisions of paragraphs x, y and z shall be binding upon the parties."

---

7) 계약의 일방 당사자에게 상대방 당사자가 합리적인 기대를 박탈당하지 않도록 협조할 것을 요구하는 계약의 묵시적인 조항을 끌어내는 것[E. Allen Farnsworth, "Good Faith Performance and Commercial Reasonableness under the Uniform Commercial Code,"(30 University of Chicago Law Review, 667 ff. 1963)], 넓은 범위의 이질적인 형태의 신의성실 위반(bad faith)을 배제하는 개념[Robert S. Summers, ""Good Faith" in General Contract Law and the Sales Provisions of the Uniform Commercial Code,"(54 Virginia Law Review, 195, 208ff. 1968)].

⑤ 의향서 말미에 계약서 형식을 준용하여, "In witness whereof"이라는 문구를 무의식적으로 넣는 예가 많으나, 이러한 formality로 인하여 binding할 의도나 정황을 유출하는 요인이 될 수 있는바, 사용하지 않는 것이 좋다.

⑥ 명시적인 비구속력 확인 조항이 없거나, 불명확한 경우에는 각 조항의 표현상 확정적인 commitment 또는 binding agreement로 해석될 여지가 있는지를 면밀히 검토, 선별하여야 할 필요가 있다. 특히, 동사나 조동사 사용 시 확정적 의지, 약속, 합의 의도가 있는지를 구분하여 사용하는 것이 바람직하다.

→ (확정적) Agree, Promise, Commit, Obligate, Guarantee, Warrant vs.
(의향적) Intend, Plan, Wish, Desire, Want, Need, Assist, Help

→ (확정적) Shall, Will, Must, Should vs.
(의향적) Would, Could, Might

일정기간 동안 특정 당사자에게 해당 계약 관련 우선협상권(exclusive dealing)을 부여하는 경우가 있으나, 이로 인해 허여당사자는 다른 제3자와의 협상 기회상실 등의 risk가 있으므로, 이런 경우에는 협상의 신중성 확보 등을 위해 일정금액을 보증금 등으로 예치하도록 요구하는 경우가 많다. 허여자의 귀책사유나 불가항력[8]으로 인한 경우 외의 사유로, 특히 우선협상권자가 임의로 협상중단/포기로 본계약 체결이 성사되지 못한 경우에는 해당 보증금은 반환되지 않으며, 본계약 성사 시에는 본계약상 관련 지불금액에 포함되는 것으로 규정하는 것이 통례이다.

(3) Term Sheet[9]

의향서와 같이 본계약 체결 이전의 초기단계에서 교환되는 문서의 한 유형으로, 의향서와 같이 일반적으로는 양 당사자에 대한 법적 구속력을 갖지 않는 것을 전제로 교환, 또는 작성되는 문건이다.

의향서가 주로 letter형 또는 계약서 양식에 준하여 완전한 문장으로 양 당

8) 계약의 이행은 당사자들이 극복할 수 있는 평온한 상태를 전제로 하기에 당사자들이 자신의 의지로는 도저히 극복할 수 없는 상황인데도 불구하고 계약의 이행을 강요하거나 불이행의 책임을 묻는다는 것은 불합리하다. 불가항력 조항(Force Majeure)은 어느 당사자에게 귀책될 수 없는 사유로 인해 계약의 이행 등이 지연 또는 불이행되더라도 책임을 묻지 않도록 규정하는 조항이다("기술라이선스 계약서 예문 및 해설 ⑦ '라이선스 계약도 불가항력 조항 규정해 둬야'," 『주간무역』, 2014.9.19. http://bit.ly/1maCG1g).

9) 제3장 유형별 계약양식, 양식 2 참조.

사자의 이해와 합의를 정리하여 상호 서명하는 형식을 취하는 반면, Term Sheet는 형식적인 구조/조항을 취하지 않고, 완전한 문장형식보다는 key words 중심의 bullet-point 또는 ball-park data 중심의 요지만을 단순 정리한 형식으로, 양당사자의 합의에 따라 작성하는 경우보다는 일방당사자가 먼저 자신의 proposal 형식으로 Term Sheet를 상대방에게 제시하고, 상대방은 이에 대한 자신의 counter-proposal을 회신하는 형식으로 진행하는 경우가 많고, 종국적으로 상호이해와 합의가 이루어진 조건을 통합한 Term Sheet를 작성, 상호 서명하거나, 이를 토대로 의향서를 완성, 서명 후 본계약 협상으로 진입하는 경우 등이 있다. 이러한 이유로 의향서 대비, 작성/교환상 신속, 간이성이 있는 반면, 완전한 문장형식이 아닌 관계로 해석상 다변성, 불확실성, 모호성 등으로 인한 상호 오해나 혼선이 존재할 수 있는 단점도 상존한다.

Term Sheet의 경우에도, 그 내용상 binding한 의무, 약속으로 해석될 명시적 규정이 있는 경우에는 법적구속력 있는 것으로 해석될 여지가 있으나, 그러한 명시적 특약이 없는 경우에는, 그 형식이나 표현상의 불완전성, 특히 완전한 문장형식도 아닌 key words 중심의 나열인 관계로 당사자의 확정적 의사표시로 보기에는 부족하다는 것이 법원의 일반적인 해석인바, 법적 효력 강도 측면에서는 상대적으로 의향서보다도 구속력이 약하고, 단순 proposal의 교환, 또는 협의내용을 정리한 회의록 수준의 문서로 이해하는 것이 보편적인 입장이다(상호 합의된 문서로 보기 힘든 경우도 많다).

3. 기본합의서(Letter of Agreement, Heads of Agreement, Basic Agreement, Framework Agreement)

국제상거래 실무상, Letter of Agreement, Heads of Agreement, Basic Agreement, Framework Agreement등의 title로 불려지는 계약서 형식의 문서들이 있으나, NDA 나 LOI 또는 MOU 정도로 정형화된 형태는 아님은 물론, 거래당사자들에 대한 법적 구속력 여부도 그 제목 또는 형식에 따라 부여되는 것이 아님은 MOU 또는 LOI 등과 마찬가지이다. 해당 당사자들이 상호 합의, 서명한 내용상 어떻게 규정하였는가에 달려 있다. 따라서, 이러한 제목들의 문서들을 접할 경우, 그 제목이나 형식에 따른 선입감이나 편견보다는 내용상 확정적 의사표시로 상호권리, 의무를 합의하여야 할 필요성이 있는지, 아니면 통상적인 MOU나 LOI에서와 같이 당사자들의 현재까지의 이해와 의도를 정리하는 수준(non-binding)으로 할지를 면밀히 검토, 협의 후 판단, 결정하는 것이 바람직하다.

이러한 기본합의서는 주로, 의도하는 거래를 위해 non-binding 의향서 하에서 협상 및 기타 검토, 준비작업을 진행해 온 경우, 상호 합의된 기본적인 거래구조, 주요 원칙 및 조건 등을 상호 binding하게 확정하고, 이를 전제로 최종계약 협상을 진행하고자 할 경우에 의향서와 최종계약 중간단계에서 작성, 서명하게 되는 경우가 많다.

기업인수, 합병, 합작 또는 plant 수출 및 project financing 등 상당히 복잡한 거래구조와 여러 부수계약을 수반하는 경우, 초기에 서명, 교환한 non-binding 의향서 이후 본계약 체결 전까지 진행하여야 할 추가적인 협상과 함께 지속하여야 할 검토, 분석 및 기타 준비작업 관련 불가피하게 상당한 인력 투입, 시간과 비용이 필요한 반면 이러한 준비과정상의 투자에도 불구하고, 어느 일방이 임의로 협상을 지연, 중단, 포기하는 등으로 최종계약체결에 실패하는 경우, 직/간접 비용손실은 물론 제3자와의 협의/진행 기회 상실 등으로 인해 목적한 입찰 참여 또는 낙찰 실패나 경쟁업체의 시장 선점 등과 같은 기회 손실이 크다고 판단될 경우, 상호 합의한 주요 구조, 원칙, 조건에 대한 당사자간 상호구속력을 인정, 확인하고, 이를 전제로 최종계약까지의 협상 및 준비작업을 진행하고자 하는 경우에 이러한 기본합의서의 필요성과 실익이 있다.

반면에 binding한 의향서를 체결한 경우에는 일방 당사자의 임의적, 진행포기, 거부가 이미 어려운 단계이므로 추가적인 기본합의서 협상, 서명보다는 최종합의서 협상, 체결에 주력하는 것이 상대적으로 효과적일 것이므로 그 실익이 적고, MOU를 아직 체결하지 않은 경우에는 기본합의서보다는 상대적으로 정형화된 MOU형식으로 상호이해와 합의를 정리, 교환하는 것이 오히려 바람직할 것이다.

상술한 이유로 binding한 기본합의서를 서명한 경우,

ⅰ) 어느 일방이 기본 합의서상 합의 조건을 부정 또는 위반함에 따라 본계약 체결지연 또는 실패 시, 그 상대방은 계약위반 등에 따른 손해배상 등의 법적 구제 수단을 통해 상대방이 계약 준수, 이행하도록 강제할 압박 수단을 확보하게 되는 장점이 있고,

ⅱ) 상대방이 제3자와 직, 간접적으로 이중협상 또는 상대적으로 유리

한 기회를 저울질하는 등의 부정적 움직임을 방지하여, 사실상 우선 또는 독점협상권을 확보한 것과 같은 효과를 얻을 수 있다.

한편, 상기와 같은 경우나 용도 외에도, 당사자 간 진행될 여러 건의 유사 또는 부속 거래가 계획되는 경우, 이러한 개별 거래를 포괄한 총거래 범위, 규모, 일정 또는 총체적인 거래의 기본 원칙과 조건을 Framework Agreement 등과 같은 총론적 기본계약(합의서) 형식으로 체결하고, 이후 그 범위 내에서 각 개별 거래를 협의 진행하여 후속 세부계약으로 체결하는 순서로 진행하기도 한다.

[참고] General Terms and Conditions(일반거래조건)[10)]

일종의 표준약관으로 양당사간 구체적 거래관련 조건을 개별적으로 합의, 작성한 것이라기보다는, 어느 일방이 여러 다른 거래 상대방과 유사한 형태의 거래를 반복, 지속적으로 진행할 필요성이 있는 경우(원재료/부품/표준 완제품 등 장기 매매계약 등), 그러한 유형에 적용될 표준 거래조건을 작성하여 상대방들에게 제시하고, 상대방이 이를 수락하는 형식을 통해 이러한 일반 거래조건을 각 개별거래를 위한 개별 계약의 일부로 편성되도록 진행하는 경우가 많다. 주로 여러 업체로부터 동일 또는 유사한 원재료, 부품 또는 표준화된 완제품을 구매하는 구매자의 입장에서 이러한 표준 거래조건의 적용을 요구하는 경우가 많다. 경우에 따라서는 특정업계(plant 건설 등) 차원에서 일종의 표준 기본조건을 정립하여 통용하고, 각 업체들의 개별 계약 시 모든 세부 조건을 일일이 협의, 협상하는 과정을 생략하고, 업계에서 상호 공정한 조건으로 널리 인정, 통용된 표준 거래조건을 전제로 개별 거래에 적용될 구체적인 금액, 일정, 공사내역 등 개별 특수 조건만을 중심으로 협상, 합의하여 본계약에 서술하되, 표준 거래조건상 수정이 필요한 부분은 Special Terms 또는 Particular Terms 등과 같은 이름의 특수 거래조건으로 정리하고, 일반거래조건보다 우선적용 효과를 갖는 것으로 하여, 본계약-(첨부1) 특수거래조건-(첨부2) 일반거래조건-(첨부 3) 기타 관련 부속서와 같은 구조로 계약문서를 구성하여 진행하기도 한다.

---

10) 제3장 유형별 계약양식, 양식 4 참조.

II 국제물품매매계약
Contracts for the International Sale of Goods

1. 개　요

국제물품매매계약은 무역계약이라고도 불려지는바, 국제계약의 가장 기본적인 유형으로, 「국제물품매매계약에 관한 UN협약」(United Nations Convention on Contracts for International Sale of Goods: "CISG", 1980)에 따르면, 각기 다른 국가에 영업소를 둔 당사자 간의 물품의 이동, 즉 매매 거래에 관한 합의를 말한다.

국제매매계약 또한 매매계약의 일종이므로, 특정 물품의 판매와 구매에 대해 매수인과 매도인 간의 청약과 승낙을 통한 확정적 의사합치를 통해 이루어지는 점은 동일하나(성립 요건에 대한 자세한 내용은 계약의 성립에 관한 제1장 II. 참고), 일반적인 국내 매매계약과는 달리, 서로 다른 국가 간의 물품의 이동이라는 특성을 수반한 관계로, 매매계약의 3대 기본 조건인 가격, 품질, 수량 외에도 거래의 국제성에 따른 선적/운송, 보험, 대금결제 조건 등에 대한 특별한 고려와 유의를 요한다.

2. 무역계약의 기본조건

국제 물품매매(무역)계약의 기본조건은 아래와 같이 대별해 볼 수 있을 것이다.

① 품질조건(대상제품 특정)

② 수량조건

③ 가격조건

④ 운송조건

⑤ 대금결제조건

⑥ 보험조건

CISG에 따르면 상기 기본조건 중 대상제품 특정, 수량 조건 및 가격 조건은 계약(청약) 성립을 위한 필수 조건으로 규정하고 있다.[1)]

(1) 품질조건(Quality)

1) 품질결정방법

계약 목적물인 물품의 품질을 결정하는 방법은 아래와 같다.

① 특정 물품 매매

주로, 한정된 수량의 특정 물품의 매매의 경우로, 매수인이 물품이 보관되어 있는 창고 또는 기타 특정지역에서 거래될 물품을 직접 점검하고, 매매 목적물로 지정하는 경우이다.

② 견본 매매(Sample)

가장 보편적인 품질 결정 방법으로, 매도인이 제시하고 매수인이 수용한 견본을 기준으로 매매 목적물을 공급하는 경우이다.

③ 표준품 매매(Standard or Type)

주로 수확, 어획, 벌채 예정인 농수산물 또는 원목 등 1차 상품의 경우 계약 당시 현품이나 견본 제공이 어려운 경우에 표준품으로 거래의 기준을 삼아 실제 공급된 현품상에 일부 차이가 발생하는 경우는 그 정도에 따라 대금을 증감 조정하는 방식으로 거래된다. 아래와 같은 표준품 품질 결정 방법이 있다.

i) 평균중등품질[Fair Average quality(FAQ)]: 각 지역에서 각 년도에 생산된 동일한 종류의 물품의 FAQ를 말하며, 일반적으로 곡물, 과실류의 장래 거래에 사용된다.

ii) 판매적격품질[Good Merchantable Quality(GMQ)]: 일반적으로 자연적으로 고유의 하자가 있을 수도 있는 목재, 냉동어류, 또는 광석류의 거래에 사용된다.

---

1) See Article 14, CISG. "A proposal is sufficiently definite if it indicates the goods and expressy or implicitly fixes or makes provision for determining the quantity and the price."

iii) 보통품질[Usual Standard quality(USQ)]: 각 유형의 상품을 관리하는 공인인증기관에 의해 결정되는 기준에 따른 거래이다.

④ 상표매매(Trade Mark)

삼성의 갤럭시 또는 애플의 아이폰과 같이 일반적으로 또는 세계적 명성이 있는 유명한 상표나 상품명을 사용한 거래이다.

⑤ 규격매매(Industry Standards)

전자, 전기 등 공산품의 경우에 주로 사용되며, 국제 또는 국가 산업표준기구 또는 공인기관이 설정한 기준과 기술규격(ISO, KS, BSS 등)에 부합한 제품을 공급하기로 하는 거래이다.

⑥ 명세서 매매(Specification)

선박, 철도, 기계설비류 등과 같이 주로 주문 제작품 등의 매매에 사용되며, 상호 합의한 설계도면, 기술명세서, 규격서 등에 명시한 제품을 공급하기로 하는 거래이다.

2) 품질결정시기

상술한 품질결정 방법과 더불어, 장기간 수송이 요구되는 경우에는 품질결정시기도 규정하여야 둘 필요가 있다

① 선적 품질 조건(shipped quality terms): 선적 시 품질 일치 여부 판단하고, 이후 변질에 대해서는 매도인이 책임을 지지 않는 조건이다.

② 양륙 품질 조건(landed quality terms): 양륙[2] 시 기준으로 품질을 결정하게 되므로, (양륙 전) 운송 중 물품변질은 매도인이 책임 부담한다.

(2) 수량조건

1) 단 위

① 길이(Length), 면적(Square): meter, inch, feet, yard, 자; m^2, ft^2, yd^2, acre, 평

② 용적(Volume, Bulk): m^3, cubic meter, cubic feet, liter, drum, gallon, barrel, bushel

③ 중량(Weight): kg, ton, pound

---

2) 배에 실려 있는 짐을 뭍으로 운반함("양륙," 『표준국어대사전』).

④ 개수(Piece): set, piece, dozen, gross, great gross

⑤ 포장단위(Package): bag, case, bale, drum, barrel

2) 과부족 용인조건

① About, circa, around 또는 approximately 등의 용어로 표시된 경우에는 10% 한도 내의 과부족을 용인하는 것으로 간주(신용장 통일 규칙 30조 a항[3])하고,

② More or less clause: more or less라는 문구로 표시한 경우는 통상 ±5%를 용인하나(신용장 통일규칙 30조 b항[4]),

③ 가능한 과부족 용인 필요성이 있는 경우에는, 명확히 허용 편차 수치를 규정하여 두는 것이 바람직하다.

(3) 선적 및 인도조건(Shipment & Delivery Terms)

선적 및 인도 조건은 운송 준비(transportation arrangement), 선적과 인도와 관련된 비용, 보험, 세금 및 수출입 관세, 분실 위험(risk of loss) 등에 관한 규정으로, 세부적인 조건들을 일일이 협상을 통해 규정하기보다는, 일반적으로 INCOTERMS(국내 · 국제거래조건의 사용에 관한 ICC 규칙)를 근거로 당사자 간 합의에 따라 특정 조건을 선택하는 방법으로 결정하고, 개별 매매에 특수한 아래와 같은 조건들은 별도 규정이 필요하다.

① 선적일자 또는 기간,

② 인도 지연(Delivery Delay) 및 지연배상금(Delay liquidated damage) 등.

③ 분할선적(Partial Shipment): 계약서 또는 신용장에 분할선적을 금지하는 별도의 규정이 없는 한, 선적기간 중 분할 선적이 허용되는 것으로 간주되므로(신용장 통일규칙 31조 a항[5]), 1회 전량 선적, 수송이 필요한 경우에는 이를 분명

---

3) Uniformed Customs and Practice for Documentary Credits 2007 Revision; [이하 UCP] [Article 30](Tolerance in Credit Amount, Quantity and Unit Prices) a. The words "about" or "approximately" used in connection with the amount of the credit or the quantity or the unit price stated in the credit are to be construed as allowing a tolerance not to exceed 10% more or 10% less than the amount, the quantity or the unit price to which they refer.

4) b. A tolerance not to exceed 5% more or 5% less than the quantity of the goods is allowed, provided the credit does not state the quantity in terms of a stipulated number of packing units or individual items and the total amount of the drawings does not exceed the amount of the credit.

5) UCP [Article 31](Partial Drawings or Shipments) a. Partial drawings and/or shipments are

히 규정하여야 할 것이다.

④ 환적(Transshipment): 신용장에 명시된 선적항으로부터 양륙항까지 해상 운송도중에 한 선박에서 다른 선박으로 화물을 풀어 다시 적재하거나, 수송수단이 바뀌는 경우를 의미하며, 반대의 특약이 없는 한, 일반적으로 환적도 허용되는 것으로 간주한다.

(4) 가격 조건(Price Terms)

1) 통　화

① 안정성, 유통 편이성 및 태환성, 환전 수수료 등을 고려하여 수출국, 수입국 또는 제3국의 통화를 결정할 수 있다.

② 환율 변동으로 인한 환차손 risk를 고려해야 한다.

2) 고정 가격 또는 변동 가격: 장기 공급 계약의 경우에는 원재료, 부품 등 관련 시장가격 변동에 따른 risk 고려 필요하며, 변동 가격의 경우에는 가격 결정 방법에 대한 명시 규정이 필요하다.

3) 계약상 매매가는 제조원가는 물론, 매도인이 부담하여야 할 운송/보관 비용, 수출입 관세, 보험료 등 제반 비용을 포함한 가격이므로, 일반적으로 가격조건은 계약상 당사자간 합의한 INCOTERMS 하의 특정 조건(예: FOB, CIF 등)을 기준으로 결정된다.[6]

(5) 결제 조건(Payment Terms)

1) 결제 시기

① 선지급(Advance payment)

매도인이 물품 선적 전에 매수인이 대금을 지급하는 경우로, 일반적으로 샘플 또는 소액 구매나, 매수인의 신용이 불확실한 경우에 사용된다.

② 동시지급(Concurrent payment)

현물이나 서류와 상환으로 대금을 지급하는 방식이다.

---

allowed(, unless the Credit stipulates otherwise).

6) INCOTERMS 2010에 관한 더욱 자세한 내용은 본절 5. 참조.

i) 현품인도지급[Cash On Delivery(COD)]

ii) 서류상환지급[Cash Against Document(CAD)]:

ⓐ 은행의 개입 없이 운송서류가 지급되는 지급서류인도방식 [Document against payment(D/P)]

ⓑ 은행을 통해 운송서류가 지급되는 일람출급신용장방식(Sight L/C)

③ 후지급(Deferred payment)

물품 선적/인도 또는 서류 인수 후 일정기간 경과 후 결제가 이루어지는 방식이다.

i) 인수인도[Document against acceptance(D/A)]: 매수인이 지급

ii) 기한부신용장(Usance L/C): 매수인의 은행에 의해 지급

④ 분할(누진)지급(Progressive or installment payment)

계약 체결, 주문, 품질검사, 인도 완료 등 거래 과정을 여러 단계로 나누어 진행단계에 따라 지불금액을 분할하여 지급하는 방식

2) 결제 수단

① 송금(Remittance): 매도인이 직접 송금

i) 전신환[T/T (telegraphic transfer)]

ii) 우편환[M/T(mail transfer)]

iii) 송금수표[D/D(demand draft)]

② 추심(Collection): 은행 통해 지급

[매도인 – 추심의뢰은행(remitting bank) – 추심은행(collecting bank) – 매수인]

i) 지급인도[D/P(document against payment)]

ii) 인수인도[D/A(document against acceptance)]

③ 신용장[Letter of Credit (L/C)]: 신청인(매수인)의 요청에 따라 신용장 개설은행이, 매도인이 특정 서류를 구비하여 제시할 경우, 매도인에게 지급하기로 약속하는 신용장 활용 결제방식이다.

④ 기타: 현금, 수표, 신용카드, 에스크로(escrow),[7] e-money, paypal[8] 등이

7) Escrow란? 제3자(에스크로 사업자)가 소비자의 결제대금을 예치하고 있다가 상품배송이 완료된 후 그 대금을 통신판매업자에게 지급하는 거래안전장치로, 법률에서는 결제대금예치제라고도 함(서울특별시전자상거래센터, 「에스크로 및 소비자 피해보상보험계약 Q&A」, http://bit.ly/1o2Po3R).

8) Paypal이란? Paypal에 가입하여 인터넷을 통해 이메일로 돈을 주고받을 수 있는 결제방법

있다.

(6) 보험 조건(Insurance Terms)

운송 중 위험을 보장하기 위한 보험 가입 및 비용의 부담은 일반적으로 매매 계약상 특정한 INCOTERMS 하의 특정조건에 따르기로 규정(예: FOB, CFR 등의 경우 부보의무[9]는 매수인 부담; CIF, CIP 조건에서는 매도인이 부보의무)하고 있으며, 보험금액이나 손해전보 및 보상범위 등에 대해서는 당사자 간의 별도 약정이 필요하다.

3. 보증(담보)(Warranties)

매매 대상 물품에 대한 소유권 및 기타 권리 보증, 품질이나 사용 적합성 등에 관한 보증 조건은 계약상 명시적 규정에 따르되,

이에 대한 구체적인 약정이 없는 경우에는 당해 계약의 준거법에 따라 해석하는 것이 원칙이다.

(1) Warranty of Title(소유권 보증)

매도인은 매매 대상물에 대한 유효하고 완전한(제3자 담보권, 사용 등에 따른 제한 없이) 소유권을 적법하게 양도할 것이라는 보증으로, 명시적 규정이 없더라도, 반대의 배제/부인 약정이 없는 한, 묵시적 보증이 있는 것으로 간주된다.

매매 목적물에 제3자 담보권 또는 사용권이 설정되어 있거나 기타 제한이 있는 상태로 양도하기로 합의한 경우에는 그러한 조건부 또는 제한 사항을 명시하거나, 최소한 Title에 대한 warranty을 명시적으로 부정하여야 한다. (예: "AS IS"조건[10]이며, 그 조건하에 결정된 가격이라는 점도 명시함이 바람직함)

또한 대부분의 국가에서, 반대의 특약(배제 또는 부정조항)이 없는 한, 매도인이 인도한 물품은 제3자의 상표, 특허권 등 지적재산권을 침해하지 않는다는 묵시적 보증이 있는 것으로 간주한다.

(「PayPal로 무엇을 할 수 있나요?」, 『PayPal』, http://bit.ly/1PSueSp).

9) 보험을 부담해야 하는 의무.

10) 현재 있는 상황 그대로라는 의미.

(2) Warranty of Quality(품질보증 또는 하자담보)

1) Express Warranty(명시적 보증)

계약의 일부 또는 조건으로 포함된, 물품 사양(Specification), 성능 및 기능 관련 표시 및 안내, 기타 품질/안전 기준 등, 물품의 가치에 대한 단순한 의견이나 언급이 아닌 한, 거래 조건의 일부로 포함된 매도인의 모든 진술 및 약속은 명시적 담보로 해석된다. 명시적 담보(보증)는 물품에 관한 설명(descriptions of goods)을 포함한 거의 모든 말(word) 또는 행위에 의한 긍정적인 단언(positive affirmation)을 모두 포함한다.

내용상 보증 배제/부인 조항과 명시적 보증 조항 간에 양립될 수 없는 모순이 발생하는 경우에는, 보증 배제/부인 조항은 모순내용에 대해서는 효력을 잃게 된다.[11)]

2) Implied Warranty(묵시적 보증)

① Warranty of Merchantability(상품 적합성)

명시적인 반대의 특약이나, 명시적 배제 조항이 없는 한, 물품은 통상적인 사용목적(ordinary purpose)에 적합해야 한다.

상품성 보증을 배제하고자 하는 경우에는, "merchantability"(상품성)라는 용어를 반드시 포함하여 사용해야 하며, 서면계약상 그러한 배제조항을 규정한 경우에는, 눈에 띄도록 명시되어야 한다. 반면, 아래에서 설명할 특정목적 적합성 보증에 대한 배제/부인은 서면상 규정을 통해, 눈에 띄도록 기재하여야 하나, 특정 용어가 아닌 일반적인 문구로도 가능하다.[12)]

---

11) 국제물품매매계약에 관한 UN협약, 미국 Uniform Commercial Code(UCC) 및 우리 민법 등 대부분의 법제에서 공통적인 해석.

12) See, U.S.C. § 2-316. Exclusion or Modification of Warranties.
"(2) Subject to subsection (3), to exclude or modify the implied warranty of merchantability or any part of it the language must mention merchantability and in case of a writing must be conspicuous, and to exclude or modify any implied warranty of fitness the exclusion must be by a writing and conspicuous. Language to exclude all implied warranties of fitness is sufficient if it states, for example, that "There are no warranties which extend beyond the description on the face hereof.""
(3) Notwithstanding subsection (2) (a) unless the circumstances indicate otherwise, all implied warranties are excluded by expressions like "as is", "with all faults" or other language which in common understanding calls the buyer's attention to the exclusion of warranties and makes plain that there is no implied warranty.

② Warranty of Fitness for a Particular Purpose(특정목적 적합성)

i) 매수인이 물품에 대한 특별한 사용목적이 있다는 것과 ii) 그러한 목적에 적합한 물품의 선택을 매도인의 역량에 맡긴다는 것을 매도인이 알 이유가 있는 경우에는 특정 사용목적 적합성에 대한 묵시적 보증이 인정된다. 이러한 보증을 배제 또는 부정하고자 하는 경우에는 서면상의 명시적 배제조항이 있어야 하나, 특정 용어나 문구에 한정되지는 않고 일반적인 표현을 통해서 배제할 수 있다.

[주의] 상술한 보증배제/부인 조항은 계약법상의 책임에 한정된 것으로, 그 제품 사용상 발생한 사망, 상해(personal injury), 또는 재산상 손해(property damage) 관련 제조물책임이나 소비자 보호법 등에 따른 책임을 배제할 수 있는 것은 아님을 유의하여야 한다.

4. 국제물품매매계약에 관한 UN협약(UN Convention on Contracts for the International Sale of Goods: 이하 "CISG")(1980)[13]

(1) 개 요

「국제물품매매계약에 관한 유엔 협약」(United Nations Convention on Contracts for the International Sale of Goods, CISG)은 국제적 계약법에 관한 협정으로, 유엔 통일매매법이라고도 부른다. 이 협약은 서방 선진국가, 사회주의 국가 및 제3세계 국가를 포함한 62개국과 8개의 국제기구가 참가한 외교회의를 통하여 심의한 끝에 1980년에 비엔나에서 확정되어(비엔나 협약), 1988년 발효하였다. 우리나라는 2004년 2월 17일 CISG에 가입, 2005년 3월 1일부터 발효되었으며, 2016년 1월 현재 총 84개국이 CISG에 가입하였다. 이 협약의 목적은 기본적으로 국제물품매매계약에 관하여 국제적으로 통일된 상관습을 성문화함으로써 무역거래의 법률적인 장벽을 제거하는 데 공헌하며, 국제무역의 발전을 증진시키기 위한 것이다. 이 협약은 각국의 매매법 자체의 통일을 목적으로 한 것이 아니므로,

13) 법무부, 국제물품매매계약에 관한 유엔협약해설 (2005) 참조. 석광현, (연구논단) UN국제물품매매협약(CISG)에의 가입을 환영하며, 법률신문(2004), https://www.lawtimes.co.kr/Legal-Info/Print-Legal-Info?serial=1637&type=ResearchForum&tab= 참조.

체약국의 국내물품매매는 체약국의 민·상법에 의하여 규율되고, 체약국 당사자 간의 국제물품매매 또는 체약국과 비체약국 간 국제매매로서 비체약국 국제사법에 따라 체약국 법이 준거법이 적용되는 경우에 한해 국내법에 우선하여 적용되게 된다.

CISG는 체약국 내의 다른 국가에 각각 영업지를 두고 있는 당사자들 간의 국제물품매매에 적용 가능한 국제(다국간) 조약이며, 매매계약에서 당사자들 간 합의에 따라 CISG의 적용을 배제할 수 있다. 이 경우, 그들의 매매계약은 계약상 약정한 준거법 또는 당사자들 간에 달리 합의한 특약에 따라 다루어진다.

단, CISG의 체약국에 소재하더라도, 상당수 기업들은 CISG의 적용을 배제하고, INCOTERMS의 현행규칙과 함께 매수인 또는 매도인 국가(주로 매수인의 국가)의 해당법을 준거법으로 따르기로 합의하는 경우도 많음을 유의하여야 한다. 구체적인 국제매매계약을 체결하고자 하는 경우, 상대방 국가도 체결국인 경우, 해당 계약에 CISG 적용을 배제하는 조항을 약정할 것인지는, CISG 적용에 따른 장단점을 고려하여 판단하는 것이 바람직할 것이다.

(2) 적용범위

① CISG는 "국제 물품매매계약"에 적용(Art.1)되는바, "국제"란 당사자들이 서로 다른 국가에 영업소를 둔 경우를 의미하며,

② (i) 양 당사자의 영업소 소재지가 모두 CISG 체약국인 경우[Art.1(1)(a)], 또는 (ii) 일방이 체약국에 소재하고, 다른 당사자는 비체약국에 소재하나 그 비체약국의 섭외사법상 상대방 체약국의 관련 법규가 준거법이 되는 경우[Art.1(1)(b)]에 CISG가 적용된다.

단, 상기 해당 체약국이 CISG 비준시 상기 (b)(ii)의 경우에 대한 적용을 유보(Art.95)한 경우는 CISG가 적용되지 않고, 해당 체약국의 매매관련 국내법규가 적용되게 된다.

또한, 국제물품매매계약의 당사자들은 CISG의 적용배제(opt out)를 자유롭게 선택할 수 있다(Art.6). 당사자들이 적용을 배제코자 하는 경우는 모호함이 없이 명확한 명시적 배제 조항을 규정하여야 한다. 예를 들어, "This contract shall be governed by the laws of the state of New York."로 규정한 경우, 법원은 이 규정이 ambiguous하여, New York 법규상 국제물품매매계약에 적용되는 법규는 CISG라고 해석, 판단할 여지가 있으므로, "This Contract shall not be governed by U.N. Convention on Contracts for the International Sale of Goods (1980), but shall be governed by New York Uniform Commercial Code for domestic sales of goods." 와 같이 명확히 CISG를 배제하고 준거법을 특정하는 것이 바람직하다.

반면, 상술한 CISG 적용 대상이 아닌 경우임에도, 양 당사자가 임의로 적용을 선택한 경우, CISG 제6조는 opt out에 대한 선택권만을 규정하고 있으므로, opt in조항에 대해서는 그 효력을 인정하지 않는 것으로 해석된다. 이는 Convention(국제협약)의 법적 성격상, 체약국에 한정된 효력으로, 비체약국 당사자가 임의로 적용 선택을 할 수 없다는 일반 원칙에도 부합하는 것이다. 반면, 아래에서 설명될 INCOTERMS는 국제 협약이 아니라 임의 규범인 관계로, 양 당사자가 그에 따른 해석과 효력을 적용하기로 선택한 경우에만 적용되게 된다.

한편, 국제물품매매계약의 대상 물품에 대한 구체적 규정이 없는 반면, 적용대상 물품(goods)에서 제외되는 항목을 규정하고 있는바,

① 상업증권, 투자증권, 선박, 항공기 및 전력 등의 매매에는 적용되지 않고,

② 소비자에 대한 매매(sales of goos to consumers: B2C), 경매, 강제집행에 따른 매매, 사망, 상해 등에 대한 매도인의 책임 등 해당국 강행법규와 conflict 소지가 있는 영역에 대해서도 적용이 제외(Art.2)된다.

또한, CISG는 계약의 성립, 매도인과 매수인의 권리와 의무를 규정하나, 계약의 유효성이나 물품에 대한 소유권의 효력이나 제3자 대항력 등에 대해서는 국내법의 적용영역으로 유보되고 있음을 유의하기 바란다.

(3) CISG 규정

CISG가 규정한 국제물품매매계약의 (i) 일반원칙, (ii) 계약의 성립, (iii) 매도인 및 매수인의 권리와 의무, (iv) 위험의 이전 및 (v) 계약위반에 따른 손해배상 및 구제책 등에 대해서는 아래 해당 규정을 통해 살펴보도록 한다.

[참고] 국제물품매매계약에 관한 UN협약(비엔나협약) 1980

국제물품매매계약에 관한 국제연합 협약[14)]

이 협약의 당사국은,

신국제경제질서의 수립에 관하여 국제연합총회의 제6차 특별회의에서 채택된 결의의 광범한 목적에 유념하고, 평등과 상호이익을 기초로 한 국제거래의 발전이 국가 간의 우호관계를 증진하는 중요한 요소임을 고려하며, 국제물품매매계약을 규율하고 상이한 사회적·경제적 및 법적 제도를 고려한 통일규칙을 채택하는 것이 국제거래상의 법적 장애를 제거하는 데 기여하고 국제거래의 발전을 증진하는 것이라는 견해하에, 다음과 같이 합의하였다.

제1편 적용범위와 총칙

제1장 적용범위

제1조

(1) 이 협약은 다음의 경우에, 영업소가 서로 다른 국가에 있는 당사자 간의 물품매매계약에 적용된다.

(가) 해당 국가가 모두 체약국인 경우, 또는

(나) 국제사법 규칙에 의하여 체약국법이 적용되는 경우

(2) 당사자가 서로 다른 국가에 영업소를 가지고 있다는 사실은, 계약으로부터 또는 계약체결 전이나 그 체결 시에 당사자 간의 거래나 당사자에 의하여 밝혀진 정보로부터 드러나지 아니하는 경우에는 고려되지 아니한다.

(3) 당사자의 국적 또는 당사자나 계약의 민사적·상사적 성격은 이 협약의 적용 여부를 결정하는 데에 고려되지 아니한다.

제2조

이 협약은 다음의 매매에는 적용되지 아니한다.

(가) 개인용·가족용 또는 가정용으로 구입된 물품의 매매. 다만, 매도인이 계약체결 전이나 그 체결 시에 물품이 그와 같은 용도로 구입된 사실을 알지 못하

14) 이 협약은 외교부 사이트에서 인용하였다.

였고, 알았어야 했던 것도 아닌 경우에는 그러하지 아니하다.

(나) 경매에 의한 매매

(다) 강제집행 그 밖의 법령에 의한 매매

(라) 주식, 지분, 투자증권, 유통증권 또는 통화의 매매

(마) 선박, 소선(小船), 부선(浮船), 또는 항공기의 매매

(바) 전기의 매매

제3조

(1) 물품을 제조 또는 생산하여 공급하는 계약은 이를 매매로 본다. 다만, 물품을 주문한 당사자가 그 제조 또는 생산에 필요한 재료의 중요한 부분을 공급하는 경우에는 그러하지 아니하다.

(2) 이 협약은 물품을 공급하는 당사자의 의무의 주된 부분이 노무 그 밖의 서비스의 공급에 있는 계약에는 적용되지 아니한다.

제4조

이 협약은 매매계약의 성립 및 그 계약으로부터 발생하는 매도인과 매수인의 권리 의무만을 규율한다. 이 협약에 별도의 명시규정이 있는 경우를 제외하고, 이 협약은 특히 다음과 관련이 없다.

(가) 계약이나 그 조항 또는 관행의 유효성

(나) 매매된 물품의 소유권에 관하여 계약이 미치는 효력

제5조

이 협약은 물품으로 인하여 발생한 사람의 사망 또는 상해에 대한 매도인의 책임에는 적용되지 아니한다.

제6조

당사자는 이 협약의 적용을 배제할 수 있고, 제12조에 따를 것을 조건으로 하여 이 협약의 어떠한 규정에 대하여도 그 적용을 배제하거나 효과를 변경할 수 있다.

제2장 총 칙

제7조

(1) 이 협약의 해석에는 그 국제적 성격 및 적용상의 통일과 국제거래상의 신의 준수를 증진할 필요성을 고려하여야 한다.

(2) 이 협약에 의하여 규율되는 사항으로서 협약에서 명시적으로 해결되지 아니하는 문제는, 이 협약이 기초하고 있는 일반원칙, 그 원칙이 없는 경우에는 국제사법 규칙에 의하여 적용되는 법에 따라 해결되어야 한다.

제8조

(1) 이 협약의 적용상, 당사자의 진술 그 밖의 행위는 상대방이 그 당사자의 의도를 알았거나 모를 수 없었던 경우에는 그 의도에 따라 해석되어야 한다.

(2) 제1항이 적용되지 아니하는 경우에 당사자의 진술 그 밖의 행위는, 상대방과 동일한 부류의 합리적인 사람이 동일한 상황에서 이해하였을 바에 따라 해석되어야 한다.

(3) 당사자의 의도 또는 합리적인 사람이 이해하였을 바를 결정함에 있어서는 교섭, 당사자 간에 확립된 관례, 관행 및 당사자의 후속 행위를 포함하여 관련된 모든 사항을 적절히 고려하여야 한다.

제9조

(1) 당사자는 합의한 관행과 당사자 간에 확립된 관례에 구속된다.

(2) 별도의 합의가 없는 한, 당사자가 알았거나 알 수 있었던 관행으로서 국제거래에서 당해 거래와 동종의 계약을 하는 사람에게 널리 알려져 있고 통상적으로 준수되고 있는 관행은 당사자의 계약 또는 그 성립에 묵시적으로 적용되는 것으로 본다.

제10조

이 협약의 적용상,

(개) 당사자 일방이 둘 이상의 영업소를 가지고 있는 경우에는, 계약체결 전이나 그 체결 시에 당사자 쌍방에 알려지거나 예기된 상황을 고려하여 계약 및 그 이행과 가장 밀접한 관련이 있는 곳이 영업소로 된다.

(내) 당사자 일방이 영업소를 가지고 있지 아니한 경우에는 그의 상거소를 영업소로 본다.

제11조

매매계약은 서면에 의하여 체결되거나 입증될 필요가 없고, 방식에 관한 그 밖의 어떠한 요건도 요구되지 아니한다. 매매계약은 증인을 포함하여 어떠한 방법에 의하여도 입증될 수 있다.

제12조

매매계약, 합의에 의한 매매계약의 변경이나 종료, 청약·승낙 그 밖의 의사표시를 서면 이외의 방법으로 할 수 있도록 허용하는 이 협약 제11조, 제29조 또는 제2편은 당사자가 이 협약 제96조에 따라 유보선언을 한 체약국에 영업소를 가지고 있는 경우에는 적용되지 아니한다. 당사자는 이 조를 배제하거나 그 효과를 변경할 수 없다.

제13조

이 협약의 적용상 "서면"에는 전보와 텔렉스가 포함된다.

제2편 계약의 성립

제14조

(1) 1인 또는 그 이상의 특정인에 대한 계약체결의 제안은 충분히 확정적이고, 승낙 시 그에 구속된다는 청약자의 의사가 표시되어 있는 경우에 청약이 된다. 제안이 물품을 표시하고, 명시적 또는 묵시적으로 수량과 대금을 지정하거나 그 결정을 위한 조항을 두고 있는 경우에, 그 제안은 충분히 확정적인 것으로 한다.

(2) 불특정 다수인에 대한 제안은 제안자가 반대 의사를 명확히 표시하지 아니하는 한, 단지 청약의 유인으로 본다.

제15조

(1) 청약은 상대방에게 도달한 때에 효력이 발생한다.

(2) 청약은 철회될 수 없는 것이더라도, 회수의 의사표시가 청약의 도달 전 또는 그와 동시에 상대방에게 도달하는 경우에는 회수될 수 있다.

제16조

(1) 청약은 계약이 체결되기까지는 철회될 수 있다. 다만, 상대방이 승낙의 통지를 발송하기 전에 철회의 의사표시가 상대방에게 도달되어야 한다.

(2) 그러나 다음의 경우에는 청약은 철회될 수 없다.

㈎ 승낙기간의 지정 그 밖의 방법으로 청약이 철회될 수 없음이 청약에 표시되어 있는 경우, 또는

㈏ 상대방이 청약이 철회될 수 없음을 신뢰하는 것이 합리적이고, 상대방이 그 청약을 신뢰하여 행동한 경우

제17조

청약은 철회될 수 없는 것이더라도, 거절의 의사표시가 청약자에게 도달한 때에는 효력을 상실한다.

제18조

(1) 청약에 대한 동의를 표시하는 상대방의 진술 그 밖의 행위는 승낙이 된다. 침묵 또는 부작위는 그 자체만으로 승낙이 되지 아니한다.

(2) 청약에 대한 승낙은 동의의 의사표시가 청약자에게 도달하는 시점에 효력이 발생한다. 동의의 의사표시가 청약자가 지정한 기간 내에, 기간의 지정이 없는 경우에는 청약자가 사용한 통신수단의 신속성 등 거래의 상황을 적절히 고려하여 합리적인 기간 내에 도달하지 아니하는 때에는, 승낙은 효력이 발생하지 아니한다. 구두의 청약은 특별한 사정이 없는 한 즉시 승낙되어야 한다.

(3) 청약에 의하여 또는 당사자 간에 확립된 관례나 관행의 결과로 상대방이 청약자에 대한 통지없이, 물품의 발송이나 대금지급과 같은 행위를 함으로써 동의를 표시할 수 있는 경우에는, 승낙은 그 행위가 이루어진 시점에 효력이 발생한다. 다만, 그 행위는 제2항에서 정한 기간 내에 이루어져야 한다.

제19조

(1) 승낙을 의도하고 있으나, 부가, 제한 그 밖의 변경을 포함하는 청약에 대한 응답은 청약에 대한 거절이면서 또한 새로운 청약이 된다.

(2) 승낙을 의도하고 있고, 청약의 조건을 실질적으로 변경하지 아니하는 부가적 조건 또는 상이한 조건을 포함하는 청약에 대한 응답은 승낙이 된다. 다만, 청약자가 부당한 지체없이 그 상위(相違)에 구두로 이의를 제기하거나 그러한 취지의 통지를 발송하는 경우에는 그러하지 아니하다. 청약자가 이의를 제기하지 아니하는 경우에는 승낙에 포함된 변경이 가하여진 청약 조건이 계약 조건이 된다.

(3) 특히 대금, 대금지급, 물품의 품질과 수량, 인도의 장소와 시기, 당사자 일방의 상대방에 대한 책임범위 또는 분쟁해결에 관한 부가적 조건 또는 상이한 조건은 청약 조건을 실질적으로 변경하는 것으로 본다.

제20조

(1) 청약자가 전보 또는 서신에서 지정한 승낙기간은 전보가 발송을 위하여 교부된 시점 또는 서신에 표시되어 있는 일자, 서신에 일자가 표시되지 아니한 경우에는 봉투에 표시된 일자로부터 기산한다. 청약자가 전화, 텔렉스 그 밖의 同時的 통신수단에 의하여 지정한 승낙기간은 청약이 상대방에게 도달한 시점으로부터 기산한다.

(2) 승낙기간 중의 공휴일 또는 비영업일은 기간의 계산에 산입한다. 다만, 기간의 말일이 청약자의 영업소 소재지의 공휴일 또는 비영업일에 해당하여 승낙의 통지가 기간의 말일에 청약자에게 도달될 수 없는 경우에는, 기간은 그 다음의 최초 영업일까지 연장된다.

제21조

(1) 연착된 승낙은 청약자가 상대방에게 지체 없이 승낙으로서 효력을 가진다는 취지를 구두로 통고하거나 그러한 취지의 통지를 발송하는 경우에는 승낙으로서의 효력이 있다.

(2) 연착된 승낙이 포함된 서신 그 밖의 서면에 의하여, 전달이 정상적이었다면 기간 내에 청약자에게 도달되었을 상황에서 승낙이 발송되었다고 인정되는 경우에는, 그 연착된 승낙은 승낙으로서의 효력이 있다. 다만, 청약자가 상대방에게 지체 없이 청약이 실효되었다는 취지를 구두로 통고하거나 그러한 취지의 통지를 발송하는 경우에는 그러하지 아니하다.

제22조

승낙은 그 효력이 발생하기 전 또는 그와 동시에 회수의 의사표시가 청약자에게 도달하는 경우에는 회수될 수 있다.

제23조

계약은 청약에 대한 승낙이 이 협약에 따라 효력을 발생하는 시점에 성립된다.

제24조

이 협약 제2편의 적용상, 청약, 승낙 그 밖의 의사표시는 상대방에게 구두로 통고된 때 또는 그 밖의 방법으로 상대방 본인, 상대방의 영업소나 우편주소에 전달된 때, 상대방이 영업소나 우편주소를 가지지 아니한 경우에는 그의 상거소에 전달된 때에 상대방에게 "도달"된다.

제3편 물품의 매매

제1장 총 칙

제25조

당사자 일방의 계약위반은, 그 계약에서 상대방이 기대할 수 있는 바를 실질적으로 박탈할 정도의 손실을 상대방에게 주는 경우에 본질적인 것으로 한다. 다만, 위반 당사자가 그러한 결과를 예견하지 못하였고, 동일한 부류의 합리적인 사람도 동일한 상황에서 그러한 결과를 예견하지 못하였을 경우에는 그러하지 아니하다.

제26조

계약해제의 의사표시는 상대방에 대한 통지로 행하여진 경우에만 효력이 있다.

제27조

이 협약 제3편에 별도의 명시규정이 있는 경우를 제외하고, 당사자가 이 협약 제3편에 따라 상황에 맞는 적절한 방법으로 통지, 청구 그 밖의 통신을 한 경우에, 당사자는 통신의 전달 중에 지연이나 오류가 있거나 또는 통신이 도달되지 아니하더라도 그 통신을 주장할 권리를 상실하지 아니한다.

제28조

당사자 일방이 이 협약에 따라 상대방의 의무이행을 요구할 수 있는 경우에도, 법원은 이 협약이 적용되지 아니하는 유사한 매매계약에 관하여 자국법에 따라 특정이행을 명하는 판결을 하여야 하는 경우가 아닌 한, 특정이행을 명하는 판결을 할 의무가 없다.

제29조

(1) 계약은 당사자의 합의만으로 변경 또는 종료될 수 있다.

(2) 서면에 의한 계약에 합의에 의한 변경 또는 종료는 서면에 의하여야 한다는 규정이 있는 경우에, 다른 방법으로 합의 변경 또는 합의 종료될 수 없다. 다만, 당사자는 상대방이 자신의 행동을 신뢰한 한도까지는 그러한 규정을 원용할 수 없다.

제2장 매도인의 의무

제30조

매도인은 계약과 이 협약에 따라 물품을 인도하고, 관련 서류를 교부하며 물품의 소유권을 이전하여야 한다.

제1절 물품의 인도와 서류의 교부

제31조

매도인이 물품을 다른 특정한 장소에서 인도할 의무가 없는 경우에, 매도인의 인도의무는 다음과 같다.

㈎ 매매계약에 물품의 운송이 포함된 경우에는, 매수인에게 전달하기 위하여 물품을 제1운송인에게 교부하는 것.

㈏ ㈎호에 해당되지 아니하는 경우로서 계약이 특정물에 관련되거나 또는 특정한 재고품에서 인출되는 불특정물이나 제조 또는 생산되는 불특정물에 관련되어 있고, 당사자 쌍방이 계약 체결시에 그 물품이 특정한 장소에 있거나 그 장소에서 제조 또는 생산되는 것을 알고 있었던 경우에는, 그 장소에서 물품을 매수인의 처분 하에 두는 것.

㈐ 그 밖의 경우에는, 계약 체결 시에 매도인이 영업소를 가지고 있던 장소에서 물품을 매수인의 처분 하에 두는 것.

제32조

(1) 매도인이 계약 또는 이 협약에 따라 물품을 운송인에게 교부한 경우에, 물품이 하인(荷印), 선적서류 그 밖의 방법에 의하여 그 계약의 목적물로서 명확히 특정되어 있지 아니한 때에는, 매도인은 매수인에게 물품을 특정하는 탁송통지를 하여야 한다.

(2) 매도인이 물품의 운송을 주선하여야 하는 경우에, 매도인은 상황에 맞는 적절한 운송수단 및 그 운송에서의 통상의 조건으로, 지정된 장소까지 운송하는 데 필요한 계약을 체결하여야 한다.

(3) 매도인이 물품의 운송에 관하여 부보(附保)할 의무가 없는 경우에도, 매도인은 매수인의 요구가 있으면 매수인이 부보하는 데 필요한 모든 가능한 정보를 매수인에게 제공하여야 한다.

제33조

매도인은 다음의 시기에 물품을 인도하여야 한다.

㈎ 인도기일이 계약에 의하여 지정되어 있거나 확정될 수 있는 경우에는 그 기일

㈏ 인도기간이 계약에 의하여 지정되어 있거나 확정될 수 있는 경우에는 그 기간 내의 어느 시기. 다만, 매수인이 기일을 선택하여야 할 사정이 있는 경우에는 그러하지 아니하다.

㈐ 그 밖의 경우에는 계약 체결 후 합리적인 기간 내.

제34조

매도인이 물품에 관한 서류를 교부하여야 하는 경우에, 매도인은 계약에서 정한 시기, 장소 및 방식에 따라 이를 교부하여야 한다. 매도인이 교부하여야 할 시기 전에 서류를 교부한 경우에는, 매도인은 매수인에게 불합리한 불편 또는 비용을 초래하지 아니하는 한, 계약에서 정한 시기까지 서류상의 부적합을 치유할 수 있다. 다만, 매수인은 이 협약에서 정한 손해배상을 청구할 권리를 보유한다.

제2절 물품의 적합성과 제3자의 권리주장

제35조

(1) 매도인은 계약에서 정한 수량, 품질 및 종류에 적합하고, 계약에서 정한 방법으로 용기에 담겨지거나 포장된 물품을 인도하여야 한다.

(2) 당사자가 달리 합의한 경우를 제외하고, 물품은 다음의 경우에 계약에 적합하지 아니한 것으로 한다.

㈎ 동종 물품의 통상 사용목적에 맞지 아니한 경우,

㈏ 계약 체결 시 매도인에게 명시적 또는 묵시적으로 알려진 특별한 목적에 맞

지 아니한 경우. 다만, 그 상황에서 매수인이 매도인의 기술과 판단을 신뢰하지 아니하였거나 또는 신뢰하는 것이 불합리하였다고 인정되는 경우에는 그러하지 아니하다.

㈐ 매도인이 견본 또는 모형으로 매수인에게 제시한 물품의 품질을 가지고 있지 아니한 경우.

㈑ 그러한 물품에 대하여 통상의 방법으로, 통상의 방법이 없는 경우에는 그 물품을 보존하고 보호하는 데 적절한 방법으로 용기에 담겨지거나 포장되어 있지 아니한 경우.

(3) 매수인이 계약 체결 시에 물품의 부적합을 알았거나 또는 모를 수 없었던 경우에는, 매도인은 그 부적합에 대하여 제2항의 ㈎호 내지 ㈑호에 따른 책임을 지지 아니한다.

제36조

(1) 매도인은 위험이 매수인에게 이전하는 때에 존재하는 물품의 부적합에 대하여, 그 부적합이 위험 이전 후에 판명된 경우라도, 계약과 이 협약에 따라 책임을 진다.

(2) 매도인은 제1항에서 정한 때보다 후에 발생한 부적합이라도 매도인의 위무위반에 기인하는 경우에는 그 부적합에 대하여 책임을 진다. 이 의무위반에는 물품이 일정기간 통상의 목적이나 특별한 목적에 맞는 상태를 유지한다는 보증 또는 특정한 품질이나 특성을 유지한다는 보증에 위반한 경우도 포함된다.

제37조

매도인이 인도기일 전에 물품을 인도한 경우에는, 매수인에게 불합리한 불편 또는 비용을 초래하지 아니하는 한, 매도인은 그 기일까지 누락분을 인도하거나 부족한 수량을 보충하거나 부적합한 물품에 갈음하여 물품을 인도하거나 또는 물품의 부적합을 치유할 수 있다. 다만, 매수인은 이 협약에서 정한 손해배상을 청구할 권리를 보유한다.

제38조

(1) 매수인은 그 상황에서 실행가능한 단기간 내에 물품을 검사하거나 검사하게 하여야 한다.

(2) 계약에 물품의 운송이 포함되는 경우에는, 검사는 물품이 목적지에 도착한 후까지 연기될 수 있다.

(3) 매수인이 검사할 합리적인 기회를 가지지 못한 채 운송중에 물품의 목적지를 변경하거나 물품을 전송(轉送)하고, 매도인이 계약 체결 시에 그 변경 또는 전송의 가능성을 알았거나 알 수 있었던 경우에는, 검사는 물품이 새로운 목적지에 도착한 후까지 연기될 수 있다.

제39조

(1) 매수인이 물품의 부적합을 발견하였거나 발견할 수 있었던 때로부터 합리적인 기간 내에 매도인에게 그 부적합한 성질을 특정하여 통지하지 아니한 경우에는, 매수인은 물품의 부적합을 주장할 권리를 상실한다.

(2) 매수인은 물품이 매수인에게 현실로 교부된 날부터 늦어도 2년 내에 매도인에게 제1항의 통지를 하지 아니한 경우에는, 물품의 부적합을 주장할 권리를 상실한다. 다만, 이 기간제한이 계약상의 보증기간과 양립하지 아니하는 경우에는 그러하지 아니하다.

제40조

물품의 부적합이 매도인이 알았거나 모를 수 없었던 사실에 관한 것이고, 매도인이 매수인에게 이를 밝히지 아니한 경우에는, 매도인은 제38조와 제39조를 원용할 수 없다.

제41조

매수인이 제3자의 권리나 권리주장의 대상이 된 물품을 수령하는 데 동의한 경우를 제외하고, 매도인은 제3자의 권리나 권리주장의 대상이 아닌 물품을 인도하여야 한다. 다만, 그러한 제3자의 권리나 권리주장이 공업소유권 그 밖의 지적재산권에 기초하는 경우에는, 매도인의 의무는 제42조에 의하여 규율된다.

제42조

(1) 매도인은, 계약 체결 시에 자신이 알았거나 모를 수 없었던 공업소유권 그 밖의 지적재산권에 기초한 제3자의 권리나 권리주장의 대상이 아닌 물품을 인도하여야 한다. 다만, 제3자의 권리나 권리주장이 다음 국가의 법에 의한 공업소유권 그 밖의 지적재산권에 기초한 경우에 한한다.

㈎ 당사자 쌍방이 계약 체결 시에 물품이 어느 국가에서 전매되거나 그 밖의 방법으로 사용될 것을 예상하였던 경우에는, 물품이 전매되거나 그 밖의 방법으로 사용될 국가의 법

㈏ 그 밖의 경우에는 매수인이 영업소를 가지는 국가의 법

(2) 제1항의 매도인의 의무는 다음의 경우에는 적용되지 아니한다.

㈎ 매수인이 계약 체결 시에 그 권리나 권리주장을 알았거나 모를 수 없었던 경우

㈏ 그 권리나 권리주장이 매수인에 의하여 제공된 기술설계, 디자인, 방식 그 밖의 지정에 매도인이 따른 결과로 발생한 경우

제43조

(1) 매수인이 제3자의 권리나 권리주장을 알았거나 알았어야 했던 때로부터 합리적

인 기간 내에 매도인에게 제3자의 권리나 권리주장의 성질을 특정하여 통지하지 아니한 경우에는, 매수인은 제41조 또는 제42조를 원용할 권리를 상실한다.

(2) 매도인이 제3자의 권리나 권리주장 및 그 성질을 알고 있었던 경우에는 제1항을 원용할 수 없다.

제44조

제39조 제1항과 제43조 제1항에도 불구하고, 매수인은 정하여진 통지를 하지 못한 데에 합리적인 이유가 있는 경우에는 제50조에 따라 대금을 감액하거나 이익의 상실을 제외한 손해배상을 청구할 수 있다.

제3절 매도인의 계약위반에 대한 구제

제45조

(1) 매도인이 계약 또는 이 협약상의 의무를 이행하지 아니하는 경우에 매수인은 다음을 할 수 있다.

㈎ 제46조 내지 제52조에서 정한 권리의 행사

㈏ 제74조 내지 제77조에서 정한 손해배상의 청구

(2) 매수인이 손해배상을 청구하는 권리는 다른 구제를 구하는 권리를 행사함으로써 상실되지 아니한다.

(3) 매수인이 계약위반에 대한 구제를 구하는 경우에, 법원 또는 중재판정부는 매도인에게 유예기간을 부여할 수 없다.

제46조

(1) 매수인은 매도인에게 의무의 이행을 청구할 수 있다. 다만, 매수인이 그 청구와 양립하지 아니하는 구제를 구한 경우에는 그러하지 아니하다.

(2) 물품이 계약에 부적합한 경우에, 매수인은 대체물의 인도를 청구할 수 있다. 다만, 그 부적합이 본질적 계약위반을 구성하고, 그 청구가 제39조의 통지와 동시에 또는 그 후 합리적인 기간 내에 행하여진 경우에 한한다.

(3) 물품이 계약에 부적합한 경우에, 매수인은 모든 상황을 고려하여 불합리한 경우를 제외하고, 매도인에게 수리에 의한 부적합의 치유를 청구할 수 있다. 수리 청구는 제39조의 통지와 동시에 또는 그 후 합리적인 기간 내에 행하여져야 한다.

제47조

(1) 매수인은 매도인의 의무이행을 위하여 합리적인 부가기간을 정할 수 있다.

(2) 매도인으로부터 그 부가기간 내에 이행을 하지 아니하겠다는 통지를 수령한 경우를 제외하고, 매수인은 그 기간 중 계약위반에 대한 구제를 구할 수 없다. 다

만, 매수인은 이행지체에 대한 손해배상을 청구할 권리를 상실하지 아니한다.

제48조

(1) 제49조를 따를 것을 조건으로, 매도인은 인도기일 후에도 불합리하게 지체하지 아니하고 매수인에게 불합리한 불편 또는 매수인의 선급 비용을 매도인으로부터 상환받는 데 대한 불안을 초래하지 아니하는 경우에는, 자신의 비용으로 의무의 불이행을 치유할 수 있다. 다만, 매수인은 이 협약에서 정한 손해배상을 청구할 권리를 보유한다.
(2) 매도인이 매수인에게 이행의 수령 여부를 알려 달라고 요구하였으나 매수인이 합리적인 기간 내에 그 요구에 응하지 아니한 경우에는, 매도인은 그 요구에서 정한 기간 내에 이행을 할 수 있다. 매수인은 그 기간 중에는 매도인의 이행과 양립하지 아니하는 구제를 구할 수 없다.
(3) 특정한 기간 내에 이행을 하겠다는 매도인의 통지는 매수인이 그 결정을 알려야 한다는 제2항의 요구를 포함하는 것으로 추정한다.
(4) 이 조 제2항 또는 제3항의 매도인의 요구 또는 통지는 매수인에 의하여 수령되지 아니하는 한 그 효력이 발생하지 아니한다.

제49조

(1) 매수인은 다음의 경우에 계약을 해제할 수 있다.
  ㈎ 계약 또는 이 협약상 매도인의 의무 불이행이 본질적 계약위반으로 되는 경우
  ㈏ 인도 불이행의 경우에는, 매도인이 제47조 제1항에 따라 매수인이 정한 부가기간 내에 물품을 인도하지 아니하거나 그 기간 내에 인도하지 아니하겠다고 선언한 경우.
(2) 그러나 매도인이 물품을 인도한 경우에는, 매수인은 다음의 기간 내에 계약을 해제하지 아니하는 한 계약해제권을 상실한다.
  ㈎ 인도지체의 경우, 매수인이 인도가 이루어진 것을 안 후 합리적인 기간 내
  ㈏ 인도지체 이외의 위반의 경우, 다음의 시기로부터 합리적인 기간 내
    ① 매수인이 그 위반을 알았거나 또는 알 수 있었던 때
    ② 매수인이 제47조 제1항에 따라 정한 부가기간이 경과한 때 또는 매도인이 그 부가기간 내에 의무를 이행하지 아니하겠다고 선언한 때.
    ③ 매도인이 제48조 제2항에 따라 정한 부가기간이 경과한 때 또는 매수인이 이행을 수령하지 아니하겠다고 선언한 때

제50조

물품이 계약에 부적합한 경우에, 대금의 지급 여부에 관계없이 매수인은 현실로 인도된 물품이 인도 시에 가지고 있던 가액이 계약에 적합한 물품이 그때에 가

지고 있었을 가액에 대하여 가지는 비율에 따라 대금을 감액할 수 있다. 다만, 매도인이 제37조나 제48조에 따라 의무의 불이행을 치유하거나 매수인이 동 조항에 따라 매도인의 이행 수령을 거절한 경우에는 대금을 감액할 수 없다.

제51조

(1) 매도인이 물품의 일부만을 인도하거나 인도된 물품의 일부만이 계약에 적합한 경우에, 제46조 내지 제50조는 부족 또는 부적합한 부분에 적용된다.

(2) 매수인은 인도가 완전하게 또는 계약에 적합하게 이루어지지 아니한 것이 본질적 계약위반으로 되는 경우에 한하여 계약 전체를 해제할 수 있다.

제52조

(1) 매도인이 이행기 전에 물품을 인도한 경우에, 매수인은 이를 수령하거나 거절할 수 있다.

(2) 매도인이 계약에서 정한 것보다 다량의 물품을 인도한 경우에, 매수인은 초과분을 수령하거나 이를 거절할 수 있다. 매수인이 초과분의 전부 또는 일부를 수령한 경우에는 계약대금의 비율에 따라 그 대금을 지급하여야 한다.

제3장 매수인의 의무

제53조

매수인은 계약과 이 협약에 따라, 물품의 대금을 지급하고 물품의 인도를 수령하여야 한다.

제1절 대금의 지급

제54조

매수인의 대금지급의무에는 그 지급을 위하여 계약 또는 법령에서 정한 조치를 취하고 절차를 따르는 것이 포함된다.

제55조

계약이 유효하게 성립되었으나 그 대금을 명시적 또는 묵시적으로 정하고 있지 아니하거나 이를 정하기 위한 조항을 두지 아니한 경우에는, 당사자는 반대의 표시가 없는 한, 계약 체결 시에 당해 거래와 유사한 상황에서 매도되는 그러한 종류의 물품에 대하여 일반적으로 청구되는 대금을 묵시적으로 정한 것으로 본다.

第56조
대금이 물품의 중량에 따라 정하여지는 경우에, 의심이 있는 때에는 순중량에 의하여 대금을 결정하는 것으로 한다.

第57조
(1) 매수인이 다른 특정한 장소에서 대금을 지급할 의무가 없는 경우에는, 다음의 장소에서 매도인에게 이를 지급하여야 한다.
(가) 매도인의 영업소, 또는
(나) 대금이 물품 또는 서류의 교부와 상환하여 지급되어야 하는 경우에는 그 교부가 이루어지는 장소
(2) 매도인은 계약 체결 후에 자신의 영업소를 변경함으로써 발생하는 대금지급에 대한 부수비용의 증가액을 부담하여야 한다.

第58조
(1) 매수인이 다른 특정한 시기에 대금을 지급할 의무가 없는 경우에는, 매수인은 매도인이 계약과 이 협약에 따라 물품 또는 그 처분을 지배하는 서류를 매수인의 처분하에 두는 때에 대금을 지급하여야 한다. 매도인은 그 지급을 물품 또는 서류의 교부를 위한 조건으로 할 수 있다.
(2) 계약에 물품의 운송이 포함되는 경우에는, 매도인은 대금의 지급과 상환하여서만 물품 또는 그 처분을 지배하는 서류를 매수인에게 교부한다는 조건으로 물품을 발송할 수 있다.
(3) 매수인은 물품을 검사할 기회를 가질 때까지는 대금을 지급할 의무가 없다. 다만, 당사자 간에 합의된 인도 또는 지급절차가 매수인이 검사 기회를 가지는 것과 양립하지 아니하는 경우에는 그러하지 아니하다.

第59조
매수인은 계약 또는 이 협약에서 지정되거나 확정될 수 있는 기일에 대금을 지급하여야 하며, 이 경우 매도인의 입장에서는 어떠한 요구를 하거나 절차를 따를 필요가 없다.

제2절 인도의 수령

第60조
매수인의 수령의무는 다음과 같다.
(가) 매도인의 인도를 가능하게 하기 위하여 매수인에게 합리적으로 기대될 수 있는 모든 행위를 하는 것, 및
(나) 물품을 수령하는 것

제3절 매수인의 계약위반에 대한 구제

제61조

(1) 매수인이 계약 또는 이 협약상의 의무를 이행하지 아니하는 경우에 매도인은 다음을 할 수 있다.

㈎ 제62조 내지 제65조에서 정한 권리의 행사

㈏ 제74조 내지 제77조에서 정한 손해배상의 청구

(2) 매도인이 손해배상을 청구하는 권리는 다른 구제를 구하는 권리를 행사함으로써 상실되지 아니한다.

(3) 매도인이 계약위반에 대한 구제를 구하는 경우에, 법원 또는 중재판정부는 매수인에게 유예기간을 부여할 수 없다.

제62조

매도인은 매수인에게 대금의 지급, 인도의 수령 또는 그 밖의 의무의 이행을 청구할 수 있다. 다만, 매도인이 그 청구와 양립하지 아니하는 구제를 구한 경우에는 그러하지 아니하다.

제63조

(1) 매도인은 매수인의 의무이행을 위하여 합리적인 부가기간을 정할 수 있다.

(2) 매수인으로부터 그 부가기간 내에 이행을 하지 아니하겠다는 통지를 수령한 경우를 제외하고, 매도인은 그 기간 중 계약위반에 대한 구제를 구할 수 없다. 다만, 매도인은 이행지체에 대한 손해배상을 청구할 권리를 상실하지 아니한다.

제64조

(1) 매도인은 다음의 경우에 계약을 해제할 수 있다.

㈎ 계약 또는 이 협약상 매수인의 의무 불이행이 본질적 계약위반으로 되는 경우

㈏ 매수인이 제63조 제1항에 따라 매도인이 정한 부가기간 내에 대금지급 또는 물품수령 의무를 이행하지 아니하거나 그 기간 내에 그러한 의무를 이행하지 아니하겠다고 선언한 경우.

(2) 그러나 매수인이 대금을 지급한 경우에는, 매도인은 다음의 기간 내에 계약을 해제하지 아니하는 한 계약해제권을 상실한다.

㈎ 매수인의 이행지체의 경우, 매도인이 이행이 이루어진 것을 알기 전

㈏ 매수인의 이행지체 이외의 위반의 경우, 다음의 시기로부터 합리적인 기간 내

① 매도인이 그 위반을 알았거나 또는 알 수 있었던 때

② 매도인이 제63조 제1항에 따라 정한 부가기간이 경과한 때 또는 매수인이

그 부가기간 내에 의무를 이행하지 아니하겠다고 선언한 때.

제65조

(1) 계약상 매수인이 물품의 형태, 규격 그 밖의 특징을 지정하여야 하는 경우에, 매수인이 합의된 기일 또는 매도인으로부터 요구를 수령한 후 합리적인 기간 내에 그 지정을 하지 아니한 경우에는, 매도인은 자신이 보유하는 다른 권리를 해함이 없이, 자신이 알고 있는 매수인의 필요에 따라 스스로 지정할 수 있다.

(2) 매도인은 스스로 지정하는 경우에 매수인에게 그 상세한 사정을 통고하고, 매수인이 그와 다른 지정을 할 수 있도록 합리적인 기간을 정하여야 한다. 매수인이 그 통지를 수령한 후 정하여진 기간 내에 다른 지정을 하지 아니하는 경우에는, 매도인의 지정이 구속력을 가진다.

제4장 위험의 이전

제66조

위험이 매수인에게 이전된 후에 물품이 멸실 또는 훼손되더라도 매수인은 대금지급의무를 면하지 못한다. 다만, 그 멸실 또는 훼손이 매도인의 작위 또는 부작위로 인한 경우에는 그러하지 아니하다.

제67조

(1) 매매계약에 물품의 운송이 포함되어 있고, 매도인이 특정한 장소에서 이를 교부할 의무가 없는 경우에, 위험은 매매계약에 따라 매수인에게 전달하기 위하여 물품이 제1운송인에게 교부된 때에 매수인에게 이전한다. 매도인이 특정한 장소에서 물품을 운송인에게 교부하여야 하는 경우에는, 위험은 그 장소에서 물품이 운송인에게 교부될 때까지 매수인에게 이전하지 아니한다. 매도인이 물품의 처분을 지배하는 서류를 보유할 권한이 있다는 사실은 위험의 이전에 영향을 미치지 아니한다.

(2) 제1항에도 불구하고 위험은 물품이 하인(荷印), 선적서류, 매수인에 대한 통지 그 밖의 방법에 의하여 계약상 명확히 특정될 때까지 매수인에게 이전하지 아니한다.

제68조

운송중에 매도된 물품에 관한 위험은 계약 체결 시에 매수인에게 이전한다. 다만, 특별한 사정이 있는 경우에는, 위험은 운송계약을 표창하는 서류를 발행한 운송인에게 물품이 교부된 때부터 매수인이 부담한다. 그럼에도 불구하고, 매도인이 매매계약의 체결 시에 물품이 멸실 또는 훼손된 것을 알았거나 알았어야 했고, 매수인에게 이를 밝히지 아니한 경우에는, 그 멸실 또는 훼손은 매도인의 위험으로 한다.

제69조

(1) 제67조와 제68조가 적용되지 아니하는 경우에, 위험은 매수인이 물품을 수령한 때, 매수인이 적시에 이를 수령하지 아니한 경우에는 물품이 매수인의 처분 하에 놓여지고 매수인이 이를 수령하지 아니하여 계약을 위반하는 때에 매수인에게 이전한다.
(2) 매수인이 매도인의 영업소 이외의 장소에서 물품을 수령하여야 하는 경우에는, 위험은 인도기일이 도래하고 물품이 그 장소에서 매수인의 처분 하에 놓여진 것을 매수인이 안 때에 이전한다.
(3) 불특정물에 관한 계약의 경우에, 물품은 계약상 명확히 특정될 때까지 매수인의 처분하에 놓여지지 아니한 것으로 본다.

제70조

매도인이 본질적 계약위반을 한 경우에는 제67조, 제68조 및 제69조는 매수인이 그 위반을 이유로 구할 수 있는 구제를 방해하지 아니한다.

제5장 매도인과 매수인의 의무에 공통되는 규정

제1절 이행이전의 계약위반과 분할인도계약

제71조

(1) 당사자는 계약체결 후 다음의 사유로 상대방이 의무의 실질적 부분을 이행하지 아니할 것이 판명된 경우에는, 자신의 의무 이행을 정지할 수 있다.
  (가) 상대방의 이행능력 또는 신용도의 중대한 결함
  (나) 계약의 이행 준비 또는 이행에 관한 상대방의 행위
(2) 제1항의 사유가 명백하게 되기 전에 매도인이 물품을 발송한 경우에는, 매수인이 물품을 취득할 수 있는 증권을 소지하고 있더라도 매도인은 물품이 매수인에게 교부되는 것을 저지할 수 있다. 이 항은 매도인과 매수인 간의 물품에 관한 권리에 대하여만 적용된다.
(3) 이행을 정지한 당사자는 물품의 발송 전후에 관계없이 즉시 상대방에게 그 정지를 통지하여야 하고, 상대방이 그 이행에 관하여 적절한 보장을 제공한 경우에는 이행을 계속하여야 한다.

제72조

(1) 계약의 이행기일 전에 당사자 일방이 본질적 계약위반을 할 것이 명백한 경우에는, 상대방은 계약을 해제할 수 있다.
(2) 시간이 허용하는 경우에는, 계약을 해제하려고 하는 당사자는 상대방이 이행에 관하여 적절한 보장을 제공할 수 있도록 상대방에게 합리적인 통지를 하여야 한다.

(3) 제2항의 요건은 상대방이 그 의무를 이행하지 아니하겠다고 선언한 경우에는 적용되지 아니한다.

第73조

(1) 물품을 분할하여 인도하는 계약에서 어느 분할부분에 관한 당사자 일방의 의무 불이행이 그 분할부분에 관하여 본질적 계약위반이 되는 경우에는, 상대방은 그 분할부분에 관하여 계약을 해제할 수 있다.
(2) 어느 분할부분에 관한 당사자 일방의 의무 불이행이 장래의 분할부분에 대한 본질적 계약위반의 발생을 추단하는 데에 충분한 근거가 되는 경우에는, 상대방은 장래에 향하여 계약을 해제할 수 있다. 다만, 그 해제는 합리적인 기간 내에 이루어져야 한다.
(3) 어느 인도에 대하여 계약을 해제하는 매수인은, 이미 행하여진 인도 또는 장래의 인도가 그 인도와의 상호 의존관계로 인하여 계약 체결 시에 당사자 쌍방이 예상했던 목적으로 사용될 수 없는 경우에는, 이미 행하여진 인도 또는 장래의 인도에 대하여도 동시에 계약을 해제할 수 있다.

제2절 손해배상액

第74조

당사자 일방의 계약위반으로 인한 손해배상액은 이익의 상실을 포함하여 그 위반의 결과 상대방이 입은 손실과 동등한 금액으로 한다. 그 손해배상액은 위반 당사자가 계약 체결 시에 알았거나 알 수 있었던 사실과 사정에 비추어, 계약위반의 가능한 결과로서 발생할 것을 예견하였거나 예견할 수 있었던 손실을 초과할 수 없다.

第75조

계약이 해제되고 계약해제 후 합리적인 방법으로, 합리적인 기간 내에 매수인이 대체물을 매수하거나 매도인이 물품을 재매각한 경우에, 손해배상을 청구하는 당사자는 계약대금과 대체거래대금과의 차액 및 그 외에 제74조에 따른 손해액을 배상받을 수 있다.

第76조

(1) 계약이 해제되고 물품에 시가가 있는 경우에, 손해배상을 청구하는 당사자는 제75조에 따라 구입 또는 재매각하지 아니하였다면 계약대금과 계약해제 시의 시가와의 차액 및 그 외에 제74조에 따른 손해액을 배상받을 수 있다. 다만, 손해배상을 청구하는 당사자가 물품을 수령한 후에 계약을 해제한 경우에는, 해제 시의 시가에 갈음하여 물품 수령 시의 시가를 적용한다.

(2) 제1항의 적용상, 시가는 물품이 인도되었어야 했던 장소에서의 지배적인 가격, 그 장소에 시가가 없는 경우에는 물품 운송비용의 차액을 적절히 고려하여 합리적으로 대체할 수 있는 다른 장소에서의 가격을 말한다.

제77조

계약위반을 주장하는 당사자는 이익의 상실을 포함하여 그 위반으로 인한 손실을 경감하기 위하여 그 상황에서 합리적인 조치를 취하여야 한다. 계약위반을 주장하는 당사자가 그 조치를 취하지 아니한 경우에는, 위반 당사자는 경감되었어야 했던 손실액만큼 손해배상액의 감액을 청구할 수 있다.

제3절 이 자

제78조

당사자가 대금 그 밖의 연체된 금액을 지급하지 아니하는 경우에, 상대방은 제74조에 따른 손해배상청구권을 해함이 없이, 그 금액에 대한 이자를 청구할 수 있다.

제4절 면 책

제79조

(1) 당사자는 그 의무의 불이행이 자신이 통제할 수 없는 장애에 기인하였다는 것과 계약 체결 시에 그 장애를 고려하거나 또는 그 장애나 그로 인한 결과를 회피하거나 극복하는 것이 합리적으로 기대될 수 없었다는 것을 증명하는 경우에는, 그 의무불이행에 대하여 책임이 없다.

(2) 당사자의 불이행이 계약의 전부 또는 일부의 이행을 위하여 사용한 제3자의 불이행으로 인한 경우에는, 그 당사자는 다음의 경우에 한하여 그 책임을 면한다.

㈎ 당사자가 제1항의 규정에 의하여 면책되고, 또한

㈏ 당사자가 사용한 제3자도 그에게 제1항이 적용된다면 면책되는 경우

(3) 이 조에 규정된 면책은 장애가 존재하는 기간 동안에 효력을 가진다.

(4) 불이행 당사자는 장애가 존재한다는 것과 그 장애가 자신의 이행능력에 미치는 영향을 상대방에게 통지하여야 한다. 불이행 당사자가 장애를 알았거나 알았어야 했던 때로부터 합리적인 기간 내에 상대방이 그 통지를 수령하지 못한 경우에는, 불이행 당사자는 불수령으로 인한 손해에 대하여 책임이 있다.

(5) 이 조는 어느 당사자가 이 협약에 따라 손해배상 청구권 이외의 권리를 행사하는 것을 방해하지 아니한다.

제80조

당사자는 상대방의 불이행이 자신의 작위 또는 부작위에 기인하는 한, 상대방의 불이행을 주장할 수 없다.

제5절 해제의 효력

제81조

(1) 계약의 해제는 손해배상의무를 제외하고 당사자 쌍방을 계약상의 의무로부터 면하게 한다. 해제는 계약상의 분쟁해결조항 또는 해제의 결과 발생하는 당사자의 권리의무를 규율하는 그 밖의 계약조항에 영향을 미치지 아니한다.

(2) 계약의 전부 또는 일부를 이행한 당사자는 상대방에게 자신이 계약상 공급 또는 지급한 것의 반환을 청구할 수 있다. 당사자 쌍방이 반환하여야 하는 경우에는 동시에 반환하여야 한다.

제82조

(1) 매수인이 물품을 수령한 상태와 실질적으로 동일한 상태로 그 물품을 반환할 수 없는 경우에는, 매수인은 계약을 해제하거나 매도인에게 대체물을 청구할 권리를 상실한다.

(2) 제1항은 다음의 경우에는 적용되지 아니한다.

(가) 물품을 반환할 수 없거나 수령한 상태와 실질적으로 동일한 상태로 반환할 수 없는 것이 매수인의 작위 또는 부작위에 기인하지 아니한 경우

(나) 물품의 전부 또는 일부가 제38조에 따른 검사의 결과로 멸실 또는 훼손된 경우

(다) 매수인이 부적합을 발견하였거나 발견하였어야 했던 시점 전에, 물품의 전부 또는 일부가 정상적인 거래과정에서 매각되거나 통상의 용법에 따라 소비 또는 변형된 경우

제83조

매수인은, 제82조에 따라 계약해제권 또는 대체물인도청구권을 상실한 경우에도, 계약과 이 협약에 따른 그 밖의 모든 구제권을 보유한다.

제84조

(1) 매도인은 대금을 반환하여야 하는 경우에, 대금이 지급된 날부터 그에 대한 이자도 지급하여야 한다.

(2) 매수인은 다음의 경우에는 물품의 전부 또는 일부로부터 발생된 모든 이익을 매도인에게 지급하여야 한다.

(가) 매수인이 물품의 전부 또는 일부를 반환하여야 하는 경우

(나) 물품의 전부 또는 일부를 반환할 수 없거나 수령한 상태와 실질적으로 동일한 상태로 전부 또는 일부를 반환할 수 없음에도 불구하고, 매수인이 계약을 해제하거나 매도인에게 대체물의 인도를 청구한 경우

제6절 물품의 보관

제85조

매수인이 물품 인도의 수령을 지체하거나 또는 대금지급과 물품 인도가 동시에 이루어져야 함에도 매수인이 대금을 지급하지 아니한 경우로서, 매도인이 물품을 점유하거나 그 밖의 방법으로 그 처분을 지배할 수 있는 경우에는, 매도인은 물품을 보관하기 위하여 그 상황에서 합리적인 조치를 취하여야 한다. 매도인은 매수인으로부터 합리적인 비용을 상환받을 때까지 그 물품을 보유할 수 있다.

제86조

(1) 매수인이 물품을 수령한 후 그 물품을 거절하기 위하여 계약 또는 이 협약에 따른 권리를 행사하려고 하는 경우에는, 매수인은 물품을 보관하기 위하여 그 상황에서 합리적인 조치를 취하여야 한다. 매수인은 매도인으로부터 합리적인 비용을 상환받을 때까지 그 물품을 보유할 수 있다.

(2) 매수인에게 발송된 물품이 목적지에서 매수인의 처분하에 놓여지고, 매수인이 그 물품을 거절하는 권리를 행사하는 경우에, 매수인은 매도인을 위하여 그 물품을 점유하여야 한다. 다만, 대금 지급 및 불합리한 불편이나 경비소요 없이 점유할 수 있는 경우에 한한다. 이 항은 매도인이나 그를 위하여 물품을 관리하는 자가 목적지에 있는 경우에는 적용되지 아니한다. 매수인이 이 항에 따라 물품을 점유하는 경우에는, 매수인의 권리와 의무에 대하여는 제1항이 적용된다.

제87조

물품을 보관하기 위한 조치를 취하여야 하는 당사자는 그 비용이 불합리하지 아니하는 한, 상대방의 비용으로 물품을 제3자의 창고에 임치할 수 있다.

제88조

(1) 제85조 또는 제86조에 따라 물품을 보관하여야 하는 당사자는 상대방이 물품을 점유하거나 반환받거나 또는 대금이나 보관비용을 지급하는 데 불합리하게 지체하는 경우에는, 상대방에게 매각의사를 합리적으로 통지하는 한, 적절한 방법으로 물품을 매각할 수 있다.

(2) 물품이 급속히 훼손되기 쉽거나 그 보관에 불합리한 경비를 요하는 경우에는, 제85조 또는 제86조에 따라 물품을 보관하여야 하는 당사자는 물품을 매각하기 위하여 합리적인 조치를 취하여야 한다. 이 경우에 가능한 한도에서 상대방에게

매각의사가 통지되어야 한다.

(3) 물품을 매각한 당사자는 매각대금에서 물품을 보관하고 매각하는 데 소요된 합리적인 비용과 동일한 금액을 보유할 권리가 있다. 그 차액은 상대방에게 반환되어야 한다.

제4편 최종규정

제89조

국제연합 사무총장은 이 협약의 수탁자가 된다.

제90조

이미 발효하였거나 또는 앞으로 발효하게 될 국제협정이 이 협약이 규율하는 사항에 관하여 규정을 두고 있는 경우에, 이 협약은 그러한 국제협정에 우선하지 아니한다. 다만, 당사자가 그 협정의 당사국에 영업소를 가지고 있는 경우에 한한다.

제91조

(1) 이 협약은 국제물품매매계약에 관한 국제연합회의의 최종일에 서명을 위하여 개방되고, 뉴욕의 국제연합 본부에서 1981년 9월 30일까지 모든 국가에 의한 서명을 위하여 개방된다.

(2) 이 협약은 서명국에 의하여 비준, 수락 또는 승인되어야 한다.

(3) 이 협약은 서명을 위하여 개방된 날부터 서명하지 아니한 모든 국가의 가입을 위하여 개방된다.

(4) 비준서, 수락서, 승인서 또는 가입서는 국제연합 사무총장에게 기탁되어야 한다.

제92조

(1) 체약국은 서명, 비준, 수락, 승인 또는 가입 시에 이 협약 제2편 또는 제3편에 구속되지 아니한다는 취지의 선언을 할 수 있다.

(2) 제1항에 따라 이 협약 제2편 또는 제3편에 관하여 유보선언을 한 체약국은, 그 선언이 적용되는 편에 의하여 규율되는 사항에 관하여는 이 협약 제1조 제1항에서 말하는 체약국으로 보지 아니한다.

제93조

(1) 체약국이 그 헌법상 이 협약이 다루고 있는 사항에 관하여 각 영역마다 다른 법체계가 적용되는 2개 이상의 영역을 가지고 있는 경우에, 그 국가는 서명, 비

준, 수락, 승인 또는 가입 시에 이 협약을 전체 영역 또는 일부영역에만 적용한다는 취지의 선언을 할 수 있으며, 언제든지 새로운 선언을 함으로써 전의 선언을 수정할 수 있다.

(2) 제1항의 선언은 수탁자에게 통고하여야 하며, 이 협약이 적용되는 영역을 명시하여야 한다.

(3) 이 조의 선언에 의하여 이 협약이 체약국의 전체영역에 적용되지 아니하고 하나 또는 둘 이상의 영역에만 적용되며 또한 당사자의 영업소가 그 국가에 있는 경우에는, 그 영업소는 이 협약의 적용상 체약국에 있지 아니한 것으로 본다. 다만, 그 영업소가 이 협약이 적용되는 영역에 있는 경우에는 그러하지 아니하다.

(4) 체약국이 제1항의 선언을 하지 아니한 경우에 이 협약은 그 국가의 전체영역에 적용된다.

제94조

(1) 이 협약이 규율하는 사항에 관하여 동일하거나 또는 밀접하게 관련된 법규를 가지는 둘 이상의 체약국은, 양 당사자의 영업소가 그러한 국가에 있는 경우에 이 협약을 매매계약과 그 성립에 관하여 적용하지 아니한다는 취지의 선언을 언제든지 행할 수 있다. 그러한 선언은 공동으로 또는 상호간에 단독으로 할 수 있다.

(2) 이 협약이 규율하는 사항에 관하여 하나 또는 둘 이상의 비체약국과 동일하거나 또는 밀접하게 관련된 법규를 가지는 체약국은 양 당사자의 영업소가 그러한 국가에 있는 경우에 이 협약을 매매계약과 그 성립에 대하여 적용하지 아니한다는 취지의 선언을 언제든지 행할 수 있다.

(3) 제2항에 의한 선언의 대상이 된 국가가 그 후 체약국이 된 경우에, 그 선언은 이 협약이 새로운 체약국에 대하여 효력이 발생하는 날부터 제1항의 선언으로서 효력을 가진다. 다만, 새로운 체약국이 그 선언에 가담하거나 또는 상호간에 단독으로 선언하는 경우에 한한다.

제95조

어떤 국가든지 비준서, 수락서, 승인서 또는 가입서를 기탁할 때, 이 협약 제1조 제1항 (나)호에 구속되지 아니한다는 취지의 선언을 행할 수 있다.

제96조

그 국가의 법률상 매매계약의 체결 또는 입증에 서면을 요구하는 체약국은 제12조에 따라 매매계약, 합의에 의한 매매계약의 변경이나 종료, 청약, 승낙 기타의 의사표시를 서면 이외의 방법으로 하는 것을 허용하는 이 협약 제11조, 제29조 또는 제2편의 어떠한 규정도 당사자 일방이 그 국가에 영업소를 가지고 있는 경우에는 적용하지 아니한다는 취지의 선언을 언제든지 행할 수 있다.

제97조

(1) 서명 시에 이 협약에 따라 행한 선언은 비준, 수락 또는 승인 시 다시 확인되어야 한다.

(2) 선언 및 선언의 확인은 서면으로 하여야 하고, 또한 정식으로 수탁자에게 통고하여야 한다.

(3) 선언은 이를 행한 국가에 대하여 이 협약이 발효함과 동시에 효력이 생긴다. 다만, 협약의 발효 후 수탁자가 정식으로 통고를 수령한 선언은 수탁자가 이를 수령한 날부터 6월이 경과된 다음달의 1일에 효력이 발생한다. 제94조에 따른 상호간의 단독선언은 수탁자가 최후의 선언을 수령한 후 6월이 경과한 다음달의 1일에 효력이 발생한다.

(4) 이 협약에 따라 선언을 행한 국가는 수탁자에게 서면에 의한 정식의 통고를 함으로써 언제든지 그 선언을 철회할 수 있다. 그러한 철회는 수탁자가 통고를 수령한 날부터 6월이 경과된 다음달의 1일에 효력이 발생한다.

(5) 제94조에 따라 선언이 철회된 경우에는 그 철회의 효력이 발생하는 날부터 제94조에 따라 다른 국가가 행한 상호간의 선언의 효력이 상실된다.

제98조

이 협약에 의하여 명시적으로 인정된 경우를 제외하고는 어떠한 유보도 허용되지 아니한다.

제99조

(1) 이 협약은 제6항의 규정에 따를 것을 조건으로, 제92조의 선언을 포함하고 있는 문서를 포함하여 10번째의 비준서, 수락서, 승인서 또는 가입서가 기탁된 날부터 12월이 경과된 다음달의 1일에 효력이 발생한다.

(2) 10번째의 비준서, 수락서, 승인서 또는 가입서가 기탁된 후에 어느 국가가 이 협약을 비준, 수락, 승인 또는 가입하는 경우에, 이 협약은 적용이 배제된 편을 제외하고 제6항에 따를 것을 조건으로 하여 그 국가의 비준서, 수락서, 승인서 또는 가입서가 기탁된 날부터 12월이 경과된 다음달의 1일에 그 국가에 대하여 효력이 발생한다.

(3) 1964년 7월 1일 헤이그에서 작성된 『국제물품매매계약의 성립에 관한 통일법』(1964년 헤이그성립협약)과 『국제물품매매계약에 관한 통일법』(1964년 헤이그매매협약) 중의 하나 또는 모두의 당사국이 이 협약을 비준, 수락, 승인 또는 이에 가입하는 경우에는 네덜란드 정부에 통고함으로써 1964년 헤이그매매협약 및/또는 1964년 헤이그성립협약을 동시에 폐기하여야 한다.

(4) 1964년 헤이그매매협약의 당사국으로서 이 협약을 비준, 수락, 승인 또는 가입하는 국가가 제92조에 따라 이 협약 제2편에 구속되지 아니한다는 뜻을 선언하거나 또는 선언한 경우에, 그 국가는 이 협약의 비준, 수락, 승인 또는 가입 시

에 네덜란드 정부에 통고함으로써 1964년 헤이그매매협약을 폐기하여야 한다.

(5) 1964년 헤이그성립협약의 당사국으로서 이 협약을 비준, 수락, 승인 또는 가입하는 국가가 제92조에 따라 이 협약 제3편에 구속되지 아니한다는 뜻을 선언하거나 또는 선언한 경우에, 그 국가는 이 협약의 비준, 수락, 승인 또는 가입 시 네덜란드 정부에 통고함으로서 1964년 헤이그성립협약을 폐기하여야 한다.

(6) 이 조의 적용상, 1964년 헤이그성립협약 또는 1964년 헤이그매매협약의 당사국에 의한 이 협약의 비준, 수락, 승인 또는 가입은 이들 두 협약에 관하여 당사국에게 요구되는 폐기의 통고가 효력을 발생하기까지 그 효력이 발생하지 아니한다. 이 협약의 수탁자는 이에 관한 필요한 상호조정을 확실히 하기 위하여 1964년 협약들의 수탁자인 네덜란드 정부와 협의하여야 한다.

제100조

(1) 이 협약은 제1조 제1항 ㈎호 또는 ㈏호의 체약국에게 협약의 효력이 발생한 날 이후에 계약체결을 위한 제안이 이루어진 경우에 한하여 계약의 성립에 대하여 적용된다.

(2) 이 협약은 제1조 제1항 ㈎호 또는 ㈏호의 체약국에게 협약의 효력이 발생한 날 이후에 체결된 계약에 대하여만 적용된다.

제101조

(1) 체약국은 수탁자에게 서면에 의한 정식의 통고를 함으로써 이 협약 또는 이 협약 제2편 또는 제3편을 폐기할 수 있다.

(2) 폐기는 수탁자가 통고를 수령한 후 12월이 경과한 다음달의 1일에 효력이 발생한다. 통고에 폐기의 발효에 대하여 보다 장기간이 명시된 경우에 폐기는 수탁자가 통고를 수령한 후 그 기간이 경과되어야 효력이 발생한다.

1980년 4월 11일에 비엔나에서 동등하게 정본인 아랍어, 중국어, 영어, 프랑스어, 러시아어 및 스페인어로 각 1부가 작성되었다.

그 증거로서 각국의 전권대표들은 각국의 정부로부터 정당하게 위임을 받아 이 협약에 서명하였다.

[참고] 2016년 1월 기준 CISG체약국 현황[15)]

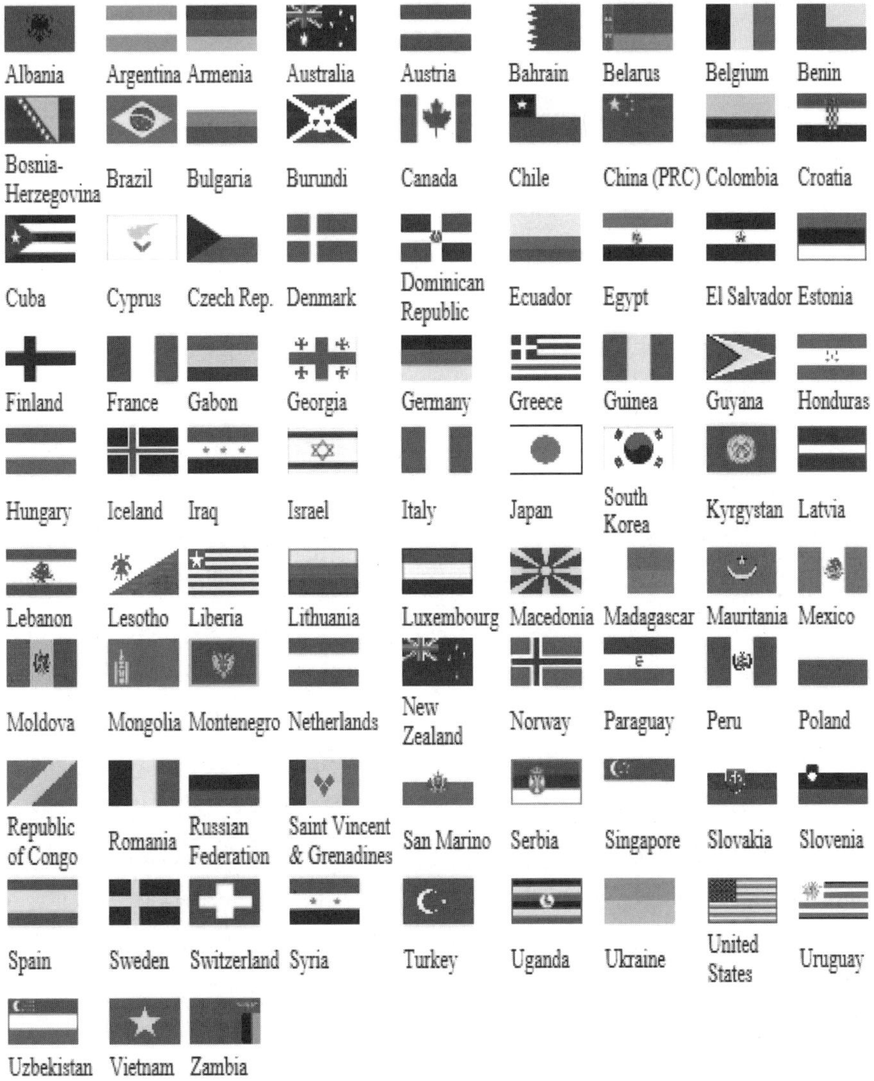

15) "CISG: Table of Contracting States," *Pace Law School Institute of International Commerce Law*, 2016.1.8. http://bit.ly/UpRPOl.

5. 국내 · 국제거래조건의 사용에 관한 ICC규칙 2010 (INCOTERMS®2010)

(1) 개 요

국제상업회의소에 의해 1936년에 제정된 이래로 INCOTERMS는, 무역 조건에 관한 당사자 간의 상이한 해석 또는 이해로 인해 야기되는 불확실성을 최소화하기 위해, 무역 실무에서 일반적으로 수용되어 실거래에서 널리 사용되어 왔다. INCOTERMS 규칙은 주로 매도인과 매수인 사이에서 물품인도 및 운송관련 계약 등 제반 의무, 운임, 보험료 및 관세 등 비용, 위험의 이전 및 소유권 이전 등에 대한 매도인과 매수인의 책임부담을 미리 정해진(pre-defined) 세 문자로 이루어진 일련의 거래 조건에 따라 기술한 규칙이다.

INCOTERMS 규칙은 조약이 아니므로, 당사자들은 명시적으로 해당 계약상 INCOTERMS 규칙을 따르기로 합의해야 이를 적용한다.

INCOTERMS은 현재 수정 8판으로, 직전의 INCOTERMS 2000의 13개 규칙을 줄여 11개의 규칙으로 규정하여 INCOTERMS 2010(2011년 1월 1일 제정)이라 부른다. 4개의 규칙{"국경인도[Delivered at Frontier(DAF)]", "착선인도[Delivered Ex Ship(DES)]", "부두인도[Delivered Ex Quay(DEQ)]}" 그리고 "관세미지급 인도[Delivered Duty Unpaid(DDU)]"은 "도착터미널인도[Delivered At Terminal(DAT)] 조건"과 "도착장소인도(Delivered At Place)"의 2개의 새로운 규칙으로 대체되었다.

규칙의 공식적인 명칭은 최근 국내거래에서의 이용 확산 추세를 반영하기 위해 이전의 「정형거래조건의 해석에 관한 국제규칙」(International Rules for the Interpretation of Trade Terms)에서 「국내 및 국제 거래조건의 사용에 관한 ICC 규칙」(ICC Rules for the Use of Domestic and International Trade Terms)으로 변경되었다.

(2) INCOTERMS®2010 사용 지침[16)]

1) Incoterms®2010 이용방법

① "Incoterms®2010을 명기할 것

16) 아래 안내는 INCOTERMS규칙에 관한 명확하고 공식적인 이해를 위해 ICC에 의해 출판된 INCOTERMS 공식 지침서로부터 발췌, 번역, 편집하였다. 상세 내용 및 전문은 http://www.iccwbo.org/incoterms 참조.

당해 계약에 Incoterms®2010 규칙을 적용하고자 하는 경우, 그러한 취지를 계약에서 명확히 하기 위해, "Incoterms®2010"이라는 표현을 명기하도록 한다.

② 적절한 Incoterms 규칙을 선택할 것

Incoterms 규칙의 사용지침을 충분히 검토한 후, 11개 규칙 중 해당 매매계약에 가장 적합한 조건을 선택, 합의하여 명기하도록 한다.

③ 당해 장소나 항구를 가능한 정확하게 명시할 것

선택된 Incoterms 규칙은 당사자들이 그에 관한 장소나 항구를 지정하여야만 실무상 이행 가능하므로, 그러한 인도 장소나 목적지의 표시는 의문이나 논란을 피할 수 있도록 정확하고 구체적인 지점(point)을 명시하는 것이 좋다.

예컨대 다음과 같이 구체적이고 정확하게 명시하는 것이 좋다.

"FCA <u>38 Cours Albert 1er, Paris, France</u> Incoterms® 2010".

◇ EXW, FCA, DAT, DAP, DDP, FAS 및 FOB 조건에서, 지정장소(the named place)는 인도 장소(place of delivery)이면서 위험이 매도인에게서 매수인에게로 이전하는 장소이다.

◇ CPT, CIP, CFR 및 CIF 조건에서, 지정장소(named place)는 인도장소(place of delivery)가 아니라, 목적지(place of destination)이고 거기까지의 운송비가 지급되어야 한다.

④ Incoterms규칙이 완벽한 매매계약을 제공하는 것은 아님을 명심할 것

Incoterms 규칙은 매매계약의 어느 당사자가 운송계약이나 보험계약을 체결할 의무를 부담하는지, 매도인은 매수인에게 언제 물품을 인도하는지, 각 당사자는 어떠한 비용을 부담하는지를 규정한다. 그러나 Incoterms 규칙은 매매대금이나 그 지급방법에 대하여는 침묵한다. 또한 Incoterms 규칙은 물품 소유권의 이전이나 계약위반의 효과를 다루지 않는다. 이러한 사항들은 당해 매매계약상의 명시조건이나 그 준거법에 의하여 다루어진다. 또한, 당사자들은 매매계약(선택된 Incoterms 규칙 포함)의 어느 조건들보다도 국내법의 강행규정이 우선한다는 것을 유의하여야 한다.

2) 모든 운송방식에 사용 가능한 규칙

① EXW: Ex Works(공장인도)

"공장인도(Ex Works)" 조건은 매도인이 자신의 영업장 내 또는 기타 지정장소(예컨대, 작업장, 공장, 창고 등)에서 물품을 매수인의 임의처분 상태하에 두는 때에 매도인이 인도한 것으로 되는 것을 의미한다. 매도인은 물품을 수취용 차량에 적재하거나, 물품의 수출통관 절차를 이행할 필요가 없다. 이 조건은 11개 조건 중 매도인의 부담이 가장 적은 조건으로 매수인은 매도인의 시설로부터 물품을 인수, 목적지까지 운송하는 데 필요한 모든 비용과 위험을 부담하게 된다.

② FCA: Free Carrier(운송인인도)

"운송인인도(Free Carrier)" 조건은 매도인이 물품을 자신의 영업장 내 또는 기타 지정장소에서 매수인이 지정한 운송인이나 제3자에게 인도하는 것을 의미한다. FCA조건은 매도인이 지정장소에서 수출통관을 마치고 매수인이 지정한 운송인의 관리하에 물품을 인도하였을 때 매도인의 인도의무가 완료되고(위험이전), 이후의 모든 운임은 매수인이 부담한다.

③ CPT: Carriage Paid To(운송비지급 인도)

"운송비지급 인도(Carriage Paid To)" 조건은 매도인이 합의된 장소(당사자 간에 이러한 장소의 합의가 있는 경우)에서 물품을 자신이 지정한 운송인이나 제3자에게 인도하고 매도인이 물품을 지정목적지까지 운송하는 데 필요한 계약을 체결하고 그 운송비용을 부담하여야 하는 것을 의미한다. 즉, FCA 조건(매도인이 운송인에게 물품을 인도할 때까지의 제 비용 포함)에 목적지에 도착할 때까지의 운송비가 추가로 포함된 조건이다. CPT조건은 매도인이 목적지까지 운송계약을 체결하고 운송비를 부담한다는 점에서 CFR과 동일하지만 선박에 한정되지 않음은 물론, 선박, 항공, 철도, 차량 또는 이들을 결합한 복합운송의 경우에도 모두 사용이 가능하다는 점에 차이가 있다.

④ CIP: Carriage And Insurance Paid To(운송비 · 보험료 지급 인도)

"운송비 · 보험료 지급 인도(Carriage and Insurance Paid To)" 조건은 매도인이 합의된 장소에서 물품을 자신이 지정한 운송인이나 제3자에게 인도하고(위험이전), 매도인이 물품을 지정목적지까지 운송하는 데 필요한 계약을 체결하고 그 운송비용을 부담하여야 하는 것을 의미한다. 또한 운송계약 및 운임지급 외에도, 매도인은 운송 중 위험에 대한 보험 계약 체결 및 보험료도 지급하여야 한다.

매도인은 또한 운송 중 매수인의 물품의 멸실 또는 손상의 위험에 대비하여 보험계약을 체결한다. 매수인이 유의할 것으로, CIP에서 매도인은 단지 최소 조건으로 부보하도록 요구될 뿐이다. 보다 넓은 보험의 보호를 원한다면 매수인은 매도인과 명시적으로 그렇게 합의하든지 아니면 스스로 자신이 추가보험을 들어야 한다.

⑤ DAT: Delivered At Terminal(도착터미널 인도)

"도착터미널 인도(Delivered at Terminal)" 조건이란 물품이 도착운송수단으로부터 양하[17]된 상태로 지정목적항이나 지정목적지의 지정터미널에서 매수인의 임의처분 하에 놓이는 때(위험이전 시점)에 매도인의 인도의무가 완료되는 것을 의미한다. "터미널"은 부두, 창고, 컨테이너장치장(CY) 또는 도로·철도·항공화물의 터미널과 같은 장소를 포함하며, 지붕의 유무를 불문한다. 매도인은 지정목적항이나 지정목적지까지 물품을 운송하고 거기서 양하하는 데 수반하는 모든 위험을 부담한다.

⑥ DAP: Delivered At Place(도착장소 인도)

"도착장소 인도(Delivered at Place)"란 물품이 지정목적지에서 도착운송수단에 실린 채 양하 준비된 상태로 매수인의 임의처분 하에 놓이는 때에 매도인의 인도의무가 완료되는 것을 의미한다. 매도인은 그러한 지정장소까지 물품을 운송하는 데 수반되는 모든 비용과 위험을 부담한다.

⑦ DDP: Delivered Duty Paid(관세지급 인도)

"관세지급 인도(Delivered Duty Paid)"는 수출 통관된 물품이 지정목적지에서 도착운송수단에 실린 채 양하준비된 상태로 매수인의 임의처분 하에 놓이는 때에 매도인의 인도의무가 완료되는 것을 말한다. 매도인은 그러한 목적지까지 물품을 운송하는 데 수반하는 모든 위험을 부담하고, 또한 물품의 수출통관 및 수입통관을 모두 이행하여야 하고, 수출관세 및 수입관세를 모두 부담하여야 하며, 모든 통관절차를 수행하여야 하는 의무를 부담한다.

3) 해상운송과 내수로운송에 사용 가능한 규칙

① FAS: Free Alongside Ship(선측인도)

"선측인도(Free Alongside Ship)"는 물품이 지정선적항에서 매수인에 의하여

---

17) Unloading 이라고도 부른다. 선박에서 적하품을 부선에 양하하는 것을 막한다. 선박이 부두에 접안되어 있어 적하품이 선박으로부터 직접 육지에 양하되는 경우에는 Discharge인 동시에 Landing이 된다("양하," 『무역용어사전』, 한국무역협회. http://bit.ly/1o2RIb5).

지정된 본선의 선측(예컨대, 부두 혹은 바지선)에 놓이는 때에 매도인의 인도의무가 완료되는 조건이다. 물품의 멸실 또는 손상의 위험은 물품이 선측에 놓인 때에 이전하며 매수인은 그러한 시점 이후의 모든 비용을 부담한다.

② FOB: Free On Board(본선인도)

"본선인도(Free On Board)"는 매도인이 물품을 지정선적항에서 매수인에 의하여 지정된 본선에 적재하여 인도하거나 이미 그렇게 인도된 물품을 조달하는 조건을 의미한다. 물품의 멸실 또는 손상의 위험은 물품이 본선에 적재된 때에 이전하며, 매수인은 그러한 시점 이후의 모든 비용을 부담한다.

③ CFR: Cost and Freight(운임포함 인도)

"운임포함 인도(Cost and Frieght)"는 매도인이 물품을 본선에 적재하여 인도하거나 이미 그렇게 인도된 물품을 조달하는 것을 의미한다. 물품의 멸실 또는 손상의 위험은 물품이 본선에 적재된 때에 이전한다. 매도인은 물품을 지정목적항까지 운송하는 데 필요한 계약을 체결하고 그에 따른 비용과 운임을 부담하여야 한다.

④ CIF: Cost, Insurance and Freight(운임 · 보험료 포함 인도)

"운임 · 보험료 포함 인도(Cost, Insurance and Freight)"는 매도인이 물품을 본선에 적재하여 인도하거나 이미 그렇게 인도된 물품을 조달하는 것을 의미한다. 물품의 멸실 또는 손상의 위험은 물품이 본선에 적재된 때에 이전한다. 매도인은 물품을 지정목적항까지 운송하는 데 필요한 계약을 체결하고 그에 따른 비용과 운임을 부담하여야 한다.

매도인은 또한 운송 중 매수인의 물품의 멸실 또는 손상의 위험에 대비하여 보험계약을 체결한다. CIF에서 매도인은 단지 최소조건으로 부보하도록 요구될 뿐이다. 보다 넓은 보험의 보호를 원한다면 매수인은 매도인과 명시적으로 그렇게 합의하든지 아니면 스스로 자신이 추가보험을 들어야 한다.

[참고] INCOTERMS 2010 규칙 요약

비용	선적/인도 조건	위험이전	인도의무 완료지점
매수인	E군: 출하지 인도(delivered at Export departure) EXW: Ex Works(named place of delivery)	When placed at Buyer's disposal on the designated date and at the Seller's site	Seller Site
	F군: 주 운송비 미지급[Main carriage unpaid(Free)] FCA: Free Carrier(named place of delivery) FAS: Free Alongside Ship (named port of shipment) FOB: Free On Board(named port of shipment)	- When delivered to the carrier at the delivery place or shipment port. - When placed alongside the Buyer's ship - When loaded on the board of the ship	Carrier Delivery Point
	C군: 운송비 지급(Carriage cost paid) CFR: Cost and Freight(named port of destination) CPT: Carriage Paid To(named place of destination) CIF: Cost, Insurance and Freight (named port of destination) CIP: Carriage and Insurance Paid To(named place of destination)	- When loaded on the board of the ship - When delivered to the first carrier - When loaded on the board of the ship - When delivered to the first carrier	
매도인	D군: 도착지 인도(delivered at Destination) DAT: Delivered At Terminal (named terminal at port or place of destination) DAP: Delivered At Place(named place of destination) DDP: Delivered Duty Paid (named place of destination)	When placed at Buyer's disposal at the destination	Buyer Destination

- 운송수단: FAS, FOB, CFR 및 CIF는 해상과 내수로 운송(선박 운송)에 사용 가능한 규칙이고, 그 외 모든 조건들은 모든 운송방식 및 복합운송에 사용 가능한 규칙
- 비용부담: EX가 매도인 비용측면 최소부담 조건이고, 아래로 내려갈수록 매도인의 비용부담이 늘어나서, DD가 매도인의 최대비용부담 조건이 됨(반대로 매수인 비용부담은 내려갈수록 줄어듬).
- 지정장소: E군, F군 및 D군 조건상 표기된 지정 장소는 선적항 또는 인도장소이고, C군에서는 목적항 또는 지정 목적지를 표기함.

[참고] 주요 비용배분 요약

	Export Nation				Import Nation		
	Local Trans-portation	Export Customs	Costs for Air/Sea	Insurance	Unloading	Import Customs/ Taxes	Local Trans-portation
EXW	Buyer	Buyer	Buyer	Buyer	Buyer	Buyer	Buyer
FCA FAS FOB	Seller	Seller	Buyer	Buyer	Buyer	Buyer	Buyer
CFR CPT CIF CIP	Seller	Seller	Seller	Buyer Buyer Seller Seller	Seller/Buyer* Seller Seller/Buyer* Seller	Buyer	Buyer Seller Buyer Seller
DAT DAP DDP	Seller	Seller	Seller	Seller/ Buyer*	Seller	Buyer Buyer Seller	Buyer Seller Seller

◇ Seller/Buyer*: 양 당사자간 합의에 의해 결정.

6. 매매계약의 다른 유형

(1) 대리점 계약과 판매점 계약(Agent & Distributor Agreements)

1) 대리점 계약(Agency Agreement)

① 정 의

대리점 계약이란 Agent(대리인)가 Seller(수출자/매도인)로부터 수출자를 대리할 수 있는 권한을 허여받아 해당 지역 또는 영역에서의 매매 또는 중개업무를 하고, 그에 따른 거래(판매)효과를 수출자에게 귀속시키고, 그 대가로 약정한 수수료를 받는 형태의 계약을 의미한다.

② 특 징

- agent의 활동에 따른 거래결과는 seller에게 직접 귀속됨
- agent의 활동에 따른 거래 대가는 commission
- agent 권한 남용으로 인한 seller의 피해(거래결과 직접 귀속에 따른 영향)방지를 위해, agent의 권한 한정 및 업무 범위 명시가 필요함

2) 판매점 계약(Distributor Agreement)

① 정 의

판매점 계약이란, 수출자(Seller)가 수입국에 판매망을 가진 현지업체를 판매점(distributor)으로 지정하여, Seller가 Distributor에게 특정 상품을 상호 합의한 계약조건에 따라 공급할 것을 약정하는 계약을 의미한다.

② 특 징

- Distributor는 재판매를 목적으로 수출자로부터 특정 상품을 공급받는 매매계약의 독립적 당사자(매수인)인 한편, 공급받은 상품의 재판매를 위한 현지 구매자와의 매매계약상의 독립된 당사자(매도인)이기도 하며, 각각의 거래에 대한 가격 결정권을 갖는다(매매 차익 귀속).
- 수출자는 특정 수입국 내 별도 판매망 없이, Distributor의 판매망을 통한 판로 확대를 목적으로 하며, 주로 수출자 브랜드 상품이 거래의 대상임.
- Distributor는 현지 구매자와의 매매계약상 의무이행, AS 및 품질(하자)보증에 대한 책임을 부담한다.

3) 주요 차이점 및 유의사항

	대리점 계약	판매점 계약
매매계약의 당사자	수출자의 위험과 비용으로 판매(종속적) * 대리점은 수출자를 대리	판매점의 위험과 비용으로 판매(독립적) * 판매점은 ① 수출자-판매점 및 ② 판매점-현지구매자 간, 2단계 매매계약상, 각각 독립적 당사자
수입(Income)	수수료(Commission)	판매 수익
계약이행, A/S, 품질 보증	수출자의 비용과 책임	판매점의 비용과 책임

◇ 유럽, 중동 및 남아메리카의 여러 국가들의 해당 법규나 판례에 따르면, 대리점 또는 판매점 계약의 해제 또는 만료 시, 수출업자 측의 명확한 귀책사유 없는 경우에도, 대리인 및 판매인에게 보상할 것을 요구하는 경우가 많으므로, 해당 계약의 해제 또는 만료 시 충분한 사전 검토와 고려가 필요하다. 일반적으로 대리점/판매점에 대한 그와 같은 보호는 각 시장에서 대리점/판매점이 수출업자의 해당 상품 관련 영업권(good will)[18] 확립을 위한 투자와 기여에 대한 대가 차원

에서 제공되어 왔다.

◇ 대다수 다른 국가들과는 달리, 유럽 경쟁법은 배급(distribution) 경로상 수직적 제한[19]에도 적용된다. 즉, 상당수 다른 국가에서는 허용될 수 있는 판매점의 행위에 대한 계약상 제한/제약도 EU에서는 허용되지 않을 수 있다는 점을 유념하여야 한다. 따라서, 특정 판매망의 대상 시장에서 지배적 지위를 갖는 수출업자의 경우, 그러한 수직적 제한은 지배적 지위의 남용으로 간주될 수 있음을 명심하여야 한다.

EU의 Vertical Block Exemption Regulation(VBER)과 Vertical Guidelines는 제한행위의 유형에 따라 아래와 같이 규제 또는 금지하고 있다:

① 시장지배적 지위(관련 시장에서의 market share가 30%를 초과)를 가지지 않은 당사자들간의 계약은 안전지대(safe harbor)로 분류되어 경쟁법 적용이 면제되고,

② 재판매가격유지(Resale Price Maintenance; 판매점의 재판매가격 책정권 제한) 또는 시장분할(Market Allocation by territory or customer; 판매점의 재판매 지역 또는 고객 제한) 등과 같은 경성(hardcore)장애 행위는 당연 위법(blacklist)으로 금지되며,

③ 시장지배적 기업들은, 다음과 같은 잠재적인 반경쟁적 행위 규정 시에는 합리의 원칙(Rule of Reason)에 따른 검토와 고려가 필요하다.

i) 배타적 거래(exclusive dealing),

ii) 묶음판매(끼워팔기; bundling),

iii) 목표 매출액 달성 조건부 리베이트,

iv) 부품, 수리 서비스 및 소모품관련 2차 시장(aftermarkets) 접근 제한.

---

17) 당 기업의 전통, 사회적 신용, 그 입지조건, 특수한 제조기술 또는 특수거래관계의 존재 등을 비롯하여 제조판매의 독점성 등으로 동종의 사업을 영위하는 다른 기업이 올리는 수익보다 큰 수익을 올릴 수 있는 초과수익력이라는 무형의 재산적 가치[이영대, "공정거래상 독점력의 본질과 측정에 관한 연구: 영업권을 중심으로,"(서울지방변호사회 『변호사』 제47집, 2014) 418쪽)(대법원 1997.5.28.선고 95누18697 판결 등 참조].

18) 수평적 거래제한이 경쟁사업자 쌍방을 구속한다면 수직적 거래제한은 거래관계 전후에 있는 사업자 중 일방만을 구속한다는 점에서 차이가 있다[조성국, "시장지배적지위 남용행위의 비교법적 고찰 및 시사점,"(서울대법학연구소 경쟁법센터 제4차 정책세미나 발표논문, 2009.9.25.) 33-34쪽], 수평적 거래제한의 경우는 실질적 또는 잠재적 경쟁자 간의 합의(agreements)에 의해 이루어지는 카르텔이 그 예이며, 수직적 거래제한의 경우는 서로 다른 단계에 위치한 사업자들 간에 거래제한을 부과하는 것으로, 예를 들어 제조업자가 하위 판매자(또는 유통업자)에 대하여 제한을 부과하는 것을 말한다[강선희 · 조성국, "대리점 거래에 대한 연구,"(『중앙법학』, 2013.12.) 1쪽].

대리점 계약의 경우에는, 판매점 계약과는 달리, 상술한 반경쟁법상 규제 우려 없이, 재판매가격유지 규정 또는 다른 수직적 제한 규정을 고려할 수 있는 반면, 해당 시장에서의 판매에 수반된 모든 주요 경제적 위험을 부담하여야 함은 물론, EU영내의 대리점 관계 청산 시 법정보상 규정에 따른 비용부담도 고려하여야 할 것이다.

(2) 계약생산 계약(Contract Manufacturing Agreement)

주문자(매수인)가 해외의 공급자(제조업자)에게 특정 상품의 생산 기술을 제공함과 함께, 생산을 주문하여, 공급받은 상품을 현지 시장 또는 제3국에서 재판매하는 거래 방식을 계약생산 계약이라 한다. 매수인은 해외 시장에 진출하기 위해 필요한 생산 설비 구축 및 운영에 필요한 투자를 절감할 수 있는 장점이 있으나, 적절한 현지 제조업자 발굴이 쉽지 않으며, 공급자(제조업자)의 생산 및 품질 보증을 위해 주문자(매수인)의 기술 이전과 지원이 필요하고, 현지 제조업자가 미래의 경쟁자가 될 수 있는 잠재적 risk를 감수해야 하는 단점이 있다.

	장 점	단 점
주문자 관점	- 제품원가 절감(저임금 등) - 생산설비 투자 절감 - 현지특화 제품개발 비용 절감 - 현지특화 소량수요 제품 공급처 확보	- 시장 수요변화 대응 느림 - 안정적 공급보장 어려움 - 기술 축적 어려움 - 미래의 잠재적 경쟁자 지원/육성 risk 초래
공급자 관점	- 대량생산에 따른 경제성 확보 - 판매/marketing 부담 절감 - 기술 지원 확보 및 기술축적 가능 - 무역 장벽 극복	- 시장개척 취약 - 자사의 타상품과 경쟁 초래 - 하청기업화 위험

[유의사항]

① 안정적인 공급/구매가 확보되었는가?

i) 최소구매량(Minimum purchase quantity): 계약기간 중 총 최저물량, 연간최저물량

ii) (공급자 관점) 주문생산에 특화된 생산 설비 등 투자상각기간 고려, (주문자 입장) 특정 상품 life cycle 감안한 안정적 공급기간 확보 필요

iii) 계약 해제 사유 엄격화

② 품질 보증 체계가 확보되었는가?
  i) 검사
  ii) 하자 보증 및 AS
  iii) 제조물책임
③ 시장 수요/변화에 대응한 신축적 상품(specification 등) 변경이 가능한가?
④ 판매경합을 조정할 장치가 마련되었는가?
  i) 가격책정(pricing)
  ii) 판매 channel(거래처) 또는 시장분할(market allocation)
  iii) 판매점 또는 중개인 제한(restrictions in distributors and dealers)
  iv) 생산제품 범위 제한
  v) 기타 거래조건
  ◇ 단, 잠재적인 경쟁자들 간의 협의인 관계로, 경쟁법상 규제 대상이 될 수 있으므로, 공정거래법규 관련 사전 검토와 유의를 요한다.
⑤ 지적재산권 license 제한 및 제3자 권리 침해에 대한 책임
  i) 주문자 제공 상표 및 특허 license 유용 금지 규정: 주문자 제품 생산 용도 한정 등
  ii) 신규 또는 개량 특허 소유권
  iii) 제3자의 지적재산권 침해 claim에 대한 책임 및 보장

1) 주문자 상표 부착 생산: OEM(Original Equipment Manufacturing)

공급자(제조자)는 주문자(매수인)가 제공한 설계에 따라 특정 상품을 제조하고, 주문자의 상표를 부착하여 주문자에게 공급하는 주문 한정 계약으로, 공급자는 주문자의 지시에 따라 전량을 주문자 또는 주문자가 지정한 장소 또는 거래처에게 공급하여야 한다.

2) 제조자 개발(또는 설계) 생산: ODM[Original Development(or Design) Manufacturing]

ODM 계약에서는 OEM계약과는 달리, [주문자가 요청한 사양(specificiation) 또는 요건에 따라] 공급자가 주문 상품을 설계 또는 개발한 후, 주문자의 order에 따라 생산, 공급하게 된다.[20]

(3) 장기공급계약(Long Term Supply Agreement)
[유의사항]

1) 물량(Quantity)

① Rolling forecast

장기간에 걸친 공급계약의 경우, lead time(주문에서 선적까지 소요기간)을 고려하여, 장기간에 걸친 주문물량 생산을 위해 필요한 원자재, 부품 등을 사전에 구매, 확보하고 주문물량을 주문한 납기에 원만히 생산, 공급하기 위해서는, Purchase Order에 앞서, 사전에 매수인이 주기적으로 구매예측물량을 제시하는 것이 필수적으로 요구된다.

일반적으로 해당 상품에 필요한 lead time 및 공급자 생산 설비 capa 분배 융통성 등의 특성에 따라, 매수인은 년간, 반기 또는 분기 기준으로 rolling purchase forecast를 공급자에게 제공하고, 기간별 예측물량 대비 주문물량 변경 허용률 규정을 둔다.

[예] 6개월 Rolling forecast의 경우, 아래와 같은 variation flexibility 규정을 둔다.

- 최근 2개월간 예측물량은 확정주문 대상(주문물량 변경 불가)
- 이후 2개월간 예측물량은 +/- 20% 내 주문물량 변경 허용
- 이후 2개월간 예측물량은 +/- 40% 내 주문물량 변경 허용

또한, forecast에 반영되지 않은 추가주문 물량에 대해서는, 반드시 공급자의 승낙과 함께 주문 시 통상적인 lead time보다 더 긴 lead time을 요구하는 규정을 두기도 한다.

② 최소구매물량

매도인의 제조 capa 배정 및 원료, 부품 등의 사전 조달을 위해서는 연간 또는 분기별 최소 구매물량에 대한 매수인의 보장이 요구될 수 있다.

---

19) 오이엠과 오디엠이 같은 점은 제조자의 상표가 아니라 주문자의 상표가 부착된다는 점이고, 다른 점은 제조자가 제품 설계에 관여했느냐이다. 오이엠은 주문자의 설계도를 받아 그대로 만드는 방식이라면, 오디엠은 제작자가 제품의 개발·생산을 책임지고 만드는 방식이다.

2) 생산라인 배당(Capacity allocation)

해당 상품(주로 부품)에 공급 부족이 예상되고, 단기적 생산라인 증설이 어려운 경우에는, 매수인은 안정적인 상품(부품) 확보를 위해, 공급자 생산라인 중 특정 capa에 대한 독점 배당 또는 우선배정권을 약정해 두기도 한다. 일반적으로 이러한 라인 배정권은 매수인이 해당 생산라인 (신설 또는 증설)에 대한 투자지원(융자 또는 선급금 등)을 제공하는 조건으로 허여 하는 경우가 많다.

3) 가격 책정(Pricing)

장기간에 걸친 공급인 관계로, 원부자재 및 해당 상품의 시장가격 변동 가능성이 높으므로, 가격은 계약상 고정하거나 명시하지 않고, 년간 또는 분기별로 결정(당사자 합의 또는 공급자가 가격통보)하도록 규정하는 것이 일반적이다. 단, 장기공급 및 최소물량 구매 보장 등에 대한 혜택으로 최혜가격보장 조건을 허여함은 물론, 동일/유사상품의 시장가격 대비 불합리한 가격 책정 방지를 위해, 변경가격 산정 방법/기준, (분기/년간) 인상/인하율 제한, 경쟁 시장가 대비 변동제한율 등에 대한 명시 규정을 두기도 한다.

4) 설계(Engineering) 및 사양(Specification) 변경

장기간에 걸친 공급상, 시장 수요와 변화에 신속하게 응답할 수 있는 제품 변경 유연성을 확보하기 위해 원가, 품질 및 기능상 경쟁력 제고를 위한 공급자의 제품사양 변경권은 물론, 구매자의 변경 요청에 따른 협의/합의 절차관련 규정도 고려되어야 할 것이다. 또한 제품 사양 또는 설계 변경에 따른 변경가격 산정방법/기준/절차 등에 대한 규정도 고려하여야 할 것이다. 제품 경쟁력 제고 목적이 아니라, 제3자의 특허 등 지적재산권 침해 claim 또는 제소에 따른 회피설계 필요에 따라 공급제품의 설계 또는 사양 변경이 불가피하게 요구되는 경우도 있다.

7. 제조물 책임(Product liability)

(1) 구제책의 근거(Sources of Remedy)

결함 있는 제품에 의해 야기된 신체 상해 또는 재산 피해는, 다음과 같은

근거에 따른 손해배상청구 등을 통해 구제 가능하다:

① 계약상 품질(하자) 보증의무 위반

② 과실로 인한 불법행위 책임

③ 제조물책임법 또는 소비자보호법 등에 따른 strict liability(엄격책임).

(2) 제품결함(Product Defects)의 유형

제품 결함이라 함은 아래와 같은 제품의 제조상, 설계상 또는 표시상의 결함은 물론 일반인들(ordinary persons)이 기대할 수 있는 정도의 제품 안정성의 결여를 포함하는 개념이다.

1) 생산상의 결함(Manufacturing Defects)

불량 재료 또는 작업상 부주의 등에 따라 생산 과정에서 발생한 결함.

2) 설계상의 결함(Design Defects)[21)]

제품 생산과정에서의 주의 여부와 관계없이 설계 자체의 내재적 하자(위험성, 효용성결여, 또는 기타 하자)로 인한 결함. 즉 안정성을 고려한 합리적 설계가 가능함에도 이러한 고려를 하지 않아 위험을 초래한 경우.

3) 표시상의 결함(Marketing Defects; Failure to warn)[22)]

제품 생산과정 또는 설계상 하자 여부와 관계없이, 소비자에 대한 적절한 경고를 통한 피해 예방 또는 최소화 조치를 취하지 않아 발생하게 된 경우에 해당되며, 제조자가 (제품의 내재적 특성상, 적절한 주의 결여 시 위험을 야기할 수

---

20) 설계상의 결함 사례: 곤약성분이 첨가된 미니컵 젤리는 예상되는 위험의 내용을 제조, 판매, 수입업체가 알 수 있었던 사항이며, 이 위험에 대한 사용자의 인식이 없는바 충분히 이 위험에 대하여 제조물에 대한 책임대상자(제조, 판매, 수입업자 등)는 소비자에게 위험을 알려야 할 의무가 있으며, 또한 제품가격 대비 큰 비용이 들지 않아도 충분히 대체설계가 가능함에도 불구하고(국내 유사제품은 곤약성분이 들어있지 않아 질식의 위험이 없음) 이에 대한 아무런 조치를 취하지 않은 것으로 이는 설계상의 결함이 있다고 볼 수 있다. (2003.9.5. 2002다17222 사건, 「사례로 살펴보는 제조물책임법」, 『한국소비자원』, 2010. 19-20쪽).

21) 표시상의 결함 사례: 젤리의 낱개가 들어 있는 큰 플라스틱통에는 "식품의 섭취시 어린이나 노약자는 질식의 위험이 있으니 잘게 썰어서 드십시오" 라고 주의사항을 표시하였으나, 이것이 소비자가 쉽게 알 수 있고 누구나 이런 위험을 인지할 수 있게 합리적으로 표시하였다면 이런 사고가 발생할 수 있는 것을 미리 막을 수 있을 것으로 판단해 볼 때 이 또한 표시상의 결함이 있다고 볼 수 있다. Ibid.

있는 경우) 제품에 대한 올바른 사용법에 대한 설명, 지시 또는 위험성에 대한 경고 등에 대한 적절한 표시를 했더라면 피할 수 있었던 피해에 대한 책임의 근원을 의미함.

(3) 보증의 위반(Breach of warranty)[23)]

매매계약상 보증의무(명시적 보증 및 묵시적 보증) 위반에 해당하는 경우에는, 이에 근거한 손해배상, 수리, 환불, 교환 등 계약상 약정된 구제수단 청구가 가능하다. 단, 이 경우 피해자는 해당 매매계약상 당사자(매수인)로서 매도인(생산자 또는 판매자)과 직접 계약관계가 있어야 한다.

제품의 결함으로 발생한 신체 상해 또는 재산 피해는 case에 따라 제조자의 과실로 인한 불법행위 또는 제조물책임법상의 엄격책임(무과실 책임)에 따라 해당 제품의 제조자 등을 상대로 상해나 재산상 피해관련 손해배상을 청구할 수 있는 반면, 결함이 있는 제품 자체는 각 계약의 보증의무 위반을 근거로 한 수리, 교환, 또는 환불 규정에 따라 계약당사자인 매도인(판매자)에게 청구되어야 한다.

(4) 과실로 인한 불법행위(Torts of Negligence)

직접적인 계약관계 입증 없이도, 해당 제품의 제조자 또는 판매자가 통상 요구되는 합리적인 주의의무를 다하지 못한 경우에는, 이로 인해 피해를 입은 소비자는 생산자(모든 부품 또는 구성요소의 생산자 포함), 판매자, 공급자, 소매업자 또는 기타 결함 있는 제품의 판매/유통경로에 있는 누구에게나 과실로 인한 불법행위에 따른 손해배상을 청구할 수 있다.

단, 이러한 불법행위에 따른 손해배상 청구를 위해서는 아래와 같은 요건을 입증하여야 한다.

① 지켜야 할 의무(Duty owed)

② 그러한 의무의 위반(Breach of such duty)

③ 신체 상해 또는 재산상 피해(Personal injury or property damage)

④ 상기 위반(b)과 피해(c) 간의 인과관계(Causation between breach and injury).

---

23) 자세한 내용은 본절 3.(2) Warranty of Quality 참조.

불법행위 책임의 요건상, 과실은 적극적인 행위뿐만 아니라 (합리적 주의를 통해 발견/예방할 수 있었던 경우) 결함 발견 또는 경고 간과와 같은 소극적 과실의 경우에도 인정된다.

(5) 제조물책임법 또는 소비자보호법 하의 엄격책임(Strict Liability under Product Liability Act or Consumer Protection Act)

대부분의 국가들은 판례 또는 입법을 통해, 결함이 있는 제품에 대해, 불법행위에 따른 엄격 책임법리(doctrine of strict liability)를 인정하고 있다. 미국은 판례를 통해, 우리나라, 유럽, 일본, 호주, 러시아, 스위스, 대만, 중국, 브라질, 아르헨티나, 남아프리카공화국, 태국, 말레이시아 등의 국가에서는 입법을 통해 제조자의 과실 여부와 관계없이 책임을 부과하는 엄격책임법(strict liability laws)을 제정, 시행하고 있다.

엄격책임 청구 요건은, 결함의 원인이나 제조자의 과실 여부와 관계없이, 피해 당사자는 (i) 해당 제품에 결함이 있다는 사실과 (ii) 그러한 결함으로 피해를 입었다는 인과관계만 입증하면 된다.

엄격책임법리는 제조자가 결함 있는 제품을 시장에 유통시킨 것 자체에 대해 책임을 부과한다. 엄격책임 이론은 제조자는 해당 제품에 대한 전문가이므로, 그 제품이 위험한지 여부를 알아야 한다는 가정하에서 발전되어 왔다. 소비자에 대해서는 그러한 제품의 위험을 인식할 책임을 상대적으로 작게 부과한다. 이러한 strict liability 부과는, 공공정책상의 문제이지, 생산자의 부적절한 행위, 또는 과실에 따른 책임문제는 아니다

(6) 항변(Defences): 제조자가 책임을 면할 수 있는 경우

피해자가 제조물책임에 따른 손해배상 등을 청구하는 경우, 제조자는 (i) 제조물에 결함이 없다거나, (ii) 소비자가 주장하는 손해의 원인이 제조물의 결함이 아니다는 것을 입증할 수 있는 경우에는 당연히 책임을 면할 수 있음은 물론, (iii) 아래와 같은 경우에도 책임 청구에 대해 항변할 수 있다.

단, 그러한 면책사유에 해당하는 경우에도, 적절한 피해 예방조치를 취하지 않았거나, 그러한 주의를 기울였다면 알 수 있었던 결함을 발견하지 못한 과실에 따른 불법행위(Torts) 책임까지 회피할 수 있는 것은 아니다.

1) 제품특성상 안전할 수 없는 제품(Unavoidably unsafe product)

해당 제품의 구매/사용 목적상, 본연의 효용성을 포기하지 않는 한 더 안전하게 제작할 수 없는 제품과 같이 예외적인 경우에 한해, 일반적으로 소비자는 그러한 위험성을 명확히 인식하고 있고, 제조자보다도 소비자가 그러한 위험을 최소화하기에 더 유리한 입장이라는 점을 인정하고 있다. 제조자가 할 수 있는 위치에 있다고 하더라도 제품의 특성상 목적을 위한 유용성을 잃지 않고 더 안전하게 만들어질 수 없다.

예를 들어, 칼을 아무도 해하지 못할 만큼 무디게 제작한다면, 그 의도된 목적에 무용하게 될 것이므로, 제품 본연의 사용목적상 안전하지 않음이 명백한 제품에 대해서는, 생산자가 그러한 제품의 위험에 관한 적절한 경고를 취한 한, 소비자는 스스로 사용상 합리적인 주의와 판단 하에 제품을 사용하여야 하고, 제조자는 제조물책임에서 면제된다.

2) 제조자의 의도에 반해 판매, 유통된 경우(예, 도난 등의 사고에 따른 유통)

3) 공급 당시의 과학기술(state of art) 수준으로는 발견할 수 없었던 결함

4) 해당 제품 생산관련 법령상 기준을 준수한 결과 야기된 결함

5) 최종 제품 제조자가 주문한 설계, 사양, 기타 지시로 인해 발생한 결함의 경우(이 경우, 해당 원부자재 제조자는 제조물책임에서 면제됨)

III 특허라이선스 계약
Patent License

1. 개　　요

(1) 특허의 특성

총론에서 살펴본 특허의 특성을 기술적 창작(발명)의 또 다른 보호수단인 영업비밀과 비교하여 정리해 보면 아래와 같다(우리나라 법규를 기준으로 비교함).

	영업비밀(부정경쟁방지법)[1]	특허(특허법)
권리성	침해규제에 따른 상대적 이익 또는 채권적 권리	독점적, 배타적 권리
공개성	비공개성(비밀성)+비밀관리성	등록에 따른 공개성
범위	기술상 또는 경영상의 정보 포괄 (경제적 유용성)	자연법칙 이용한 고도의 기술적 창작
권리자	보유자 모두에게 영업비밀 인정	등록된 권리자 한정
침해유형	부정취득/사용/공개 비밀유지의무위반(계약/신뢰)	허락없이 제조, 판매 or 사용
구제수단	-금지/예방청구권, 손해배상청구권, 신용회복청구권, (민법)부당이득반환청구권	-금지/예방청구권, 손해배상청구권, 신용회복청구권, (부당이득반환청구권)
구제수단	-형사처벌: 5년 이하의 징역(해외:10년) 또는 그 재산상 이득액의 2배이상 10배이하 벌금	-형사처벌(고소권): 7년 이하 징역 또는 1억 원 이하 벌금
침해의사	선의의 제3자 특례	선의, 무과실에 의한 행위도 침해
존속기간	비밀성 유지되는 한 영구	특허등록에 의해 특허권 발생, 출원일로부터 20년

전환성	특허(저작권) 전환가능	영업비밀로 전환불가
직무발명[2]	적용 없음	적용됨

(2) 기술계약유형별 특성 및 주안점

	특허권 LICENSE	영업비밀 LICENSE	용역개발
주행위성격	부작위의무[3]	작위의무[4]	작위의무[5]
배타성	법적 보호에 의한 절대적 배타성	계약관계에 기초한 상대적 배타성	혼재(영업비밀중점)
공개성	공개성	비공개성, 비밀유지의무	혼재(비공개성 중점) 비밀유지의무
전환성	영업비밀로 전환불가	특허로 전환 가능	영업비밀은 전환 가능
사용기간	계약기간 내	계약기간 후 사용권에 대한 학설상 논란	좌동
과세지	사용료소득으로 사용지국 또는 납세지국 과세	사용료소득으로 사용지국 과세	인적 용역이 주된 경우, 용역 수행지국 과세
주요항목	- type of license - scope of licensed patent - scope of licensed products - products subject to royalty - royalty structure - grant-back license	- type of license - scope of licensed tech & products - products subject to royalty - royalty structure - deliverables - technical assistance - maintenance/update - rights to derivative works - grant-back license - indemnification	- scope of consignment - specifications - acceptance criteria - deliverables - tech. assistance - maintenance/update - development/payment schedule - liquidated damages - rights to results - license to pre-existing tech. - indemnification

---

1) 부정경쟁방지 및 영업비밀보호에 관한 법률.
2) 종업원 등이 그 직무에 관하여 발명한 것이 성질상 사용자, 법인 또는 국가나 지방자치단체의 업무범위에 속하고, 그 발명을 하게 된 행위가 종업원 등의 현재 또는 과거의 직무에 속하는 발명을 말한다["직무발명," 『지식재산권용어사전』(서울: 특허청, 2005)].
3) 침해제소 금지.
4) 영업비밀 제공 등 기술이전 의무.
5) 용역개발 및 개발결과물 제공 의무.

◇ 위의 표에서 보는 바와 같이, 계약협상 및 작성 시 고려, 유의해야 할 실제 조건(substantive terms) 구성 측면에서는 특허 license 계약이 영업비밀 등 기술이전계약이나 개발계약보다 상대적으로 단순한 반면, 관련 영업의 지속유지를 위한 licensee의 license 계약 확보 필수성 및 협상 실패 시 바로 이어질 침해 제소에 따른 영업에 미칠 치명적 위험(preliminary injunction 등) 잠재로 영업비밀 등 기술이전 계약이나 용역개발 계약 대비 licensee의 협상력 제약 및 긴장도 등 심리적 stress 및 사업 관련 중요도는 특허 license가 훨씬 높은 경우가 많다.

(3) 기술사용료 관련 세제

1) 국내세법상 납세의무

① 외국인 기술제공자의 한국에서의 납세의무는 우리나라에서 발생된 사용료 소득, 즉, 국내원천 사용료소득에 대하여만 납세의무가 있다.

ⅰ) 원천지국 결정기준: 해당 국가와의 조세협정상 기준에 따라,

ⓐ 해당기술(또는 지적재산권) 사용지국(예: 미국, 태국), 또는

ⓑ 사용료지급자의 거주지국(지급지국)

◇ 내국 법인의 해외지점 또는 건설현장에서 사용하는 경우, 그 사용료는 국내원천사용료에 해당함(법인세통칙 6-1-21)

◇ 단, 내국법인의 해외현지법인의 제조장에서 해당기술을 사용, 제품 생산한 경우에는 최종사용지가 국외이므로 동 제품이 국내로 수입, 소비된 경우에도 국내원천소득에 해당되지 않는다(국세청 국일 46017-77, 97.1.31).

ⅱ) 단, 인적 용역의 경우는 용역수행지국이 원천지국으로 과세권을 가진다.

ⅲ) 기술개발 계약 등과 같이 기술용역이 수반된 경우, 실무상 사용료 소득과 인적 용역 소득의 구분이 모호함에 유의해야 한다.

구분이 어려울 경우, 전체금액을 기술사용료소득으로 간주, 전체금액을 대상으로 원천징수하는 것이 세무당국의 입장이므로, 계약상 기술 사용료와 개발/용역비를 구분하여 설정하는 것이 바람직하다.

② 당해 기술제공자가 국내에 지점, 사무소 등 고정사업장을 가지고 있는 경우에는 내국법인과 마찬가지로 사용료소득과 다른 국내원천소득을 합하여 종합과세 신고, 납부하여야 한다(일반적인 법인세 과세대상).

③ 국내에 지점, 사무소 등 고정 사업장이 없는 경우에는 당해 사용료소득을 지급할 때 지급자인 기술도입자가 기술제공자의 소득세(법인세)로서 지급금액의 25%(+ 주민세 2.5%)를 원천징수하여 납부(분리과세)하여야 한다.

④ 우리나라가 기술제공자의 거주지국과 조세조약을 체결한 경우에는 국내법상 세율인 25% 대신 당해 조세조약상의 제한세율로 원천징수 된다(둘 중 낮은 세율적용).

(예: 미국경우, 15% + 주민세 1.5%)

i) 조세협약이 없는 경우, 사용료에 대한 분리과세 원천징수세율은 25%, 인적용역 소득에 대한 세율은 20%이다.

ii) 미국, 캐나다, 필리핀, 남아공과의 조세협약상 제한세율 적용범위에서 주민세가 제외되어 있으므로, 원천징수 시 주민세를 별도로 징수한다. 그 외 국가는 조약상 제한세율에 소득세, 법인세 및 주민세까지 포함되어 있다.

[참고] 조세협약 국가 및 제한세율 현황(국세청): 본절 하단 첨부

2) 조세감면 제도

조세감면 대상 고도기술(국민경제에 긴요하고 국내에서 독자적 개발이 곤란한 고도기술로서 기획재정부장관이 외국인투자위원회의 심의를 거쳐 정하는 기준에 해당하는 기술)[6]에 해당하는 기술도입 계약을 사업 주무부에 조세감면 신청하여 승인을 얻은 경우, 기술제공자에게 지급하는 대가에 대한 소득세 또는 법인세를 당해 계약에서 그 대가를 최초로 지급하기로 한 날부터 5년간 면제받는다.

[참고] 외국인투자 등에 대한 조세감면규정

제4조(조세감면대상사업) 법 제121조의2 제1항 제1호 및 영 제116조의2 제1항의 규정에 의하여 기획재정부장관이 외국인투자촉진법 제27조의 규정에 의한 외국인투자위원회의 심의를 거쳐 정하는 고도의 기술을 수반하는 사업 및 산업지원서비스업은 국외에서 도입된 별표 1에 게기된 기술 또는 동표에 게기된 제품의 생산에 직접 소요되는 기술을 이용한 사업에 자본을 투자하는 경우로서 영 제116조의2 제2항 각호에 해당하는 사업을 말한다.

---

6) 조세감면대상 고도기술 소요제품 및 해당기술-기술도입에 관한 규정(기획재정부고시 제2008-10호) 참조.

제9조(조세면제대상기술) 법 제121조의6 제1항 및 영 제116조의12 제1항의 규정에 의하여 기술도입대가의 조세면제 대상이 되는 기술의 범위는 별표 1과 같다.

제121조의2(외국인투자에 대한 법인세 등의 감면) ① 다음 각 호의 어느 하나에 해당하는 사업을 하기 위한 외국인투자(「외국인투자촉진법」 제2조 제1항 제4호에 따른 외국인투자를 말한다. 이하 이 장에서 같다)로서 대통령령으로 정하는 기준에 해당하는 외국인투자에 대해서는 제2항, 제4항, 제5항 및 제12항에 따라 법인세, 소득세, 취득세 및 재산세(「지방세법」 제111조에 따라 부과된 세액을 말한다. 이하 같다)를 각각 감면한다〈개정 2010.12.27., 2011.4.4., 2011.12.31., 2014. 1.1., 2014.12.23., 2015.7.24.〉.

1. 국내산업의 국제경쟁력 강화에 긴요한 사업으로서 「외국인투자 촉진법」 제27조에 따른 외국인투자위원회의 심의를 거쳐 정하는 다음 각 목의 어느 하나에 해당하는 사업
   가. 산업지원서비스업: 부가가치가 높고 제조업지원 등 다른 산업의 발전을 지원하는 효과가 큰 서비스업
   나. 고도의 기술을 수반하는 사업: 국내에서의 개발수준이 낮거나 개발이 되지 아니한 기술을 수반하는 사업

[참고] 조세특례제한법 시행령

제116조의2(조세감면의 기준 등) ② 법 제121조의2 제1항 제1호에 따른 사업(산업지원서비스업으로서 한국표준산업분류상의 연구 및 개발업에 해당하는 경우를 제외한다)은 다음 각호의 기술을 수반하는 사업이어야 한다〈개정 2005.2.19., 2010.2.18., 2012.2.2.〉.

1. 국민경제에 대한 경제적 또는 기술적 파급효과가 크고 산업구조의 고도화와 산업경쟁력 강화에 긴요한 기술
2. 외국에서 국내로 최초로 도입된 날(「외국인투자촉진법」에 의하여 해당 기술을 수반하는 외국인투자의 신고일과 외국인투자기업이 기술도입계약상 해당 기술의 소유자에게 그 기술의 사용대가를 최초로 지급하기로 한 날 중 빠른 날을 말한다)부터 3년이 경과되지 아니한 기술이거나 3년이 경과한 기술로서 이미 도입된 기술보다 경제적 효과 또는 기술적 성능이 뛰어난 기술
3. 해당 기술이 소요되는 공정이 주로 국내에서 이루어지는 기술

3) 간주외국세액공제제도

외국의 기술제공자가 취득한 사용료에 대하여 우리나라에서 세금을 납부할 경우, 그 납부세액은 기술 등의 제공자가 거주지국에서 납부할 세액에서 공

제된다.

따라서, 기술 등의 제공자가 우리나라의 외자도입법에 의하여 면세되어 그 거주지역에서 조액공제를 받지 못하는 경우에는 우리나라가 외국의 기술제공자에게 조세를 면제해주는 실효성이 없게 된다.

위와 같은 조세면제효과의 일실을 방지하기 위하여 주요 외국과 체결한 조세조약은 우리나라의 외국인투자촉진법에 의하여 조세가 면제된 사용료(Royalty)에 대하여도, 조세를 납부할 것으로 간주하여 상대국에서 세액공제 대상이 되는 것으로 규정하고 있다.

2. 특허 License 계약의 구성

(1) 구성 및 Checklist

1) 계약구성

① 표제(Title)

② 당사자(Parties)

③ 전문(Recitals)

④ 용어정의(Definition)

⑤ 과거면책 및 소송철회(Past Release)

⑥ 실시권허여(Grant of License)

⑦ 특허료(Royalty)

⑧ 계약기간, 종료(Term & Termination)

⑧ 특약사항

⑨ 일반조항

⑩ 서명/날인

2) Checklist

아래 Checklist상의 각 항목들은 모두 계약에 포함되어야 한다는 의도로 정리된 것은 아니며, 상당수 항목들은 동시 포함, 병립할 수 있는 성격이 아니라, 선택적인 option항목으로 열거된 것도 많다. 본 checklist는 계약서 초안 입안 및 협상초기단계는 물론, 협상 마무리 및 계약체결 직전에 점검 및 고려하여야 할 사항들을 종합적으로 열거한 것이므로, 해당 계약별 사안 및 특성을 고려하여, 각 항목들을 재점검 후, 최종 반영이 필요한 항목들이 누락되지 않도록 하기 위한 점검용 자료로 활용하기 바란다.

(a) Parties

(b) Recitals

① General description of licensed technology / patent / developed technology.

② History of licensed technology / patent / developed technology
- Applications and patents in other countries: number and dates.

(c) Past release for past infringement and dismissal of infringement actions

① with or without prejudice
- in most cases, subect to full and complete payment of the royalties contermated for the grant of License

② applicable to the Licensee only or including its customers

(d) Grant of license

① Exclusive or non-exclusive

② Technology [Patent(s) and claims] covered by the license.

③ Licensee, subsidiaries and affiliates.

④ Right to develop, manufacture, advertise, use, and sell.

⑤ Right to subcontract (have-made).

⑥ Right to sublicense.
 i) Specific areas, products, or customers.
 ii) Restrictions.
 iii) Need for licensor's approval.
 iv) Effect on royalties payable.

⑦ Scope of licensed products

⑧ Licensed Territory & Territorial limitations
 i) Geographical territory
 ii) Location of manufacturing plants

⑨ Field of use
 i) Components (or materials) only? or including finished products?
 ii) Specific purpose/use or application only?
 iii) Limited to specified customers, marketing channels

⑩ Assignment / Transfer
i) With or without licensor's approval.
ii) To subsidiaries or affiliates.
iii) To the merged company or the assignee of licensee's business involving the licensed products.
⑪ Grant-back
i) Royalty free?
ii) Cross license?
iii) Licensor's sublicense to licensor's licensees?

(e) Royalties
① Lump sum
i) One-time payment.
ii) Fixed sum payable in installments (or periodic payments).
② Running Royalty
i) Royalty base
- based on entire value of the finished product or the value of the specific portion or parts attributable to the licensed patents
- Gross selling(billing) price or net selling price
- Deduction items: returns, refunds, allowances, marketing expenses, packing/freight/insurance charges, customs, duties and other sales/use taxes, etc.
ii) Royalty rate
- Fixed amount per unit Percentage (direct proportion) of gross or net sales
③ Minimum royalties or sales
④ Maximum royalties (Cap.)
⑤ Tax: After tax or before tax
⑥ Accounting
⑦ Licensee's reports
i) Periodic royalty reports.
ii) Duty to maintain records.
⑧ Licensor's audit right to examine license's records
i) by licensor or through independent auditor
ii) Confidential obligation
iii) Time limitation
iv) Reimburse audit cost of examination in case of substantial discrepancy.

(f) Licensee's obligations

① Patent marking

② Best offering to maximize sales of the licensed products
(especially, in cases of exclusive licenses)
- Minimum royalty obligation as a condition to maintain the exclusive license

③ Quality control (quality verification / compliance) mostly where a trademark license is granted together with patent license

④ Acknowledgement and not to challenge for patent validity

(g) Licensor' s obligations

① Warranties / Representations

i) Ownership of licensed patents.

ii) Right to license.

iii) Patent validity.

iv) No outstanding license of patent and not to license to others (in cases of exclusive licenses)

v) Most Favorable Terms (MFN clause)

vi) FRAND (Fair, Reasonable & Non-Discriminatory) on royalty terms
- required for the license of the standards essential patents as committed to most of the industry standard setting organizations

② Enforcement of licensed patents.

◇ 경우에 따라, 특허 전용실시권자[7]는 단독으로 또는 특허권자와 공동으로 특허침해 적발과 제소권 및 의무를 가지는 경우가 있음.

(h) Term

① Effective date

② License period: to consider period until expiration of the patents and period required for use of the patents in licensee business.

i) for life of the licensed patents

ii) mutually agreed period

iii) renewed period

③ Renewal options.

i) subject to conditions like (accumulated or annual) minimum sales or royalties?

ii) terms and conditions under the renewed terms:

---

7) 전용실시권자는 특허권자와의 계약에 의하여 설정한 범위 내에서 특허발명을 독점적으로 실시할 수 있는 권리를 갖는다.

- same royalty terms? or

iii) subject to negotiation but not more than the previous royalties and under the most favorable terms and conditions then effective?

(i) Termination

① Licensor's termination (with certain cure period after notice)

i) Licensee's default in royalty nonpayment

ii) default in minimum royalties default in royalty reports

iii) default in patent enforcement obligations

iv) any other default of licensee's obligations

v) insolvency, bankruptcy or other financial inability

vi) change of control beyond the specified scope of shareholding, merger or acquisitions

② Licensee's termination (with certain cure period after notice)

i) Licensor's default/breach of its obligations/warranties under the license

ii) Licensor's default in patent enforcement against other 3rd parties

iii) Invalidity of licensed patents

③ Reservation: (without prejudice to) other remedies available at law or in equity

④ Post-termination

i) Limited license for unsold or in-transit products manufactured before termination.

ii) Licensee's payment of accrued royalties

iii) Licensor's audit right and licensee's obligation to keep records for certain period after termination.

(j) Effect of invalidity of claim or patent

① As determined by court and failure to appeal within time permitted.

② Partial invalidity of patents or claims under a single patent

③ Licensee's option to terminate or to continue license

i) Effect on royalty: termination or reduction.

ii) Date when royalty reduced or discontinued.

(k) Miscellaneous

① Entire agreement.

i) Supersede all other agreements.

ii) Disclaim any representations or warranties not specified.

② Not a joint venture, partnership or agency between parties.

③ Amendments/modifications.
  i) In writing only.
  ii) Signatures required.
④ Notices.
⑤ Assignment by licensor.
⑥ Severability.
⑦ No waiver
⑧ Force Majeure
⑨ Terms that survive termination.
⑩ Applicable law
⑪ Jurisdiction or Arbitration
⑫ Languages
⑬ Closing.
  i) Execution date and place
  ii) Signatures.

(2) 주요 조항별 유의점

1) Parties(당사자)

특히 Licensee의 경우, 직접당사자 외에 그 모회사, 자회사 또는 관계사를 Licensee에 포함할지에 대한 검토가 필요하다.

당사자에 대한 보유지분 또는 당사자의 보유지분이 50%를 초과한 경우(또는 이사회/의결기구 표결권 등의 50% 초과 등 사실상 지배의 경우도 포함)에는 포함하여 규정하는 것이 실무상 통례이다.

특히, 당사자의 모/자회사 또는 관계사가 대상 제품의 제조 또는 판매업을 영위하는 경우, 이들을 포함하지 않으면, 향후 별도 license 확보가 요구되거나, 침해 claim 발생 risk가 잠재하게 됨을 유의하여야 한다. 또한 상기 control 기준을 충족시키지 않는 합작사에 대해서도 합작사의 영업상 확보 필요시, 예외조항 또는 변경, 완화된 기준을 설정토록 협상하여야 할 것이다.

2) Recitals(전문)

계약서 서두의 당사자 표시 부분 직후에 나타나는 문단으로, 통상

'Whereas' 또는 'Witnesseth'로 시작되며, 주로 양자 간의 간단한 협상경과, 체결의도, license 범위 등 관련 배경 서술부분으로 원칙적으로 법적 구속력은 없으나, 명시적 규정 상호간 충돌이나 공백, 모호함 등이 발생 시, 경우에 따라 상황적 증거(circumstantial evidence)로서 당사자의 의도, 목적 등을 점검/보충하는 효과를 제공할 수 있다.

3) Definition(용어정의)

계약상 capitalized terminology에 대한 정의규정으로, 사전적 개념이나 일반적 관념에 상관없이 이 조항에서 규정된 개념이 우선 적용되므로, 각별한 유의를 요한다.

특히, Licensed Patents, Licensed Products 등 license 범위의 실질적 core가 용어정의를 통해 규정된다는 점을 유념하여야 한다.

4) Past Release(과거분 면책)

특허 침해 소송상 손해배상의 대상이 되는 과거분에 대한 면책규정으로, 원칙적으로 grant of license는 향후 생산, 판매, 사용에 대한 사용권 허여이므로, 미래행위에 대한 license를 확보했다 하더라도, license 확보일 이전에 발생한 과거 침해행위에 대한 포괄적인 past release가 명확히 규정되지 않은 경우는, 추가적인 손해배상 claim 및 제소가 가능하게 됨에 유의해야 한다.

Future license와는 달리, past use에 대해서는 licensee 입장에서는 구체적인 claim 인식시점이 불확실함은 물론 회계상 미반영에 따른 추가 부담상 어려움이 있음은 물론, licensor의 입장에서도 가장 강력한 협상 tool인 preliminary injunction이 적용되지 않는 영역인 관계로, 협상 시 대폭 할인된 lump sum[8]으로 포괄합의 하는 것이 실무 통례이다.

Future license 대가는 통상 미래매출에 대한 running royalty[9]를 원칙(또는

8) 정액청부계약을 말한다. 모든 비용을 하나의 덩어리(Lump)로 간주하고 확정된 금액과 상환으로 플랜트 건설을 약정하는 계약을 말한다. 따라서 설계비, 자재비, 운반비, 공사비, 인건비 등의 코스트는 물론 예측하지 못한 사태에 대비하는 예비비와 이익도 모두 계약금액에 포함된다. 발주자에 의한 설계변경 등의 경우를 제외하고 인플레 등에 의한 비용증가도 계약자가 부담한다. 계약자로서 이러한 부담증가를 회피하기 위해서는 인플레율에 합당한 금액을 변동시키는, Escalation Clause를 삽입시켜야 한다. 이에 대한 계약방식을 Cost-plus Contract라고 한다("lump sum," 『무역용어사전』, 한국무역협회. http://bit.ly/1o2RIb5).

9) 로열티의 지급방식의 하나로서 로열티 대상이 되는 물품의 판매량 또는 사용량에 따라 로

이를 기초로 추산하여 할인된 lump sum 금액)으로 합의하는 반면, past release에 대한 대가는 running royalty보다는 lump sum으로 하거나, 별도의 계산 없이 license grant에 따른 royalty에 포함한 것으로 합의하기도 한다.

5) Grant of License(실시권 허여)

허여될 License 유형 및 허여 범위를 규정하는 핵심조항으로, 아래와 같이, 포괄적인 규정을 한 후, 각 항목별로 별도의 조항을 통해 상세히 규정하기도 한다.

"Subect to other terms and conditions of this Agreement, the Licensor hereby grants to the Licensee, a non-exclusive license , without a right to sublicense, to make, have-made, use, sell or otherwise dispose of, the Licensed Products under the Licensed Patents, in the Licensed Territory, during the Term."

① License 유형

i) Exclusive License(전용실시권): 계약에서 정한 범위(내용, 지역, 기간 등)에서 전용실시권자가 독점적으로 계약대상 특허를 독점적으로 실시할 수 있는 권리이며, 원칙적으로는 특허권자 자신도 실시할 수 없다.

- 따라서, 특허권자가 그 특허와 관련된 실시권 또는 기타 권리를 유지하고자 하는 경우에는, 반드시 명시적인 조항을 통해 이러한 예외 또는 제한 조건을 유보해 두어야 한다[예: "(The license granted herein this Agreement is exclusive subject to such carve-outs specified below)"].

또한, 전용실시권자는 특허권자와 동일한 특허금지청구권, 손해배상청구권 등의 소송상의 권리가 인정되며, 설정등록청구권이 있다.

ii) Non-Exclusive Licence(통상실시권): 비독점적 통상실시권은 특허권자뿐만 아니라 복수의 실시권자가 실시할 수 있는 권리를 말한다.

통상실시권자에게는 특허침해금지청구권, 손해배상청구권 등 소송상의 권리가 인정되지 않으며, 별도의 계약상 특약이 없는 한, 설정등록청구권도 없다.

iii) Right to Sub-license(재실시권): Licensor가 실시권자에게 제3자에 대

열티를 산정하는 방식으로 특허권을 이용한 정도에 따라서 로열티를 정하는 방식("running royalty," 『관세용어사전』, 관세청. http://bit.ly/1nEO7PN).

한 실시권을 부여할 권한을 인정하고 있는 경우, 당해 제3자에게 부여된 실시권을 말하는 것으로, 특허법상으로는 전용실시권자에 대해서만 규정하고 있으나, 통상실시권자도 특약에 의해 가능하며, 특허받을 수 있는 권리에 대하여도 허락이 가능함. Sub-license 관련 상황 및 관련 의무 이행 여부 파악상 어려움을 고려하여, 주된 실시권자는 재실시권자의 모든 의무이행 및 행위에 대하여 재실시권자와 연대하여 책임을 지도록 규정하는 것이 실무 통례이며, 재실시계약은 주된 라이선스계약 종료시 자동적으로 종료하지만, 종료여부에 관한 다툼을 방지하기 위해서는 계약서에 효력기간을 명확하게 규정하는 것이 바람직함. 일반적인 non-exclusive license에서는 sublicense권을 허여하지 않는 것이 실무상 통례이며, 이 경우 Licensee의 관계사 또는 자회사에 대한 한정된 sublicense권을 허여하는 예외조항을 두기도 한다.

iv) Cross license(쌍방 license), Grant-Back: 양 당사자가 보유한 대상특허를 상호 허여하는 형태의 License를 말하는 것으로, 대부분 경우, 특정특허권자(A)가 상대방(B)에 대해 주로 특허 침해 claim을 제기하여, 그 결과 B가 특허료를 지불하고 A의 특허권에 대한 license를 허여받는 경우라 하더라도, A가 관련 사업을 어떤 형식으로든 영위하는 경우, A가 B에게 일방적으로 A의 관련 특허 실시권을 제공하게 된 경우에는, 향후 A는 B로부터 B가 보유한 특허관련 claim을 받게 될 risk가 존재함에도, A는 이미 그 특허에 대한 사용권을 허여한 관계로 B에 대한 counter-claim이 사실상 불가능하게 되는 문제점을 해소하기 위해, Cross-license 또는 grant-back 형태로 대상제품/기술관련 상대방의 특허에 대한 license를 허여받는 구조를 취하는 것이 실무 통례이다. 단 NPE (Non-Practcng Entities)의 경우에는 관련된 실질적인 영업이 없으므로, cross-license나 grant back을 확보해야 할 실익이 없으므로, NPE가 PE(Practicing Entity)에게 일방적인 라이선스를 허여하는 형태를 취하게 된다.

v) Package license, Patent Pool (consortium) License: 동영상 encoding/decoding 관련 국제표준기술인 MPEG 2등의 경우와 같이 특정표준기술 등의 구현을 위해 필요한 특허권을 보유한 여러 특허권자들의 표준필수특허들을 package로 모아 하나의 license program을 구성하여 포괄적인 license를 허여하는 방식을 말한다. 성격상 표준 채택과정 및 follow up license program 과정에서 여러 경쟁업체들의 협의를 수반하는 관계로, 공정거래 관점의 유의를 요한다.

② To make, use and sell

i) To have made: 제3자 통한 하청생산권을 말하며 이러한 하청생산권을 행사할 경우, 하청업체의 생산설비/용량을 활용하여 추가적 물량 생산/판매가 가능하므로, licensee가 보유한 자체 생산용량 이상으로 확대될 위험이 잠재한다.

ii) Brand Restriction(상표제한): 반면, Licensee가 당초 의도하지 않은, 제3자 브랜드 제품을 생산하여 제3자에게 공급하는 경우, Licensor로서는 해당 제3자에 대한 별도 추가 license를 통한 royalty 수입기회를 상실하게 되므로 이러한 우회 라이선스 효과를 금지, 제한하기 위해 licensee의 자체 브랜드 제품으로 한정하는 조항을 두기도 한다.

iii) Design Restriction(설계제한): Brand Restriction과 마찬가지로 Licensee가 의도하지 않은 제3자 제품을 위탁받아 생산함에 따른 우회 라이선스 효과를 제한하기 위해 브랜드 외에도 해당 제품에 대한 디자인(설계)이 licensee 자체, 고유의 것인 경우로 더욱 한정하는 조항을 두기도 한다.

넓은 의미의 라이선스 범위는 상술한 license유형 및 제한 규정 외에도 아래와 같은 항목에 대한 검토가 필요하나, 통상적으로 별도 조항을 통해 규정하기도 하고, Grant of License 조항에서 포괄적으로 허여하되, 상세한 범위 및 제한 등은 Definition조항을 통해 규정하기도 한다.

③ Licensed Products(실시 제품)

④ Under the Licensed Patents(실시 특허 하의)

⑤ In the Licensed Territory(실시 지역에서)(전세계적이거나 특정국)

⑥ During the Term of the license agreement(license 계약 기간 동안)

6) Licensed Products(실시 제품)

① 포괄적 vs. 제한적

- running royalty 또는 unit royalty[10)] 조건의 경우, 포괄적일수록, royalty 지불 대상 제품 범위가 넓어지는 반면, 제한적일수록, 추가 royalty claim risk가

커지므로 두 요인을 복합적으로 고려하여 결정하여야 한다.

② 자가 Brand 한정 또는 OEM Brand 포함

licensee의 영업 형태 고려하여 판단 필요하며, lump sum royalty의 경우는 OEM brand 포함 시 추가 예상물량 고려하여 결정하여야 할 것이다.

③ Have-made vs. Sublicense

제3자 통한 하청생산(have-made) 물량포함 허여 시 의도하지 않은 sub-license[11] 효과 발생치 않도록 하기 위한 restriction이 필요하다. 반대의 명시적 특약이 없는 한, 일반적으로 실시권에는 Have-made권이 포함된다는 것이 판례의 입장이다. 반면 명시적인 허여 규정 없이는 sublicense권은 허여되지 않는 것으로 해석한다.[12]

- a right to make, use, and sell a patented product inherently includes the right for the licensee to have the product made for it by a third party unless the have-made rights have been expressly excluded from the license agreement (Corebrace LLC v. Star Seismic LLC, 2008-1502)

단, have-made로 포장되어 있더라도, 아래와 같은 요인을 고려하여 사실상의 sub-license 효과를 초래하는 경우에는, 사실상의 sub-license에 해당하는 것으로 해석하여 have-made로 인정치 않는 것이 판례의 입장이다.

i) 주문자 설계인지 생산자 설계인지 여부

ii) 외주생산물량에 대한 전량 구매/회수 여부; 제조자 재판매 허여 여부

iii) 주문자 Brand 한정 생산 여부

따라서, license 계약 draft 시 licensor 입장에서는 have-made 권을 허여치

10) 실시료를 제품의 순매출액 등의 몇 %로 정하는 방식으로 정액법, 단속실시료법이라고도 하며, 특허나 노하우를 사용한 정도에 따라 이른바 기성도지급의 실시료를 정하는 방법이다. 단속실시료의 율은 실시료산출시에 상정한 기간 내에 받아야 할 실시료총액에 동 기간 내의 판매수량, 판매가격 등의 수치를 감안하면 산술적으로 산출된다[과학기술정책연구원, 『국가연구개발사업의 지적재산권관리제도개선방안』(1999.12) 19쪽].

11) '재실시권'으로 번역되는데, 라이센시가 허여받은 라이선스의 전부 또는 일부를 다시 제3자에게 허여하는 것을 의미["라이선스계약지상강의(9)"(『특허와상표』 765호, 2011.7.) 7쪽].

12) See, http://www.paulhastings.com/Resources/Upload/Publications/1333.pdf.

않고자 하는 경우에는 명시적으로 그러한 제외규정을 두어야 함은 물론, have-made권을 허여하는 경우에도 의도하지 않은 라이선스 물량확대를 제지하기 위해 생산자는 licensee(주문자) 설계에 따라 주문자 brand 하에 생산하여 전량주문자에게 공급하여야 하며, 생산자가 주문자 외의 제3자에게 재판매할 수 없도록 제한하는 규정을 명확히 해두는 것이 분쟁예방을 위해 바람직하다.

④ Foundry

제3자(주문자) design으로 제3자(주문자)를 위한 위탁생산/판매를 의미한다. Foundry 허여 시, OEM brand 허여의 경우처럼 추가물량에 따른 추가 royalty를 고려하여야 할 것이다.

⑤ Clone 제품(상대방 제품 design을 copy한 제품)

원칙적으로 Licensor의 특허사용권을 허여하는 것이지, 특허 외의 design, trade dress 또는 기타 저작권에 대한 사용권을 허여하는 것은 아니므로 디자인 침해 제품에 대해서는 특허 사용권 허여도 제외하려는 조항이다.

반론으로, 설사 디자인 침해 제품에 대해 특허 라이선스를 허여하더라도, licensor는 자신의 디자인 등 저작권에 대한 침해 claim을 제기할 수 있으므로 특허 라이선스 범위와는 무관한 사안이라는 주장이 가능할 것이다.

⑥ Field of Use[13)]

라이선스의 범위를 특정 특허와 특정 제품군에 더하여 특정용도(scope of authorization or application)로 한정하는 조항으로 (i) 허여용도 지정방식과 (ii) 금지용도 지정방식이 있다. 예를 들면, 동력용 모터제품에 대한 라이선스를 허여하면서 field of use(or field of application)를 자동차용도로 한정하거나, 항공기용 모터에 대해서는 라이선스 허여를 제외하는 경우이다. 단, 이러한 field of use 제한이 시장분할(market allocation) 또는 cartel을 조장할 의도로 활용될 경우에는 공정거래문제 발생소지가 있으므로 유의하여야 한다.

---

13) "Field-of-use limitation," *wikipedia*, http://bit.ly/1SWJQ7u 참조.

⑦ 1차 적용부품 or 최종제품: Implied License or Exhaustion?[14)]

i) Licensed 부품 구매 또는 부품단계에서 license 허여 시 최종제품에 대한 특허권 행사제한: License계약상 "licensee로부터 부품(microprocessor chipsets)을 구매한 고객이 licensee로부터 구매하지 않은 다른 부품 또는 제품과 결합(컴퓨터 제조)한 경우, licensee의 구매자에 대해서는 license가 허여되지 않는다"는 명시적인 조항이 있다 하더라도, 해당 부품이 문제 특허에 게시된 system 또는 제품에의 적용 또는 결합 외에는 다른 합리적 용도가 없을 경우("no reasonable use other than incorporation into the larger patented system or product")에는 특허권자의 권리는 소진된 것으로 해석되어 그 이후 단계의 구매자, 또는 사용자에 대한 특허침해 claim을 주장할 수 없게 된다는 것이 미국 대법원 판례이다(Quanta Computer v. LG Electronics, June 9, 2008). 이러한 patent exhaustion doctrine(특허소진이론) 또는 first sale doctrine은 부품/제품 특허뿐만 아니라, 특허권자가 method claims의 침해를 주장할 경우에도 마찬가지로 적용된다. 따라서, 특허권자가 licensee가 제3자에게 해당 부품을 판매하는 행위를 금지하거나, license 허여 범위에서 제외하지 않은 경우("… if the license grant to the Licensee had explicitly excluded the Licensee's right to sell products to customers who would combine the licensed Licensee's products with non-Licensee products downstream")에는, 즉 그러한 sales 자체를 금지, 배제하지 않고 승인한 경우(authorized sale)에는 downstream purchasers, sellers or users에 대한 명시적 license 제외규정에도 불구하고, patent exhaustion 항변[15)]이 적용됨에 유의해야 한다. 따라서, 이러한 downstream purchaser/users에 대한 특허침해 claim을 유지하기 위해서 field of use 또는 market limitations 같은 규정을 통해, 그러한 용도의 판매행위가 licensee에 대한 license 범위에서 제외, 배제되도록 규정하여, authorized sale로 해석되지 않도록 유념하여야 한다.

---

14) See, 「Supreme Cort Expands the Patent Exhaustion Doctrine」, 『Duane Morris LLP』, 2008.6.10. http://bit.ly/1TBGYwe.
See also, 「Quanta Compter v. LG Eletronics: The U.S. Supreme Court Breathes New Life Into the Patent Exhaustion Defense」, 『Jones Day』, 2008.6. http://bit.ly/207kZgC

15) "적법하게 만들어진 특허물품은 일단 판매하면 그 특허품의 취득자는 원권리자의 독점권에도 불구하고 이를 재판매하거나 다른 방법으로 처분할 수 있다"는 원칙이다[황성필, "Quanta v. LG 판결을 반영하는 특허 라이센싱 전략 – 특허권 소진이론의 적용범위와 조건부계약에 의한 배제 가능성"(『지식재산연구』 제4권 제1호, 2009.3.) 112쪽].

ii) Covenant not to sue(Personal non-assertion)(제소금지 특약)[16]: Covenant not to sue에 대한 미국판례의 입장은 기본적으로 non-exclusive와 실질적으로 차이가 없다는 해석인바, patent exhaustion의 적용을 피할 수 있는 대체조항은 될 수 없다는 점에 유의해야 한다 . 단, 약정기간 동안 제소하지 않겠다는 약속(covenant not to sue, non-assertion)이므로 기간 종료 후 제소 시 그 기간 동안의 손해배상요구가 가능하다는 점이 license와의 차이이므로 기간 종료 전후에 다시 past release를 통해 손해배상주장을 봉쇄해 둘 필요가 있다. 또한, 해당특허 양도 시, 이전에 허여된 license 조건부 양도가 원칙인 반면, non-assertion은 personal한 것으로 해석되어 특허양수인이나 파산재산양수인에게 승계되지 않고, 반대의 명시적 특약이 없는 한 양수인에 대한 구속력이 없다.

iii) Defensive Termination(방어적 종료조건): "If a party is sued by the other during the term on any product excluded from 'Licensed Products' (or on any patent excluded from 'Licensed Patents'), the sued party has the option to terminate the license agreement."

특허 license 협상에서 특허권자의 우월적 협상력 확보를 위해 가장 강력한 무기인 침해 제소 시 preliminary injunction 신청을 위해서는 irreparable harm에 대한 입증이 필요한바, 이를 위해서는 a) 특허권자가 특허기술을 실시하고 있고(이 경우, 침해로 인한 특허권자의 시장점유율 급감 또는 독점력에 따른 무형의 이익 상실 위험 주장 가능) 그리고, b) 침해자 또는 제3자에게 license 허여 또는 제안사실이 없거나, c) 피고가 최종 패소 시 금전적 손해배상 재정능력이 없을 것으로 예상되어야 한다. 따라서, 특허권자의 입장에서는 협상 중인 해당 licensee 외에 향후 다른 제3자와의 협상 또는 소송에 대비하여 가능한 license 외의 다른 특약으로 licensee를 만족시키는 방안으로 협상하는 경우가 종종 발생한다(특히, 부품단계에서는 직접적인 license 허여를 피하고, 부품생산/판매업자에 대해서는 personal

16) See, Anatole Krattiger, 「The Use of Nonassertion Covenants: A Tool to Facilitate Hmanitarian Licensing, Manage Liability, and Foster Global Access」, 『Concept Foundation』, http://bit.ly/207kZgC.
See also, Rufus Pichler, 「Patent Exhaustion and Implied Licenses: Important Recent Developments in the Wake of Quanta v. LG Electronics」, 『Morrison Foerster』, 2009.8.4. http://bit.ly/1QaV5De.

covenant no to sue 등의 대안으로 협상하는 한편, 최종제품생산자에 대한 claim/제소 통한 royalty 확보구조를 검토해 왔으나, covenant not to sue 또한 사실상 license와 같은 효과를 인정하는 판례의 입장에 따라, defensive termination 또는 pick option과 같은 우회방안을 시도하는 경우가 발생하고 있다). 협상력 우위를 확보하고, 제소(가처분) 협박을 앞세운 특허권자의 강력한 요구에 따라, 이러한 우회대안으로 협상한 경우, 향후 약정기간 경과 후나 재계약 시, 해당 규정의 불명확성을 악용하여, license 효과를 부인하고 추가 royalty를 요구하는 부당한 사례가 발생할 수 있음에 각별한 유의와 보호장치 확보가 필요하다.

상술한 exhaustion doctrine 또는 covenant not to sue의 한계로 인해, license scope상, 특정영역 또는 부품거래처에 대한 명시적인 제한, 제외가 불가피한 경우, licensee는 defensive termination과 같은 규정을 통해 향후 licensor가 제외영역 또는 거래처에 대한 침해 제소 시 licensor에게 허여한 cross-license를 해지하고 원점에서 공격 및 방어 통한 재협상 가능한 여지를 남겨 둘 필요가 있다. 또한, licensor가 진행 또는 진행예정인 제3자와의 특허침해소송에서, 동일 특허기술에 대한 royalty 조건 license 허여 사실의 존재는, preliminary injunction과 같은 구제책을 주장(monetary damage로는 보상될 수 없는 irreparable harm 요건 충족 필요)하기 힘들게 하므로, 이러한 특정영역에 대한 직접적인 license나 covenant not to sue를 허여하지 않는 대신, defensive termination이나 pick option 같은 대안을 우회보호/방어수단으로 제시하기도 한다.

[참고] Pick Option

"A party has options to pick [certain number] of the other party's patents excluded from "Licensed Patents" at any time during the term."

7) Licensed Patents(실시 특허)

① 포괄적(Licensor 보유특허 전체) vs. 한정적(listed 특허)

한정적 특허 허여의 경우, 특정특허 존속기간 한정 royalty 지불에 따른 이점 있는 반면, 동일 제품에 대한 추가 claim 및 추가 royalty 지불 risk가 잠재하게 되므로, lump sum payment 경우는 포괄적 특허가 licensee에게 당연히 유리하다.

② 계약일 이전 출원/등록 특허 한정 vs. 계약기간 중 출원/등록 특허포함:

전자로 한정할 경우, 계약기간 중에도 추가 claim 및 royalty risk 잠재하게 된다.

8) Royalty(실시료)

① Royalty Base: 합리적인 royalty 손해배상액 계산

"damages adequate to compensate for the infringement but no event less than a reasonable royalty for the use made of the invention"(35 USC§264[2006])

Entire market value(전체시장가치) vs. apportionment(가치배분)[17]:

침해 claim이 제기된 제품(device)의 전체 가치가 침해주장 특허발명으로부터 기인한 경우에는, 그 특허로 cover 되지 않은 부품까지 포함한 제품 전체 수입에 기초한 손해배상 산정이 인정되나, 이러한 entire market value rule 적용을 위해서는 patented feature와 전체 제품에 대한 소비자의 수요 간에 인과관계가 성립되어야 한다.

그렇지 않은 경우는, (a) 문제의 특허로 인한 부가가치(해당 특허의 대상제품에 대한 기여가치)와 (b) 침해자 또는 선행/공지의 기술에 기인한 가치를 구분하여 배당하는 것이 타당하다.

② Past Damage Limitation(과거분 손해배상 소급기간 제한)

35 U.S.C. §286:

"Except as otherwise provided by law, no recovery shall be had for any infringement committed more than six years prior to the filing of the complaint or counterclaim for infringement in the action."

---

17) See, "Reasonable royalty limitation," *Managing Intellectual Property*, 2008.12.1. http://bit.ly/1o4cZRB.
See also, Brian J. Love, "Patentee Overcompensation and the Entire Market Vale Rule"(Standford Law Review, October 1, 2007. http://bit.ly/1X1GU8P).
See also, Chris Marchese and Olega May, "Runaway Patent Damages Awards: Is Statutory Reform on the Way?," *Fish & Richardson*, 2010.8.13. http://bit.ly/1Srzzkh.

③ Limitation on damages and other remedies; marking and notice(손해배상 및 다른 구제책에 대한 제한; marking 및 notice 요건)

35 U.S.C. §287:

(a) Patentees, and persons making, offering for sale, or selling within the United States any patented article for or under them, or importing any patented article into the United States, may give notice to the public that the same is patented, either by fixing thereon the word "patent" or the abbreviation "pat.", together with the number of the patent, or when, from the character of the article, this cannot be done, by fixing to it, or to the package wherein one or more of them is contained, a label containing a like notice. In the event of failure so to mark, no damages shall be recovered by the patentee in any action for infringement, except on proof that the infringer was notified of the infringement and continued to infringe thereafter, in which event damages may be recovered only for infringement occurring after such notice. Filing of an action for infringement shall constitute such notice.

④ False Marking(허위표시)

35 U.S.C.§292(patent reform act of 2011, effective on Sep. 16, 2011):

ⅰ) Whoever, without the consent of the patentee, marks upon, or affixes to, or uses inadvertising in connection with anything made, used, offered for sale, or sold by such person within the United States, or imported by the person into the United States, the name or any imitation of the name of the patentee, the patent number, or the words "patent," "patentee," or the like, with the intent of counterfeiting or imitating the mark of the patentee, or of deceiving the public and inducing them to believe that the thing was made, offered for sale, sold, or imported into the United States by or with the consent of the patentee; or Whoever marks upon, or affixes to, or uses in advertising in connection with any unpatented article, the word "patent" or any word or number importing that the same is patented for the purpose of deceiving the public; or

Whoever marks upon, or affixes to, or uses in advertising in connection with any article, the words "patent applied for," "patent pending", or any word importing that an application for patent has been made, when no application for patent has been made, or if made, is not pending, for the purpose of deceiving the public—Shall be fined not more than $500 for every such offense. Only the United States may sue for the penalty authorized by this subsection.

ii) A person who has suffered a competitive injury as a result of a violation of this section may file a civil action in a district court of the United States for recovery of damages adequate to compensate for the injury.

iii) The marking of a product, in a manner described in subsection (a), with matter relating to a patent that covered that product but has expired is not a violation of this section.

2011년 개정 특허법 이전에는 일반인이 제한 없이 제292조 (a)항에 따른 penalty 제소가 가능했고, 그 경우 penalty의 절반을 제소 당사자가 가지고, 나머지 절반은 연방정부에 귀속되도록 규정("Any person may sue for the penalty, in which event one-half shall go to the person suing and the other to the use of the United States.")되어 있었던바, 이로 인한 소송남발에 따라 marking 착오나 과실, 또는 marking update 미비로 인한 만료 특허 미삭제로 인해 예기치 못한 penalty 제소 발생 risk가 상당하여 각별한 주의를 요하였으나, 개정특허법으로 인해 penalty 제소는 연방정부만 가능하고, 허위 marking으로 인한 민사상 손해배상은 이로 인해 실제로 "competitive injury"를 입은 당사자에게로 한정하여 종전의 폐단은 해소되었다.

⑤ Virtual Marking(가상 표시)

Marking의 방법 또한, 현대적 기술 trends와 marking의 편의를 위해 인터넷 사이트 통한 on-line list도 허용하고 있다.

⑥ Royalties 유형:

i) Lump Sum 또는 분할불

- 일시불 조건인 경우, 미래 예상 로열티 총액에 할인율을 적용한 Net Present Value[18](순현재가치)로 환산, 적용하도록 주장함이 타당하다.

- Lump sum 조건의 royalty인 경우, (미래) 대상기간 동안의 매출량/액에 대한 예측이 필요하므로, 아래와 같은 시장 조사기관에서 발행하는 대상 제품시장 전체매출, 해당 licesnee의 market shae 등을 고려하여 기간 중 예상 로열티를 추정하고, 이를 토대로 협상하는 것이 상대적으로 설득력 있는 접근법일 것이다.

[참고] 시장조사전문기관 (IT영역)

- IDC: www.idc.com/
- Strategic Analytics: www.strategyanalytics.com/
- Gartner: www.gartner.com/

ii) Running Royalties

ⓐ 정률(%): 대상 매출액 등에 특정 율을 적용하는 방식

ⓑ 정액($ per unit): 판매 제품 대(개)당 일정 금액을 적용하는 방식

ⓒ Sliding scale: 총판매 물량/매출액의 증감에 따라 구간별로 다른 royalty를 적용하는 방식

⑦ Minimum Royalty vs. Maximum Royalty
(royalty 최소액 보장 또는 누적 royalty 한도)

⑧ Gross Sales Price vs. Net Sales Price

할인, 반품, tax, 수수료, 광고료, 설치비, 포장, 운송비 등 특정 부대비용 항목을 공제한 순매출액을 로열티 계산의 기초로 하는 방식으로 합의하기도 하고, 경우에 따라서는 공제항목 없이 총매출액 그대로를 기초로 계산하기로 합의하기도 한다.

---

18) Net Present Value(순현재가치)란 미래가치를 특정의 할인율을 적용하여 현재가치로 환산하는 방법. 즉, 미래에 발생되는 금액의 발생 총액을 이자율 또는 투자수익율 등 할인율(WACC)로 할인하여 현재 가치로 환산한 값을 의미한다. WACC는 가중평균자본비용(weighted average cost of capital)의 약어로, 기업의 자본비용(부채, 우선주, 보통주, 유보이익 등)을 시장가치 기준에 따라 각각이 총자본 중에서 차지하는 가중치(자본구성비율)로 가중 평균한 것. 일반적으로 기업의 자본비용은 가중평균 자본비용을 의미한다. '매일경제' 백과사전 참조.

⑨ Royalty Bearing Product

전체 완제품 판매가를 기초로 로열티 적용하기도 하고, 특허발명 적용된 해당 부품이나 부속용품의 판매가로 한정할지에 대한 협상이 필요하다.

⑩ Tax

우리나라와 해당국 간 이중과세협약에 따른 기술사용료 수익에 대한 원천징수율 확인 및 이를 납세 후 송금토록 하여야 한다.

◇ 미국 등 대부분 협약국의 경우, royalty의 16.5%[사용료 원천징수율 15% + 주민세(10%)]가 부과되고, 비협약국의 경우에는 27.5%가 원천징수 된다[25% + 주민세(10%)]

이러한 원천징수세액은 특허권자의 국가에서 해당년도 법인세 납부 시 외국세액 공제혜택이 적용되어 대부분의 경우 상호 특별한 문제가 없으나, 해당 특허권자의 영업상 net 손실발생 등으로 해당국에서 법인세 공제실익이 없는 경우에는 원천세부담을 licensee에게 요구하는 경우가 있으며, licensee에겐 사실상의 추가 royalty 부담요인이 된다. 이 경우 계약상 gross royalty = (net royalty + 원천징수금액)으로 산정하여야 한다.

⑪ Report & Audit

특히 Running royalty조건의 라이선스 계약에서는 정기적 royalty관련 대상 매출 자료 등 회계장부에 대한 감사권(경쟁사 간 영업비밀 보호 등의 문제로 제3자 회계법인을 통한 감사 규정을 두는 것이 실무 통례임) 및 회계자료/정부 보관의무 등을 규정한다.

[참고] (예시) Royalty 협상 시 주요 고려 항목 및 결과가변 영향도 산출

아래 표상의 여러 항목들은 특허 로열티 협상(특히 lump sum금액 협상) 시 설득력 있는 고려요인 및 산정 근거 제시를 위한 준비 작업용으로, 결과 가변율(각 고려요인이 총 로열티 금액에서 차지하는 비중)을 고려하여 협상 시 양보가능 요인과 양보불가 요인의 우선순위를 설정하여, 이를 명심하고 협상에 임하는 것이 바람직하다.

고려요소		변수조정범위		결과 변경률(%)
		Licensor 입장	Licensee 입장	
해당특허기술기여도(%)		100% Entire market value	__% Apportionment value	↓ __%
로열티율 (%)		__%	__%	↓ __%
대상국가 제한				
매출비중	주요국 매출 비중(%)	100%	__%	↓ __%
	총 출원국 매출 비중(%)	100%	__%	↓ __%
Net Sales Price 공제율(%)		0%	__%	↓ __%
미래구간Data Source		시장조사기관 전망data	자체 전망	↓ __%
계약기간		~___	~___	↓ __%
현가율 (WACC) (%)		__%	__%	↓__%

9) 기간 및 해제/해지(Term & Termination)

① Term(라이선스 기간): Paid-up/perpetual(영구 license) vs. limited term(기간 한정)

② Termination(중도해지): expiration(만기종료)와 구분하여 사용하는 것이 바람직하며, 통상 일방의 계약위반 등 사유 발생 시 또는 부도/파산 등 재정적 문제 발생 시 상대방은 계약 해지권을 행사할 수 있도록 규정한다.

i) Bankruptcy/Insolvency

ii) Breach of contract

③ 라이선스 기간 연장권 또는 자동 연장

일반적으로 licensee에게 라이선스 기간 만료 전 일정기간 중에 연장권을 행사할 수 있도록 하는 규정을 두는 경우가 많고, 드물기는 하나, 일방의 반대 의사 통보가 없는 한 자동연장되도록 규정하는 경우도 있다.

또한, 연장권을 허여하는 경우에도, 연장기간 중 적용될 로열티에 대한 별도 협상 필요성에 대한 고려가 반드시 이루어져야 할 것이다. 일반적으로는 기본기간 후 추가, 연장기간에 적용될 로열티는 상대적으로 이전 적용 로열티보다 낮게 책정되는 것이 실무상 통례이다.

④ Springing Provision[제3자(NPE: Non Practicing Entity) 양도특허에 대한 영구 license 전환 규정]

주로, 경쟁업체(Practicing Entities) 간 cross-license 계약 체결 후, 계약기간 중에 일방당사자의 일부 특허가 제3자, 특히 patent troll 등 NPE업체에 매각 또는 양도되는 경우, 기간 종료 후 양도된 일부 특허로 인한 상당 규모의 추가 royalty 부담 risk를 상호 제거하기 위해, 이러한 양도특허에 대해서는 영구 license 허여하는 것으로 사전 약정하는 조건이다. 일반적으로 한정된 개수의 특정 특허에 한정된 라이선스가 아니라, 해당 기업이 해당 기술/제품과 관련하여 보유한 특허 portpolio 전체 value를 토대로 로열티를 산정, 합의한 경우에 일부 특허가 제3자에게 양도되더라도, 재계약시, 잔여 특허포트폴리오에 대한 로열티가 비례하여 인하되지는 않으므로, 종전 licensor에 대한 로열티 외에 일부양도에 따라 제3자에 대한 추가로얄티 부담 risk가 발생하게 되므로 이를 방지하기 위한 전략적 고려에서 도출된 규정이다.

⑤ Defensive Termination(방어적 해지권)

Cross-license 등의 경우, 특정당사자("A")가 상대방("B")에게 허여하는 라이선스 특허범위가, A가 보유한 라이선스 대상 제품 관련 특허 전체가 아니고, 특정범위 또는 list로 한정되거나, 반대로 특정범위/list가 제외되는 경우, B는 동일 제품에 대한 A로부터의 추가 claim 및 royalty 부담 risk를 안게 되는 반면, A는 이미 대상 제품군에 대한 B 보유특허에 대한 license를 확보한 상태이므로, B는 counter-claim 기회를 갖지 못하여 협상력을 완전히 상실한 불리한 위치에 서게 된다. 이러한 경우에 대비하여, A가 B에 대해, 계약기간 중, 추가 claim 제기 시에는 B의 option으로 B가 A에게 허여한 license를 terminate하고 counter-claim을 통한 재협상의 기회를 가질 수 있도록 하는 보호규정이다.

[참고] Bankruptcy 관련 유의사항[19)]

> 유효하게 체결되어 진행중인 계약이라 하더라도, 일방당사자가 재정상 문제로 bankruptcy에 처하게 되는 경우, 강행법규인 파산법에 따른 파산재산관리/분배규정에 따라, 계약이행상 상당한 변경이 발생할 수 있음을 유의하여야 한다.

19) See, Intellectual Property Licenses in Bankruptcy Act (Pub. L. No.100-506, 1988 U.S. Code Cong. & Admin. News (102 Stat.) 2538.
See also, Sections 101(52) and 365(n), Federal Bankruptcy Code.

특히 미국연방파산법에 따르면, 원칙적으로 미이행계약(executory contract)[20]에 대해서는 파산신청 즉시 automatic stay(자동정지)가 발효되어, 채무자의 계약상대방은 계약상 허여된 모든 권리 행사는 물론, 채무자를 상대로 한 어떤 claim이나 소송도 금지되게 되고 필요 시 파산법원에 신청), 관재인은 스스로의 business judgment에 따라, 해당 계약을 거부(reject)할 수 있음은 물론(채무자는 계약이행의무가 면제됨), 'Ipso facto' 규정[bankruptcy 발생 시 상대방의 계약 해제권 또는 특정 option 행사권(escrow 상 금액/자료 등 인출권한) 발동조항 등]은 무효가 된다.

따라서, 관행적으로 거의 모든 계약상 termination 조항에 규정된 파산 등 발생 시 상대방의 계약 해제권 규정은 실제 파산 발생 시는 무효가 되어 아무런 의미가 없음을 유의해야 한다.

미 연방파산법상의 일반원칙(general provisions)에 따르게 되면, license 계약의 경우에도 채무자의 관재인이 해당 license를 reject하기로 결정하게 되면, licensee는 종전 license계약에 따라 유효하게 허여받은 모든 license권한을 잃게 되고, licensee는 채무자에 대해 금전적 손해배상 claim만 가능하게 되는 risk가 발생하게 된다. 그러나, 대부분의 경우, 금전배상만으로 licensee의 damage를 보상할 수 없음은 물론, 채무자의 자산에 대한 담보권자 등 우선 채권자들에 대한 분배 후 미담보채권자에 대해 분배 가능한 잔여재산이 불충분하여 금전배상 보장도 어려울 수 있을 것이다.

이러한 극단적인 risk 해소를 위해, 미 연방파산법은, 다른 유형의 계약과는 달리, IP license의 경우에는 통상적인 license권의 지속적인 유지를 가능케 하기 위한 최소한의 특별보호규정을 두어, licensor의 관재인이 license 거부결정을 한 경우에도, licensee는 파산신청 이전에 허여된 license 범위 내 지속사용을 선택할 수 있도록 하고 있다.(이 경우, royalty 지불의무도 지속 이행하여야 한다).

i) 적용대상 IP: Trade secrets, patentable inventions and patent applications, plant varieties, works of authorship protected under U.S. copyright law, mask works protected under Chapter 9 of the copyright laws (part of the Semiconductor Chip Protection Act of 1984)

단, trademarks, trade names and service mark 관련 license는 보호적용대상이 아님에 특별한 유의 바란다[품질 유지를 위한 licensor의 관리 의무 등이 선결되어야 하는 소비자 보호(해당 상표에 대한 소비자의 품질/가치 신뢰 등) 정책으로 인해 배제된다).

또한, Licensor의 bankruptcy 경우에는 해당 license계약상 명시적인 non-assignment 규정이 있는 경우에도, 관재인은 해당 license 계약을 제3자에게 양도할 수 있는 반면, (특허 및 저작권법상 IP owner의 동의 없이는 licensee가 해당

20) Contract under which obligation of bankrupt and other party to contract are so far unperformed that failure of either to complete performance would constitute a material breach excusing performance of the other.

license의 양도를 제3자에게 양도하는 것을 금하고 있는 것으로 해석되는바) licensee가 bankruptcy에 처한 경우에는 licensor의 동의 없이는 해당 license를 제3자에게 양도, 승계할 수 없다.

ii) Drafting guideline: Ipso Facto 조항(파산사유 계약해지 조항)은 법적 집행력이 없으나, 관재인이 계약 거부하고 난 후, 상대방이 계약해지권을 행사하기 위한 용도로는 실익이 있다.

따라서 Ipso Facto 조항 대신, 아래와 같은 대체규정을 고려해 볼 필요가 있다.

- 파산 신청 전에 예견될 수 있는 일정 기준 이하의 재정부실, 이행 지연 등을 계약 해지사유로 규정
- 파산 신청 전에 발생할 수 있는 Change of control(지분/경영권 변경)관련 사안을 계약 해지사유로 규정
- 라이선스 계약을 미이행계약으로 해석되지 않는 구조로 설정
- 로열티 지불의무 외에는 실질적인 미이행 의무가 존재치 않도록 규정하고, 다른 의무는 별도의 미이행계약으로 구성(특허 유지/관리의무 등)
- Source Code를 제3자 보관 또는 Escrow 위탁 의무가 발생하는 경우를 설정하고, 그 경우 보관/위탁된 source code가 관재인의 control 또는 파산재산 범위에 속하지 않도록 규정
- 해당 특허권에 대한 담보권 설정

10) 특약 조항

① Rep. & Warranty

i) 특허소유권/license허여권 보증

ii) 특허유효성 보증

iii) 제3자 지적재산권 비침해 보증 및 Indemnification

② Most favorable terms(최혜조건)

③ Fair, Reasonable and Non-Discriminatory terms(FRAND)

④ Not to contest validity(특허유효성 항변금지 조항)

⑤ Trademark & Quality Control: 특히 trademark 등 사용권 허여 시, 품질관리유지 의무 부과 통한 trademark value 저하 방지 규정 고려 필요.

⑥ Assignment/Transfer

- M&A 등에 따른 license 양도 필요성 및 제한 고려:

대기업집단의 경우, 관계사 간 사업 조정 통한 사업 양도, 이전 가능성이 상존한다.

일반 기업의 경우에도 오늘날 경영 환경상 M&A를 배제할 수 없으므로, 사

업양도, 합병 등의 경우에 대비한 예외적 양도허여 조항 확보가 필요하다.

Licensed patents 관련 사업 전체 또는 상당 부분(all or substantially all of the respective business)이 양도되는 경우, 예외적 양도허여 조항 대비 필요.

단, licensor의 입장에서(Lump sum 경우) 의도하지 않은 대상 물량 증대 및 제3자 물량에 대한 특허침해 claim 회피를 우회하는 수단으로 악용되는 것을 방지할 제한 조건을 설정할 필요가 있다(연간 매출액 또는 market share 한도 제한, 직전 년도 대비 __% 초과 시, termination option 또는 추가 running royalty 의무 등).

11) 일반조항

① Non Waiver: 금반언(estoppel)의 원칙 적용 배제조항으로, 일시적으로 권리 또는 claim 행사를 하지 않는다고 해서, 해당 권리를 포기하거나 상대의 위반행위를 수용한 것으로 간주되지 않도록 명시한 조항이다.

② Governing law, Jurisdiction or Arbitration: 통상 진행/비용 효율성, 신속성, 비밀유지성 등 차원에서 중재를 택하는 것이 대부분의 실례이나, 중재인의 편견/오심에 대한 항소기회가 차단되어 추가적인 진실규명 기회확보가 불가하다는 risk를 고려하여 결정필요.

[참고] 체약상대국별 조세조약상 제한세율 규정표*

본 표는 우리나라가 체결한 각 국가와의 조세조약상 제한세율 근거규정을 요약정리한 것입니다.
그러므로 구체적인 개별사례에 적용하고자 할 경우에는 반드시 해당 국가와 체결한 조세조약 원문(의정서 포함)으로 개별적인 적용요건을 확인한 후 적용하시기 바랍니다.
★ 조세조약 원문(의정서포함) 조회 : 국세법령정보시스템 > 법령 > 조세조약

(2015. 4. 23. 현재)

번호	체약상대국	소득종류	제한세율	조	항	호	비고
1	그리스	이자	8%	제11조	제2항		
	그리스	배당	5%	제10조	제2항	가호	
	그리스	배당	15%	제10조	제2항	나호	
	그리스	사용료	10%	제12조	제2항		
2	나이지리아	이자	7.5%	제11조	제2항		
	나이지리아	배당	7.5%	제10조	제2항	가호	
	나이지리아	배당	10.0%	제10조	제2항	나호	
	나이지리아	사용료	7.5%	제12조	제2항		
3	남아프리카공화국	이자	10%	제11조	제2항		지방소득세 별도
	남아프리카공화국	배당	5%	제10조	제2항	가호	지방소득세 별도
	남아프리카공화국	배당	15%	제10조	제2항	나호	지방소득세 별도
	남아프리카공화국	사용료	10%	제12조	제2항		지방소득세 별도
4	네덜란드	이자	10%	제11조	제2항	가호	
	네덜란드	이자	15%	제11조	제2항	나호	
	네덜란드	배당	10%	제10조	제2항	가호	
	네덜란드	배당	15%	제10조	제2항	나호	
	네덜란드	사용료	10%	제12조	제2항	가호	
	네덜란드	사용료	15%	제12조	제2항	나호	
5	네팔	이자	10%	제11조	제2항		
	네팔	배당	5%	제10조	제2항	가호	
	네팔	배당	10%	제10조	제2항	나호	
	네팔	배당	10%	제10조	제2항	다호	2010.1.1 이후 지급분에 대하여 인하
	네팔	사용료	15%	제12조	제2항		
6	노르웨이	이자	15%	제11조	제2항		
	노르웨이	배당	15%	제10조	제2항		
	노르웨이	사용료	10%	제12조	제2항	나호	
	노르웨이	사용료	15%	제12조	제2항	가호	
7	뉴질랜드	이자	10%	제11조	제2항		
	뉴질랜드	배당	15%	제10조	제2항		
	뉴질랜드	사용료	10%	제12조	제2항		
8	덴마크	이자	15%	제11조	제2항		
	덴마크	배당	15%	제10조	제2항		
	덴마크	사용료	10%	제12조	제2항	가호	
	덴마크	사용료	15%	제12조	제2항	나호	
9	독 일	이자	10%	제11조	제2항		
	독 일	배당	5%	제10조	제2항	가호	
	독 일	배당	15%	제10조	제2항	나호	
	독 일	사용료	2%	제12조	제2항	가호	
	독 일	사용료	10%	제12조	제2항	나호	
10	라오스	이자	10%	제11조	제2항		
	라오스	배당	5%	제10조	제2항	가호	
	라오스	배당	10%	제10조	제2항	나호	
	라오스	사용료	5%	제12조	제2항		
11	라트비아	이자	10%	제11조	제2항		
	라트비아	배당	5%	제10조	제2항	가호	
	라트비아	배당	10%	제10조	제2항	나호	
	라트비아	사용료	5%	제12조	제2항	가호	

* 출처: 국세청, 국세정보〉국제조세정보〉국제조세최근동향

번호	체약상대국	소득종류	제한세율	조	항	호	비고
	라트비아	사용료	10%	제12조	제2항	나호	
12	러시아	이자	면제	제11조	제1항		제한세율 적용신청 대상 아님
	러시아	배당	5%	제10조	제2항	가호	
	러시아	배당	10%	제10조	제2항	나호	
	러시아	사용료	5%	제12조	제2항		
13	루마니아	이자	10%	제11조	제2항		
	루마니아	배당	7%	제10조	제2항	가호	
	루마니아	배당	10%	제10조	제2항	나호	
	루마니아	사용료	7%	제13조	제2항	가호	
	루마니아	사용료	10%	제13조	제2항	나호	
	루마니아	수수료	10%	제12조	제2항		
14	룩셈부르크	이자	10%	제11조	제2항		
	룩셈부르크	배당	10%	제10조	제2항	가호	
	룩셈부르크	배당	15%	제10조	제2항	나호	
	룩셈부르크	사용료	10%	제12조	제2항	가호	
	룩셈부르크	사용료	15%	제12조	제2항	나호	
	룩셈부르크	이자	5%	제11조	제2항	가호	의정서 발효일(2013.9.4) 또는 그 후에 부과되는 조세(의정서)
	룩셈부르크	이자	10%	제11조	제2항	나호	의정서 발효일(2013.9.4) 또는 그 후에 부과되는 조세(의정서)
	룩셈부르크	배당	10%	제10조	제2항	가호	의정서 발효일(2013.9.4) 또는 그 후에 부과되는 조세(의정서)
	룩셈부르크	배당	15%	제10조	제2항	나호	
	룩셈부르크	사용료	5%	제12조	제2항	가호	의정서 발효일(2013.9.4) 또는 그 후에 부과되는 조세(의정서)
	룩셈부르크	사용료	10%	제12조	제2항	나호	의정서 발효일(2013.9.4) 또는 그 후에 부과되는 조세(의정서)
15	리투아니아	이자	10%	제11조	제2항		
	리투아니아	배당	5%	제10조	제2항	가호	
	리투아니아	배당	10%	제10조	제2항	나호	
	리투아니아	사용료	5%	제12조	제2항	가호	
	리투아니아	사용료	10%	제12조	제2항	나호	
16	말레이시아	이자	15%	제11조	제2항		
	말레이시아	배당	10%	제10조	제2항	가호	
	말레이시아	배당	15%	제10조	제2항	나호	
	말레이시아	사용료	10%	제12조	제2항	가호	
	말레이시아	사용료	15%	제12조	제2항	나호	
17	멕시코	이자	5%	제11조	제2항	가호	
	멕시코	이자	10%	제11조	제3항		
	멕시코	이자	15%	제11조	제2항	나호	
	멕시코	배당	면제	제10조	제2항	가호	제한세율 적용신청 대상 아님
	멕시코	배당	15%	제10조	제2항	나호	
	멕시코	사용료	10%	제12조	제2항		
	멕시코	기타	15%	제22조	제3항		
18	모로코	이자	10%	제11조	제2항		
	모로코	배당	5%	제10조	제2항	가호	
	모로코	배당	10%	제10조	제2항	나호	
	모로코	사용료	5%	제12조	제2항	가호	
	모로코	사용료	10%	제12조	제2항	나호	
19	몰 타	이자	10%	제11조	제2항		
	몰 타	배당	5%	제10조	제2항	가호	
	몰 타	배당	15%	제10조	제2항	나호	

번호	체약상대국	소득종류	제한세율	조	항	호	비고
	몰 타	사용료	면제	제12조	제1항		제한세율 적용신청 대상 아님
20	몽 골	이자	5%	제11조	제2항		
	몽 골	배당	5%	제10조	제2항		
	몽 골	사용료	10%	제12조	제2항		
21	미 국	이자	12%	제13조	제2항		지방소득세 별도
	미 국	배당	10%	제12조	제2항	(b)	지방소득세 별도
	미 국	배당	15%	제12조	제2항	(a)	지방소득세 별도
	미 국	사용료	10%	제14조	제2항		지방소득세 별도
	미 국	사용료	15%	제14조	제1항		지방소득세 별도
22	미얀마	이자	10%	제11조	제2항		
	미얀마	배당	10%	제10조	제2항		
	미얀마	사용료	10%	제12조	제2항	가호	
	미얀마	사용료	15%	제12조	제2항	나호	
23	바레인	채권소득	5%	제11조	제2항		2014. 1. 1. 이후 지급분
	바레인	배당	5%	제10조	제2항	가호	2014. 1. 1. 이후 지급분
	바레인	배당	10%	제10조	제2항	나호	2014. 1. 1. 이후 지급분
	바레인	사용료	10%	제12조	제2항		2014. 1. 1. 이후 지급분
24	방글라데시	이자	10%	제11조	제2항		
	방글라데시	배당	10%	제10조	제2항	가호	
	방글라데시	배당	15%	제10조	제2항	나호	
	방글라데시	사용료	10%	제12조	제2항		
25	베네수엘라	이자	5%	제11조	제2항	가호	지방소득세 별도
	베네수엘라	이자	10%	제11조	제2항	나호	지방소득세 별도
	베네수엘라	배당	5%	제10조	제2항	가호	지방소득세 별도
	베네수엘라	배당	10%	제10조	제2항	나호	지방소득세 별도
	베네수엘라	사용료	5%	제12조	제2항	가호	지방소득세 별도
	베네수엘라	사용료	10%	제12조	제2항	나호	지방소득세 별도
26	베트남	이자	10%	제11조	제2항		
	베트남	배당	10%	제10조	제2항		
	베트남	사용료	5%	제12조	제2항	가호	
	베트남	사용료	15%	제12조	제2항	나호	
27	벨기에	이자	10%	제11조	제2항		
	벨기에	배당	15%	제10조	제2항		
	벨기에	사용료	10%	제12조	제2항		
28	벨라루스	이자	10%	제11조	제2항		
	벨라루스	배당	5%	제10조	제2항	가호	
	벨라루스	배당	15%	제10조	제2항	나호	
	벨라루스	사용료	5%	제12조	제2항		
29	불가리아	이자	10%	제11조	제2항		
	불가리아	배당	5%	제10조	제2항	가호	
	불가리아	배당	10%	제10조	제2항	나호	
	불가리아	사용료	5%	제12조	제2항		
30	브라질	이자	10%	제11조	제2항	가호	
	브라질	이자	15%	제11조	제2항	나호	
	브라질	배당	10%	제10조	제2항		의정서
	브라질	사용료	10%	제12조	제2항	나호	의정서
	브라질	사용료	25%	제12조	제2항	가호	

번호	체약상대국	소득종류	제한세율	조	항	호	비고
31	사우디아라비아	이자	5%	제11조	제2항		
	사우디아라비아	배당	5%	제10조	제2항	가호	
	사우디아라비아	배당	10%	제10조	제2항	나호	
	사우디아라비아	사용료	5%	제12조	제2항	가호	
	사우디아라비아	사용료	10%	제12조	제2항	나호	
32	스리랑카	이자	10%	제11조	제2항		
	스리랑카	배당	10%	제10조	제2항	가호	
	스리랑카	배당	15%	제10조	제2항	나호	
	스리랑카	사용료	10%	제12조	제2항		
33	스웨덴	이자	10%	제11조	제2항	가호	
	스웨덴	이자	15%	제11조	제2항	나호	
	스웨덴	배당	10%	제10조	제2항	가호	
	스웨덴	배당	15%	제10조	제2항	나호	
	스웨덴	사용료	10%	제12조	제2항	나호	
	스웨덴	사용료	15%	제12조	제2항	가호	
34	스위스	이자	10%	제11조	제2항		
	스위스	배당	10%	제10조	제2항	가호	
	스위스	배당	15%	제10조	제2항	나호	
	스위스	사용료	10%	제12조	제2항		
	스위스	이자	5%	제11조	제2항	가호	2013.1.1.이후 지급분(의정서)
	스위스	이자	10%	제11조	제2항	나호	2013.1.1.이후 지급분(의정서)
	스위스	배당	5%	제10조	제2항	가호	2013.1.1.이후 지급분(의정서)
	스위스	배당	15%	제10조	제2항	나호	2013.1.1.이후 지급분
	스위스	사용료	5%	제12조	제2항		2013.1.1.이후 지급분(의정서)
35	스페인	이자	10%	제11조	제2항		
	스페인	배당	10%	제10조	제2항	가호	
	스페인	배당	15%	제10조	제2항	나호	
	스페인	사용료	10%	제12조	제2항		
	스페인	주식 양도소득	10%	제13조	제3항		
36	슬로바키아	이자	10%	제11조	제2항		
	슬로바키아	배당	5%	제10조	제2항	가호	
	슬로바키아	배당	10%	제10조	제2항	나호	
	슬로바키아	사용료	10%	제12조	제2항	본문	
	슬로바키아	사용료	면제	제12조	제2항	단서	제한세율 적용신청 대상 아님
37	슬로베니아	이자	5%	제11조	제2항		
	슬로베니아	배당	5%	제10조	제2항	가호	
	슬로베니아	배당	15%	제10조	제2항	나호	
	슬로베니아	사용료	5%	제12조	제2항		
38	싱가포르	이자	10%	제11조	제2항		
	싱가포르	배당	10%	제10조	제2항	가호	
	싱가포르	배당	15%	제10조	제2항	나호	
	싱가포르	사용료	15%	제12조	제2항		
39	아랍에미리트연합	이자	10%	제11조	제2항		
	아랍에미리트연합	배당	5%	제10조	제2항	가호	
	아랍에미리트연합	배당	10%	제10조	제2항	나호	
	아랍에미리트연합	사용료	면제	제12조	제1항		제한세율 적용신청 대상 아님
	아이슬란드	이자	10%	제11조	제2항		

번호	체약상대국	소득종류	제한세율	조	항	호	비고
40	아이슬란드	배당	5%	제10조	제2항	가호	
	아이슬란드	배당	15%	제10조	제2항	나호	
	아이슬란드	사용료	10%	제12조	제2항		
41	아일랜드	이자	면제	제11조	제1항		제한세율 적용신청 대상 아님
	아일랜드	배당	10%	제10조	제2항	가호	
	아일랜드	배당	15%	제10조	제2항	나호	
	아일랜드	사용료	면제	제12조	제1항		제한세율 적용신청 대상 아님
42	아제르바이잔	이자	10%	제11조	제2항		
	아제르바이잔	배당	7%	제10조	제2항		
	아제르바이잔	사용료	5%	제12조	제2항	가호	
	아제르바이잔	사용료	10%	제12조	제2항	나호	
43	알바니아	이자	10%	제11조	제2항		
	알바니아	배당	5%	제10조	제2항	가호	
	알바니아	배당	10%	제10조	제2항	나호	
	알바니아	사용료	10%	제12조	제2항		
44	알제리	이자	10%	제11조	제2항		
	알제리	배당	5%	제10조	제2항	가호	
	알제리	배당	15%	제10조	제2항	나호	
	알제리	사용료	2%	제12조	제2항	가호	
	알제리	사용료	10%	제12조	제2항	나호	
45	에스토니아	이자	10%	제11조	제2항		지방소득세 별도
	에스토니아	배당	5%	제10조	제2항	가호	지방소득세 별도
	에스토니아	배당	10%	제10조	제2항	나호	지방소득세 별도
	에스토니아	사용료	5%	제12조	제2항	가호	지방소득세 별도
	에스토니아	사용료	10%	제12조	제2항	나호	지방소득세 별도
46	에콰도르	이자	12%	제11조	제2항		2014.1.1. 이후 지급분
	에콰도르	배당	5%	제10조	제2항	가호	2014.1.1. 이후 지급분
	에콰도르	배당	10%	제10조	제2항	나호	2014.1.1. 이후 지급분
	에콰도르	사용료	5%	제12조	제2항	가호	2014.1.1. 이후 지급분
	에콰도르	사용료	12%	제12조	제2항	나호	2014.1.1. 이후 지급분
47	영 국	이자	10%	제11조	제2항		
	영 국	배당	5%	제10조	제2항	가호	
	영 국	배당	15%	제10조	제2항	나호	
	영 국	사용료	2%	제12조	제2항	가호	
	영 국	사용료	10%	제12조	제2항	나호	
48	오 만	이자	5%	제11조	제2항		
	오 만	배당	5%	제10조	제2항	가호	
	오 만	배당	10%	제10조	제2항	나호	
	오 만	사용료	8%	제12조	제2항		
49	오스트리아	이자	10%	제11조	제2항		
	오스트리아	배당	5%	제10조	제2항	가호	의정서
	오스트리아	배당	15%	제10조	제2항	나호	의정서
	오스트리아	사용료	2%	제12조	제2항	가호	의정서
	오스트리아	사용료	10%	제12조	제2항	나호	의정서
	오스트리아	주식 양도소득	10%	제13조	제4항		
50	요르단	이자	10%	제11조	제2항		
	요르단	배당	10%	제10조	제2항		

번호	체약상대국	소득종류	제한세율	조	항	호	비고
	요르단	사용료	10%	제12조	제2항		
51	우루과이	이자	10%	제11조	제2항		2014. 1. 1. 이후 지급분
	우루과이	배당	5%	제10조	제2항	가호	2014. 1. 1. 이후 지급분
	우루과이	배당	15%	제10조	제2항	나호	2014. 1. 1. 이후 지급분
	우루과이	사용료	10%	제12조	제2항		2014. 1. 1. 이후 지급분
52	우즈베키스탄	이자	5%	제11조	제2항		
	우즈베키스탄	배당	5%	제10조	제2항	가호	
	우즈베키스탄	배당	15%	제10조	제2항	나호	
	우즈베키스탄	사용료	2%	제12조	제2항	가호	
	우즈베키스탄	사용료	5%	제12조	제2항	나호	
53	우크라이나	이자	5%	제11조	제2항		
	우크라이나	배당	5%	제10조	제2항	가호	
	우크라이나	배당	15%	제10조	제2항	나호	
	우크라이나	사용료	5%	제12조	제2항		
54	이란	이자	10%	제11조	제2항		지방소득세 별도
	이란	배당	10%	제10조	제2항		지방소득세 별도
	이란	사용료	10%	제12조	제2항		지방소득세 별도
55	이스라엘	이자	7.5%	제11조	제2항	가호	
	이스라엘	이자	10%	제11조	제2항	나호	
	이스라엘	배당	5%	제10조	제2항	가호	
	이스라엘	배당	10%	제10조	제2항	나호	
	이스라엘	배당	15%	제10조	제2항	다호	
	이스라엘	사용료	2%	제12조	제2항	가호	
	이스라엘	사용료	5%	제12조	제2항	나호	
	이스라엘	주식 양도소득	10%	제13조	제5항		
56	이집트	이자	10%	제11조	제2항	가호	
	이집트	이자	15%	제11조	제2항	나호	
	이집트	배당	10%	제10조	제2항	가호	
	이집트	배당	15%	제10조	제2항	나호	
	이집트	사용료	15%	제12조	제2항		
57	이탈리아	이자	10%	제11조	제2항		
	이탈리아	배당	10%	제10조	제2항	가호	
	이탈리아	배당	15%	제10조	제2항	나호	
	이탈리아	사용료	10%	제12조	제2항		
58	인 도	이자	10%	제12조	제3항	가호	
	인 도	이자	15%	제12조	제2항		
	인 도	배당	15%	제11조	제2항	가호	
	인 도	배당	20%	제11조	제2항	나호	
	인 도	사용료	15%	제13조	제2항		
59	인도네시아	이자	10%	제11조	제2항		
	인도네시아	배당	10%	제10조	제2항	가호	
	인도네시아	배당	15%	제10조	제2항	나호	
	인도네시아	사용료	15%	제12조	제2항		
60	일 본	이자	10%	제11조	제2항		
	일 본	배당	5%	제10조	제2항	가호	
	일 본	배당	15%	제10조	제2항	나호	
	일 본	사용료	10%	제12조	제2항		

번호	체약상대국	소득종류	제한세율	조	항	호	비고
61	중 국	이자	10%	제11조	제2항		
	중 국	배당	5%	제10조	제2항	가호	
	중 국	배당	10%	제10조	제2항	나호	
	중 국	사용료	10%	제12조	제2항		
62	체 코	이자	10%	제11조	제2항		
	체 코	배당	5%	제10조	제2항	가호	
	체 코	배당	10%	제10조	제2항	나호	
	체 코	사용료	10%	제12조	제2항		
63	칠 레	이자	5%	제11조	제2항	가호	의정서
	칠 레	이자	15%	제11조	제2항	나호	
	칠 레	배당	5%	제10조	제2항	가호	
	칠 레	배당	10%	제10조	제2항	나호	
	칠 레	사용료	5%	제12조	제2항	가호	
	칠 레	사용료	10%	제12조	제2항	나호	의정서
	칠 레	주식 양도소득	20%	제13조	제4항	나호	
64	카자흐스탄	이자	10%	제11조	제2항		
	카자흐스탄	배당	5%	제10조	제2항	가호	
	카자흐스탄	배당	15%	제10조	제2항	나호	
	카자흐스탄	사용료	2%	제12조	제2항		의정서
	카자흐스탄	사용료	10%	제12조	제2항		
65	카타르	이자	10%	제11조	제2항		지방소득세 별도
	카타르	배당	10%	제10조	제2항		지방소득세 별도
	카타르	사용료	5%	제12조	제2항		지방소득세 별도
66	캐나다	이자	10%	제11조	제2항		
	캐나다	배당	5%	제10조	제2항	가호	
	캐나다	배당	15%	제10조	제2항	나호	
	캐나다	사용료	10%	제12조	제2항		
	캐나다	보험연금	10%	제18조	제3항		
	캐나다	퇴직연금	15%	제18조	제2항	가호	
67	콜롬비아	이자	10%	제11조	제2항		지방소득세 별도
	콜롬비아	배당	5%	제10조	제2항	가호	지방소득세 별도
	콜롬비아	배당	10%	제10조	제2항	나호	지방소득세 별도
	콜롬비아	사용료	10%	제12조	제2항		지방소득세 별도
68	쿠웨이트	이자	5%	제11조	제2항		의정서
	쿠웨이트	배당	5%	제10조	제2항		의정서
	쿠웨이트	사용료	15%	제12조	제2항		
	쿠웨이트	이사의 수당	17%	제16조			의정서
69	크로아티아	이자	5%	제11조	제2항		
	크로아티아	배당	5%	제10조	제2항	가호	
	크로아티아	배당	10%	제10조	제2항	나호	
	크로아티아	사용료	면제	제12조	제1항		제한세율 적용신청 대상 아님
70	키르기즈	이자	10%	제11조	제2항		2014. 1. 1. 이후 지급분
	키르기즈	배당	5%	제10조	제2항	가호	2014. 1. 1. 이후 지급분
	키르기즈	배당	10%	제10조	제2항	나호	2014. 1. 1. 이후 지급분
	키르기즈	사용료	5%	제12조	제2항	가호	2014. 1. 1. 이후 지급분
	키르기즈	사용료	10%	제12조	제2항	나호	2014. 1. 1. 이후 지급분
	태 국	이자	10%	제11조	제2항	가호	

번호	체약상대국	소득종류	제한세율	조	항	호	비고
71	태 국	이자	10%	제11조	제2항	나호	
	태 국	이자	15%	제11조	제2항	다호	
	태 국	배당	10%	제10조	제2항		
	태 국	사용료	5%	제12조	제2항	가호	
	태 국	사용료	10%	제12조	제2항	나호	
	태 국	사용료	15%	제12조	제2항	다호	
72	터 키	이자	10%	제11조	제2항	가호	
	터 키	이자	15%	제11조	제2항	나호	
	터 키	배당	15%	제10조	제2항	가호	
	터 키	배당	20%	제10조	제2항	나호	
	터 키	사용료	10%	제12조	제2항		
73	튀니지	이자	12%	제11조	제2항		
	튀니지	배당	15%	제10조	제2항		
	튀니지	사용료	15%	제12조	제2항		
74	파나마	이자	5%	제11조	제2항		2013.1.1이후 지급분
	파나마	배당	5%	제10조	제2항	가호	2013.1.1이후 지급분
	파나마	배당	15%	제10조	제2항	나호	2013.1.1이후 지급분
	파나마	사용료	3%	제12조	제2항	가호	2013.1.1이후 지급분
	파나마	사용료	10%	제12조	제2항	나호	2013.1.1이후 지급분
75	파키스탄	이자	12.5%	제11조	제2항		
	파키스탄	배당	10%	제10조	제2항	가호	
	파키스탄	배당	12.5%	제10조	제2항	나호	
	파키스탄	사용료	10%	제12조	제2항		
	파키스탄	주식 양도소득	10%	제13조	제5항		
76	파푸아뉴기니	이자	10%	제11조	제2항		
	파푸아뉴기니	배당	15%	제10조	제2항		
	파푸아뉴기니	사용료	10%	제12조	제2항		
77	페루	이자	15%	제11조	제2항		2015.1.1. 이후 지급분
	페루	배당	10%	제10조	제2항		2015.1.1. 이후 지급분
	페루	사용료	10%	제12조	제2항	가호	2015.1.1. 이후 지급분
	페루	사용료	15%	제12조	제2항	나호	2015.1.1. 이후 지급분
78	포르투갈	이자	15%	제11조	제2항		
	포르투갈	배당	10%	제10조	제3항		
	포르투갈	배당	15%	제10조	제2항		
	포르투갈	사용료	10%	제12조	제2항		
79	폴란드	이자	10%	제11조	제2항		
	폴란드	배당	5%	제10조	제2항	가호	
	폴란드	배당	10%	제10조	제2항	나호	
	폴란드	사용료	10%	제12조	제2항		
80	프랑스	이자	10%	제11조	제2항		
	프랑스	배당	10%	제10조	제2항	가호	
	프랑스	배당	15%	제10조	제2항	나호	
	프랑스	사용료	10%	제12조	제2항		
81	피 지	이자	10%	제11조	제2항		
	피 지	배당	10%	제10조	제2항	가호	
	피 지	배당	15%	제10조	제2항	나호	
	피 지	사용료	10%	제12조	제2항		

번호	체약상대국	소득종류	제한세율	조	항	호	비고
82	핀란드	이자	10%	제11조	제2항		
	핀란드	배당	10%	제10조	제2항	가호	
	핀란드	배당	15%	제10조	제2항	나호	
	핀란드	사용료	10%	제12조	제2항		
83	필리핀	이자	10%	제11조	제2항	가호	지방소득세 별도
	필리핀	이자	10%	제11조	제3항		지방소득세 별도
	필리핀	이자	15%	제11조	제2항	나호	지방소득세 별도
	필리핀	배당	10%	제10조	제2항	가호	지방소득세 별도
	필리핀	배당	10%	제10조	제3항		지방소득세 별도
	필리핀	배당	25%	제10조	제2항	나호	지방소득세 별도
	필리핀	사용료	10%	제12조	제3항		지방소득세 별도
	필리핀	사용료	15%	제12조	제2항		지방소득세 별도
	필리핀	국제운수	1.5%	제8조	제3항		지방소득세 별도
84	헝가리	이자	면제	제11조	제1항		제한세율 적용신청 대상 아님
	헝가리	배당	5%	제10조	제2항	가호	
	헝가리	배당	10%	제10조	제2항	나호	
	헝가리	사용료	면제	제12조	제1항		제한세율 적용신청 대상 아님
85	호 주	이자	15%	제11조	제2항		
	호 주	배당	15%	제10조	제2항		
	호 주	사용료	15%	제12조	제2항		

IV 해외직접투자와 합작투자
Foreign Direct Investment & Joint Venture

1. 해외직접투자(Foreign Direct Investment)

일반적으로, 기업들은 다음과 같은 이유로 해외직접투자(foreign direct investment)를 고려한다.

① 사업의 세계화(globalization) 도모
② 지역별 현지 고객의 다양한 요구 충족(localization)
③ 현지 정부(대부분 개발도상국 또는 저개발국)의 외국기업에 대한 규제 극복.

기업의 성장을 위한 시장 확대를 위해 요구되는 세계화(globalization)를 위해서는, 각 지역별 현지 시장 진입이 관건이며 이러한 현지시장 진입을 위해서는 현지 시장 특성에 따른 다양한 고객의 요구(Voice of customer)를 파악하고, 충족시켜야 하는 과제(localization)가 대두되는바, 이러한 양면적인 목적 추구를 위해 "Glocalization(globalization+localization)"이란 신조어가 기업들의 유행어로 떠오르고 있다.

기업의 입장에서는, 생존 및 지속적 성장을 위해, 가격과 품질 경쟁력 제고를 끊임없이 추구하게 되고, 이러한 과정에서 자국 시장의 한계를 벗어난 규모의 경제를 위해 해외 시장 개척에 도전하게 되는 반면, 현지 정부입장에서는 자국 산업 보호와 동시에 해외 자본 또는 기술 유치를 통한 고용 창출 또는 국가 경쟁력 제고를 위해 외국 기업들의 자국시장 진입 규제와 해외 투자 유치의 양면 정책을 병행해 왔다.

이러한 glocalization 과정에서, 기업들은 현지 특성 및 고객의 요구에 부합하는 한편, 현지 정책/법규상 제약요건을 충족시키기 위해 해외 현지 시장으로의 직접투자를 통한 진출을 모색하여 왔다.

여러 해외직접투자 유형 중, 합작투자(joint ventures)는 현지 법규상 외국인 (단독)투자 금지 또는 제약 문제를 해결해 주는 한편, 해외 파트너와 또는 현지 Partner 상호 간 비용과 위험을 나눌 수 있는 장점이 있다. 즉, 현지 파트너 입장에서는 해외 대기업 파트너를 통한 선진 기술 도입, global marketing/수출/판매망, global reputation 등을 활용함으로써 현지 경쟁자 대비 경쟁력을 제고할 수 있는 장점이 있고, 해외 파트너 입장에서는 법규상 현지 진출요건을 충족시키고, 해외투자에 따른 현지정부의 투자 인센티브(세금 감면, 투자보조금 등), 현지파트너의 현지 판매/유통망 및 대 정부, 대 고객 관계를 활용할 수 있는 이점이 있다.

상술한 바와 같이 선진국의 대기업이 신생, 성장국 시장으로의 진입을 통해 global market share 확대를 도모하기 위한 전형적인 해외직접투자 외에도, 과거 우리나라나 현재 중국기업들과 같이 후발성장기업들의 경우, 자국의 내수 시장을 중심으로 기반을 형성한 후, 선진 기업으로 도약하기 위해 필요한 선진 기술 확보 또는 선진국 시장으로의 판매 확대의 방법으로 역으로 신생 성장국가에서 선진국으로의 해외직접투자를 추진하기도 한다.

◇ 포트폴리오 투자(Portfolio Investment): 경영참여 없이, 자본 양도소득, 이익배당금, 또는 이자 수익을 목적으로, 주식 또는 채권을 매입하는 것을 의미한다.

(1) 해외직접투자 유형(Basic Forms of Foreign Direct Investment)

1) 합병 및 인수(Merger & Acquisition)

① 흡수/합병(Merger or Consolidation)

"흡수" 및 "합병"은 참여하는 기업의 각각 주주의 과반수 이상 찬성 결의에 따른 둘 이상 기업의 결합을 말한다. 흡수의 경우, 참여하는 기업 중 하나로, 나머지 참여 기업들이 흡수되는 한편, 합병의 경우는 참여하는 기업들은 모두 새로이 신설되는 기업으로 합병되고, 참여기업들은 이후 더 이상 잔존하지 않게 된다. 흡수/합병에 따라 소멸되는 기업의 주식은 신설 합병법인 또는 생존 법인의 주식, 현금 또는 다른 대가로 전환된다.

[특 성]

- 흡수/소멸된 참여 기업들의 모든 채무(의무/책임)는 생존/신설 기업에 인수된다.

- 일반적으로 M&A계약상 제공한 보증(warranty)은 흡수/합병 후 존속되지 않는다.

② 자산인수(Asset Acquisition)

인수기업은 주로 대상기업의 자산의 전부 또는 부분만을 매입(purchase)하고, 그 대가로 인수기업의 주식, 현금, 채권 등을 매도자에게 지불하는 방법이다. 대상기업의 특정 사업/영업부문을 매입하는 영업 양수도 계약도 이 범주에 속한다.

[특 성]

- 특약이 없는 한, 일반적으로 채무(liability)는 인수되지 않는다.
- 대상 기업의 identity는 이전 또는 유지되지 않는다.
- 자산과 채무의 선택적 인수도 가능하다.
- 인수계약상 보증은 인수절차완료(closing) 이후에도 존속할 수 있다.
- 복잡한 관련 서류/장부 및 수많은 세부 합의 조항이 필요하다.

③ 주식인수(Stock Acquisition)

인수 기업은 대상기업의 주주들로부터의 주식 매입을 통해 대상기업의 경영권을 확보하는 방법이다.

[특 성]

- 대상기업의 identity가 유지, 보호된다.
- 상대적으로 간단한 거래다.
- 대상기업의 주식 100% 인수가 아닌 경우, 소수 주주에 대한 fiduciary duty(소수주주권 보호 및 선량한 관리자로서의 주의의무 등)를 부담하게 된다.
- 대상기업의 모든 채무도 인수된다.

[비교표]

	합 병	자산인수	주식인수
매입대상	대상기업의 주식	명시한 자산 및 채무	대상기업의 주식
대상기업(Target)의 채무에 대한 책임	없음	있음	없음
대상기업의 주주승인 요건	과반수 이상 찬성 결의	과반수 이상 찬성 결의	해당 개별주주와의 합의 필요

2) 합작투자(Joint Venture)

합작투자(Joint Ventures)는 해외 신규시장에 진입하고자 하는 외국 기업의 입장에서, 해외 현지시장에서 현지기업과 함께 사업을 하기 위한 가장 보편적인 방법이다. 합작투자는 외국기업에게 현지 기술력, 영업망, 시장에서의 신임도, 대정부 및 현지 재무기관과의 관계 등과 같이 현지 파트너의 특정 자산 또는 장점을 활용하여 상대적으로 낮은 투자비용으로 현지시장에 진입할 수 있는 좋은 대안이 될 수 있을 것이다. 특히 대부분의 개발도상국 또는 저개발국의 경우처럼, 해외투자법규상 외국기업의 참여, 투자를 금지 또는 제한하는 영역에서는 합작투자가 유일한 진입방법일 수 있다(자세한 내용은 아래 "2. 합작투자" 참조).

3) 자회사 또는 현지 사무소(Subsidiary or Branch Office)

해외투자의 가장 간단한 방법은 해외에 현지법인(자회사) 또는 영업사무소(지사)를 설립, 운영하는 방법일 것이다. 그러나, 이러한 외국기업의 경우는 금융, 조세, 법률상 요건, 정치적 또는 소비자 관계 등에 있어 심각한 제약, 어려움 또는 불이익에 직면할 수 있다.

(2) 주요 실사항목(Due Diligence Considerations)

실사(Due Diligence)란, 내/외부 전문가들을 통한, 투자계약 대상(target) 관련 생산, 영업, 재무/회계, 세무, 채권/채무, 지적재산권 등 관련 제반 영역 및 현안들을 조사, 평가하는 활동을 말한다. 이러한 실사는 통상, (i) 본 계약체결에 앞서, 대상 거래의 타당성(투자자가 의도한 사업의 타당성) 평가와 함께, 우발채무[1] (contingent liability)의 확인 및 계약예정 투자가액 평가를 목적으로 진행하는 사전 실사와, (ii) 계약체결 이후, Closing에 앞서 그 요건으로, 인수/투자 대상 항목들의 재항목 및 거래 조건에 따른 이행 여부 최종 확인과 함께 특정 항목과 투자가액에 대한 최종 재평가를 목적으로 하는 Closing 단계 실사로 대별해 볼 수 있다.

1) 불확정(不確定)채무라고도 하며, 우발적 현상의 발생에 따라 비로소 정식 채무가 되는 것으로 일반적인 채무와 구별하여 대차대조표의 주석사항에 표시한다. 이는 위험의 범위를 나타낸다. 건설사의 PF 우발채무란 시행사의 PF 차입금에 대한 신용보강으로 시공사가 제공하는 연대보증, 지급보증, 채무인수, 책임준공 등을 말한다[고성수 · 최은영, "건설사의 우발채무 측정과 기업가치에 관한 연구,"(『국토연구』 제59권 2008), 189-201쪽].

실사를 통한 점검, 조사 또는 평가 대상 사안 및 항목들은 아래와 같다.

◇ 주의: 관련 국가 법규 및 대상 거래와 목적물의 특성 등에 따라 가변적이므로, 최종 list는 아래를 참조로 사안별로 재구성되어야 한다.

① Corporate Structure
② Transaction Structure and Tax Consequences
③ Antitrust Concerns
④ Asset/Debts Review(including Individual Plant Facilities, Machinery, Equipment, Etc.)
⑤ Financial Earnings and Analysis of the Target
⑥ Tax Concerns
⑦ Environmental Regulations and Compliance Review
⑧ Pension Plans and Employee Benefits (including Future Liabilities and Medical-Retiree Health Liabilities)
⑨ Labor Relations (including Union Relations and Discrimination Claims)
⑩ Employment Contracts with Various Employees(especially the Presence of any Golden Parachutes or similar Balloon Payments Due in the Case of a Change of Control)
⑪ Litigation and Contingent Claims
⑫ IPR(Patent, Trademark and Know-How) Issues
⑬ Operations and Engineering Issues
⑭ Insurance Coverage
⑮ Inter-company and Affiliate Relationships
⑯ Government Regulations/Licenses/Permits
⑰ Foreign Exchange and Repatriation Controls
⑱ Legal Opinion as to Compliance with Laws and other Agreements

2. 합작투자(Joint Venture)

(1) 정의 및 특징(Definition & Characteristics)

합작투자는, 둘 이상의 partner의 자산과 사업을 결합하여, 다른 partner의 강점(기술력, 판매/marketing역량, 현지 정부 또는 공공관계상 지명도 또는 금융 신용도 등)을 상대적으로 적은 비용으로 활용할 수 있는 수단이다.

① 둘 이상의 파트너(자연인 또는 법인) 간의 투자 계약으로;

② 특정 기업(합작사) 영위를 목적으로 각 파트너들의 부동산/동산 및 기타 자산과 전문역량을 결합하여 합작사를 설립 또는 구성하고,

③ 파트너들은 합작사를 공동 경영하고, 그 수익과 손실을 분담한다.

(2) 유 형

1) 계약상의 합작(Contractual Joint Venture): 전략 제휴(Strategic Alliances)

이 경우, 합작은 기존 기업 간의 계약상으로만 존재하며, 합작사업을 위한 별개의 합작사가 설립 또는 구성되지는 않는다. 단일 목적 JV(Single Purpose JV)는 건설, 천연자원 개발 프로젝트에 이용될 수 있으며 그러한 합작투자는 프로젝트의 완료와 함께 종료된다. 지속형 JV(Continuing JV)는 파트너들 간의 전문역량과 강점을 극대화하기 위해 상호간 지속적인 협력을 유지하기 위한 경우에 이용되는 방식이다. 즉, 우수한 선진기술을 가진 파트너(기술파트너)가 특정 제품의 설계를 담당하고, 이 설계를 기초로 제조 경쟁력 있는 파트너(생산 파트너)가 대량생산하며, 그 원부자재는 특정 파트너(원료공급 파트너)가 공급하기로 약정하는 장기전략제휴 계약이 이에 해당한다.

미국 등 많은 나라의 소득세 규정에 따르면 합작투자는 각 계약상 명시적으로 Partnership과 같은 법적 동업 관계 성립을 부인하고, JV의 유지기간과 목적을 제한한 경우에도, partnership으로서의 법인세가 부과된다. 따라서 그런 국가에서는 세무관련 의무를 담당할 파트너를 지정하여, 해당 세무당국에서 요구하는 세무신고, 세금납부 및 세무감사 등에 대한 업무이행 책임을 담당하도록 하여야 할 것이다.

2) 지분투자 합작(Equity J/V)

지분투자 합작(Equity J/V)의 경우는, 합작투자 목적을 달성하기 위해, 주식회사, 유한회사 또는 조합(partnership)과 법인을 설립 또는 구성하고, 이러한 합작기업을 통해 상호 합의한 사업을 영위하게 된다.

합작사업의 대상 영업, 금융, 세무, 채무 및 기타 의무 등을 고려하여, 아래와 같은 형태의 법인을 선택하여 설립, 운영할 수 있을 것이다.

① Partnership(영미법상 조합)

영미법상 Partnership(조합) 형식의 합작투자 진행 시, 투자자의 책임을 제한하기 위해,

- General Partnership(GP) 형식으로 설립하는 경우는, 각 투자자가 별도로 설립한 주식회사형태의 자회사를 통해 간접 투자하여, 각 자회사가 general partner가 되고, 투자자들은 자회사의 주주로서 간접적으로 합작조합의 경영을 control하는 구조를 취하고,
- Limited Partnership(LP)의 경우에는 각 투자자는 limited partner[2])로 참가하는 한편, 투자자들이 별도로 설립한 주식회사를 general partner로 참여하도록 하는 구조를 취한다.

[장 점]

- 투자자 간에 투자 지분율과 다른 임의적 분배율(이익, 손실, 자본, 배당 등의 분배) 적용 약정이 가능하다.
- 합작사의 이익과 손실이 직접 투자자에게 귀속된다(세제상, 지분비례로 직접 branch를 영위한 것과 동일한 세금부과).
- 청산 시 tax cost가 낮거나 없다.

[단 점]

- 사회통념상 주식회사 형태가 아님으로 인한 법적, 정치적 신임도상 불이익이 있다.

---

2) 제너럴 파트너는 무한 책임을 지며 회사의 운영에 중추적인 역할을 담당하며 경영 및 투자의 결정권을 가진다. 하지만 파트너십의 모든 활동 및 부채에 대한 무한책임을 지는 단점이 있다. 이러한 단점을 보완하기 위해 코퍼레이션이나 LLC 를 설립하여 제너럴 파트너로 대체하는 방안을 고려할 수 있다. 반면 리미티드 파트너는 일반적으로 법적인 문제가 발생할 경우 그 책임이 투자부분까지만 제한된다(이석균, "가족 유한 파트너십," 칼럼, 『아틀란타 중앙일보』, 2012.1.9. http://bit.ly/1SrX1xO).

- 주식회사 형태 대비, 현지 시장/소비자로부터의 신뢰성 확보가 제한된다.

② Corporations(주식회사)

합작투자회사를 주식회사 형태로 설립하고 투자자들은 그 회사의 주주로 경영에 참여하는 구조.

[장 점]

- 유한책임(투자금에 한정)
- 이사/주주/임원 변경 등 경영상 변화에 무관한 영속성 유지
- 소유/경영 분리가능
- 사회통념상(법적, 정치적) 우호적인 회사구조

[단 점]

- 주주와 합작사는 별개의 과세대상이므로 일부 이중과세 부담문제 발생 (net profit에 대해 주식회사는 법인세 부담했음에도, 이 중 일부를 주주들에게 이익배당 시 해당 주주는 다시 이익배당세를 부담하게 된다)
- 세무상, 투자자(주주)는 합작사의 영업손실을 자신의 영업관련 세무에 활용 불가
- 소득/자본 분배상 법적 규제 및 복잡성
- 청산(dissolution)은 합작사 및 투자자 양자에게 taxable event

③ Limited Liability Company(유한회사, LLC)

미국법제상 Limited Liability Company는 partnership과 corporation의 장점을 최대한 활용하기 위한 기업형태로, 주로 tax 목적상 많이 활용되고 있다. 미국법상 LLC와 같은 유한회사 형태는 독일, 영국 등 유럽 및 남미의 여러 나라에서 활용되어 왔고, 미국에서는 1977년부터 등장하여 현재는 대부분의 주에서 입법 또는 판례로 인정된 법인유형이다. 단, 우리나라 법제상 유한회사의 경우는 income tax와 profit, loss 등을 투자자에게 이양하는 pass through가 허여되지 않는다.

[형태별 특성 비교] *미국법제 기준

	INCOME TAX	PROFIT/LOSS 이양	이익배당	투자자 책임한도
Corporation	2단계 과세: 법인 및 주주	No	지분비례	유한책임
Limited Liability Company	1단계 과세: 투자주 only	Yes 지분율과 다른 할당률 약정도 가능	지분율과 상이한 배당률도 가능	유한책임
Limited Partnership	상동	상동	상동	- 최소 1인 무한책임 - Limited Partner의 경영참여 제한 필요

◇ LLC 또는 LP가 미국 연방 세법상 Partnership 자격을 유지하기 위해서는 아래 4가지 요건 중 적어도 2가지가 결여되어야 한다.

a) 영속성, b) 전문경영(경영/소유 분리), c) 유한책임, d) 지분양도의 자유

(3) JV Document 구성

1) NDA(기밀유지계약)[Confidentiality Agreement]

합작투자 Project 초기에 타당성평가 및 검토에 필요한 자료를 입수하고자 할 때, 제공 업체에서 자신의 영업비밀을 보호하기 위해, 자료/정보 제공 전에 요구하는 서식.

〈주요 조항〉

a. Purpose of exchange of confidential information
b. Non-disclosure and limitation of internal disclosure: a need-to-know basis
c. Description and scope of confidential information and exclusion
d. Standard of care
e. Return or destruction of confidential information
f. Survival and protection period
g. Term and termination (at will)

2) MOU(양해각서)

합작사업 관련, 기본 평가/검토 결과, 합작사업 타당성이 확인되고, 투자 당사자 간의 기본적 이해 합치가 이루어진 단계에서 상호이해를 일단 정리하고,

이러한 상호신뢰를 바탕으로 합작투자의 구체적인 방안모색 및 최종 계약 도출을 위한 초석을 마련하기 위해 투자당사자들이 작성한 예비 합의서이다.

〈주요 조항〉

a. Non-binding effect
b. General purpose
c. General structure
 i) Form of organization
 ii) Capital structure
 iii) Management
d. Territory or excluded territories of operation
e. Identification of critical representations and warranties
f. Identification of subjects of further good faith negotiations
g. Contingencies.
 i) Negotiation of definitive agreement
 ii) Board approval by all parties
 iii) Regulatory approvals in all jurisdictions
h. Confidentiality
 i) Exchange of confidential information
 ii) Existence and status of transaction
 iii) Existence of parties' interests in ongoing J/V
i. Responsibility for broker's fees
j. Obligations of the parties going forward (good faith)
k. Lock-up (no-shop) and exclusivity during term of LOI
l. Schedule for negotiations and removal of contingencies
m. Term of LOI

3) 본계약(합작투자계약) 구성

합작투자기업이 주식회사(Corporations)형태로 설립된 경우를 기준으로 검토함.

① Shareholders agreement(주주계약): 아래 (4) 참조

② Share acquisition agreement(subscription)[주식매입(지분)계약]

③ Articles of Incorporation and By-laws(정관 및 규정)

정관은 합작기업의 헌법으로 기업운영 및 의사결정에 관한 규정을 수록하고 있으며 통상 각국(주)의 상법상 필수적으로 구비되어야 하는 문서이며, 그 최소 구성요건은 해당국(주) 법규에 따라 가변적이다.

미국의 경우 일반적으로 Articles of Incorporation(정관)의 필요적 기재사항은 회사명, 목적, 본점소재지, 이사의 수, 주식의 종류 등에 한정된 간략한 항목으로 구성되며, 한국의 정관 기재사항과 같은 상세한 항목은 by-laws(규정)에 기재되어 있다.

Shareholders agreement와 By-laws는 유사한 중복 규정이 다수 존재하는바, 합작투자 당사자 간의 합의의 근간인 shareholders agreement상의 내용이 by-laws에 기술된 규정과 일치하는지를 면밀히 검토하여야 한다.

제3자에 대한 법률관계를 고려할 때, 합작기업 운영상 의사 결정권한 및 기업행위에 대한 책임의 소재는 합작기업이라는 legal entity이며, 정관과 by-laws가 official registration을 통해 갖게 된 일반적인 public notice 효력으로 인해 그 기업의 정관에서 규정한 바가 합작당사자 간의 상호합의 규정보다 우선적 효력을 인정받게 되어, shareholders agreement는 제3자에 대한 대항력을 잃게 된다. 또한, 투자 당사자 상호간의 계약은, 정관 및 규정에 그 합의내용이 명기되지 않은 경우, 합작사 자체에 대해서도 구속력을 갖지 못한다.

4) 추가 부속계약

① 행정 서비스 및 지원 계약

② 공급 계약

③ 구매 계약

④ 기술 이전/지원 및 license 계약

⑤ 종업원 기밀유지 서약서 및 직무발명 양도계약

⑥ 부동산 매입(또는 리스) 계약

5) Closing Documents(거래종결 서류)

① Closing

투자당사자 또는 관련당사자들로 하여금 투자 계약상 합의된 위험만을 부담하도록 하기 위한 최종단계로, 일방의 의무이행만 완료된 후 타방의 이행이 사후에 이루어질 경우, 이행자가 상대방의 이행 시까지의 위험을 부담하게 되는 불공평을 줄이기 위한 장치이다.

또한, 계약 체결 후 closing까지의 단계에서 미정의 가치산정(valuation) 및 정부/기관으로부터의 인/허가, 통지 등 법적으로 요구되는 제반 절차를 진행/완료하게 된다.

Closing을 위한 최종실사 중 representations & warranties에 주요 하자가 발견될 경우, 계약을 취소할 수 있다.

② Closing 서류 목록

Closing 시 제출될 documents는 거래의 성격, 투자유형 등에 따라 가변적이나 유형에 관계없이 공통적으로 적용될 수 있는 서류는 아래와 같다.

- Certificate of incorporation
- Good-standing certificates
- By-laws
- Enabling resolutions adopted by directors and shareholders
- Incumbency certificates
- Evidence of applicable anti-trust approvals or expiration of the waiting period
- Order of applicable securities exchange authority declaring the registration statement effective, if buyer will issue securities for distribution to public shareholders of seller
- Approval or clearance by other government agencies
- Tax rulings from central or local tax agencies
- Letter evidencing listing of securities for trading on an applicable stock exchange
- Comfort letters from accountants on financial statements delivered by seller or buyer
- Legal opinions
- Instructions for delivery of securities or wire transfer of funds
- Receipts for securities or cash funds
- Escrow agreements for funds withheld from the purchase price to secure price, adjustments

(4) 주주계약(Shareholders Agreement) 주요 고려항목

합작투자계약을 구성할 조항은, 그 내용상,

① 설립에 관한 합의[목적, 구성, 자본 등];

② 회사운영에 관한 합의[주주의 의결권, 이사회 의결권, 일반운영에 관한 의사결정권(임원), 의결권 제한 등]; 및

③ 사업종료/청산 시 권리/의무에 관한 합의로 대별할 수 있으며,

그 상세 항목은 아래와 같다.

1) Time Periods(기간)

① Regulatory approval period

② Closing

③ Establishment period

④ Operation period

⑤ Dissolution period

2) Organization(설립)

① Purpose and nature of business

② Form of J/V

③ Jurisdiction

④ Territory of operation of offices

⑤ Name

⑥ Articles of incorporation and by-laws

3) Capitalization(자본)

① Initial capital and participant's contributions:

a. Number of authorized shares, shares to be issued, par value

b. Cash contributions, contributions in-kind

② Additional capital(증자)

- New issuance of shares: shareholder's right of first refusal

③ Financing(금융)

a. Indebtedness

b. Loans and guarantees

④ Share ownership and voting rights: class of shares

⑤ Restrictions on transfer of shares: subject to partner's right of first refusal at the price based on bona fide offer or valuation

4) Management of the J/V(경영)

① General Meeting of Shareholders(주주총회)

a. Matters requiring its resolutions

b. Quorum

c. Voting for resolution

② Board of Directors(이사회)

a. Number of directors, appointment, termination and replacement

b. Chairman

c. Number of directors designated by each partner

d. Roles and responsibilities

e. Matters requiring its resolutions

f. Voting

③ Officers(임원)

a. C.E.O. or President, Vice President

b. Secretary

c. Treasurer

d. Auditor

④ Restrictions on corporate action(특별결의사항):

Resolutions requiring unanimous or supermajority vote

a. Borrowing

b. Requests for additional capital contributions or guarantees

c. Making loans, guarantees or other extensions of credit

d. Capital expenditures

e. Executive compensation

f. Corporate employee policy

g. Annual budget

h. Change in corporate structure

i. Change in capital structure

j. Transactions with J/V partners

k. Significant investments

l. Significant leases of real or personal property

m. Dividends

n. Change in scope of business

o. Mergers and acquisitions

p. Sale of material portion of assets

q. Actions outside the ordinary course of business

r. Amendments to articles of incorporation or by-laws

s. Dissolution, voluntary bankruptcy filing

[참고] Deadlock(의결교착)

〈교착 타결 조항〉

a. Swing-man director: 쌍방합의에 의해 선임된 중립적 제3자인 사외이사에게 분쟁 시 결정권한 부여
b. Chairman: 이사회의장에게 최종 결정권(casting vote) 부여
c. 정관규정에 따른 president 또는 부문별 책임 officer에게 권한부여
d. 중재(arbitration)를 통한 해결
e. 주주총회를 통한 해결
f. 법원선임이사(provisional director)에 의한 해결: 강행법규에 의거 공익보호를 위해 법원이 개입(중립이사선임)하여 당사자 간 대립상태를 규제하고, 중립이사를 통해 분쟁 해결추진

5) Operations of J/V(운영)

① Business plan

② Responsibilities of each joint venturer: Support and assistance

③ Procurement of technology, materials, equipments

④ Marketing and Sales
⑤ Employee policy and other personnel issues
⑥ Distribution of loss and profit
⑦ Accounting: Periodic review and audit, accounting standards, recording

6) Termination(해제)

7) Dissolution and Liquidation(해산 및 청산)

8) Arbitration(or Jurisdiction) and Governing law(중재 및 준거법)

9) Confidentiality(비밀유지)

10) Rights, indemnity and restriction regarding Proprietary Information, patents, copyright, trademarks and other intellectual property rights(지적재산권 허여/보장 및 제한)

11) Effective date(발효일): conditions precedent(Government approvals, etc.)

12) Non-competition(경쟁금지)

13) Representations / Warranties(보장/보증)
① Due organization, valid existence and good standing of parties
② Requisite power of joint venture parties to carry on their respective businesses and to enter into the joint venture agreement
③ Due authorization, execution and delivery by each party
④ Compliance by each party with their respective articles of incorporation and by-laws
⑤ Execution, delivery and performance of J/V agreement is not pro-

hibited by law or breach of any other agreement

⑥ All consents and approvals have been obtained from

a. Board of Directors

b. Governmental agencies

c. Third parties (e.g. lenders)

⑦ No involvement in or contemplation of becoming involved in any bankruptcy of insolvency proceedings

⑧ Business bases for choosing parties

⑨ Ownership of patents/trademarks/intellectual property to be used by the J/V.

14) Limitations to liability(책임 제한)

15) Miscellaneous(기타)

① Currency; compensation

② Tax

③ Allocation / Sharing of incorporation expenses

④ Notice

⑤ Severability

⑥ Assignment

⑦ Waiver

⑧ Independence

⑨ Survival

⑩ Modification

3. Merger Control(기업결합신고 및 규제)

(1) 개 요

일반적으로 부정경쟁방지(공정거래) 법규가 규제하는 3대 영역은 아래와 같다.

① 카르텔, anti-competitive 계약 또는 기타 경쟁업체 간 담합행위(cartel or any other anti-competitive agreements or concerted practices),

② 시장지배적 지위 남용을 통한 부정경쟁행위(anti-competitive practices through the abuse of market dominant position),

③ 합작, 합병 또는 기업인수를 통한 부정경쟁행위(anti-competitive mergers or acquisitions (including joint ventures))

특히 상기 세 번째 영역관련, 현재 전 세계 60개 이상 국가에서 부정경쟁 방지법규상에 기업 인수, 합병 및 합작관련 검토규정을 두고(일반적으로 "Merger Control"로 지칭됨) 그러한 M&A나 합작을 통한 기업결합에 따른 반경쟁적 효과를 예방하고 있다. 대부분의 merger control 법규는 아래와 같은 실질적 효과 심사를 통해 부당경쟁행위를 규제하고 있다.

i) Does the concentration significantly impede effective competition?(EU)

ii) Does the concentration substantially lessen competition?(US, UK)

iii) Does the concentration lead to the creation or strengthening of a dominant position?(Germany, Switzerland)

인수, 합병, 합작 등의 방법으로 상당한 거래규모 또는 영업규모의 해외투자를 추진하고자 하는 기업들은 모국 및 투자대상국뿐만 아니라, 대상 당사자들이 significant business를 하고 있거나, 그러한 기업결합거래의 결과 anti-competitive effects가 발생할 수 있는 다른 제3의 국가들에서도 인수/합병/합작 관련 사전 신고 및 허가가 요구될 수 있음에 각별한 유의를 요한다. 부정경쟁 방지법규는 대표적인 extraterritorial jurisdiction(역외관할권) 행사 빈발 영역으로, 해당 국가 내에 당사자 또는 투자 대상 기업들이 물리적 입지를 두고 있지 않은 경우에도, 해당 기업결합의 결과로 인해 자국시장에 반경쟁적 결과나 효과가 발생할 우려가 있는 경우 소위 "effect doctrine(효과 이론)[3]"에 따른 관할권 행사를 통해 규제가 가능하므로, 그러한 우려가 있는 모든 국가들의 해당 법규상 기준, 절차 등에 대한 사전 검토를 통해, 필요한 사전 신고 및 허가절차를 경유한 뒤 계약체결 및 closing을 진행하여야 한다.

---

3) 제1장 VI. 각주 1 참조.

(2) 미국 관련 법규

HSR Act로 흔히 알려진 Hart-Scott-Rodino Antitrust Improvements Act of 1976에 따라, 일정 기준 이상에 해당하는 합병, 주식/자산 인수, 합작 또는 독점 license계약을 하고자 하는 당사자는 반드시 연방무역위원회와 법무부에 사전신고(notification)하여야 한다(Section 7A of the Clayton Act, 15 U.S.C. §18a[4]). 그러한 notification이 요구된 계약의 경우에는 해당 당국의 심사가 진행 중인 statutory waiting period 만료 전에는 해당계약에 따른 거래의 closing 진행을 금하고 있다.

◇ The Hart-Scott-Rodino Antitrust Improvements Act of 1976 is a set of amendments to the antitrust laws of the United States, principally the Clayton Antitrust Act(15 U.S.C. §18a). The HSR Act was signed into law on September 30, 1976. The HSR Act is named after senators Philip A. Hart and Hugh D. Scott, Jr. and representative Peter W. Rodino.

사전신고(premerger notification)는 “Notification and Report Form for Certain Mergers and Acquisitions”이라는 특정 양식에 따라 작성하여야 하며, 각 당사자들의 해당 사업관련 정보를 관할당국에 제출하여야 한다. 제출 후 통상 30일(15 days for all-cash tender offers or bankruptcy sales) 간의 waiting period 동안 관할당국은 anti-competitive effects 발생 여부에 대한 심사를 진행하고 그 기간 중 당국은 추가 관련 정보를 요구할 수도 있다. 관할 당국은 추가 정보심사를 위해 기간연장을 요청할 수 있다. 반대로, 해당 신고 당사자들은 조기 심사종료(“early termination”)[5]를 요청할 수도 있다.

notification 또는 waiting period 위반의 경우, 위반 1일당 최고 $16,000까지의 벌금이 부과되고, 관할당국은 해당 자산 또는 주식 몰수 명령을 신청할 수 있다.

이러한 사전신고의무는 거래가액(size of the transaction) 및 관련 당사자들의 자산 또는 영업규모(size of the parties)를 기준으로 결정되며, FTC(연방무역위원회)

---

4) §7A Clayton Act, 15 U.S.C. §18a(Premerger notification and waiting period).

5) 기업결합 사전신고에 대하여 FTC 및 DOJ가 일정 심사기간 종료 전에 조사완료 및 반대의사 없음을 밝힘으로써, 해당 기업이 거래를 조기에 성립시킬 수 있도록 하는 제도[공정거래위원회, “해외경쟁정책 동향,”(4호, 2009.1.12.) 4쪽].

는 매년 gross national product(GNP) 변경상황을 기초로 그 기준을 수정하여 발표하도록 되어 있다. 'size of the parties' 산정 시, 해당 당사자 기업뿐만 아니라, 그 모회사 및 모든 자회사까지 포함하여 산정하여야 함에 유의해야 한다.

2015년 2월 20일자, 발효기준[6]에 따른 3대 산정 기준은 아래와 같다.

1) US Commerce(미연방 상거래)

US Commerce(미연방 상거래)에 영향을 주는 거래는, HSR 신고대상인지를 판단하기 위해 아래의 (2)와 (3)의 테스트를 거쳐야 한다. 어느 일방 당사자가 interstate commerce[주(州)간 상거래]에 관여하거나, 영향을 미치고 있는 경우는 US Commerce 요건은 충족된다. "US Commerce"요건 미충족으로 신고의무가 면제된 경우는 사실상 없다.

2) 거래규모(Size-of-Transaction)

US$ 76,300,000 초과하는 거래는 HSR 신고 대상이다. 즉, US$ 76,300,000 이하의 거래는 취득 자산 또는 지분율에 관계없이 HSR의 신고 대상에서 제외된다.

3) 당사자 사업규모(Size-of-Person)

① 거래가액이 US$ 76,300,000 초과 ~ US$ 305,000,000 미만인 경우로서,

ⅰ) 어느 당사자가 US$ 150,000,000 이상의 총 자산 또는 순 매출액을 갖고 있고,

ⅱ) 다른 당사자가 US$ 15,300,000 이상의 총 자산 또는 순 매출액을 가진 경우는

HSR 신고대상이다.

② 거래가액이 US$ 305,000,000 초과하는 모든 거래는 "size of person" test 여부와 상관없이 모두 신고대상이다.

(3) E.U. 관련 법규

유럽연합의 merger control(기업결합 규제)은 유럽 이사회의 합병 관리 규칙

6) 연방무역위원회(ITC) 발표.

인 "Council Regulation (EC) 139/2004 on the control of concentrations between the undertakings("Merger Regulation")"을 따른다. 이 규정에 근거하여, 일부 예외를 제외하고는, European Commission(이하 "위원회")은 "유럽연합 차원(community dimension)"의 "시장집중(concentrations)"에 대한 독점적 관할권을 갖는다.

이러한 거래는 위원회에 대한 사전신고(notification) 및 승인(clearance)을 필요로 한다. 따라서, 그러한 기업결합 거래는 해당 신고 및 승인 시까지는 개시되어서는 안 된다. EU차원 Merger Regulation의 적용대상이 아닌 경우에도, 해당 거래는 유럽연합 내 개별국의 merger control 관련 법규 적용대상이 될 수도 있음을 유의하여야 한다.

1) 시장집중(Concentrations)

시장집중은 한 명 이상의 당사자가 "주식 또는 자산의 매입, 또는 계약이나 기타 수단으로, 한 명 이상의 다른 사업자의 전체 또는 부분적, 직접 또는 간접적인 지배력"을 취득하는 경우를 의미한다[합병규칙, 제3조 (1)(b)항].

따라서, 시장집중의 개념에 속하는 거래는 합병, 단독 또는 공동 지배력(joint control)의 취득과 합작투자법인(full function JV)의 설립(creation)을 포함한다.

지배(Control)란 "결정적 영향력을 행사할 가능성(the possibility of exercising decisive influence)"을 말한다[합병규칙, 제3조 (2)항]. 시장집중은 이러한 지배력의 변경이 지속적으로 유지될 때만 해당된다[합병규칙 제3조 (1)항[7]].

해당 거래가 "지배"에 해당되는지 평가하는 주요 기준은 전략적 상행위에 결정적 영향력을 행사할 가능성의 여부이다. 위원회는 거래가 법적 지배력은 물론, 사실상(de facto)의 지배력과 관련된 경우, 시장집중을 야기한다고 판단한다.

합작투자의 경우, 시장집중은 두 가지 주요 요소에 의해 정의된다:

① 둘 이상의 당사자들이 각각 특히 다음 사항들과 관련한 주요 전략적 결정을 저지할 수 있는 공동 지배력(joint control)의 존재:

---

7) Council Regulation (EC) 139/2004
Article 3(Definition of concentration)

1. A concentration shall be deemed to arise where a change of control on a lasting basis results from: (b) the acquisition, by one or more persons already controlling at least one undertaking, or by one or more undertakings, whether by purchase of securities or assets, by contract or by any other means, of direct or indirect control of the whole or parts of one or more other undertakings.
2. Control shall be constituted by rights, contracts or any other means which, either separately or in combination and having regard to the considerations of fact or law involved, confer the possibility of exercising decisive influence on an undertaking.

- 예산;
- 사업 계획;
- 주요 투자;
- 경영진 선임;
- 시장 결정권(market specific rights)

② 합작투자법인은, 통상적으로 지속적인 영업을 영위하기에 충분한 재정, 인력 및 기타 자원을 보유한 "자영적(full function)" 형태이어야 한다.

2) 유럽연합(공동체) 차원[Community Dimension(Turnover Threshold/매출액 요건)]

상술한 시장집중 요건에 해당하는 경우에도, 해당 거래가 EU차원의 의미가 있는 경우에만 합병규칙이 적용된다. 이는 두 가지 기준의 매출액 요건에 따라 결정된다.

① 첫 번째 기준은, 아래 두 가지 조건을 모두 충족하는 경우는 Community Dimension에 해당된다.

ⅰ) 관련 당사자 전부의 직전년도 전 세계 매출액 합계가 50억 유로를 초과하고,

ⅱ) 관련 당사자 중 적어도 2개의 회사의 유럽 공동체 매출액이 각각 2.5억 유로를 초과할 것.

② 상술한 첫 번째의 요건에 해당되지 않는 경우에도, 아래 두 번째 기준상의 요건을 모두 충족하면 Community Dimension에 해당된다.

ⅰ) 당사자 전부의 전 세계 매출액 합계가 25억 유로를 초과하고,

ⅱ) 당사자 전부의 매출액 합계가 적어도 3개의 EU 회원국에서 각 1억 유로를 초과하며,

ⅲ) 앞의 ⅱ)에서 언급한 3개 EU 회원국 각각에서, 적어도 2개 회사의 매출액이 각각 2,500만 유로를 초과하고,

ⅳ) 적어도 2개 회사의 EU공동체 내 매출액이 각각 1억 유로를 초과할 것.

그러나, 첫 번째 ① 또는 두 번째 ② 기준에 해당하는 경우에도, 특정 1개 회원국 내 매출액이 EU 전체 매출액의 3분의 2를 초과하는 경우는, EU Dimension에 해당되지 않는다("3분의 2" 예외 원칙[8]).

상술한 기준상 Community Dimension에 해당하지 않는 경우에도, EU 회원

국 관련 법규에 따라 국내 당국의 심사대상이 되는 경우도 있으므로, 관련 개별국 법규에 대한 검토도 필요하다.

3) 역외관할(Extraterritorial Jurisdiction)

"Community Dimension" test는, 시장집중의 당사자들이, 필수 매출(requisite turnover) 기준상의 요건 외에는, 유럽과 어떤 관련성이 있을 것을 요건으로 하

[참고] 매출액 기준 Test상 검토 순서도[9]

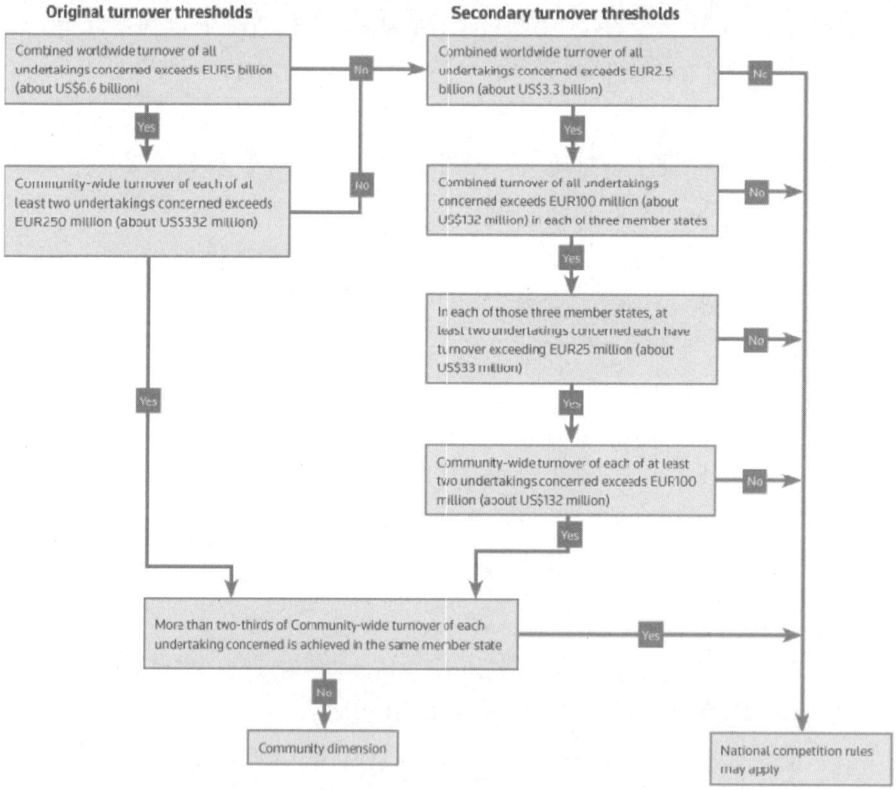

8) Council Regulation (EC) 139/2004.
Article 1(Scope)
2. A concentration has a Community dimension where … unless each of the undertakings concerned achieves more than two-thirds of its aggregate Community-wide turnover within one and the same Member State.

9) Dave Anderson and Sarah Ward, "EU merger control"(Association of Corporate Counsel, August 2015) p.14.

지 않는다. 당사자들 간의 계약이 유럽에서 맺어지거나 유럽 영역 내에서 행해져야 할 필요도 없다. 그러나, 유럽연합 일반법원(the General Court)은 Merger Regulation을 적용하는 것은 제소된 시장집중이 "EU에 즉각적이고 상당한 영향이 있을 것으로 예측 가능"할 경우에만 국제 공법상 정당성이 인정된다고 판시하였다(Gencor v. Commission, Case T-102/96).

실무상, 위원회는 상술한 매출액기준 요건이 충족된 경우는 Gencor 판례상 요건을 충족했다는 견해를 취하고 있다.

4. 유치국의 외국인 투자정책: 규제책과 장려책

(1) 긍정적 효과(Benefits)

① 수출 이익 통한 외환 증가
② 내국민 고용 창출
③ 선진 기술 도입
④ 세입 증가
⑤ 세계 시장 진출 기회 확대
⑥ 현지 자원 개발
⑦ 현지 산업 및 생산 강화

(2) 부정적 효과(Costs and Risks)

① 유치국 경제에 대한 외국기업 지배력 증대 및 정치적 간섭
② 지나친 경쟁으로 인한 현지 초기 산업 및 현지 기업 무력화
③ 부적절한 기술 도입
④ 현지 환경 파괴
⑤ 현지 자원 국외유출
⑥ 바람직하지 않은 소비 및 행동 패턴의 전래로 인한 사회적 역효과

(3) 외국인 투자법의 이중 기능

① 통제 정책
② 장려 정책

(4) 투자 유치 인센티브

① 조세 감면 및 재정 특례(현지정부 투자지원금 및 보조금 등)

② 관세 면제

③ 자유무역구역

④ 특정 영역 사업면허(사실상 독점 인정)

⑤ 대출에 대한 정부 보증

⑥ 생산 보조금(할인 공공요금, 무상 또는 저가 부동산 리스)

⑦ 채무–지분 전환 옵션(부채로 인한 재무부담 완화)

⑧ 국영화 또는 몰수로부터 투자보호 보장

⑨ 일반 법규 적용 면제

⑩ 보조금

(5) 투자규제

1) 외국인 투자 제한

① 금지 항목: 외국인 투자 또는 지분 참여가 금지된 특정 산업 또는 사업 분야

② 제한 항목: 현지기업과의 합작투자 조건부(외국인 지분 보유율 제한 포함)로 허여되는 특정 산업 또는 사업 분야

2) 외환 관리 제도

투자 대상국이 개발도상국 또는 저개발국인 경우, 외환 관리법규에 따라, 외국인 투자에 대한 등록, 적용 환율, 부채비율/한도 및 현지 금융 제한, 사업수익 및 (투자 종료 시) 투자 과실금 국외 외화송금 등 관련 여러 신고, 인허가 규제 등이 존재하는 경우가 많으므로, 해당 현지 법규의 사전 검토가 요구된다.

3) 공정거래 관련 신고/허가

위의 "3. Merger Control"에서 설명한 바와 같이, 합작투자 및 기타 해외 직접투자를 하고자 하는 경우는, 각 당사자 모국, 합작사 설립지국 및 기타 합작 사업에 따라 상당한 영향이 미칠 수 있는 제3국의 공정거래법규를 사전 점검하여, 필요한 신고 또는 승인을 득한 후, 합작사업을 진행할 수 있도록 각별

한 주의를 요한다.

4) 기타 신고/인가/허가

① 국가 안보관련 신고 및 승인

② 현지 증권거래 규정에 따른 신고 및 승인

③ 법인 및 납세자 등록

④ 환경 허가

⑤ 소방, 안전 및 보건 허가

⑥ 생산 및 무역 license

⑦ 특정 영업관련 필요 인허가 및 라이선스

5. 우리 법규상 해외투자 규제/절차

한국 외국환거래법규상 해외직접투자관련제약(신고/승인/허가)(2013.12월 기준)

(1) (금융 · 보험업 이외) 해외 직접 투자

외국법령에 따라 설립된 법인(설립중인 법인을 포함)이 발행한 증권을 취득하거나 그 법인에 대한 금전의 대여 등을 통하여 그 법인과 지속적인 경제관계를 맺기 위하여 하는 거래 또는 행위로서(외국환거래법 제3조 제1항 18호), 대통령령으로 정하는 것(시행령 제8조)으로, 해외직접투자에 해당하는 경우, 외국환은행의 장에게 신고하여야 한다.

- 외국환은행장

ⓐ 주 채권은행: 주 채무계열 소속기업체

ⓑ 여신최다은행: 거주자가 주 채무계열 소속 기업체가 아닌 경우

ⓒ 거주자가 지정하는 은행: 그 밖의 경우

① 해외직접투자 외에;

② 해외지점 또는 사무소 설치, 확장 운영, 법인형태가 아닌 기업의 설치, 운영 또는

③ 해외 부동산 취득까지를 직접투자로 총칭하여, 일반적인 자본거래[외국환

거래규정(이하 규정): 제7장]와 구분하여 규정 제9장(직접투자 등)을 우선 적용한다.

- ②의 행위는 지정거래외국환 은행장에게 신고,
- ③의 행위는:
  ⓐ 투자목적으로 부동산을 취득하는 경우 또는 거주자 본인(배우자 포함)이 해외에서 2년 이상 체제할 목적으로 주택을 취득하는 경우는 외국환은행장 앞 신고,
  ⓑ 그 외 경우는, 한국은행총재 앞 신고

1) 증권취득을 통한 해외 직접투자(지분투자)

① 투자비율이 10% 이상인 경우

- 투자비율: 경영참가의 목적으로 취득한 주식(출자지분)이 그 외국법인의 발행주식 총수(출자총액)에서 차지하는 비율

② 투자 비율이 10% 미만인 경우로서 다음의 관계를 수립한 때

i) 임원의 파견

ii) 계약기간이 1년 이상인 원자재 또는 제품의 매매계약의 체결

iii) 기술의 제공/ 도입 또는 공동 연구개발계약의 체결

iv) 해외건설 및 산업 설비 공사를 수주하는 계약의 체결

③ 이미 지분 투자한 외국법인의 주식(출자지분)을 추가 취득하는 행위

2) 금전대여를 통한 해외 직접투자(대부투자)

이미 지분 투자한 외국법인에 대한 장기(1년 이상) 금전대여

- 현지법인에 대한 단기(1년 미만) 금전대여는 규정 §7-16[10]에 따른 한국은행총재 앞 비거주자에 대한 금전대출 신고사항에 해당한다.

---

10) 외국환거래규정 제7-16조(거주자의 비거주자에 대한 대출) ① 제7-13조에 규정된 경우를 제외하고 거주자가 비거주자에게 대출을 하고자 하는 경우(제2장에서 외국환업무취급기관의 외국환업무로서 허용된 경우 제외)에는 한국은행총재에게 신고하여야 한다. 다만, 이 항에 의한 신고사항 중 다른 거주자의 보증 또는 담보를 제공받아 대출하는 경우 및 10억원을 초과하는 원화자금을 대출하고자 하는 경우에는 대출을 받고자 하는 비거주자가 신고하여야 한다〈재정경제부고시 제2005-25호, 2006.1.1. 개정〉. ② 한국은행총재는 제1항에 의한 신고 중 법인이 아닌 거주자의 비거주자에 대한 대출에 대해서는 동 신고내용을 매월별로 익월 20일까지 국세청장에게 통보하여야 한다〈재정경제부고시 제2005-25호, 2006.1.1 개정〉.

사전신고	설 립	해외직접투자 신고
변경신고	a. 투자내용변경 b. 투자주체변경 c. 자본증감	a. 자회사/ 손회사[11] 설립, 지분율 변동, 대부투자 신고 후 1년 이내 자금회수 등 b. 유/무상증자, 병합, 분할, 감자 등
사후관리	a. 자금납입 후 6월 b. 회계기간 종료 후 5월 c. 청산	a. 증권취득보고 b. 연간사업실적보고(매년 반복) c. 청산보고 및 회수의무

3) 역외금융회사에 대한 해외 직접투자

단, 거주자 또는 거주자의 현지법인 등이 역외금융회사*에 대한 해외 직접투자를 하고자 하는 경우는 한국은행총재에게 신고하고, 변경(폐지) 신고도 한국은행총재에게 하여야 하며, 매 분기별 투자현황을 한국은행 총재 및 금융감독원장에게 보고하여야 한다.

◇ 역외금융회사: 직접 또는 자회사를 통하여 증권, 채권 및 파생금융상품에 투자하여 수익을 얻는 것을 주된 목적으로 외국법에 따라 설립된 회사로서 설립준거법령지역에 실질적인 경영활동을 위한 영업소를 설치하지 않은 회사

(2) 금융기관의 해외직접투자(금융기관의 해외진출에 관한 규정; 이하 진출규정, §3, §5, §6, §16)

1) 금융, 보험업에 대한 해외 직접투자 시 금융위에 신고수리를 받아야 하며, 금융, 보험업 이외의 업종에 해외직접투자를 할 경우에는 금융감독원장에게 신고하여야 한다.

2) 금융, 보험업에 대한 해외직접투자 신고수리는 자본적 정성기준 및 자회사출자요건 등을 충족해야 된다.

---

11) 공정거래법은 손자회사를 자회사에 의하여 대통령령으로 정하는 기준에 따라 사업내용을 지배 받는 국내회사로 정의,
구체적으로는 다음 각 호를 충족하는 경우 손자회사에 해당(시행령 제2조 제4항)
- 자회사의 계열회사일 것
- 자회사가 소유하는 주식이 시행령 제11조(특수관계인의 범위) 제1호 또는 제2호에 규정된 각각의 자 중 최다출자자가 소유하는 주식과 같거나 많을 것[공정거래위원회 기업집단과, "지주회사제도 해설"(2008.4.) 7쪽].

3) 금융기관의 해외지사 설치(진출 규정 §8, §17)

① 국내 금융기관이 해외지점을 설치하고자 하는 경우 금융감독원장에게 신고수리를 받아야 하며, 해외사무소를 설치하고자 하는 경우 금융감독원장에게 신고하여야 한다.

② 금융기관 해외지점 설치신고 수리는 자본 적정성 기준 및 경영실태 평가 등급[12] 등의 요건을 충족해야 된다.

4) 금융기관의 역외 금융회사에 대한 투자(진출규정 §7)

① 국내 금융기관이 역외금융회사에 투자하는 경우 금융감독원장에게 신고하도록 한다.

② 또한 신고내용을 변경하거나 역외금융회사를 청산하고자 하는 경우에도 금융감독원장에게 신고하도록 한다.

③ 자본잠식 또는 투자금 전액회수 상태에서 6월 이상 존속할 경우 금융감독원장은 청산신고를 권고할 수 있도록 한다.

(3) 대북투자(대북투자 등에 관한 외국환거래지침 §7)

대북투자를 하고자 하는 자는 「남북교류 협력에 관한 법률」에 의한 통일부의 협력사업 승인 또는 신고 수리 후 지정거래 외국환 은행장 앞 신고가 필요하다.

- 외국환 거래법규상 해외직접 투자절차 준용[13]

---

12) 금융기관의 해외진출에 관한 규정

제17조(해외지점 설치 신고수리 기준) 금융기관이 제8조제1항에 따라 해외지점을 설치하고자 하는 경우에는 다음 각호의 요건을 갖추어야 한다.

1. 신청 금융기관이 다음 각목의 기준에 따른 재무건전성 기준을 충족할 것
   가. 은행 및 종합금융회사: BIS기준 자기자본비율이 8% 이상일 것
   나. 증권회사: 영업용순자본비율이 150% 이상일 것
   다. 보험회사: 금융위원회가 정하는 지급여력확보기준을 충족할 것
   라. 기타 금융기관: 당해 금융기관에 적용되는 금융위원회의 재무건전성 기준을 충족할 것
   마. 금융기관의 자회사 출자요건 등 관련법령에서 정한 요건을 충족할 것
2. 국내은행이 해외지점을 설치하고자 하는 경우에는 은행업감독규정상의 적기시정조치를 받지 않고 있으며, 경영실태평가 결과 종합평가등급이 3등급 이상일 것

13) 대북투자 등에 관한 외국환 거래지침

제1조(목적) 이 지침은 남북교류 협력에 관한 법률 제26조 제4항의 규정에 의거, 거주자 또는 거주자가 외국환거래규정에 의하여 설립한 해외현지법인이 북한에 투자를 목적으로 수행하는 행위 또는 거래(북한지역 사무소 설치를 포함한다)에 관하여 외국환거래법을 준용함에 있어 그 특례를 정함을 목적으로 한다.

V 플랜트 수출/해외건설 계약

1. 총 설

(1) 의의 및 배경

유전, 광물 등 천연자원 개발, 정유, 중화학 가공/생산 등 process plant 건설, 원자력, 화력, 수력 발전소 등 power plant 건설, 도로, 통신, 항만 등 국가 기간시설 건설 등 해외 대형 건설공사는 그 프로젝트의 규모와 투입 금액의 대형화뿐만 아니라, 거래의 유형측면에서도 국제 상거래의 3대 기본 영역인 물품매매, 기술/용역, 투자/금융을 망라한 복잡하고 다단계의 여러 거래를 수반하게 되는바, 대부분의 경우, 관리 효율성과 책임소재 일원화를 위해 설계에서, 구매, 시공에 이르는 모든 과정을 포괄한 일괄수주 형태의 EPC(Engineering, Procurement & Construction) 공사 계약방식으로 진행되고 있다. 또한 이러한 대규모 건설공사에 소요되는 막대한 공사대금 확보를 위한 방법으로, 동남아, 중남미, 동구 유럽, 아프리카 등 개발도상국에서는 국내 투자유치나 전형적인 corporate financing을 통한 자금 조달상 한계를 극복하기 위해, 사업자나 투자자의 신용이나 담보제공 대신 project 자체의 미래 사업성/수익성을 담보로 한 project financing[1]이 주로 도입되고 있다.

1) Project Finance의 이해 – Corporate Finance와의 비교(석재승, 「부동산금융의 이해 – Project Finance를 중심으로」, 『금융감독원』, 2012.6.8. http://bit.ly/1SXAsAu).

Project Financing	Corporate Financing
Project Risk는 Lender와 Sponsor 간에 분담 (Limited or Non-Resource Finance)	Project Risk는 Project를 포함한 기업전체가 부담
차입금의 상환재원은 원칙적으로 해당 Project에서 발생되는 Cash flow에 한정	차입금의 상환재원은 기업 전체에서 발생되는 Cash flow임
Lender는 Sponsor의 신용보다도 Project의	Lender는 Sponsor의 신용도를 고려하여 대출

(2) 진행 단계별 주요 거래 유형: SPC-Project Financing-EPC

1) 이러한 플랜트 또는 기간망 시설 등 대형건설 공사를 추진코자 하는 유치국 정부 또는 사업권자는 국내외 투자자 등과 함께,

해당 건설프로젝트의 기획, 설계, 발주(주로 입찰), 시공 및 관리, 운영을 목적으로 하는 Project Company[이하, 특수목적법인(Special Purpose Company 또는 SPC로 칭함)]를 주로 Joint Venture 형태로 별도 설립하고

2) 해당 Project상 필요자금을

① 투자 자본 또는 Corporate Financing을 통해 직접 조달 또는

② 미래의 Project 운영 수익을 담보로 Project Financing등을 통해 확보(차입)하는 거래(계약) 단계를 거쳐

3) 해당 사업 및 공사관련, 타당성 조사, 기획, 인/허가, 설계, 시공, 운영/관리 등 필요한 모든 단계별, 영역별 거래를 SPC가,

① 직접 개별 발주, 관리하거나

② Turn-key 또는 EPC방식으로 설계, 구매, 시공 등 필요공사 전부를 특정 공사업체에게 일괄 발주하여,

4) 공사 완료 후 시운전을 통해 검증된 공장을 인도받아,

① (자체 자본 또는 corporate financing경우) SPC를 통해 이를 지속적으로 가동하는 등 사업을 영위하거나,

② (project financing의 경우) 일정기간 사업 운영하여, 그 수익으로 차입금 상환 및 투자자에 대한 이익배당/투자반환 후, SPC를 해체하고 해당 사업을 원사업자(대부분 국가기관)에게 인도하는 등의 복합적인 거래(계약)를 진행하게 된다.

대부분의 대형 해외 Plant건설 공사에서는 주로 project finanicing을 통해 필요한 공사 자금을 확보하고, 입찰을 통해 특정 공사업체에게 설계, 조달, 시공을 포괄한 일괄 발주방식으로 건설공사를 진행하고 있다. 즉,

① 필요 자본 유치측면에서, 해외 직접투자 유치 및 corporate financing에

Cash flow를 더 중요시함	을 실행함

대한 대안으로,

project financing(또는 해외투자 유치 통한 JV + project financing) 도입한다.

- 은행 등 금융기관이 사업자(또는 투자자)의 자산에 대한 담보나 별도의 보증(corporate financing) 없이, 프로젝트의 미래 사업성(수익성)을 담보로 자금을 지원하는 금융 기법으로,
- 자본주로부터 대규모 자금을 모집하고, 사업 종료 후에는 일정 기간에 발생한 수익으로 지분율에 따라 투자자들에게 나누어 주는 방식이다. 투자 회수에 앞서, 개발은행이나 금융기관은 SPC 사업기간 중 프로젝트 자체에서 나오는 수익으로 대출금을 우선 상환받게 된다.
- 국가 간의 관계에서 보면 수요 국가로서는 외환 부족 문제를 해결할 수 있고 금융을 제공하는 측에서는 무역 마찰을 완화하면서 대규모 자본재(통신, 발전, 공장설비 부문 등) 수출을 촉진하는 효과를 노릴 수 있다.

② 각종 기계, 장비 및 원부자재 등 물자 조달은 물론, 설계, 제조 공정 및 운전상 필요한 기술도입/라이선스 및 건설 등 여러 전문 부문별 수많은 개별 계약에 대한 대안으로,

이를 포괄한 일괄 발주방식의 EPC 계약방식을 도입하여,

발주자의 전문관리 역량 부족이나 부담을 해소하고,

공사/관리 효율화는 물론, 필요한 해외 선진 기술을 일괄적으로 확보하게 되는 이점이 있다.

2. 진행 단계별 주요 관련 계약

[참고] 관련계약 구조도

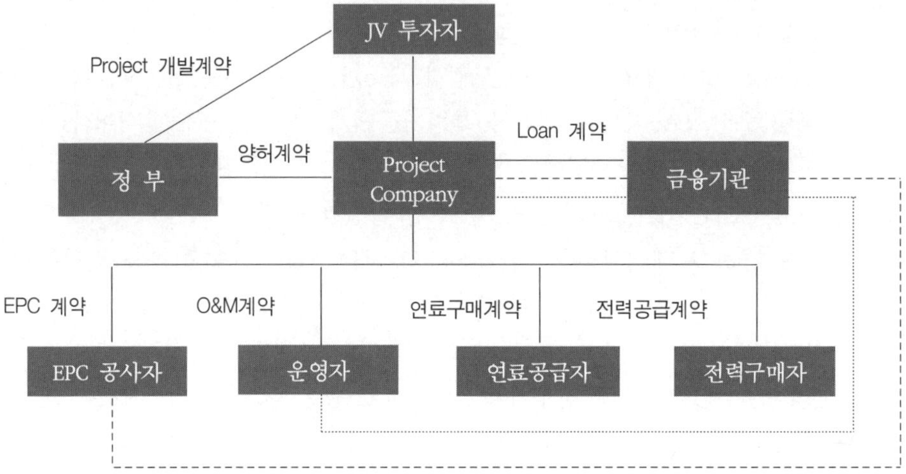

편의상, 아래에서는 발전소(power plant) 건설 프로젝트를 기준으로 설명한다.

① **관할 정부기관과 투자자 간, Project Development Agreement**

목적물인power plant 건설 및 운영 등 관련 project 개발을 위한 기본적인 조건과 원칙에 대한 관할 정부기관과 투자자 간의 기본합의서(계약)

② **정부기관 및 투자자 간 합작사 설립, SPC Formation & Shareholders Agreement**

- 사업 기본자금을 투자자를 통해 자본금으로 확보(통상 전체 사업자금의 30% 수준, 70% 수준에 해당되는 건설공사 소요자금은 Project Financing을 통해 조달)
- 합작투자계약을 통해, 투자자들은 해당 프로젝트관련 건설, 관리, 운영 및 자금확보와 관련된 투자당사자들의 권리와 의무를 규정하는 한편, 해당 power plant 건설 및 소유의 주체가 될 특수목적법인(Special Purpose Company 또는 Project Company)을 설립하고, 이를 통해 project관련 시설 완공은 물론, 정부, 고객, 시공사 및 원료 공급자 등과의 관계를 일원화, 총괄하게 된다.

③ 정부기관과 SPC 간, Concession Agreement(사업권 양허계약)

발전 및 전력 공급 사업관련 권한을 가진 정부당국이 SPC에게 해당 사업 건설, 운영 및 전력 판매 등 관련 사업권 및 정부 보조금, 조세감면 특례 등을 허여하는 한편, 해당 시설 공사, 자금조달 및 운영, 공급 등의 책임과 의무를 부과하고, 공공복리 정책 등을 공급가격 제한[지나친 사용(공급)가격 인상 등으로 인한 소비자(시민 등)들의 과도한 부담 방지를 위한 tariff 제한 등] 등에 관한 합의로, power plant관련 사업특권 허여는 약 15년~25년 기간으로 한정하고, 그 이후 정부로 소유권을 이양하는 것이 통례이다. 그런 연유로 BOT(build-operate-transfer) 프로젝트 또는 BOOT(build-own-operate-transfer) 프로젝트라고도 한다.

④ SPC와 전력 구매처(Power plant경우) 간, Off-take(Power) Purchase Agreement(전력공급계약)

PF(Project Financing) 하에 진행된 전형적인 power projects의 경우, 해당 지역 정부기관이, 실제 전력 구매량과는 무관하게 매년 일정 전력량에 대한 구매가를 지불키로 약정하는(take or pay의무라고도 함) 장기 전력구매계약 (PPA: power purchase agreement)이 체결된다. 종종 PPA대신, 실사용 기준 지급 계약(tolling agreement)이 체결되는 경우도 있다. 또한, 전력구매자가 연료(원자력, 석유 등) 공급 책임을 부담하기로 약정하기도 한다. 이는 project company로서는 risk 변수를 제거하는 장점이 될 수도 있지만, 운영의 가변성을 제한하는 요인이 될 수도 있다. (제3자로부터의 저가 구매기회 상실)

⑤ SPC와 개발금융기관(World bank, Asian Development Bank 등 lender) 간, Loan (Project Financing) Agreement

Project Financing을 통한 loan은 일반적인 corporate financing과 달리 투자사 등의 담보/신용 제공 없이 공사 수익을 담보로 한 차입인 관계로, 공사자금 용도로 한정된 관계로, 통상 lender는 loan을 Escrow 계좌로 이체, 관리하고, 공사진척 단계에 따라 적절한 증빙을 기초로 공사업체에게 인출 가능하도록 하는 등의 방식으로 risk 관리를 한다. 이러한 Lender의 자금 집행/관리 목적상, 일반적으로 EPC계약과 O&M 계약은 해당 공사/운영업자-SPC-Lender간의 3자 계약형태로 체결된다.

⑥ SPC−Lender−EPC업체 3자 간, EPC Agreement

아래, 3. EPC/Turn Key 공사계약 참조

⑦ **SPC–Lender–운영관리 전문사 3자 간, Operation & Maintenance (O&M) Agreement**

Project Company가 EPC업체로부터 상기 vi. EPC계약에 따라 완공된power plant를 인도받은 후, 상기 iii. 양허계약에 따른 사업 특권기간 동안의 발전소 가동, 운영 및 관리를 위한 계약으로, O&M 계약의 기간(term)은 프로젝트마다 상이할 수 있으나, 일반적으로 O&M 계약기간은 양허계약 기간과 일치한다. 경우에 따라서는 PF 제공기관이 project company에게 직접 시설 운영을 요구하는 경우도 있으며, 이런 경우는, O&M 계약 대신, project company의 발전소 가동, 운영에 필요한 기술제공 계약이 필요하게 된다.

⑧ **연료 공급자와 SPC 간, Input Supply Agreement(연료 공급계약)**

- 석탄, 원유, 천연가스 등 연료공급 risk 경감을 위해, 신용도가 우수한 연료공급자와 장기적인 공급량과 가격을 사전에 약정하여 장기간에 걸친 안정적 연료조달을 확보하기 위한 장기 공급계약이다.

  많은 경우, 해당 지역 연료공급 및 규제권을 가진 지방정부가 공급자로서 project company와 계약하게 된다. 해당 시장상황이나 지역여건상, 연료 확보에 문제가 없는 경우에는 이러한 공급계약은 필요치 않을 수 있으며, 특히 수력이나 풍력 발전의 경우에는 연료의 특성상, 일반적으로 이러한 공급계약이 필요치 않을 것이다.
- Project financing을 위한 미래 수익 타당성 제시 필요상, iii., iv.와 같은 수익확보 관련 기본계약을 먼저 체결 후, project financing 계약을 진행하는 것이 통례이다.

3. EPC/Turn Key 공사계약[2)]

(1) 의 의

"EPC"란 "Engineering(설계), Procurement(구매) and Construction(시공)"의 약자로, a) 공장 기획, 설계에서, b) 필요로 하는 모든 장비 및 원부자재 선별, 구매는 물론 c) 기계 및 장비 설치와 공장 건설 및 시운전에 이르는 모든 과정을

---

2) EPC Contracts in the Power Sector, DLA Pipe(2012), https://www.dlapiper.com/~/media/Files/Insights/Publications.

수주자(Contractor)의 총괄 책임하에 완료하여 발주자가 키만 돌리면 공장 가동 가능한 상태로 발주자에게 인도("deliver a complete plant to the employer who need only turn a key to start operating the plant")하는 포괄적인 공사 계약을 말한다. 이런 연유로 EPC 계약을 Turn Key 공사계약이라 하기도 한다.[3] 따라서, 수주자는 계약상 공사 전 과정에 대한 보장과 보증 조항(흔히 "full wrap"이라 함)을 제공하고, 발주자는 이와 관련하여 문제 발생 시 수주자에 대한 손해배상청구권 등을 갖게 된다. 이러한 포괄적인 공장 건설, 인도 의무 외에도, 약정한 a) 공사가격, b) 공사일정 및 c) 품질/성능에 대한 보장의무도 부담하며, 이에 대한 위반, 지연, 하자에 대해서도 손해배상 의무를 부담하게 된다.

이러한 포괄 발주 특성상 입찰참여를 위해서는 브랜드 인지도는 물론, 입증된 세계적 수준의 기술력과 경쟁력, 수주경험 등의 까다로운 요건이 부과되고 있고, 이를 충족하기 위해 경우에 따라서는 여러 분야의 전문 기업들이 컨소시엄을 구성해 입찰에 참여하기도 한다.

(2) 장점 및 단점

1) 장 점

발주자 입장에서는,

- 설계, 원부자재 구매, 다양한 전문영역의 시공, 필요기술 도입 및 라이선스 확보, 사후 유지보수 관리 등 복잡다단한 여러 거래 협상, 선정, 관리 등의 복잡성을 피함은 물론,
- 문제발생 시 그 책임소재를 일원화할 수 있는 장점이 있다.

수주업체 입장에서는,

- 대규모 종합 서비스 제공에 따른 고액의 수주금액을 확보할 수 있고,
- 일괄관리에 따른 경비 및 일정상 효율화 여지가 많고,
- 포괄 수주 관리에 따른 실무 경험 축적에 따라 다른 turn key 방식 입찰 시 유리한 실적을 확보할 수 있다.

Financing 제공자 입장에서는,

---

3) "RICS draft guidance note – Comparative construction and engineering contracts: 1.3.5 The 'turnkey' approach". RICS Consult. RICS Consult. 2013. Retrieved 2 July 2015.
See also, "Five Turnkey Construction Basics," Katahdin Cedar Log Homes. Katahdin Cedar Log Homes. Retrieved 2 July 2015.

- 수주업체를 통한 일괄 관리책임체제에 따라, 공사 진척도 관리 및 이에 따른 공사대금 지급, 관리가 용이한 반면,

2) 단 점

- 입찰 전 타당성 조사/자문, 입찰 시 요구되는 사전설계 준비 등에 따른 비용증가 및 공사 전 과정에 걸친 포괄적 책임부담으로 인한 공사가격 인상요인이 잠재하고,
- 대규모, 고액의 공사로 인한 과다 경쟁으로 인해 이익 감소 또는 적자 수주까지 강행하는 경우가 발생하며,
- 수주업체 또는 그 하청업체의 공사 완료 전 도산 또는
- 공사비 절감을 위해 부실 원자재 사용 또는 무리한 공기단축 강행 등 부실공사에 따른 품질, 안전상 하자 발생 risk가 높을 수 있고,
- 수주 과정상 뇌물수수 등 부패방지법 위반 또는 참여업체 간 담합에 따른 부정경쟁 과징금/제재 발생 소지가 상대적으로 높고,
- 발주자가 공사 과정에 관여 또는 부문별 점검, 조정하기가 어렵고,
- 상당한 경우, 수주자가 성능, 효율, 품질, 안전 등을 이유로 중간단계 설계변경 유도하여 원계약가를 인상케 하여, 당초 예상대비 비용이 늘어나는 경우도 종종 발생함.

(3) EPC 계약 주안점 및 주요 조건

1) 4대 주요 조건 및 보증/보장

EPC계약의 특성에서 살펴본 바와 같이,

EPC공사 계약의 수주자는 약정한 정액 대금(fixed lump sum)에 대한 대가로 설계, 구매, 공사 전 과정에 걸친 포괄적인 공사 의무를 부담하는 한편, Project Financing하에 공사대금을 제공한 금융업체로서도 Corporate Financing과는 달리, 대출금 상환에 대한 담보나 상환보장상의 제약으로 인한 risk극복을 위해,

① 공사범위(Scope),

② 공사가격(Cost),

③ 공사일정(Time),

④ 품질/성능 기준(Quality)에 대한 명확한 이행의무 설정 및

이에 대한 보증, 보장의무를 규정하여야 함.

◇ 법적, 계약적으로 일괄 수주 방식의 EPC 공사계약인지 여부는 그 제목이나 실무상 호칭에서 내재적으로 발생하는 것이 아니므로, 반드시, 해당 계약서의 공사범위와 관련된 양 당사자의 권리, 의무가 EPC공사임이 분명하도록 명시적으로 규정하여야 함을 유의하기 바란다.

특히, EPC 공사계약은 상대적으로 i) 간략한 계약본문 외에도, ii) General Terms(일반 표준거래조건), ii) Particular(Special) Terms(특별/수정 조건), iii) 입찰 안내서 및 Bid 제안서, iv) 기술 Spec. 및 vi) 기타 관련 협의/약정서 등 방대한 양과 여러 종류의 관련 부속서류들로 구성되는 관계로 상술한 4대 주요 조건을 중심으로 일관성 유지 및 모순 또는 불일치 규정이 없도록 검토에 각별한 주의를 요한다(검토관련 여러 실무부서 간 서로 미루기나 짐작 현상은 절대 금물!).

2) 위반 책임: 손해배상

이러한 주요 4대 조건의 준수를 강제하기 위해, 발주자 입장에서는, 이에 대한 위반, 지연, 하자에 대한 손해배상 의무도 명확히 규정하여야 하나,

귀책사유 불문 또는 무제한 손해배상 요구 시, 이러한 잠재/우발 risk에 따른 보험료 증대 또는 재무 불안요인으로 인한 간접적인 공사대금 인상 압박 또한 궁극적으로는 발주자의 재정적 부담 증가 요인이 되므로,

수주자 입장을 고려한 공정하고 적정한 손해배상 제한(원인별 및 총액 한도 설정 등)과 제외 항목(indirect, special, consequential damage 등] 및 예외규정[Force Majeure(불가항력 조항), 발주자/환경적 귀책사유 등]에 대한 고려도 이루어져야 할 것이다. 또한 위반, 지연 시 신속한 책임 및 배상 조치를 통한 불필요한 분쟁을 예방하고, 전체 일정에 차질을 주지 않도록 하기 위해, 사전에 합리적 기준에 따라 약정된 위약금(liquidated damage) 규정을 두는 경우가 많다.

3) 조정/변경

EPC계약은 특성상 project financing등 차관계약은 물론, 장기 원료구매계약 및 전력 등 장기 공급계약은 물론 해당 지역사회 주민들에 대한 정치적 책임 등 여러 문제들이 복합적으로 얽혀 있는 관계로, 발주자나 financing 제공기관으로서는 4대 조건에 대한 확정, 불변이 최상책일 수 있으나, 진행과정상 불가

피한 상황 발생 또는 효율, 성능, 안전 등 주요 요인 관련 시장/기술 변화에 따른 불가피한 변경이 필요한 경우를 배제할 수 없으므로 이러한 경우에 대비한 변경/조정 예외조항을 두되, 그 구체적인 경우의 절차를 규정하고, 이로 인해 필연적으로 발생하는 일정 또는 가격 변경 여지도 규정해 두어야 한다.

4) 분쟁 조정/해결

상기와 같은 규정에도 불구하고 양 당사자 간 불가피한 분쟁 발생시, EPC 공사 계약의 국제성, 전문성, 다양한 영역의 복합성, 막대한 관련 금액 및 지연에 따른 project financing 업체는 물론 지역사회에 미칠 간접적 피해 등을 고려하여, 가능한 한 공개를 원칙으로 하는 법원을 통한 해결보다는 관련 당사자 간 합리적 화해, 업계 전문 인력을 통한 조정을 경유, 종국적으로는 국제 중재기구를 통해 비공개적이고 신속히 분쟁을 해결하는 절차를 규정해 두는 것이 바람직하다. 분쟁 시에도 가능한 공사진행은 계속될 수 있도록 강제하는 의무규정도 고려할 필요가 있다.

5) 표준계약조건

해외 건설 계약에서는 아래와 같이 건설관련 여러 국제 기관 및 협회들에서 작성, 발간한 다양한 표준계약 양식들이 통용되고 있다.

① **FIDIC**(Federation Internationale Des Ingenieurs Conseils; International Federation of Consulting Engineer)

◇ 국제건설계약의 표준으로 가장 많이 활용된다. 1913년에 유럽국가들이 설립한 단체로 1987년에 처음으로 FIDIC을 발간한 이래, 1999년 개정판(1999년)에 이르기까지 공사범위/유형에 따라 아래와 같이 분류, 정리되어 있음.

i) Red Book(Conditions of Contract for Construction): 설계에 대한 책임이 발주자(Employer)에게 있는 계약조건,

ii) Pink Book(Conditions of Contract for Construction - MDB Harmonised Edition): Red Book을 토대로 세계은행(World Bank), 아시아개발은행(Asian Development Bank) 등 다자간 개발은행(Multilateral Development Bank: MDB)들이 사용하는 계약조건,

iii) Yellow Book(Conditions of Contract for Plant and Design-Build): 발주자

가 제시한 performance spec을 토대로 시공사가 설계를 마무리하고 이에 따른 시공 책임을 부담하는 계약조건,

iv) Silver Book(Conditions of Contract for EPC/Turnkey Projects): 시공사가 설계에서 건설 및 시운전에 이르는 모든 공사를 포괄 수주하는 EPC, Turn-key 계약으로, 시공자의 설계와 시공에 대한 자율성을 최대한 보장하는 반면, 설계와 시공과정에서 발생할 수 있는 거의 모든 위험들(risks)에 대한 책임을 시공자가 부담하는 계약조건,

v) Gold Book(Conditions of Contract for Design, Build and Operate Projects): Yellow 조건에 더해, 운영책임(통상 시운전 후 20년간 운영 및 유지보수 의무)까지 시공자가 부담하는 조건,

vi) Blue Book: 간척 및 준설 공사에 주로 사용하는 계약조건,

White Book: Consulting 계약 등에 사용하는 조건,

vii) Green Book: 소규모 공사나 공사기간이 짧은 계약에 적용될 수 있도록 작성된 조건,

viii) 그 외에, 하청 공사용 조건(Condotions of Subcontract for Construction; no color)

② **ENAA**(Engineering Advancement Association of Japan, Model Form International Contract for Process Plant Construction, 1992)

◇ World Bank는 Process Plant 관련 EPC/Turn Key 공사 표준입찰서류에 ENAA 표준계약조건(1992년판)을 포함시켜, ENAA가 1986년 초판 보급 이후 가장 오랜 기간에 걸친 실무검증을 통해 업계에서 공정성과 실용성을 인정받은 것으로 보임, 이후 세계은행 산하의 ADB(아시아 개발은행) 등 국제개발은행들이 원조, 차관 제공하는 프로젝트들의 표준 입찰서류에서도 ENAA 표준조건이 폭넓게 준용되고 있다.

③ ICE(Institution of Civil Engineers, Conditions of Contract Design and Construction, 2001)

④ EIC(European International Contracts, Conditions of Contract for Design and Construct Projects, 1994)

⑤ AIA(American Institute of Architects, Standard Form of Agreements Between

Owner and Design/Builder, 1996)

⑥ JCT(Joint Contractors Tribunal, U.K.)

⑦ RIBA(Royal Institute of British Architects)

⑧ ICC(International Chamber of Commerce)

이러한 표준거래조건들은 대체로 관련 계약 법규상 거래 당사자 모두에게 공정하고 합리적인 조건들로 상세한 이행 의무 구성은 물론 위반 시 분쟁 해결 방법, 지연배상 및 기타 손해배상 방법, 제한 등에 대해서도 상세히 규정하고 있다. 또한, 뇌물 수수 등 부패방지, 담합 등 부당경쟁 방지 등 관련국 강행법규상 준법관리 측면에서 요구되는 기타 책임과 준수의무 등에 대해서도 규정하고 있어 실무상 널리 통용되고 있고, 적극적인 준용을 추천하는 바이다.

단, EPC 거래의 특성상, 공사범위 내의 모든 책임은 수주자가 부담하여야 한다는 점에 대해서는 수주자 입장에서는 수용 불가피한 risk 조항이므로, 설계, 구매, 시공 단계에서 여러 하청업체들과의 계약 시 그 원인별 책임소재를 명확히 하고 구상권 등 구제책을 확보하여 문제발생 시 발주자에 대한 책임에 대한 2차적 구상권 확보가 필요하나, 원인 규명/책임 소재가 불분명한 경우에 대한 risk는 여전히 존재한다.

EPC/Turn Key 계약의 특성상 발주자와 수주자 간에 있어 공사 전반에 걸친 포괄적인 책임을 일원화하여 수주자에게 전가하는 기본 원칙은 불가피한 반면, 이러한 potential risk 또한 수주자의 insurance나 기타 재무적 우발채무로 반영되어 수주계약가를 인상시키는 요인이 되어 종국적으로는 발주자(소비자) 부담이 되는바, FIDIC나 ENAA 등에서 추천한 표준계약에서는 consequential damage(결과적 손해), indirect damage(간접 손해), special damage(특별손해)를 손해배상에서 제외하고, 손해배상 한도에 대한 상한제를 두는 등 적절한 조정 장치를 두고 있다. 그 외에도 이러한 표준 계약들은 가능한 한 발주자와 수주자 어느 일방의 이익에 치우치지 않은 균형 잡힌 규정으로 업계 실무상 양 당사자의 폭넓은 수용을 통해 신뢰를 구축해 왔으므로,

개별적인 조건 협상보다는 이러한 표준계약조건을 토대로 합의하고, 일부 조정 불가피한 조건 또는 해당 공사에 특정된 구체적 범위/가격/일정/중재지 국가/준거법 등에 대한 합의를 Particular Terms 또는 Special Terms로 정리하여 General Terms의 해당 규정에 수정을 가하는 형식으로 진행함이 바람직하며,

이것이 실무 통례이다.

Power plant 등 process plant 건설이나 도로, 통신, 항만 등 국가기간산업 건설project 등 해외 대형 건설공사 계약은 각국의 EPC 업체들 간의 경쟁입찰을 통해 수주자가 결정됨은 물론, 이러한 기간산업이나 process plant들은 대부분 발주자 입장에서 World Bank나 ADB 등 국제개발은행(multilateral development banks, MDB)들의 원조 또는 차관 하에 추진되는 관계로 원칙적으로 MDB나 발주자가 제시한 주요 계약조건이 입찰 요건 중의 하나로 이미 포함되어 있는 관계로 수주자 입장에서 유리한 개별조건을 기준으로 협상할 여지는 미약한 환경이므로, 가능한 한 업계에서 오랜 실무를 통해 검증된 중립적 표준 계약조건을 기준으로 협상하는 것이 바람직하다. FIDIC, ENAA, EIC 등은 모두 시공사/EPC 업체 연합/협회인 관계로, 개별 협상시 수주자가 처하게 될 일방적인 불이익보다는 협회차원에서 정립된 형평, 중립적 표준계약조건을 통용시킴으로써 수주업계의 일방적 불이익을 방지하고, 입찰 업체 간 동일 또는 공정한 계약조건 하에서 공정한 경쟁을 통해 수주자가 결정될 수 있는 바람직한 기반을 제공하고 있다.

특히, World Bank나 ADB 등 국제개발은행들의 원조, 차관 하에 진행되는 EPC/Turn key 공사계약의 경우에는 이러한 표준계약조건을 전제로 입찰이 진행되므로, 이에 대한 충분한 이해와 교육이 필요하다.[4)]

(4) EPC 공사계약 주요 조건

1) 책임의 일원화(A single point of responsibility)

수주자는 설계, 엔지니어링, 조달, 건설, 시운전(commissioning)과 시험 등에 대한 모든 책임을 진다. 따라서, 만일 공사관련 어떤 문제가 발생하더라도, project company는 오직 수주자에게 모든 해결과 보상의 책임을 묻는다. 만일 여러 법인으로 구성된 consortium이 수주자일 경우, 각각의 법인은 SPC에 대해 공동 연대 책임은 물론 개별 책임(jointly and severally liable)도 부담함을 EPC계약상 명기하여야 한다.

---

4) See "User's Guide to Procurement of Plant: Design, Supply, and Installation," ADB, Institutional Document | December 2015, 관련 표준계약 양식 및 실무 안내지침은 아래 참조 바람.
http://www.adb.org/documents/users-guide-procurement-plant-design-supply-and-install.

2) 정액 공사대금(A fixed contract price)

EPC계약은 특성상 공사대금이 정액으로 사전에 한정된 관계로, 비용 초과 위험이나 원가절감 이익은 모두 수주자에게 귀속되며, 수주자는 특정한 예외사항(SPC 사정에 의한 공사 지연 또는 SPC의 공사변경 지시 등) 외에는 추가비용을 요구할 수 없는 것이 원칙이다.

3) 확정 완공일(A fixed completion date)

EPC 계약은 특성상, 완공일을 확정하거나, 공사기간을 확정하며, 지연 시 수주자는 project company에게 지연위약금(Delay Liquidated Damage) 규정에 따른 손해배상을 부담하게 된다. 보통법(common law)제도 국가에서는, 위약금 규정이 약정 완공일까지 완료치 못할 경우 입게 되는 손해에 대한 합리적 추산(계약 체결 당시 기준)에 근거한 것이 아닌 단순 penalty인 경우에는 적용이 배제되게 된다는 점을 유의하여야 한다.

4) 공사 기준서(Performance specification)

일반적인 건설 계약과 달리, EPC 계약은 일반적으로 공사 Spec.을 포함하며, 이는 수주자가 준수해야 할 공사/성능 기준을 명시하고 있다. 그러나 성능이 어떤 방법으로 충족되어야 할지까지 지시하고 있는 것은 아니며, 통상 수주자의 재량에 맡겨지나, 문제발생 시 수주자의 책임 여부를 가릴 수 있을 정도는 상세히 명기되어야 할 것이다.

5) 성능 보장(Performance guarantee)

Project company의 수입은 발전소의 가동, 운영으로 얻어진다. 따라서, 발전소가 약정된 생산량, 효율성, 신뢰성(안정성) 기준에 따라 가동되어야 하며, 이러한 성능보장 기준 미달 또는 미충족 시 성능위약금(Performance Liquidated Damage, PLD)을 지불하도록 하는 성능보장 규정을 둔다.

6) 공사변경(Variations)

통상 project company는 공사변경 지시권 및 수주자의 변경 제안에 대한 동의권(또는 승인권)을 갖도록 규정한다. project company가 특정 작업 전체에 대한 삭제권 또는 다른 시공사를 참여케 할 권한을 갖고자 할 경우에는 반드시 이에 대한 상세한 명시적 규정을 두어야 한다. 또한, 공사 변경에 따른 변경 가격 결정 방법도 명기해야 할 것이다. 만일 당사자들이 가격 변동에 대한 합의점에 도달하지 못할 경우(분쟁해결 조항의 영역에 해당), 해결방법에 대한 고려 또한 필요하다. 이러한 변경이 성능에 미칠 영향과 관련하여, 성능보장/보증 조항과 연계한 고민과 함께, 필요 시 보증 변경 필요성도 협의되어야 할 것이다.

7) 공사비인상(Increased costs)

일반적으로 아래와 같이 수주자의 귀책이 아닌 사유로 인해 공사진행에 심각한 피해가 발생한 경우, 예외적으로 공사가격 인상을 허여하는 조항을 규정한다.

① 법규 변경으로 인해 수주자의 공사비용, 합의일정에 따른 작업역량 또는 주요의무 이행역량에 악영향을 주게 된 경우
② Project company, 투자자, 또는 financing 기관의 행위 또는 미이행으로 인해 수주자의 공사비용, 합의일정에 따른 작업역량 또는 주요의무 이행역량에 악영향을 주게 된 경우
③ 공사현장에서 오염, 유해물질 발견 등 토양조건상 문제가 발생한 경우
④ project company의 요청에 따른 작업 보류
⑤ 천재지변 등 불가항력

8) 기한연장(Extension of time)

아래와 같은 사유로 (수주자의 귀책사유 없이) 공사진행이 지연되게 된 경우, 수주자에게 기한연장을 허여하는 규정을 둔다.

① project company의 행위, 불이행, 누락 또는 의무위반
② project company에 의한 공사진행 보류
③ 공사 변경(수주자의 행위나 의무 불이행으로 인한 변경은 제외)
④ 천재지변 또는 불가항력

9) 위약금(Liquidated Damage)

거의 모든 건설 계약은 지연 위약금 규정과 건설의 품질 관련 기준(standard)을 설정하는 규정을 두고 있는 반면, 대부분의 경우는 성능 위약금 규정은 수용하지 않는다. 그러나 EPC 계약에서는, 약속한 성능보장의 달성이 프

로젝트의 궁극적인 성공에 상당한 영향을 미치기에 성능 위약금을 부과한다. 마찬가지로, 프로젝트의 성공에 미칠 영향 및 다른 관련 계약들에서 규정된 project company의 책임 규정들로 인해 발전소가 약정된 납기 내에 가동을 시작하는 것은 매우 중요하며, 이로 인해 지연 위약금 규정을 두게 된다. 지연 위약금과 성능 위약금은 수주자가 계약상 의무를 준수하도록 강제하는 좋은 수단이 된다.

- 단, 대부분의 국가에서 위약금 규정은 약정 완공일까지 완료치 못할 경우 입게 되는 손해에 대한 합리적 추산(계약 체결 당시 기준)에 근거한 것이어야 하며, 그렇지 않고 단순 penalty인 경우는 집행력이 인정되지 않는다는 점을 유의하여야 한다.

10) 배상한도(Caps on liability)

대부분의 EPC 수주자들은 회사 정책상, 무제한 책임을 부담하는 계약은 체결할 수가 없는 관계로, 계약가의 일정비율까지로 배상책임을 한정하는 규정을 두고 있다. 그 한도율은 프로젝트에 따라 천차만별이나, 통상 총배상 책임액은 계약가의 100%를 한도로 하고 있다. 또한 일반적으로 지연 위약금 배상, 성능 위약금 배상에 각각의 한도를 규정하고, 두 종류의 합계에도 별도의 한도 조항을 두는 경우가 많다(예: 지연 위약금, 성능위약금의 배상 한도를 각각 계약금의 20%로 하되, 지연위약금 + 성능 위약금 합계 한도는 30%로 규정).

또한, 손해배상은 일반적으로 예견 가능한 직접손해에 한정하고, 간접손해(indirect damage), 특별손해(special damage) 또는 결과적 손해(consequential damage)는 배상대상에서 제외하는 규정을 두는 것이 통례이다. 경우에 따라서는 상술한 배상 한도나 배상제외가 적용되지 않고 무제한 책임을 부과하는 예외규정을 두기도 한다(예: 제3자 지적재산권 침해에 따른 손해배상/구상, 사기 또는 악의적 불법행위 등에 따른 손해배상 등).

11) 담보(Security)

수주자의 계약의무 위반 또는 미이행으로부터 project company를 보호하기 위해 아래와 같은 이행보증(security)을 요구하는 것이 일반적이다.

① 은행보증(bank guarantee): 보증 비율은 다양하나, 일반적으로 계약금의

5~15%로 규정하는 경우가 많다.

② 지불유보 또는 예치금(Retention 또는 Bond): 예를 들면 매 (공사대금) 분할지급액의 5~10%를 이행보증금으로 예치 또는 지불보류하는 경우.

③ 선급금(advance payment) 지불에 따른 이행 및 배상 보증(guarantee)

④ 모회사의 지급/이행 보증: 수주자의 모회사가 수주자의 계약이행 보증 및 위반 또는 미이행 등에 따른 손해배상액 지불 보증을 제공하는 경우.

12) 하자 책임(Defect liability)

일반적으로 성능 시험 완료 후 12개월에서 24개월 안에 하자가 발생할 경우, 수주자는 이에 대한 보상 의무를 부담하도록 규정한다. 발전소 전체에 대해 적용되는 일괄 하자 책임보증기간 외에, 추가로 주요 설비나 항목에 대해서는 연장 보증기간을 두는 경우도 많다.

13) 지적재산(Intellectual property)

수주자는 공사관련 작업과정에 사용된 지적재산권에 대한 정당한 권리가 있음을 보증하고, 제3자의 지적재산권을 침해하게 된 경우에는 그로 인한 project company의 손해를 보상할 것을 보장하여야 한다. 또한 수주자는 완공, 인도한 plant 가동에 필요한 모든 지적 재산권에 대한 사용권(license)을 project company에게 허여하거나, 제3자로부터 확보하여 제공하여야 한다.

14) 가동 및 관리 매뉴얼(Operation and maintenance manuals)

일반적으로 수주자는 project company의 가동 및 유지/보수 인력을 교육시킬 의무가 있으며, 공사대금에는 그러한 교육/훈련 비용이 포함되어 있다, 모든 스태프들이 효율적이고, 안전하고, 전문적으로 발전소를 정상가동, 운전하기에 충분한 교육을 제공받을 수 있도록 규정하여야 하며, 수주자는 상세한 가동 및 유지보수 매뉴얼을 준비하여 project company에게 제공하도록 하여야 한다.

15) 예비부품(Spare parts)

일반적으로 계약자는 공사의무 범위의 일부로써, 하자 책임보증 기간 중의 하자 보수/교체에 필요한 예비 부품을 제공할 의무 외에, 상업적 가동 단계에서 필요한 모든 예비 부품을 구비, 제공하여야 할 의무가 있다. 통상 이러한 예비 부품 보관, 제공 의무는 일정한 약정기간으로 한정되며, 그 이후 발주자는 발전소의 사업운영 양허기간 중 예비부품을 최혜가격조건으로 구매할 수 있는 option을 요구하기도 한다. 또한, 수주자가 예비부품생산 또는 공급 중단 통보를 하는 경우에는 필요한 부품을 일괄 주문, 구매해 둘 수 있도록 하는 규정을 고려하는 것이 바람직하다.

16) 불가항력(Force majeure)

각 당사자들의 통제관리 능력을 벗어난 천재지변 및 기타 불가항력 상황 발생 시, 해당 당사자의 의무이행을 면제받을 수 있도록 규정하여야 할 것이다.

17) 유예(Suspension)

대부분의 경우, project company는 공사진행을 보류, 유예할 수 있는 재량권을 갖도록 규정한다.

18) 중도해약(Termination)

통상 각 당사자에게 특정 사항 발생 시 계약을 해제 또는 해지할 수 있도록 규정한다. 수주자는 일반적으로 발주자의 공사대금 미지급, 공사진행 보류의 장기화 또는 불가항력 상황 장기화 등과 같이 매우 제한적인 경우에 한정된 해약 권한을 가지며, 그나마도 project company, PF 제공기관 및 수주자 간의 3자 계약 또는 PF 제공기관과의 직접계약에 의해 제한될 수도 있다. 반면, Project company는 상대적으로 광범위한 해약 권한을 가지는바, 주요 의무 위반 또는 파산 등의 경우, 즉각 해약권은 물론, 기타 의무위반의 경우에도 약정 치유기간 경과 후 해약권을 가지며, 경우에 따라서는 임의 해약권을 요구하기도 한다. 단, Project company의 해약권 행사도 financing계약에 따라 제한될 수도 있다.

19) 분쟁해결(Dispute resolution)

EPC 계약의 특성상(PF계약상 의무 연관성 및 지역사회에 미칠 정치, 경제적 악영향 등), 분쟁 발생 시,

중재, 소송 제기 이전에 양 당사자 간 협의 조정, 조율을 통한 해결 절차

를 먼저 경유토록 규정함은 물론, 이후 제소 또는 중재 단계에서도 아래와 같은 제한 규정을 두는 것이 통례이다:

① 수주자는 분쟁기간 중에도 공사진행을 계속하여야 하며,

② 발전소의 정상 가동개시 (또는 이를 감안한 약정기간) 이전에는 소송이나 중재 개시를 금지할 수 있도록, (예외규정을 통해) 긴급 가처분 신청을 허여하고, 상대방은 이에 대한 이의신청 또는 반대 제기를 못하도록 제한하며,

③ Project company의 재량으로 발전소 건설공사와 관련하여 발생한 여러 분쟁을 통합하여 분쟁 해결을 추진토록 규정하기도 한다.

[참고] EPC 계약 조항 구성(ENAA 표준계약 기준)*

A. Contract and Interpretation
1. Definitions
2. Contract Documents
3. Interpretation
4. Communications
5. Law and Language
6. Fraud and Corruption

B. Subject Matter of Contract
7. Scope of Facilities
8. Time for Commencement and Completion
9. Contractor's Responsibilities
10. Employer's Responsibilities

C. Payment
11. Contract Price
12. Terms of Payment
13. Securities
14. Taxes and Duties

D. Intellectual Property
15. License/Use of Technical Information

* See "User's Guide to Procurement of Plant: Design, Supply, and Installation," ADB, Institutional Document | December 2015, 관련 표준계약 양식 및 실무 안내지침은 아래 참조 바람.
http://www.adb.org/documents/users-guide-procurement-plant-design-supply-and-install.

16. Confidential Information

E. Execution of the Facilities

17. Representatives
18. Work Program
19. Subcontracting
20. Design and Engineering
21. Procurement
22. Installation
23. Test and Inspection
24. Completion of the Facilities
25. Commissioning and Operational Acceptance

F. Guarantees and Liabilities

26. Completion Time Guarantee
27. Defect Liability
28. Functional Guarantees
29. Patent Indemnity
30. Limitation of Liability
31. Transfer of Ownership
32. Care of Facilities
33. Loss of or Damage to Property; Accident or Injury to Workers; Indemnification
34. Insurance
35. Unforeseen Conditions
36. Change in Laws and Regulations
37. Force Majeure
38. War Risks

G. Change in Contract Elements

39. Change in the Facilities
40. Extension of Time for Completion
41. Suspension
42. Termination
43. Assignment
44. Export Restrictions

H. Claims, Disputes and Arbitration

45. Contractor's Claims
46. Disputes and Arbitration

제 3 장

국제상거래계약 유형별 양식

주의사항

- 제3장에 수록된 각종 계약서 양식은 제1장 및 제2장에 소개된 국제상거래 유형별 계약 양식의 샘플소개를 통해 독자의 이해를 돕기 위한 학습용으로 예시한 것이오니, 개별계약 시는 실제 거래별 제반 여건, 관련 산업 관례 및 기타 해당 거래의 특수성은 물론, 거래 관련국의 법규 등을 고려하여, 해당국 변호사 등의 자문하에 당사자의 책임과 판단으로 거래조건을 결정하여야 함을 유의 바랍니다.
- 따라서 저자 및 출판사는 예시된 계약서 조문 및 조건의 인용으로 인한 문제에 대해 어떠한 책임도 지지 아니함을 이해해 주시기 바랍니다.

[양식 1] NON-DISCLOSURE AGREEMENT*

This **Non Disclosure Agreement** (“**Agreement**”) made on the __ day of _______, ____ (“**Effective Date**”) by and between __________, with a place of business at ____________________________, and ____________________, with a place of business at _______________________, sets forth the terms and conditions of the confidential disclosure of certain information between the parties. The party from time to time disclosing the Confidential Information, as herein defined, shall be referred to as the “Discloser” and the party from time to time receiving such Confidential Information shall be referred to as the “Recipient”.

In disclosing the Confidential Information, the parties agree as follows;

1. **“Confidential Information”** means certain proprietary and confidential information described in the **Exhibit** hereto, which is disclosed to the Recipient by the Discloser in any manner, whether orally, visually or in tangible form (including, without limitation, documents, devices and computer readable media) and all copies thereof. Tangible materials that disclose or embody the Confidential Information shall be marked by the Discloser as “Confidential,” “Proprietary” or the substantial equivalent thereof. The Confidential Information that is disclosed orally or visually shall be identified by the Discloser as confidential at the time of disclosure and reduced to a written summary by the Discloser, who shall mark such summary as “Confidential,” “Proprietary” or the substantial equivalent thereof and deliver it to the Recipient within thirty (30) days after such

* 양 당사자가 상호 기밀정보를 교환하는 경우를 기준으로 작성한 중립적 draft.

disclosure. The Recipient shall treat such information as the Discloser's Confidential Information pending receipt of such summary.

2. Unless otherwise specifically provided herein or in other agreement(s), for a period of ___ (_) years from each respective disclosure date ("**Non-Disclosure Period**"), the Recipient shall maintain in confidence and not disclose the Confidential Information to any third party.

3. The Recipient shall have the right to use the Confidential Information solely for the purpose ("**Permitted Purpose**") as follows:

____

____

4. The Recipient shall disclose the Confidential Information only to those of its employees who have a need to know such information for the Permitted Purpose.

5. The Confidential Information shall not include any information that the Recipient can prove:
   (a) was in the Recipient's possession without confidentiality restriction prior to disclosure by the Discloser hereunder;
   (b) was generally known in the trade or business in which it is practised by the Discloser at the time of disclosure to the Recipient hereunder, or becomes so generally known after such disclosure, through no act or failure of the Recipient;
   (c) has come into the possession of the Recipient without confidentiality restriction from a third party and such third party was under no obligation to the Discloser to maintain the confidentiality of such information; or
   (d) was developed by the Recipient independently of and without

reference to the Confidential Information.

If a particular portion or aspect of the Confidential Information becomes subject to any of the foregoing exceptions, all other portions or aspects of such information shall remain subject to all of the provisions of this Agreement.

6. The Recipient agrees not to reproduce or copy by any means the Confidential Information, except as reasonably required to accomplish Permitted Purpose. Upon termination of this Agreement, the Recipient's right to use the Confidential Information, as granted in Paragraph 3 above, shall immediately terminate. In addition, upon such termination, or upon demand by the Discloser at any time, or upon expiration of this Agreement, the Recipient shall return promptly to the Discloser or destroy, at the Discloser's option, all tangible materials that disclose or embody the Confidential Information; provided, however, that the Recipient may retain one copy of the Discloser's Confidential Information for archival purposes only.

7. The Recipient shall not remove any proprietary rights legend from, and shall, upon the Discloser's reasonable request, add any proprietary rights legend to, materials disclosing or embodying the Confidential Information.

8. In the event that the Recipient is ordered to disclose the Discloser's Confidential Information pursuant to a judicial or governmental request, requirement or order, the Recipient shall promptly notify the Discloser and take reasonable steps to assist the Discloser in contesting such request, requirement or order or in otherwise in protecting the Discloser's rights prior to disclosure.

9. Each party understands that the Recipient develops and acquires technology for its own products, and that existing or planned technology independently developed or acquired by the Recipient may contain ideas and concepts similar or identical to those contained in the Discloser's Confidential Information. Each party agrees that entering this Agreement shall not preclude the Recipient from developing or acquiring technology similar to the Discloser's, without obligation to the Recipient, provided the Recipient does not use the Confidential Information to develop such technology.

10. The Recipient acknowledges that the Confidential Information may still be under development, or may be incomplete, and that such information may relate to products that are under development or are planned for development. EXCEPT AS SPECIFICALLY SET FORTH IN THIS AGREEMENT, THE CONFIDENTIAL INFORMATION IS PROVIDED "AS IS" WITHOUT WARRANY OR REPRESENTATION OF ANY KIND, EITHER EXPRESS, IMPLIED OR STATUTORY, INCLUDING WITHOUT LIMITATION, ANY WARRANTY WITH RESPECT TO TITLE, MER-CHANTABILITY, FITNESS FOR ANY PARTICULAR PURPOSE, NON-INFRINGEMENT OF ANY THIRD PARTY'S INTELLECTUAL PROPERTY RIGHTS OR ACCURACY. THE DISCLOSER DOES NOT WARRANT THAT THE CONFIDENTIAL INFORMATION WILL MEET CUSTOMER'S RE-QUIREMENTS OR THAT THE CONFIDENTIAL INFORMATION WILL BE ERROR-FREE. THE DISCLOSER MAKES NO WARRANTIES REGARDING THE ACCURACY OF THE CONFIDENTIAL INFORMATION. EXCEPT AS SPECIFICALLY PROVIDED IN THIS AGREEMENT, THE DISCLOSER IS NOT OBLIGATED TO SUPPORT ANY CONFIDENTIAL INFORMATION THAT IT PROVIDES UNDER THIS AGREEMENT. THE DISCLOSER ACCEPTS NO RESPONSIBILITY FOR ANY EXPENSES, LOSSES OR ACTION INCURRED OR UNDERTAKEN BY THE RECIPIENT AS A RESULT OF THE RECIPIENT'S RECEIPT OR USE OF THE

CONFIDENTIAL INFORMATION. THE DISCLOSER MAKES NO WARRANTIES OR REPRESENTATIONS THAT IT WILL INTRODUCE ANY PRODUCT RELATING TO THE CONFIDENTIAL INFORMATION.

11. Other than as expressly specified herein, the Discloser grants no licence to the Recipient under any copyrights, patents, trademarks, trade secrets or other proprietary rights to use or reproduce the Confidential Information.

12. (a) ________ designates the following individual(s) as its contact(s) for receipt, delivery and distribution of Confidential Information which shall maintain appropriate records thereof;

Name & Title: ____

Phone:

Facsimile:

E-Mail:

Mailing Address:

(b) ________ designates the following individual(s) as its contact(s) for receipt, delivery and distribution of Confidential Information which shall maintain appropriate records thereof;

Name & Title: ____

Phone:

Facsimile:

E-Mail:

Mailing Address:

Either party may change their contact(s) by written notice to the other party.

13. This Agreement and all actions related hereto shall be governed by the laws of the Republic of Korea, applicable to agreements made and to be performed in the Republic of Korea, without regard to principles of conflicts of law. Any dispute arising out of or in relation to this Agreement shall be finally settled by arbitration, and the decision by such arbitration shall be final and binding on the parties hereto, with prejudice to any other rights or remedies otherwise available under this Agreement or applicable laws. Such arbitration shall be held in Seoul, Korea in accordance with the then current arbitration rules and procedures of the International Chamber of Commerce.

14. This Agreement expresses the entire agreement and understanding of the parties with respect to the subject matter hereof and supersedes all prior oral or written agreements, commitments and understandings pertaining to the subject matter hereof. Any modifications of or changes to this Agreement shall be in writing and signed by both parties.

15. Unless earlier terminated in accordance with the provisions hereof, this Agreement shall remain in full force and effect for the duration of the Non-Disclosure Period, whereupon it shall expire. Either party may terminate this Agreement at any time, without cause, effective immediately upon written notice of termination. In the event this Agreement is terminated, its provisions shall survive, for the Non-Disclosure Period, with respect to the Confidential Information disclosed prior to the effective date of termination. Any causes of action accrued on or before such expiration or termination shall survive until the expiration of the applicable statute of limitations.

IN WITNESS WHEREOF, the parties have executed this Agreement on the date first written above in this Agreement.

______________________	______________________
BY: ______________________	BY: ______________________
Name: ______________________	Name: ______________________
Title: ______________________	Title: ______________________

EXHIBIT: Description of Confidential Information

[양식 2] LETTER OF INTENT (TERM SHEET 포함)*

*(fill in the date)*________, ____

American Company, Inc.
*(address)*____________
____

Attention: ____________,

Dear Dr. _________:

Reference is made to certain summary of terms for the sale of series B preferred stock in American Company, Inc. ("AMCO") proposed by you on the __ th day of _____, ______ ("Term Sheet").

The letter is intended to confirm our intention to continue further negotiations and works for a possible investment ("Investment") in AMCO by Korean Company, Ltd. ("KORCO") based on the terms of the Term Sheet attached hereto, subject to our due diligence review and management approval.

It is expressly understood that unless and until a definitive written agreement for the Investment is executed between the parties, no liability or obligation of any nature whatsoever is intended to be created. Either party, in its business discretion, may terminate negotiations at any time without obligation or liability to the other, and each party agrees that it

* 특정기술을 보유한 Venture 회사 투자 타당성 검토를 위한 의향서로서, Letter 형식으로 작성되었으며, 대부분 조건을 Term Sheet 형식으로 정리하여 별첨하는 구조를 취함.

will bear its own expenses in connection with the negotiation of the Investment.

If the foregoing conforms to your understanding, please sign and return the enclosed copy of this letter.

We're looking forward to working more closely with you through this opportunity.

Very truly yours,

Korean Company, Ltd.

By: ______________________________

Name: ___________________________

Title: ____________________________

READ AND AGREED:

American Company, Inc.

By: ______________________________

Name: ___________________________

Title: ____________________________

Date: _____________________________

* Attached: Term Sheet (10 pages)

TERM SHEET
SALE OF SERIES B PREFERRED STOCK

The Offering

Issuer: American Company, Inc. (the "Company")

Amount of Financing: Up to $__________

Shares Offered: __________

Purchase Price Per Share: $_.__

Type of Security: Series B Convertible Preferred Stock (the "Series B Preferred"), initially convertible on a 1:1 basis into shares of the Company's Common Stock (the "Common Stock").

Purchase Price Calculation: The purchase price per share of Series B Preferred (the "Original Purchase Price") has been determined based on the fully diluted capitalization of the Company (including a reserved employee stock options pool of ______ shares). A pro forma capitalization table showing the Company's capital structure immediately after the Closing is attached.

Use of Proceeds: The proceeds from the sale of the Series B Preferred will be used for general working capital purposes.

Anticipated Closing Date (the "Closing"): __th day of ______, ____. The issuance of the Series B Preferred may be conducted in one or more closings.

Terms of Series B Preferred Stock

Dividends: The holders of the Series B Preferred shall be entitled to receive noncumulative dividends in preference to any dividend on the Common Stock at the rate of _% of the Original Purchase Price per annum, when and as declared by the Board of Directors.

Liquidation Preference: In the event of any liquidation or winding up of the Company, the holders of the Series A Preferred shall be entitled to receive in preference to the holders of the Series B Preferred, and the Series B Preferred shall be entitled to receive in preference to the holders of the Common Stock a per share amount equal to the Original Purchase Price plus any declared but unpaid dividends (the "Liquidation Preference"). After the payment of the Liquidation Preference to the holders of the Series A Preferred and Series B Preferred, the remaining assets shall be distributed ratably to the holders of the Common Stock. A merger, acquisition, sale of voting control or sale of substantially all of the assets of the Company in which the shareholders of the Company do not own a majority of the outstanding shares of the surviving corporation shall be deemed to be a liquidation.

Conversion: The holders of the Series B Preferred shall have the right to convert the Series B Preferred, at any time, into shares of Common Stock. The initial conversion rate shall be 1:1, subject to adjustment as provided below.

Automatic Conversion: The Series B Preferred shall be automatically converted into Common Stock, at the then applicable conversion price, (i) in the event that the holders of at least a majority of the outstanding Series B Preferred consent to such conversion or (ii) upon the closing of a firmly underwritten public offering of shares of Common Stock of the Company for a total offering of not less than $__ million (before deduction of underwriters commissions and expenses) with a gross equity valuation of not less than $___ million (a "Qualified IPO").

Voting Rights: The Series B Preferred will vote together with the Series A Preferred and the Common Stock and not as a separate class except as specifically provided herein or as otherwise required by law. Each share of Series B Preferred shall have a number of votes equal to the number of shares of Common Stock then issuable upon conversion of such share of Series B Preferred.

Board of Directors: The size of the Company's Board of Directors shall be set at five directors. Two directors will be elected by a majority of the holders of the Common Stock, one director will be elected by a majority of the holders of Series A Preferred, and two directors will be elected by a majority of the holders of Series B Preferred.

Protective Provisions: For so long as at least 25% of the shares of Series B Preferred (or shares of Common Stock issued upon conversion of the Series B Preferred) remain outstanding, consent of the holders of at least a majority of the Series B Preferred shall be required for any action that (i) alters or changes the rights, preferences or privileges of the Series B Preferred so as to materially and adversely affect the Series B Preferred, (ii) creates (by reclassification or otherwise) any new class or series of shares having rights, preferences or privileges on parity with or senior to the Series B Preferred, (iii) increases or decreases the authorized shares of Series B Preferred, (iv) authorizes the sale of substantially all of the assets of the Company or the merger of the Company which results in the disposition of more than 50% of the voting power of the Company, (v) results in the payment or declaration of any dividend on any shares of Common or Preferred Stock or in any redemption or repurchase of any Common Stock or Preferred

Stock (except pursuant to the terms of restricted stock agreements), (vi) authorizes any amendment to the Stock Plan or adopts a new equity participation plan, (vii) authorizes the liquidation, dissolution or winding up of the Company, (viii) increases the number of directors, or (ix) authorizes any subsidiary of the Company to issue securities to a third party.

Investors' Rights Agreement

The Company and each holder of Series B Preferred shall enter into an Investor Rights Agreement, which shall give the holders of the Series B Preferred certain Information Rights, Registration Rights and a Right of First Offer on future issuances of equity securities by the Company.

Information Rights: So long as an Investor continues to hold at least ______ shares of Preferred Stock or Common Stock issued upon conversion of the Series B Preferred, the Investor may request quarterly and audited annual financial statements.

Registration Rights: Demand Rights: Any time beginning 180 days after the Company's initial public offering, if Investors holding more than 50% of the outstanding shares of Series B Preferred, including Common Stock issued upon conversion of Series B Preferred ("Registrable Securities"), request that the Company file a Registration Statement having an aggregate offering price to the public of not less than $__ million, the Company will use its best efforts to cause such shares to be registered. The Company shall have the right to delay such registration under certain circumstances for two periods, each not in excess of ninety (90) days, in any twelve (12) month period.

The Company shall not be obligated to effect more than two (2) registrations under these demand right provisions, and shall not be obligated to effect a registration (i) during the one hundred eighty (180) day period commencing with the date of a public offering by the Company, or (ii) during the ninety (90) day period preceding a public offering by the Company.

Company Registration: The Investors shall be entitled to "piggy back" registration rights on all registrations of the Company or on any demand registrations of any other investor subject to the right, however, of the Company and its underwriters to reduce the number of shares proposed to be registered pro rata in view of market conditions.

S-3 Rights: Investors shall be entitled to two (2) demand registrations on Form S-3 (if available to the Company) so long as such registered offerings are not less than $______.

Expenses: The Company shall bear registration expenses (exclusive of underwriting discounts and commissions) of all such demands, piggy backs, and S-3 registrations (including the expense of one special counsel of the selling shareholders not to exceed $______).

Lock-Up Provision: If requested by the Company and its underwriters, each Investor will enter into an agreement not to sell its shares for a specified period (but not to exceed 180 days) following the effective date of the Company's initial public offering; provided that all officers and directors are similarly bound.

Other Provisions: Other provisions shall be contained in the Investor Rights Agreement with respect to registration rights as are reasonable, including cross indemnification, the period of time in which the Registration Statement shall be kept effective, and underwriting arrangements.

Right of First Refusal and Co-Sale Agreement

The Company, _______, _______, _______ and ________ (the "Founders") shall enter into a Right of First Refusal and Co-Sale Agreement which shall give the Company the first refusal rights and co-sale rights providing that any Founder who proposes to sell all or a portion of his shares to a third party (other than related parties) must permit the Company to purchase such stock on the same terms as the proposed transferee. This right shall terminate upon the closing of a Qualified IPO.

Voting Agreement

The Company and the holders of Series B Preferred shall enter into a Voting Agreement, which shall specify the composition of the Board of Directors and related customary matters. As of the closing of this financing, the Company's Directors shall consist of ________ as the Series A designee and __________ and __________ as the Common Stock designees. The Board of Directors shall meet not less than two times per year.

Purchase Agreement

The investment shall be made pursuant to a Stock Purchase Agreement reasonably acceptable to the Company and the Investors, which agreement shall contain, among other things, appropriate representations and warranties of the Company and covenants of the Company reflecting the provisions set forth herein and appropriate conditions of closing.

Employee Matters

Employee Option Pool: Upon the Closing of this financing there will be ___________ shares of issued and outstanding Common Stock held by the Founders and the Company, _______ shares of issued and outstanding Series A Preferred Stock and an additional ________ shares of Common Stock reserved for issuance pursuant to reserved employee options.

Stock Vesting: All stock and stock equivalents issued after the Closing to employees will be subject to vesting as follows: 25% to vest at the end of the first year following such issuance, with the remaining 75% to vest monthly over the next two years, unless approved otherwise by the Board of Directors. The repurchase option applicable to restricted stock shall provide that upon termination of the employment of the shareholder, with or without cause, the Company or its assignee (to the extent permissible under applicable securities law qualification) retains the option to repurchase at cost any unvested shares held by such shareholder.

Proprietary Information and Inventions Agreement: Each officer, employee and consultant of the Company shall enter into an acceptable proprietary information and inventions agreement.

Condition Precedent to Financing: Completion of legal documentation satisfactory to the Company and the prospective Investors.

Pro-Forma Capitalization Table

	Pre-Financing		Post-Financing*	
	Shares	Percent	Shares	Percent
Common Stock Outstanding:	_____	__%	_____	__%
Employee Stock Plan Pool	_____	__%	_____	__%
Series A Preferred	_____	__%	_____	__%
Series B Preferred to be issued	0	0%	_____	__%
Total Fully Diluted Shares	_____	100%	_____	100%

*Assumes the issuance of $__ million of Series B Preferred Stock.

[양식 3] MEMORANDUM OF UNDERSTANDING*

between

*(name)*________________ ("Partner A")	and	*(name)*________________ ("Partner B")
(address) ________________ ________________		*(address)*________________ ________________

(date) ____________, ______

This memorandum of understanding ("MOU") confirms the intention of the Partner and Client to *initiate steps to form a framework for strategic business alliance in various product and technology areas by expanding existing business relations between the parties hereto and to create new business opportunities between the parties hereto.*

SUMMARIZED BELOW IS THE SUBSTANCE OF DISCUSSIONS BETWEEN BOTH PARTIES TO DATE:

1. Major Terms and Conditions

The principal components of the transaction(s), as currently contemplated by the parties, are outlined in Exhibit A, below.

2. Definitive Agreement

The parties would use their reasonable best efforts to finalize and execute

* 본 의향서는 전형적인 non-binding을 전제로 한 표준 양식으로 사용될 수 있도록, 당사자간의 구체적인 사안별 주요 합의사항은 Exhibit으로 정리하도록 하고, 본문에서는 대부분의 의향서에서 보편, 공통적으로 사용되는 조항들만으로 구성하였다.

definitive written agreement(s) ("Definitive Agreement") to implement their strategic alliance contemplated hereunder based on the major terms and conditions set forth in the Exhibit A on or before ____________, ____.

3. Primary Contact

The parties agree that the following individuals will serve as primary contact personnel for each respective party:

<u>For Partner A</u>:

Principal Contact:
Phone:
Facsimile:
E-mail:
Mailing Address:

<u>For Partner B</u>:

Principal Contact:
Phone:
Facsimile:
E-mail:
Mailing Address:

If it becomes necessary to appoint substitutes for the above persons, the parties may do so by notice to the other party.

4. Term

This MOU shall be effective on the execution date of this MOU and shall continue until the first to occur of (a) termination of negotiations by a written notice by either party to the other party, (b) the effective date of the Definitive Agreement, or (c) the expiration date of this MOU, which is________, ____.

5. Confidentiality

Neither party shall issue any news release, advertisement, publicity or promotional materials or disclose the existence of this MOU or any other information regarding this cooperative business relationship (including denial or confirmation thereof) without the other party's prior written consent. In addition, this MOU and any proprietary information disclosed by one party to the other under or in connection with this MOU shall be considered confidential information which will be governed by the terms and conditions of the non-disclosure agreement between the parties effective at the time of respective disclosure.

6. General Provisions

(1) Each of the parties shall act, and shall be independent contractor in all aspects of this MOU.

(2) Neither Party will act or have authority to act an agent for the other Party for any purpose whatsoever. Nothing in this MOU will be deemed to constitute or create a joint venture, partnership, pooling arrangement, or other formal business entity or fiduciary relationship between the parties.

(3) Neither party shall be bound to the other for any performance, payment, license, right, or reliance with respect to the subject matter, unless and until all material terms have been set forth in the Definitive Agreement.

7. Non-binding Commitment

This MOU is not a binding commitment or contractual undertakings of either party and no commitment will exist unless and until both parties enter into the Definitive Agreements satisfactory to them. Neither party shall have any liability to the other should the parties fail to consummate the transactions outlined herein or fail to enter into the Definitive Agreement for any reason. Either party, in its business discretion, may terminate negotiations at any time without obligation or liability to the other, and each party agrees that it shall bear its own expenses in connection with the negotiation of the proposed business relationship. Notwithstanding the foregoing, the provisions of paragraphs 4, 5, 6 and 7 shall be binding upon the parties.

AGREED:

____________________________ ____________________________

EXHIBIT A

— Major Terms and Conditions —

[양식 4] GENERAL TERMS & CONDITIONS OF SALE*

Article 1. General

______________________ ("Seller"), in the interest of processing orders in a prompt, and efficient manner has established this set of Terms and Conditions of Sale to conform to current business and legal requirements. These Terms and Conditions of Sale shall apply to all quotations for Products (as defined in Section 3 below).

Article 2. Scope

Seller's offer to sell as stated herein whether or not in response to Buyer's order is expressly conditioned upon Buyer's acceptance of Seller's Terms and Conditions of Sale. Buyer's taking delivery all or any part of product is evidence of such assent. Any of Buyer's terms and conditions which are different from or in addition to those contained herein are hereby objected to and of no effect.

Article 3. Definitions

The following terms as used herein are defined as follows:

(A) Products include integrated circuits, discrete devices, solid state chips, hybrid circuits, electronic modules containing semiconductors, microprocessors, memory circuits, varistors and optoelectronic devices.

(B) Standard Products are those Products which are manufactured to Seller's specifications for sale to all customers.

(C) Custom or Semicustom Products are those Products manufactured in whole or in part to a specific customer's specifications and identified by a distinctive custom type number.

---

* General Terms & Conditions는 Buyer 회사의 표준약관형도 있고 Seller 회사의 표준약관형도 있으나, 아래 양식은 Seller 입장에서 작성된 draft임.

(D) Developmental Products are those products which have not been manufactured in production quantities or commercially introduced and do not bear a distinctive type number.

Article 4. Prices

(A) Billing - Subject to the provisions of sub-paragraph below:

1. All billings for Standard Products will be at Seller's established prices for the quantities ordered which are in effect on the order receipt date.
2. All billings for Custom or Semicustom Products will be at prices set by competitive award or negotiated with the Buyer.
3. Transportation shall be at Buyer's expense.

(B) Order Scheduling - Orders may be placed for shipment over a period of up to 12 months from the date of order receipt. Seller reserves the right to cancel any order for which no release has issued three (3) months from the order receipt date. Seller reserves the right to reject any revision to an existing open purchase order when, in its opinion, any such revision substantially alters the scope of the original order.

(C) Price Adjustment - Seller reserves the right to change or withdraw prices at any time for its Products without notice. If Seller's established price for any Standard Product is i) increased, the price in effect prior to the increase will apply to all shipments against orders received prior to the effective date of the increase for a period of 30 days after the effective date of the increase; or ii) decreased, Buyer will be billed at the lower price for all shipments made on or after the effective date of the decrease.

If buyer fails within 12 months of the order receipt date to release and accept delivery of the quantity of Product upon which the billing price was based, the purchase price will be determined by the quantity actually released and shipped and the Buyer will be billed for any price difference.

(D) Taxes - Unless otherwise specified or required by law, all prices will be quoted and billed exclusive of federal, state and local excise, sales and similar taxes. Such taxes, when applicable, will be billed as separate, additional items on Seller's invoices, unless the Buyer provides Seller with a property executed tax exemption certificate.

Article 5. Minimum Order Release

The minimum order and shipping release is (a) Standard Product - $________; (b) commercial Custom and Semicustom Products - $________; and (c) Developmental Products - $________; or (d) such other amount as identified in the Product Line Catalogue issued by Seller from time to time. If the billing amount based upon the quantity ordered or released totals less than the minimum, the monetary amount necessary to bring the billing value up to the minimum will be added to Seller's invoice. Orders of all dual-in-line semiconductor products shall be in multiples of full shipping tubes.

Article 6. Delivery, Title and Risks

(A) All sales are F.O.B. Seller's point of shipment.

(B) Seller reserves right to make deliveries in installments. Partial shipments will be billed made and payments therefor are subject to the terms of payment noted below. All delivery indications are estimated and are dependent in part upon prompt receipt of all necessary information to service an order. Seller reserves the right to allocate inventories and production when such allocation becomes necessary. IN NO EVENT WILL SELLER BE LIABLE FOR ANY PREMIUM TRANSPORTATION, REPROCUREMENT, OR OTHER COSTS OR LOSSES INCURRED BY BUYER AS A RESULT OF SELLER'S FAILURE TO DELIVER PRODUCT IN ACCORDANCE WITH INDICATED DELIVERY SCHEDULES.

(C) Seller will endeavor to meet scheduled delivery dates but shall be excused from performance and not be liable for delay in delivery or non-delivery attributable in whole or in part to (i) any cause beyond Seller's reasonable control, including but not limited to, act of government, whether in sovereign or contractual capacity, judicial action, war, civil disturbances, insurrection, sabotage, act of a public enemy, labor difficulties or disputes, failure of or delay in delivery by Seller' suppliers or carriers, commercial impracticability (irrespective of conjectural foreseeability at labor, or equipment, inadequate yield of product despite Seller's reasonable efforts, accident, fire, flood, storm or other act of God, or (ii) Buyer's fault or negligence.

(D) Seller may over-ship or under-ship quantities by up to three percent (3%) (five percent (5%) in the case of Custom, Semicustom or Developmental Products), which shall constitute compliance with Buyer's order, but Buyer shall pay for only the quantity actually delivered, at the applicable extended unit price.

(E) Title and risk of loss or damage to the Products shall pass to Buyer at the time Seller delivers possession thereof to the carrier. Any Products (whether finished or partially completed) held by Seller at Buyer's request beyond scheduled delivery date shall be at Buyer's risk.

(F) Notwithstanding passage of title, Seller reserves and Buyer grants a security interest in and right of repossession of Products until fully paid by Buyer.

Article 7. Modification and Substitution of Goods

Seller may modify the specifications of Products of its own design at any time without notice and may substitute delivery of such Products provided such modification does not in Seller's sole judgement materially affect form, fit or function.

Article 8. Payment

(A) Subject to prior approval and extension of credit by Seller, Buyer shall pay the net invoiced amount in United States currency within thirty (30) days from date of Seller's invoice. Seller reserves the right at any time to withdraw previously approved credit and in such event Buyer shall comply with the new payment terms as a condition for delivery.

(B) Buyer shall make payment without regard to prior inspection of the Products, but Buyer's right of inspection pursuant to this contract shall not be impaired thereby.

Article 9. Warranties

(A) Seller warrants that its Products at the time of shipment by Seller are free from defects in material and workmanship and possess the electrical characteristics as set forth in, and will perform in accordance with the applicable data sheet or agreed upon written specifications when operated within the temperature and all other operating condition limitations set forth therein.

(B) The foregoing shall apply only to failures to meet said warranties which appear and are reported to Seller within one (1) year from the date of shipment, or with respect to unassembled Product in wafer or die form thirty (30) days from the date of shipment.

(C) Seller's warranty does not apply if; and Seller shall have no liability for Products returned by Buyer as to which Seller's examination discovers that: i) the Product has been exposed to unusual or excessive environmental, mechanical, electrical or thermal stress during the course of installation or use; or ii) the absolute maximum ratings are exceeded for any reason including, but bot limited to, equipment variations, environment variations, the effects of changes in operating conditions due to variations in device characteristics, improper equipment design, Improper device installation or application; or iii) Product malfunction is the result of misuse, abuse, improper installation or application, alteration, accident, or negligence in use, storage, transportation or handing or if the original Identification markings on the Product have been removed, defaced or altered; or iv) Product is "burned in" and/or tested for Buyer by anyone other than Seller unless such procedures have Seller's prior written approval; or v) the Product is classified as other than a commercial production unit, e.g. a design verification unit, sample, preproduction unit, developmental unit, prototype unit, incomplete (with notice) or "fallout" (i.e. out of specification with notice) unit. All warranty claims are subject to verification by Seller.

(D) The liability of Seller hereunder is solely and exclusively limited to replacement, repair or credit at the purchase price at Seller's option for any

Product which is returned by Buyer during the applicable warranty period and which is found by Seller to be subject to adjustment under this warranty.

(E) The foregoing warranties extend to Buyer only, and not to Buyer's customers or to users of Buyer's products. These warranties are the only warranties made by Seller and shall not be enlarged by representations, descriptions, course of dealing, trade usage, rendering of technical advice, service, samples, models, or otherwise.

(F) EXCEPT FOR THE WARRANTY OF TITLE, SELLER MAKES NO OTHER WARRANTIES EXPRESS, IMPLIED, OR STATUTORY, INCLUDING BUT NOT LIMITED TO ANY IMPLIED WARRANTY OF MERCHANTABILITY OR FITNESS FOR A PARTICULAR PURPOSE.

Article 10. Returns and Other Disposition

(A) In order to avoid administrative difficulties that result from unauthorized returns, Buyer shall request a formal Manufacturer's Return Authorization (MRA) from Seller before returning Product for any reason. Seller shall not be responsible for packing, inspection or labor costs in connection with the return of Products. Nor shall Seller be responsible for return of any Product without authorization.

(B) Buyer may return the affected Products F.O.B. Seller's plant upon receipt of the MRA from Seller. Buyer shall give Seller a detailed statement of alleged deficiencies and shall otherwise comply with Seller's instructions contained in the MRA.

(C) Seller shall have no liability for Products returned of otherwise disposed of by Buyer, where Seller is unable to verify the alleged deficiency as provided in Article 9. Such returned Product will be returned to Buyer at Buyer's expense.

Article 11. Patent Indemnity

(A) Subject to the following provisions, Seller shall defend any suit or proceeding brought against Buyer insofar as such suit or proceeding is based on a claim that Products manufactured and supplied by Seller to Buyer constitutes direct infringement of any duly issued United State patent and Seller shall pay all damages and costs finally awarded therein against Buyer, provided that Seller (1) is promptly informed and furnished a copy of each communication or notice in connection with such suit or proceeding and the alleged infringement, and (2) is given authority, information and assistance (at Seller's expense) necessary to defend or settle such suit or proceeding. Seller shall not be obligated to defend or be liable for costs and damages for any infringement arising out of i) compliance with Buyer's specifications; ii) any additions to or modifications of the Products by the Buyers; iii) use of the Products in combination with other goods or with each other after delivery by Seller; or iv) use of the Products in a patented process. Seller shall not be obligated to defend or be liable for costs and damages for any suit claiming that the Products infringe a patent in which the Buyer, or any subsidiary or affiliate thereof, has a direct or indirect ownership interest in such patent.

(B) If any Products manufactured and supplied by Seller to Buyer are held to infringe a United States patent and Buyer is enjoined from using such Products, Seller at its option and expense will either (i) procure for Buyer the right to continue using such Products free of any liability for patent infringement, or (ii) replace such Products with non-infringing but otherwise conforming products, or (iii) refund the purchase price for any such Products returned by Buyer to Seller.

(C) If a claim of alleged infringement is made prior to completion of delivery by Seller under this contract, Seller may decline to make further shipments without being in breach of this contract, and provided Seller has not been enjoined from selling such Products to Buyer, Seller agrees to supply such Products to Buyer at Buyer's option whereupon Buyer shall defend and indemnify Seller (on the same basis as would otherwise have been required of Seller to Buyer hereunder) for any continuing infringement arising therefrom subsequent to Buyer's exercise of such option.

(D) If any suit or proceeding is brought against Seller based on a claim that

Products manufactured and/or supplied hereunder by Seller constitute direct infringement of any duly issued United States patent, and such claim arises from any of the reasons in Paragraph A(i) through A(iv) above, then Buyer shall defend and indemnify Seller on the same basis as would otherwise have been required of Seller to Buyer hereunder.

(E) THE FOREGOING INDEMNITY EXTENDS TO BUYER ONLY AND STATES THE SOLE AND EXCLUSIVE LIABILITY AND REMEDY OF THE PARTIES HERETO FOR PATENT INFRINGEMENT, AND IS IN LIEU OF ALL WARRANTIES, EXPRESS, IMPLIED, OR STATUTORY, IN REGARD THERETO.

Article 12. Termination and Cancellation

(A) Buyer shall not terminate, suspend performance under, or issue a "hold" order on this contract in whole or in part without Seller's written consent thereto. Buyer's liability for termination, suspension, or "hod" shall include Seller's charges therefor beyond the price of finished goods delivered and/or held for Buyer's disposition, such charges including but not limited to costs for work in process and other adjustment of the billing price to Seller's established price applicable to the quantity actually delivered plus an amount equal to twenty percent (20%) of the purchase price.

(B) Buyer may reschedule its order upon written notice to Seller at least 90 days prior to scheduled delivery for Semicustom and Custom Products or 30 days prior to scheduled delivery for Standard Products. Orders rescheduled with less than the above specified notice may, at Seller's options, be treated as terminated and subject to the termination charges set forth above, Buyer may reschedule an initial order only once.

(C) Neither party shall cancel this contract for breach of any of its provisions by the other party without giving such other party advance written notice thereof and a reasonable time in which to cure the alleged breach, except in the event of (i) insolvency of such other party, or (ii) failure of Buyer to make timely payment, Upon cancellation the parties shall be entitled to rights and remedies available at law or under this contract, except to the extent excluded or limited by this contract.

(D) Seller, without canceling this contract, may decline to make further deliveries hereunder in the event of a breach by Buyer, but should Seller elect to continue delivering despite the breach such action shall not constitute a waiver of Buyer's breach or in any way affect Seller's remedies therefor.

(E) The foregoing warranties extend to Buyer only, and not to Buyer's customers or to users of Buyer's products. These warranties are the only warranties made by Seller and shall not be enlarged by representations, descriptions, course of dealing, trade usage, rendering of technical advice, service, samples, models, or otherwise.

(F) EXCEPT FOR THE WARRANTY OF TITLE, SELLER MAKES NO OTHER WARRANTIES EXPRESS, IMPLIED, OR STATUTORY, INCLUDING BUT NOT LIMITED TO ANY IMPLIED WARRANTY OF MERCHANTABILITY OR FITNESS FOR A PARTICULAR PURPOSE.

Article 13. Limitation of Buyer's Remedies and Damages

(A) IN NO EVENT SHALL SELLER BE LIABLE TO BUYER OR TO ANY PARTY CLAIMING UNDER BUYER WHETHER AS A RESULT OF BREACH OF CONTRACT, WARRANTY, TORT (INCLUDING NEGLIGENCE OR OTHERWISE), FAILURE OF A REMEDY TO ACCOMPLISH ITS PURPOSE OR OTHERWISE, FOR SPECIAL, INCIDENTAL OR CONSEQUENTIAL DAMAGES INCLUDING BUT NOT LIMITED TO, LOSS OF PROFITS OR REVENUE, LOSS OF USE OF THE PRODUCT, DAMAGE TO ASSOCIATED EQUIPMENT, DOWNTIME OF PLANT OR EQUIPMENT, COST OF SUBSTITUTE EQUIPMENT OR PRODUCTS OR CLAIMS OF BUYER'S CUSTOMERS FOR SUCH DAMAGES.

(B) The liability of Seller on any claim of any kind, whether based upon breach of contract, warranty, tort (including negligence or otherwise), for any loss or damage arising out of, or resulting from this agreement, or from its performance or breach, or from any product furnished hereunder, shall in no event exceed the price of the product which gives rise to the claim. Except as to title, all such liability shall terminate upon the expiration of the applicable warranty period set forth in Article 9 above.

Article 14. Source Inspection; Indemnification; Authorization

(A) Source inspection by Buyer or Buyer's customer shall be subject to Seller's prior authorization and reasonable charges based on impact thereof on Seller's resources.

(B) Buyer shall indemnify and hold Seller harmless from any and all suits, damages, and expenses for the personal injury (including death) or loss or damage to property of Buyer's employees or agents during or in connection with any visit to Seller's plant regarding this contract.

Article 15. U.S. Export Laws

Seller's obligations are subject to the export administration and control laws and regulations of the U.S. Government, The Buyer shall comply fully with such laws and regulations in the export, resale or disposition of products.

Article 16. Life Support Indemnity

EXCEPT UPON THE PRIOR EXPRESS WRITTEN APPROVAL OF SELLER'S SELLER'S PRODUCTS ARE NOT INTENDED OR AUTHORIZED FOR USE AS COMPONENTS IN ANY (i) LIFE SUPPORT DEVICE OR SYSTEM OR (ii) ANY DEVICE INTENDED FOR SURGICAL IMPLANT INTO THE HUMAN BODY.

Buyer shall indemnify and hold Seller harmless from all liability and costs (including court costs and attorney's fees) resulting from claims, demands, or actions brought against Seller by anyone on account of any injuries (including death) or property damage caused directly or indirectly from the use of Seller's Products as components in (I) any life support device of system or (ii) any device intended for surgical implant into the human body.

Article 17. Miscellaneous Terms

(A) Buyer shall not assign this contract or any right or interest therein without the prior written consent of Seller.

(B) This contract supersedes all previous communication, transactions, and understanding, whether oral, or written, and constitutes the sole and entire agreement between the parties pertaining to the subject matter hereof. No modification or deletion of, or addition to these terms shall be binding on Seller unless made in writing and signed by a duly authorized contracts representative of Seller at Seller's home office.

(C) This contract shall be in all respects governed by the laws of Korea. Any and all disputes arising from or in connection with this Agreement shall be settled by arbitration in Seoul, Korea in accordance with the arbitration rules of the International Chamber of Commerce then effective, which shall be final and binding upon both parties.

(D) The invalidity, in whole or in part of any provision shall not affect the validity or enforceability of any other provision herein.

(E) All orders are subject to acceptance on these General Terms and Conditions of Sale at Seller's home office.

[양식 5] SALES REPRESENTATIVE AGREEMENT*

THIS AGREEMENT is made this ___ day of ____, ____, by and between ________ with offices at _______________________ (hereinafter "KORCO"), and _______ with offices at ___________________________ (hereinafter "REPRESENTATIVE").

The Parties agree as follows:

1. DEFINITIONS

(a) "Products" shall mean such products specified in the Exhibit.

(b) "Designated Customers" shall mean ________________________ and such other customers located in the Territory which may be agreed in writing by the parties.

(c) "Territory" shall mean the geographic area of __________.

(d) "Commission" shall mean Representative's compensation for performance of its duties hereunder.

2. APPOINTMENT

KORCO hereby appoints Representative to provide services in accordance with the terms and conditions hereof for the sale of Products to the Designated Customers in the Territory.

3. ACTIVITIES

Representative will exercise its best efforts to promote the sales of Products to Designated Customers through contacting, soliciting purchases from and servicing Designated Customers (actual and prospective). In particular,

---

* KORCO 기준 draft.

Representative will at 'its own expense:

(a) Maintain an office and sales organization in the Territory that is equipped and competent to perform all activities in connection with promoting the sale of Products to the Designated Customers;

(b) Negotiate under KORCO's guideline and instruction, prices and other terms and conditions of the sale of the Products;

(c) Check delivery process and status;

(d) Request to KORCO, at Designated Customer's request, return material authorization ("RMA") of defective Products, follow-up the RMA process, and manage warranty claim under KORCO's instruction;

(e) Assist KORCO in handling and resolving claims, technical issues and other inquiries raised by Designated Customers;

(f) Assist KORCO in establishing mutually acceptable realistic monthly, quarterly and annual sales objectives for the Territory;

(g) Identify new Product requirements from Designated Customers;

(h) Submit to KORCO, in a form and at such intervals designated by KORCO, forecasts and sales reports of Representative's activities relating to Designated Customers;

(i) Immediately forward to KORCO all original orders and information relating thereto, or documents requiring KORCO's signature or approval;

(j) Upon KORCO request, assist in the credit check of and collection from Designated Customers; and

(k) Perform such other services, at KORCO's request, as are reasonably required within the general scope of this Agreement.

4. QUOTATIONS AND ORDERS

Representative will solicit orders and make quotations for the sale of Products to Designated Customers in the Territory subject to KORCO's terms and conditions of sale in effect at the time of order solicitation. All orders are subject to KORCO's acceptance; and KORCO reserves the right to reject any order in whole or in part without incurring any liability to

Representative.

Representative has no authority to accept, or modify orders or existing contracts in any way, or to make commitments purporting to bind KORCO.

5. COMMISSIONS

Representative's compensation under this Agreement is limited to Commissions. in general, Representative will earn a Commission on sales of Product to Designated Customers against orders booked during the term of this Agreement.

Commissions are ___ percent (_%) of the net sales amount received from Designated Customers based on F.O.B. origin, exclusive of taxes, assessments and tariffs of any kind, transportation charges, insurance, and any incidental fees or charges, and reflecting applicable discounts, credits, returns, claims and price allowances.

KORCO will be entitled to set off against Representative's account any Commission earned by Representative on the sale or resale of Products subsequently returned for credit or reimbursement; shipments erroneously credited or paid for any reason; or for shipments which remain unpaid by the Designated Customer after normal collection procedures, in any case, KORCO reserves the right to withhold payment of any Commission due Representative until the Designated Customer pays KORCO.

6. COMMISSION PAYMENTS

KORCO will pay to Representative such earned Commissions by the end of the calendar month following the calendar month in which KORCO actually receives payment for the sale of Products from the Designated Customers.

7. TERM AND TERMINATION

This Agreement will commence on the date first written above and will continue for a period of twelve (12) months unless terminated by either party for cause as set forth below. This Agreement shall be automatically renewed for additional terms of one year each, unless, either party provide the other party with ninety (90) days' advance written notice of non-renewal prior to the end of the initial or any renewal term. This Agreement may be terminated at any time by either party if the other party defaults in the performance of any provision of this Agreement and such default continues for a period of thirty (30) days after notice thereof, and if the other party is adjudicated a bankrupt, becomes insolvent, makes an assignment for the benefit of creditors, has a receiver appointed, files a petition in bankruptcy or initiates reorganization proceedings.

8. MISCELLANEOUS PROVISIONS

8-1 The relationship of the parties shall be that of independent contractors, and nothing herein shall be construed as creating an employment, agency, partnership or joint venture relationship between the parties hereto. Distributor expressly acknowledges that it has no power or authority to make any commitments for KORCO or to obligate KORCO in any respect whatsoever. Representative shall indemnify KORCO and to hold KORCO harmless from and against any loss, claim, damages, fees (including attorney's fees), or award arising from any unauthorized act of Representative.

8-2 The construction, validity and performance of this Agreement will be governed in all respects by the laws of the Republic of Korea. Any and all disputes arising from or in connection with this Agreement shall be settled by arbitration in Seoul, Korea in accordance with the arbitration rules of the International Chamber of Commerce then effective, which shall be final and binding upon both parties.

8-3 This Agreement may not be assigned or transferred by either party except with the other party's written consent; provided, however, Representative may assign this Agreement to its affiliated company.

8-4 This Agreement sets forth the entire agreement and understanding between the parties relating to the subject matter contained herein and supersedes all other prior agreements, oral or written. Failure by either party to enforce or take advantage of any provision hereof shall not constitute a waiver of the right subsequently to enforce or take advantage of such provision. This Agreement may not be changed or amended, in any way whatsoever, except by written agreement signed by duly authorized representatives of both parties.

8-5 Any notice, request, consent, offer or demand required or permitted under this Agreement must be in writing and must be sufficiently given if delivered in person or sent by registered airmail or fax confirmed by registered by registered airmail, addressed as follows:

		KORCO	Representative
Address	:		
E-mail	:		
Telephone	:		
Attention	:		

Notice must be deemed to have given on the date of mailing except the notice of change of address which must be deemed given when received.

IN WITNESS WHEREOF, the parties hereto have made and executed this Agreement on the day and year first above written.

KORCO

By: ______________________

Name:

Title:

REPRESENTATIVE

By: ______________________________

Name:

Title:

[양식 6] DISTRIBUTOR AGREEMENT*

THIS DISTRIBUTOR AGREEMENT is entered into by and between __________, a corporation duly incorporated under the laws of Korea, with a place of business at __________________________, Korea ("Supplier") and__________________________, a corporation duly incorporated under the laws of __________________ with a place of business at ______________________________________ ("Distributor")

BACKGROUND

Supplier is engaged in the design and manufacture of ________________________. Distributor has requested the right to distribute Supplier's Products (defined below) on a non-exclusive basis. To induce Supplier to enter into this Agreement, Distributor represents and warrants to Supplier that Distributor is: (1) qualified to distribute Products in the Territory (defined below); (2) has sufficient knowledge of Supplier's Products to do so; and (3) is not competing in any manner or from against Supplier

In consideration of the mutual promises of the parties, and for other good and valuable consideration, the receipt and sufficiency of which are hereby acknowledged, and intending to be legally bound, Supplier and Distributor hereby agree as follows:

1. Appointment

Subject to the terms herein, Supplier hereby appoints to the Distributor the nonexclusive right to sell the Supplier the products identified in Exhibit A

* Distributor Brand(OEM)로 공급하는 경우를 기준으로 작성된 것으로, 기본적으로 Supplier의 이익보호를 우선으로 작성된 draft임.

hereto ("Products") in _______________ ("Territory") during the term of this Agreement. Distributor agrees that it will not sell the Products outside the Territory, nor knowingly sell the Products to customers who intend to install the Products outside the Territory, without the prior written consent of an authorized representative of Supplier. Supplier shall provide Distributor with necessary technical information regarding the Products.

2. Acceptance of Appointment

Distributor hereby accepts its appointment as Supplier's distributor with the nonexclusive right to sell the Products in the Territory. Except as expressly set forth in this Section 2, Distributor acknowledges that Supplier shall have the right to appoint other distributors in the Territory and that Supplier and/or its affiliates may distribute the Products in the Territory.

Notwithstanding the above, Supplier agrees not to appoint Distributor's agents or subagents as distributors. Supplier agrees, prior to its appointment of any party as a distributor or its distribution of its Products in the Territory, to give Distributor 30 days written notice of its intention ("Notice of Appointment") and Supplier agrees that Distributor shall have the exclusive right to sell to customers listed on a customer list provided to Supplier within 10 days after the receipt of Supplier's Notice of Appointment, only to the extent actual and substantial order placement of the Products from such customer has been made as of the receipt date of Supplier's Notice of Appointment.

3. Duties of Distributor

Distributor shall undertake, at its sole expense, the following duties in a professional manner to the satisfaction of Supplier:

3.1 Use its best efforts to promote the sales of Products in the Territory. Such efforts shall include, but not be limited to, promptly servicing all customer accounts and cooperation with and participation in Supplier's advertising and sales promotional programs. All promotional and advertising materials for the Products, unless supplied by Supplier, must be approved in writing by Supplier.

3.2 Maintain adequate office and warehouse facilities.

3.2 Provide its customers with technical support related to the Products.

3.3 Maintain a trained and aggressive sales force and technical personnel.

3.4 Maintain an inventory of Products as may be reasonably necessary to meet market demand for the Territory.

3.5 Provide monthly reports to Supplier regarding inventory, sales and sales forecast of Products and any other information reasonably requested by Supplier.

3.6 Elect one person designated by Supplier to serve on Distributor's Board of Directors. The person designated will be subject to the approval of the Distributor, which will not be unreasonably withheld.

4. Agreement of Purchase and Sale

Supplier agrees to sell to Distributor and Distributor agrees to purchase from Supplier the Products subject to Supplier's terms and conditions of sale ("Terms and Conditions"), attached hereto as Exhibit A and incorporated herein by reference set forth herein.

5. Purchase Orders

No contract for sale of Products shall result except by Supplier's written acceptance of each order submitted by Distributor. Accepted purchase orders will be exclusively subject to the Terms and Conditions. Any preprinted information on Distributor's Purchase Orders shall be of no force or effect.

6. Prices

Products will be invoiced to Distributor at the applicable prices listed on the price list or other applicable written price quotations to be issued to Distributor by Supplier twice per year (the end of June and December), current at the date of Supplier's acceptance of Distributor's order. The initial price offered to the Distributor effective as of the date of this Agreement is attached hereto as Exhibit B. The payment term shall be C.O.D (Cash on Delivery) which requires full payment of the prices invoiced to Distributor prior to shipment of the Products under Distributor's order. Such payment will be made by wire transfer to a bank account in Korea as designated by Supplier in the applicable invoice.

7. Product Discontinuance and Changes

Supplier reserves the right to discontinue the sale of any and all types of Products and to change the product type, specifications, designs, formula, contents or packaging thereof, with sixty (60) days' advance written notice to Distributor. In such event, Supplier agrees to fulfill all orders or contracts for the discontinued products outstanding or taken prior to the product termination date included in this Section 7. Distributor shall also have the right to purchase the product designs subject to reasonable terms and conditions to be mutually agreed and seek manufacture and supply from another supplier.

8. Confidential Information

Neither party("Recipient") shall use or disclose to a third party any confidential information of the other party("Provider") acquired by the Recipient as a result of activities under or in the performance of this Agreement except as authorized in writing by the Provider. This confidential obligation shall survive for five (5) years after the termination or expiration of this Agreement. Upon expiration or termination of this Agreement pursuant to Section 10 below, Recipient shall immediately return to the Provider all of the Provider's confidential information including but not limited to technical information set forth in Section 1, together with any and all copies thereof.

9. Covenant of Non-competition

Distributor shall not purchase, sell, distribute or otherwise deal such products, which are competitive with or similar to the Products in the Territory, without prior written consent of Supplier.

10. Trademarks and Trade Names

Distributor shall use its own trademarks, trade name, logo, marking and identification code("Trademark") on the Products supplied under this Agreement and other printed materials associated with resale of the Products. Supplier will supply the Products on an OEM basis with Distributor's Trademark. Distributor shall not use Supplier's Trademark without Supplier's prior written consent. Distributor shall not have any right or interest in or claim to any Supplier trademark or trade name in any manner whatsoever.

11. Term and Termination

11.1 The initial term of this agreement shall be one (1) year from the date of receipt of the Technical Source & Document (as set forth in Exhibit A) to be provided by Supplier pursuant to this Agreement. Thereafter this Agreement may be automatically renewed for four(4) additional terms of one year each, unless Supplier or Distributor provides the other with 90 days' written notice of non-renewal, for any reason or for no reason, prior to the end of the initial or any renewal term.

11.2 This Agreement may be terminated at any time by either party if the other party defaults in the performance of any provision of this agreement and such default continues for a period of 30 days after notice thereof, and if the other party is adjudicated a bankrupt, becomes insolvent, makes an assignment for the benefit of creditors, has a receiver appointed, files a petition in bankruptcy or initiates reorganization proceedings.

11.3 Supplier agrees to fulfill all orders or contracts of Products outstanding or taken prior to the effective date of the expiration or termination of the Agreement provided in this Section 12, unless such termination is caused due to Distributor's default or insolvency set forth under Section 12.2.

12. Notice

Any notice, request, consent, offer or demand required or permitted under this Agreement must be in writing and must be sufficiently given if delivered in person or sent by registered airmail or fax confirmed by registered by registered airmail, addressed as follows:

	Supplier	Distributor
Address :		
E-mail :		
Telephone :		
Attention :		

Notice must be deemed to have given on the date of mailing except the notice of change of address which must be deemed given when received.

13. Indemnification

13.1 Distributor shall indemnify Supplier and hold Supplier harmless from and against any loss, claim, damages, fees (including attorney's fees), or award arising from any lawsuit, proceeding or other action arising out of (i) the operation of Distributor's business or (ii) related to any claim by a third party based, in whole or in part, on Distributor's distribution, use or install of the Products. The activities of any of Distributor's employees or agents will be considered activities of the Distributor for purposes of this section. Supplier will have the right, but not the obligation, to assume the defense of any such lawsuit, proceeding or action. Supplier and Distributor will each give the other prompt notice of any such claim, lawsuit, proceeding or action.

13.2 Except for any design, specification or technical data provided by the Distributor, any changes in the Products made by the Distributor, or any combination with other products or incorporation into system products not undertaken by Supplier for which the Distributor shall indemnify and hold harmless Supplier in accordance with this Section 14.2, Supplier shall indemnify, release and hold Distributor harmless from any claims, demands, liabilities, actions, suits or proceedings asserted or claimed by any third party from sales of the Products, whether against Supplier or Distributor, and arising out of the violation of any copyrights and/or patents, and Supplier agrees to undertake the cost of defending same, including reasonable attorney's fees, where such claim, demands, liabilities, actions, suits or proceedings are the result of defects in the Products or violations of copyrights and/or patents of others. Supplier shall be given timely notice of any such claim demand, liability, action, suit or proceeding, and Supplier shall have the option to undertake and conduct the defense thereof.

14. Limitation of Liability

IN NO EVENT SHALL EITHER PARTY BE LIABLE FOR ANY SPECIAL INCIDENTAL OR CONSEQUENTIAL DAMAGES ARISING OR IN CONNECTION WITH A PARTY'S PERFORMANCE OR FAILURE TO PERFORM UNDER THIS AGREEMENT.

SUPPLIER'S LIABILITY ON ANY CLAIM OF ANY KIND, WHETHER BASED ON BREACH OF CONTRACT, WARRANTY, TORT, OR INDEMNIFACTION UNDER THE SECTION 13.2 SHALL IN NO EVENT EXCEED THE PRICE OF THE PRODUCT FURNISHED HEREUNDER WHICH GIVE RISE TO THE CLAIM.

15. General

15.1 Relationship of Parties The relationship of the parties shall be that of independent contractors, and nothing herein shall be construed as creating an employment, agency, partnership or joint venture relationship between the parties hereto. Distributor expressly acknowledges that it has no power or authority to make any commitments for Supplier or to obligate Supplier in any manner whatsoever.

15.2 Force Majeure If the performance of either party is made impossible by reason of any circumstances beyond Supplier's reasonable control, including without limitation, fire, explosion, power failure, acts of God, war, revolution, civil commotion, order or requirement of any government or legal body, then the affected party shall be excused from such performance to the extent of such interference.

15.3 No License Except as expressly set forth herein, nothing in this Agreement shall be construed as granting to the other party any rights, interest in, or license to any property, including intellectual property and information, of the other party.

15.4 Severability If any provision or provisions of this Agreement shall be held to be invalid, illegal or unenforceable, such provision shall be enforced to the fullest extent permitted by applicable law and the validity, legality and enforceability of the remaining provisions shall not in any way be affected or impaired thereby.

15.5 Waiver Failure by either party to enforce or take advantage of any provision hereof shall not constitute a waiver of the right subsequently to enforce or take advantage of such provision. Any waiver of any kind by a party of a breach of this Agreement must be in writing, shall be effective only to the extent set forth in such writing and shall not operate or be construed as a waiver of any subsequent breach.

15.6 Governing Law The construction, validity and performance of this Agreement will be governed in all respects by the laws of ____________________. Any and all disputes arising from or in connection with this Agreement shall be settled by arbitration to be held in __________________ in accordance with the arbitration rules of the International Chamber of Commerce then effective, which shall be final and binding upon both parties.

15.7 Assignment This Agreement may not be assigned or transferred by either party except with the other party's written consent; provided, however, Supplier may assign this Agreement to its affiliated company.

15.8 Entire Agreement This Agreement sets forth the entire agreement and understanding between the parties relating to the subject matter contained herein and supersedes all other prior agreements, oral or written. This Agreement may not be changed or amended, in any way whatsoever, except by written agreement signed by duly authorized representatives of both parties.

15.9 Counterparts The parties agree that they may execute counterparts to this Agreement with each being considered the original.

IN WITNESS WHEREOF, the parties have executed this Agreement as of the date first written above.

SUPPLIER	DISTRIBUTOR
By:______________________	By:______________________
Print Name:	Print Name:
Title:	Title:
Date:	Date:

[양식 7] OEM AGREEMENT*

THIS Original Equipment Manufacture AGREEMENT is made as of ____________________ (the "Effective Date"),

BETWEEN: ____

(hereinafter referred to as Seller)

AND:

____

(hereinafter referred to as Buyer)

(Seller and Buyer are hereinafter sometimes referred to individually as the "Party" or collectively referred to as the "Parties").

WHEREAS:

(a) Seller is a Korean based company involved in the business of designing, developing, documenting, manufacturing, marketing, and supporting integrated circuits;

(b) Buyer is a _______ company involved in the business of designing, developing, documenting, manufacturing, marketing and supporting integrated circuits;

(c) Seller and Buyer, the parties to this agreement, wish to jointly pursue business opportunities in relation to a program of work (hereinafter referred to as the "Program") with respect to:

---

* 협상결과 반영된 상당히 중립적 규정들로 구성되었으나, 기본적으로는 Seller 기준 draft임.

THE PURCHASE OF PRODUCT FOR THE PURPOSE OF RESELLING

(d) The Parties wish to cooperate and support each other such that they may participate as provided herein the purchase of product for the purpose of reselling; and

(e) The Parties wish to set forth their respective responsibilities and obligations to each other with respect to the Program.

NOW THEREFORE, in consideration of the premises and the terms, conditions and mutual covenants and agreements herein contained, and for other goods and valuable consideration the receipt and adequacy of which s hereby acknowledged, the Parties hereto agree as follows:

1. DEFINITIONS

The definitions of terms used in this Agreement are set forth in Attachment A hereof.

2. PURCHASE AND SALE

A. Buyer agrees to purchase and Seller agrees to sell and deliver in accordance with the terms and conditions of this Agreement, the Products listed in Attachment B hereof during the Term of this Agreement. The parties agree that modification can be made to Attachment B by the mutual consent under the provisions of this Agreement.

B. Nothing in this Agreement shall prohibit Buyer from purchasing Products from other suppliers or prohibit Seller from selling Products to other customers.

3. TERM

A. This Agreement will commence on ________, ___, ("EFFECTIVE DATE") and shall remain in effect for two (2) years through ________, ___. It is the intent of both parties that this Agreement will be renewed after the initial two years.

4. TERMINATION

A. This Agreement and any purchase order placed pursuant to this Agreement, may be terminated in whole or in part at the option of the party having such right by providing written notice to the other upon the happening of any one of the following events:

1. Either Party's bankruptcy, insolvency, assignment of assets for the benefit of creditors, suspension of business, voluntary dissolution, or appointment of a receiver or trustee for all or a substantial portion of the Party's assets.
2. Any breach of a material provision of this Agreement, which breach, upon the written demand of one Party, the other Party does not remedy or undertake reasonable measures to remedy within thirty (30) days.

B. Buyer shall not terminate, suspend performance under, or issue a "hold" order on this contract in whole or in part without Seller's written consent thereto. Buyer's liability for termination, suspension, or "hold" shall include Seller's charges therefor beyond the price of finished goods delivered and/or held for Buyer's disposition, such charges including but not limited to costs for work in process and other adjustment of the billing price to Seller's established price applicable to the quantity actually delivered plus an amount equal to twenty percent (20%) of the purchase price.

C. Any termination under this paragraph 4 shall not release the obligations of either party arising prior to such termination.

5. FORECAST, PURCHASE ORDERS

A. During the term of this Agreement, Buyer shall submit its written forecast once each month, no later than the 25th calendar day. Each monthly forecast shall include as a minimum, a six (6) month rolling demand of each Product. Significant changes to the forecast will be promptly provided to Seller as they are learned by Buyer. Seller will confirm each forecast within seven (7) calendar days.

B. Forecast released to Seller by Buyer for Products shall serve to identify device organization, speed, package, Buyer part number, quantities to be shipped and the delivery date and shipping instructions. Adjustments to related facts above may be made when mutually agreed to by both parties.

C. Buyer shall order Products for the next month according to Seller's response to Buyer's forecast. However, Buyer shall not be obligated to order from Seller quantities in excess of those forecasted by Buyer. Buyer shall also be obligated to order Products from Seller for the following month according to Seller's forecast, but not exceeding Buyer's forecast. Such orders to be placed the following month after reaching price agreement. It is the intent of both parties that Seller consider the first two months of each forecast as a firm backlog for Buyer, Buyer shall maintain one month backlog with Purchase Orders and will issue Purchase Orders for the following month at the forecasted quantities after mutual price agreement is achieved).

D. In accordance with paragraph 5(C), Buyer shall issue Purchase Orders for the next month's deliveries within seven (7) calendar days after receiving Seller's response to Buyer's forecast.

6. DELIVERY

A. Notwithstanding the F.O.B. terms set forth in the Agreement, "Delivery Date" as used in this Agreement shall mean date of delivery to location specified in Buyer's purchase order.

B. All Products purchased by Buyer will be marked with the Buyer logo and part number in accordance with Attachment F (Buyer Marking Specification) unless otherwise stated on the purchase order. All Products purchased by and shipped to Buyer will be packed by Seller in accordance with Attachment H to insure full tubes, boxes and cartons. All boxes will have a bar code label affixed in accordance with Attachment

G. Buyer will make all reasonable efforts to insure all purchase orders placed are for quantities (or multiples thereof) consistent with Attachment H.

C. Seller shall exert reasonable efforts to maintain continuity of deliveries to meet requirements as confirmed in Seller response to Buyer forecast and Seller will notify Buyer immediately of any prospective events which may affect deliveries. If Seller is delinquent on the delivery of any Purchase Order or line item of a Purchase Order by thirty (30) or more days, Buyer will have the right to cancel the Purchase Order or the affected line items of the Purchase Order, as appropriate.

D. "Delivery Date" as used in this Agreement shall mean date of delivery to location specified in Buyer's Purchase Order.

E. Seller will use its best efforts to fill all purchase orders received form Buyer, but shall not be held liable to Buyer for failure to fill orders as a result of inability to obtain sufficient or suitable raw materials or as a result of insufficient manufacturing capacity.

F. If Seller delivers 95% to 100% of Buyer's Purchase Order quantities on time, Seller will not be considered delinquent. However, Buyer will not be obligated to accept any shortage quantity at a later time.

7. PRICING, PAYMENT AND TAXES

A. It is intended that the unit price for Products in Attachment B will follow trends in the marketplace so that Buyer's distributors can resell Products at the spot market price. The unit price for Products in Attachment B will be reviewed monthly by both Parties, no later than the 25th calendar day. At such time, prices for each line item of the purchase orders for delivery commencing the following month will be established upon mutual agreement of the Parties. In times of Product shortage; i.e., whenever shipments to Buyer are capped, prices will not be increased, except upon six (6) months notice and mutual agreement of the Parties. In the event of a cap by Seller on shipments to Buyer, Seller will ship Buyer an amount at least equal to Buyer's last confirmed forecast.

B. The unit price for Buyer purchase Products will be negotiated and fixed at the level of 90% of "the Spot Market Price" monthly by both Parties, no later than the 25th calendar day of the previous month.

C. Both Parties desire to reach mutual agreement on pricing every month. If Buyer and Seller are unable to agree on pricing, Seller will deliver Products for the next two months at 85% (95% if Products is for Buyer internal usage) of the published Dataquest pricing for the U.S. Market (the 1K, 10K, or Mean Price will be the reference according to volume).

D. If both Parties cannot reach mutual agreement on pricing two months in a row, Seller will not be obligated to continue delivery to Buyer, and Buyer will not be obligated to purchase Products for the following month and beyond.

E. Prices will include all charges such as packaging and packing and shipping.

F. Payment for Products will be due thirty (30) days after the date of delivery, or the date of the invoice, whichever is later.

G. Products for Buyer's internal usage should be priced at 100% of the Spot Market Price. Products for internal use by Buyer will be identified via Buyer's forecast and price negotiation.

H. If Seller is late delivering Products to Buyer, the price for the delinquent Products will conform to 90% of the Spot Market Price for the month during which delivery actually occurs, or the original price, whichever is lower.

8. SCHEDULING

A. Purchase orders issued hereunder shall authorize Seller to deliver specified quantities of Products and establish mutually agreed upon delivery dates. Delivery of items shall be made in accordance with the mutually agreed upon delivery schedule as set forth in the individual

Purchase Orders.

B. Buyer cannot cancel any shipment within sixty (60) days of the original scheduled delivery date and may not re-schedule any shipment within sixty (60) days of the original scheduled delivery date. If notice is given more than sixty (60) days prior to the scheduled delivery date, Buyer may cancel such shipment. Buyer may cancel scheduled shipments within sixty (60) days of the scheduled delivery date for the reason stated in 6C.

C. Seller shall exert reasonable efforts to maintain continuity of deliveries to meet Buyer delivery requirements as stated in the individual Purchase Orders issued hereunder; and Seller shall notify Buyer immediately of any prospective events which may affect deliveries.

D. Acceptance by Buyer of any delay in a scheduled delivery shall not constitute a waiver of or affect Buyer's rights regarding any other delayed deliveries under this agreement.

9. QUALITY REQUIREMENTS

A. Seller shall inspect and test Products prior to delivery to Buyer to ensure compliance with Seller's databook specifications or mutually agreed specifications of the Product identified in Attachment B. Seller shall also comply with the QUALITY PROVISION set forth in Attachment C hereof. Buyer may test all Products received from Seller and will reject all non conforming Products that do not meet the requirements of said specification. Furthermore, Buyer reserves the right to return all rejected Products from Buyer's end customers that do not meet the requirements of said agreed upon specifications and can not be resolved by Seller. This does not include Products rejected by end customers for application related problems. Rejected Products will be returned to Seller in accordance with the provisions of the Return Material Authorization(RMA) Procedure set forth in Attachment D attached hereto and made a part hereof.

B. Seller will use its best efforts to notify Buyer immediately of any Product or process problem which will adversely affect the quality, performance, reliability and/or scheduled delivery of Products. Seller will provide Buyer a corrective action and recovery plan as soon as feasible after identification of a problem.

10. CHANGES

A. Seller agrees that no changes to Products or process characteristics resulting in nonconformance to mutually agreed upon specified physical, mechanical, electrical, chemical or reliability requirements shall be made without written notice to Buyer.

B. Seller agrees to supply Buyer with prompt disclosure of any anticipated process or Product changes. Furthermore, Seller commits to provide sixty (60) day written notice of any such change. When notification of the proposed change, as previously defined, is supplied by Seller, and Buyer does not respond within thirty (30) calendar days, said lack of response will be considered approval and revised parts can be shipped.

C. Qualification samples and supporting data, when mutually agreed upon, shall be forwarded to Buyer for evaluation.

D. Buyer and Seller may at any time, request changes within the general scope of this Agreement. Both Parties agree to inform the other within thirty (30) days of the Other's position with respect to such changes and the effect such change would have on this Agreement. All such requests and responses will be in writing under the provisions of this Agreement.

11. NEW PRODUCTS/PRODUCT IMPROVEMENTS

A. Seller may take available to Buyer any new products (to include product improvements or enhancements) when Seller makes said enhancements/new products available to the general industry.

B. The Parties agree that new product additions (including price and volume requirements) can be made to Attachment B by mutual consent under the provisions of this contract.

C. The Parties hereto agree to work together to define new products and/or product improvements or enhancements.

12. WARRANTY

A. Seller warrants that Products delivered hereunder, at the time of shipment by Seller, shall be free from defects in material, workmanship and fabrication, and shall perform in accordance with the applicable data sheets or all agreed upon written specifications when operated within the temperature and all other operating condition limitations set forth therein. This warranty shall extend for a period of one (1) year from the date of shipment by Seller of such Products to Buyer, or with respect to unassembled Products in wafer or die form thirty (30) days from the date of shipment.

B. Seller's warranty does not apply if; and Seller shall have no liability for Products returned by Buyer as to which Seller's examination discovers that: i) the Product has been exposed to unusual or excessive environmental, mechanical, electrical or thermal stress during the course of installation or use; or ii) the absolute maximum ratings are exceeded for any reason including, but not limited to, equipment variations, environment variations, the effects of changes in operating conditions due to variations in device characteristics, improper equipment design, improper device installation or application; or iii) Product malfunction is the result of misuse, abuse, improper installation or application, alteration, accident, or negligence in use, storage, transportation or handling or if the original identification markings on the Product have been removed, defaced or altered; or iv) Product is "burned in" and/or tested for Buyer by anyone other than Seller unless such procedures have Seller's prior written approval; or v) the Product is classified as other than a commercial production unit, e.g. a design verification unit, sample, preproduction unit, developmental unit, prototype unit, incomplete (with notice) or "fallout" (i.e. out of specification with

C. The liability of Seller hereunder is solely and exclusively limited to replacement, repair or credit at the purchase price at Seller's option for any Product which is returned by Buyer during the applicable warranty period and which is found by Seller to be subject to adjustment under this warranty.

D. The foregoing warranties extend to Buyer only, and not to Buyer's customers or to users of Buyer's Products. These warranties are the only warranties made by Seller and shall not be enlarged by representations, descriptions, course of dealing, trade usage, rendering of technical advice, service, samples, models, or otherwise.

E. EXCEPT FOR THE WARRANTY OF TITLE, SELLER MAKES NO OTHER WARRANTIES EXPRESS, IMPLIED, OR STATUTORY, INCLUDING BUT NOT LIMITED TO ANY IMPLIED WARRANTY OF MERCHANTABILITY OR FITNESS FOR A PARTICULAR PURPOSE.

13. RETURNS AND OTHER DISPOSITION

A. In order to avoid administrative difficulties that result from unauthorized returns, Buyer shall request a formal Return Material Authorization ("RMA") from Seller before returning for any reason. Seller shall not be responsible for packing, inspection or labor costs in connection with the return of Products. Nor shall Seller be responsible for return of any Product without authorization.

B. Buyer may return the affected Products F.O.B. Seller's plant upon receipt of the RMA from Seller. Buyer shall give Seller a detailed statement of alleged deficiencies and shall otherwise comply with Seller's instructions contained in the RMA

C. Seller shall have no liability for Products returned of otherwise disposed of by Buyer, where Seller is unable to verify the alleged deficiency as provided in Article 9. Such returned Product will be returned to Buyer at Buyer's expense.

14. PATENT INDEMNITY

[Alternative # 1][1)]

A. Seller shall not be obligated to defend, nor shall be liable for any costs or damages, in any claim, suit or proceeding brought against Buyer or any of its customers, arising out of infringement of patents or other intellectual property rights of any third party.

B. Buyer acknowledges that the price and other terms of the sales of Product under this Agreement have been agreed in reliance and based upon the applicability and enforceability of no indemnity for infringement and thus Buyer shall distribute, sell, install, assemble, use and service the Products at its sole risk, except the claims arised out of the warranties set forth in this Agreement.

C. Buyer shall defend any suit or proceeding brought against Seller insofar as such suit or proceeding is based on a claim that Product manufactured and supplied by Seller to Buyer under this OEM Agreement and in compliance with agreed upon data sheets and specifications constitutes direct infringement of any duly issued patent or other intellectual property rights and Buyer shall pay all damages and costs finally awarded therein against Seller or its affiliates, provided that Buyer (1) is promptly informed and furnished a copy of each communication or notice in connection with such suit or proceeding and the alleged infringement, and (2) is given authority, information and assistance (at Buyer's expense) necessary to defend or settle such suit or proceeding.

[Alternative #2][2)]

A. Subject to the following provisions Seller shall defend any suit or proceeding brought against Buyer insofar as such suit or proceeding is based on a claim that Products manufactured and supplied by Seller to Buyer constitutes direct infringement of any duly issued United State

---

1) Seller 면책 규정: Buyer가 제공한 설계에 따른 주문생산 등의 경우에 해당.

2) 중립적 규정: 귀책(침해) 원인별 책임부담.

patent and Seller shall pay all damages and costs finally awarded therein against Buyer, provided that Seller (1) is promptly informed and furnished a copy of each communication or notice in connection with such suit or proceeding and the alleged infringement, and (2) is given authority, information and assistance (at Seller's expense) necessary to defend or settle such suit or proceeding. Seller shall not be obligated to defend or be liable for costs and damages for any infringement arising out of i) compliance with Buyer's specifications; ii) any additions to or modifications of the Products by the Buyers; iii) use of the Products in combination with, and/or interconnection to any systems, sets, devices, parts or other goods not provided by Seller or in any manner for which the Products were not designed, or use of the Products in other than those uses intended by Seller; or iv) use of the Products in a patented process. Seller shall not be obligated to defend or be liable for costs and damages for any suit claiming that the Products infringe a patent in which the Buyer, or any subsidiary or affiliate thereof, has a direct or indirect ownership interest in such patent.

B. If any Products manufactured and supplied by Seller to Buyer are held to infringe a United States patent and Buyer is enjoined from using such Products, Seller at its option and expense will either (i) procure for Buyer the right to continue using such Products free of any liability for patent infringement, or (ii) replace such Products with non-infringing but otherwise conforming products, or (iii) refund the purchase price for any such Products returned by Buyer to Seller.

C. If a claim of alleged infringement is made prior to completion of delivery by Seller under this contract, Seller may decline to make further shipments without being in breach of this contract, and provided Seller has not been enjoined from selling such Products to Buyer, Seller agrees to supply such Products to Buyer at Buyer's option whereupon Buyer shall defend and indemnify Seller (on the same basis as would otherwise have been required of Seller to Buyer hereunder) for any continuing infringement arising therefrom subsequent to Buyer's exercise of such option.

D. If any suit or proceeding is brought against Seller based on a claim that Products manufactured and/pr supplied hereunder by Seller constitute direct infringement of any duly issued United States patent, and such claim arises from any of the reasons in Paragraph A(i) through A(iv) above, then Buyer shall defend and indemnify Seller on the same basis as would otherwise have been required of Seller to Buyer hereunder.

E. THE FOREGOING INDEMNITY EXTENDS TO BUYER ONLY AND STATES THE SOLE AND EXCLUSIVE LIABILITY AND REMEDY OF THE PARTIES HERETO FOR PATENT INFRINGEMENT, AND IS IN LIEU OF ALL WARRANTIES, EXPRESS, IMPLIED, OR STATUTORY, IN REGARD THERETO.

15. LIMITATION OF SELLER'S LIABILITY

A. IN NO EVENT SHALL SELLER BE LIABLE TO BUYER OR TO ANY PARTY CLAIMING UNDER BUYER WHETHER AS A RESULT OF BREACH OF CONTRACT, WARRANTY, TORT (INCLUDING NEGLIGENCE OR OTHERWISE), FAILURE OF A REMEDY TO ACCOMPLISH ITS PURPOSE OR OTHERWISE, FOR SPECIAL, INCIDENTAL OR CONSEQUENTIAL DAMAGES INCLUDING BUT NOT LIMITED TO, LOSS OF PROFITS OR REVENUE, LOSS OF USE OF THE PRODUCT, DAMAGE TO ASSOCIATED EQUIPMENT, DOWNTIME OF PLANT OR EQUIPMENT, COST OF SUBSTITUTE EQUIPMENT OR PRODUCTS OR CLAIMS OF BUYER'S CUSTOMERS FOR SUCH DAMAGES.

B. The liability of Seller on any claim of any kind, whether based upon breach of contract, warranty, tort (including negligence or otherwise), for any loss or damage arising out of, or resulting from this agreement, or from its performance or breach, or from any Products furnished hereunder, shall in no event exceed the price of the Products which gives rise to the claim, paid by Buyer to Seller. Except as to title, all such liability shall terminate upon the expiration of the applicable warranty period set forth in Article 12 above.

16. PROPRIETARY INFORMATION & PRESS RELEASES

The Parties agree that the details connected with this Agreement shall not be published or disclosed to any third party except as is necessary for performance of this Agreement or as required by government regulation, without the other Party's written permission.

17. CONFIDENTIAL INFORMATION

A. This Agreement contemplates the mutual exchange of technical and business information to be used exclusively for the purpose of the Program Except as further provided herein information obtained by one Party the Receiving Party) from the other Party (the Disclosing Party) hereunder, if labeled or otherwise identified in writing as confidential, is understood and agreed to be confidential information to the Disclosing Party. Any such information is referred to and further defined herein as "Confidential Information" and will be used by the Receiving Party only to support the Program.

B. The Receiving Party agrees not to use, duplicate, or disclose, for any purpose whatsoever, except as otherwise permitted under this Agreement, any such Confidential Information received from the Disclosing Party, without the prior written consent of the Disclosing Party.

C. The Parties agree to handle any such Confidential Information with the same degree of care normally used to protect their own Confidential Information within their organization.

D. All such Confidential Information shall only be submitted to Customers with the prior approval of the Disclosing Party, which shall not be unreasonably withheld, and shall clearly be marked as "Confidential or Proprietary" or as otherwise necessary to ensure that such information will not be released to Third Parties.

E. The obligations under this section shall impose no obligation upon the receiving party with respect to any Confidential Information of the furnishing party which (i) is now or which subsequently becomes generally known or available; (ii) is know to the receiving party at the time of receipt of same from the furnishing party; (iii) is provided by the furnishing party to a third party without restriction on disclosure; (iv) is subsequently rightfully provided to the receiving party by a third party without restriction on disclosure; (v) is independently developed by the receiving party provided the person or persons developing same have not had access to the Confidential Information of the furnishing party.

18. SURVIVAL

The Parties specifically agree that the provisions of Article 17 entitled "Confidential Information" shall survive the termination or expiration of this Agreement for a period of three (3) years and the provisions of Article 20 entitled "Export Controls" shall survive any termination or expiration of this Agreement.

19. BUSINESS REVIEWS

A. Seller and Buyer agree to conduct quarterly or semi annual business review meetings throughout the term of this Agreement. The meeting sites shall alternate between Seller and Buyer facilities as dictated by meeting agenda. Each Party shall ensure the attendance of the appropriate technical and management personnel.

B. The agenda for each meeting and list of attendees should be mutually agreed to no later than two (2) weeks before each scheduled meeting. The items of Attachment E represent the suggested outline for the Quarterly Business Review meeting.

20. EXPORT CONTROLS

A. Each party agrees to fully comply with applicable legal Export Control

Regulations both of South Korea and the U.S.A., including but not limited to anti-dumping laws.

B. All taxes and/or duties of any kind whatsoever in connection with the performance of this Agreement imposed by the authorities of the Republic of Korea shall be borne by Seller and all taxies and/or duties of any kind whatsoever in connection with the performance of this Agreement imposed by the authorities of the U.S. or its political subdivisions shall be borne by Buyer.

21. NOTICES

A. The Parties hereby agree that any notice, request, demand, consent, approval, correspondence or other communication required or permitted to be given hereunder, shall be in writing and be sent by registered mail, telex, telegram, facsimile or other agreed electronic means addresses as follows:

1. To Seller

Attention:

2. To Buyer

Attention:

B. All notices or communications provided for by this article shall be considered effective when received. The time of receipt is defined in the case of registered mail or telegram as the time of delivery to the receiving party's address as specified above. In the case of facsimile, telex or other agreed electric means the time of receipt will be the time of transmission by the sending party, but written acknowledgement by the receiving party is required for receipt to be considered accomplished.

22. ASSIGNMENT

Neither Party shall assign, nor in any manner transfer its interest, or any part thereof, in this Agreement without the prior written consent of the other Party.

23. GENERAL PROVISIONS

A. To the extent that Buyer copies and distributes Seller (revised with Buyer name) datasheets and specifications to its customers, Buyer's granted a copyright license for such purpose.

B. Non-enforceable Provisions and Survival: if any provision of this Agreement is held to be ineffective, unenforceable or illegal for any reason, Seller and Buyer shall negotiate an equitable adjustment in the provisions of this Agreement with a view toward effecting the purposes of this agreement, such decision shall not affect the validity or enforceability of any or all of the remaining portions hereof. Additionally, in the event of termination f this Agreement, those articles which by their nature survive termination shall continue to apply in accordance with their terms.

C. Agreement Deviations: This Agreement including all Attachments and documents incorporated by reference, embodies all the terms and conditions between the Parties and may not be altered orally. Any amendments or alterations hereof shall be valid only when made in writing and executed by both Parties.

D. Seller shall have the right to conduct audits of Buyer to determine whether Buyer has properly sold Products pursuant to this Agreement. Such audits will be conducted no more often than once per year, upon reasonable advance notice. All such audits shall be conducted by an independent public accounting firm of Seller's choosing among the so-called "Big Eight" firms.

E. Force Majeure: Neither Party shall be deemed to be in default for any delay or failure to furnish or accept items or services hereunder if any such delay or failure on the part of such party is due to:

1. Acts of God or of a public enemy
2. Acts of the government of either party or political subdivision thereof
3. Fires, floods, explosions or other catastrophes
4. Epidemics and quarantine restrictions
5. Strikes, slowdowns, or labor stoppages of any kind
6. Freight embargoes
7. Unusually severe weather
8. Any other similar cause beyond the control and without the fault and negligence of such party

In the event of a delay or failure to perform due to any such cause, the time for performance shall be extended for a period of time equal to the time lost by reason of such cause, except that if any delay continues for a period of thirty (30) days or more, Buyer may terminate.

F. Attachments: A (Definitions), B (Product List), C (Quality Provisions), D (RMA Procedure), E (Agenda for Quarterly Business Reviews).

IN WITNESS WHEREOF, the Parties hereto have caused this Agreement to be executed by their duly authorized representatives and to become effective as of the EFFECTIVE DATE set forth herein above.

Seller	Buyer
By: ______________________	By: ______________________
Name: ______________________	Name: ______________________
Title: ______________________	Title: ______________________

ATTACHMENT A

DEFINITION OF TERMS

The following terms used in this Agreement shall have the definitions assigned to them hereunder unless the Agreement other wise provides of the subject matter or context of this Agreement otherwise requires:

1. "Agreement" shall mean the "OEM Agreement" including when executed attachments "A" through H annexed hereto.

2. The "Products" shall mean the Seller devices listed in Attachment B.

3. "Seller" shall mean ________________ and its subsidiaries.

4. "Confidential Information" shall mean written information, data or material including computer software, identified as "Confidential Information": by the disclosing Party (who is also the owner of or has the fight to disclose such confidential information) which is delivered to the other party (Receiving Party). Any information disclosed orally or visually shall receive confidential protection if stated to be "Confidential Information" at the time of disclosure and if subsequently presented in written form identified as "Confidential Information" to the Receiving Party within a period of not more than thirty (30) days of such oral or visual communication.

ATTACHMENT B

PRODUCT LIST

DESCRIPTION	Buyer PART#

ATTACHMENT C

QUALITY PROVISIONS

ATTACHMENT D

RETURN MATERIAL AUTHORIZATION PROCEDURE

To define and to appropriately countermeasure for any claim raised by Buyer, Seller sets up the RMA Procedure and Buyer shall follow this procedure.

1. Application: To general activities to control claim on all the products provided by Seller to Buyer.

2. Definition of Claim: All the liaison requiring return, additional payment, exchange or necessary compensation for the products supplied by Seller.

3. RMA Procedure

Buyer	Seller	Terms	Reference
Claim Notice		D+0 day	
	Receive Claim	D+1 days	
	Request Explanation Sheet with Sample	D+2 days	Give claim number Request claim reason
Explanation Sheet with Sample		D+4 days	
	Review & Test	D+14 days	Investigate defect cause
	Sending RMA Acknowledgement	D+17 days	Send test result
Ack. Review		D+21 days	Review test result
Compensation Method Notice		D+28 days	Credit or replacement
	Provide Credit or Replacement	D+30 days	

ATTACHMENT E

AGENDA FOR BUSINESS REVIEW MEETINGS

1. FORECAST:

Buyer to provide a unit volume forecast by Product for at least the following six (6) months.

2. DELIVERY:

Seller to provide:

- biweekly shipment status and performance and
- a report on requested changes in lead time.

3. PRICING:

Seller and Buyer to review pricing on Products in Attachment B and/or for new Products based on Buyer's most current forecast and market conditions.

4. QUALITY/RELIABILITY:

- Buyer to report any quality or reliability related problems at their end customers.
- Seller and Buyer to resolve any nonconformity Product problems in accordance with Attachments C&S hereunder.

5. CHANGES:

- Seller to report on anticipated process, manufacturing, assembly or device specification changes.
- Seller to report on Buyer request for device specification changes.

6. QUALIFICATION:

Seller to report on status of Products currently in qualification or requalification.

7. NEW PRODUCTS:

Seller to report upon new product and sample availability.

8. NEW BUSINESS OPPORTUNITIES:

Seller and Buyer to discuss ways and means of mutually expanding and growing the business to include, but not limited to :

- Joint marketing activities
- Joint sales and application training material

[양식 8] LONG TERM SUPPLY AGREEMENT*

This Agreement (the "Agreement") is entered into as of __________, ____ by and between __________________, a Korean company, having a place of business at _________________________________, Korea and its subsidiaries (hereinafter "SELLER"), and ______________, a _________ corporation, having its principal place of business at __________________________________, U.S.A. and its subsidiaries (hereinafter "BUYER"). SELLER and BUYER are sometimes referred to as a "Party" and collectively referred to as the "Parties".

RECITALS

WHEREAS, BUYER has agreed to make an investment of _______________ US dollars (US$___________) in certain SELLER securities subject to the terms and conditions set forth in the Convertible Bond Purchase Agreements ("Equity Investment").

WHEREAS, BUYER is making this investment to establish a strategic alliance with SELLER and to increase the availability of the PRODUCTs (defined below) for sale to BUYER.

WHEREAS, in consideration for the investment and public acknowledgement of BUYER's relationship with SELLER for SELLER's PRODUCTs, SELLER grants BUYER such favorable terms and conditions to purchase the PRODUCTs produced by SELLER as provided in this Agreement.

---

* • 상당기간 공급부족 예상되는 제품(부품)의 안정적 공급확보를 위해 Buyer가 Seller의 생산시설 확충을 지원키 위해, 전환사채 투자(매입)하기로 하는 특별조건 포함한 장기공급계약.

• Seller와 Buyer 상호 이익보호 고려한 중립적 draft.

NOW, THEREFORE, for good and valuable consideration, the receipt and sufficiency of which is acknowledged, the Parties agree as follows:

1.0. PRODUCTS

The products to be supplied by SELLER and purchased by BUYER pursuant to this Agreement are the products listed in Exhibit 1.0 ("PRODUCT"). BUYER may add additional products to Exhibit 1.0 by written notice to SELLER, provided such PRODUCTs are supplied or offered by SELLER for commercial supply (and not solely as samples) to its other customer(s) (Standard Product"). Notwithstanding the foregoing provisions with respect to the Standard Products, SELLER may object to BUYER's addition of a Standard Product to Exhibit 1.0. and will have no obligation to supply such Standard Product to BUYER, if: (i) such Standard Product was never on SELLER's product roadmap and supplying such Standard Product would breach a contract between SELLER and a third party executed before BUYER's notice adding such Standard Product to this Agreement; or (ii) supplying such Standard Product would infringe a third party intellectual property right. Any product other than Standard Product may be added to Exhibit 1.0 only by mutual agreement signed by representatives of both Parties ("Non-Standard Product"). This Agreement together with the applicable purchase order ("PO") will govern all purchases of PRODUCTs during the term of this Agreement. If there is a conflict between this Agreement and the terms and conditions on a PO, the order of precedence will be: (1) the quantity, price, payment and delivery terms on the PO; (2) this Agreement; and (3) the remaining terms and conditions of the PO.

2.0. SUPPLY VOLUME COMMITMENT

2.1 **Supply Volume** SELLER agrees to make available such number of PRODUCT units as set forth in Exhibit 2.1 to this Agreement, for sale to

BUYER ("Supply Volume").

2.2 **Product Mix** The product mix of PRODUCTs purchased by BUYER each year of the term will be decided by BUYER subject to paragraphs 2.1, 2.5, 4.2 and 5.4.

2.3 **Excess Volume** SELLER will make commercially reasonable efforts to accept any BUYER purchase orders for additional units over the Supply Volume, subject to availability of related PRODUCTs within SELLER's production capacity and efficiency of the line operation for the related PRODUCTs.

2.4 **Supply Conditions and Volume Adjustment** SELLER's obligation to supply PRODUCTs to BUYER under this Agreement will be conditioned on BUYER's holding of total Equity Investment represented by SELLER convertible bonds, or if subsequently converted to SELLER common stocks or preferred stocks, such common stocks or preferred stocks ("Securities") for twelve (12) months ("Holding Period") from the Effective Date (defined in paragraph 11.1), without selling any portion thereof. Thereafter, until the end of thirty six (36) months from the Effective Date ("Adjustment Period"), should BUYER sell more than fifty-percent (50%) of total Securities, then SELLER's obligations under paragraph 2.1 will be reduced by fifty-percent (50%) of the Supply Volume effective from the date when BUYER's holding of the Securities falls below fifty-percent (50%). For the remaining term of this Agreement after the expiration of Adjustment Period, SELLER's obligations to supply will be fixed at the volume finally adjusted as of the end of Adjustment Period regardless of BUYER's actual holding ratio of the Securities during the said remaining term. BUYER will provide SELLER with a written report of any change to its Securities holding immediately upon such change. The Supply Volume may be further adjusted to the volume forecasted by BUYER for purchase and fixed pursuant to paragraph 4.0.

2.5 **Supply Obligation** Notwithstanding any provisions including but not limited to the Supply Volume under this Agreement, SELLER's obligation to supply PRODUCTs to BUYER under this Agreement will be limited to the number of units actually ordered by BUYER under POs in compliance with the terms and conditions of this Agreement.

3.0. PURCHASE VOLUME COMMITMENT

BUYER agrees to order from SELLER at least fifty percent (50%) of BUYER's Total Requirements for PRODUCTs in each Requirement Period ("Minimum Purchase Commitment"). BUYER acknowledges that SELLER's continuing obligation to supply PRODUCTs to BUYER under this Agreement is expressly conditioned on BUYER's purchase of Minimum Purchase Commitment. "Requirement Period" means, in calendar year _____, the Effective Date to December 31, and in calendar years ____ through ____, January 1 through June 30 and July 1 through December 31. "BUYER's Total Requirements" means the total number of PRODUCT units (for such unit calculation, paragraph 2.2 will be applied) purchased from SELLER or any other supplier for incorporation into BUYER products, provided (i) equivalent PRODUCTs were available from SELLER when BUYER required them with appropriate advance time to meet applicable lead times; (ii) SELLER's equivalent PRODUCTs were qualified for use in BUYER's product in time to meet the requested delivery; and (iii) the price of SELLER's equivalent PRODUCTs is equal to or less than the price offered by any of BUYER's other major qualified supplier(s) supplying reasonable volume to BUYER. BUYER's obligation to purchase PRODUCTs from SELLER is expressly conditioned upon SELLER's complete performance of and compliance with its obligations under the Agreement. BUYER will have no obligation to purchase a modified PRODUCT from SELLER unless and until BUYER has re-qualified the same for use in BUYER's products.

At the end of any Requirement Period, SELLER may, upon reasonable notice and during BUYER's normal business hours, have an independent certified public accountant audit BUYER's relevant records to verify that BUYER met its Minimum Purchase Commitment for such Requirement Period.

4.0. FORECASTS, ORDERS AND ADJUSTMENTS

4.1 **Forecasts** BUYER will provide each month a six (6) month rolling forecast by month, showing BUYER's anticipated Total Requirements and anticipated volume to be purchased from SELLER under this Agreement shown on the basis of anticipated units by size, model, and quantity, no later than fifteen (15) days prior to the end of each month. Significant changes to the forecast will be promptly provided to SELLER as they are learned by BUYER. SELLER will provide BUYER with SELLER's response to each forecast within fifteen (15) days from the receipt of BUYER's forecast. Except as set forth in paragraph 4.2, BUYER's forecasts are for planning purposes only and do not constitute an obligation to purchase.

4.2 **Changes** BUYER may change the forecast for any month in accordance with the following table, provided, however, that the forecast for any period within applicable lead times will not be changed. Any changes outside of the Supply Volume or the variance rate permitted under the following table must be by written agreement of the Parties through the Enabling Committee.

	Permitted Change
Most Recent Forcast for that Month (Period within Lead time)	No change permitted
Month before Forcasted Delivery Date	
Remaining Period of Second Month beyond Lead Time Third Month Forth Month Fifth Month Sixth Month	 +10%/-100% +20%/-100% +30%/-100% +40%/-100% +50%/-100%

5.0. PURCAHSE ORDER, DELIVERY & RESTRICTION

5.1 **Purchase Orders** Any and all purchases under this Agreement will be initiated by a written PO only from BUYER or one of its Designees sent by either registered mail or facsimile followed by a registered mail. By written agreement of the Parties, POs may also be sent and acknowledged by electronic data exchange or other mutually satisfactory system. SELLER will confirm or reject such BUYER's purchase orders within three (3) business days after receipt of POs. Unless SELLER provides a written rejection within the said three (3) days, BUYER's POs will be deemed accepted by SELLER. SELLER may reject a PO only if such PO does not comply with the terms of this Agreement, exceeds the Supply Volume, changes BUYER's forecasted volume by more than applicable variance rates set forth in paragraph 4.2, or requires delivery within the lead time set forth in paragraph 5.4. Unless the Parties agree otherwise, any and all POs will be considered firm and irrevocable and none of the terms (except ship-to address) on such POs will be changed. "Designee" means (i) a subsidiary wholly-owned by BUYER; or (ii) a third party with whom BUYER has contracted to manufacture or assemble BUYER products incorporating PRODUCTs and authorized by BUYER to procure PRODUCTs from SELLER under this Agreement.

5.2 **Delivery** Delivery will be made to the location and on the delivery date designated by BUYER or its Designees on the applicable PO. Delivery made up to two (2) days early and zero (0) day late will be considered on time delivery.

5.3 **Restriction on Resale** PRODUCTs purchased under this Agreement are intended for incorporation into products manufactured or assembled by or for BUYER. BUYER and its Designees will not resell such PRODUCTs to any third parties, except that (i) BUYER may resell PRODUCTs to Designees who will incorporate them into BUYER products; (ii) BUYER and its Designees may resell excess or obsolete inventory to a third party with an advance notice to SELLER.

5.4 **Lead Time** The Parties agree the lead time for the delivery of Standard Products under PO will be forty five (45) days from SELLER's receipt of BUYER's PO (if confirmed or deemed confirmed in accordance with Paragraph 5.1) unless otherwise specifically agreed between the Parties. Lead times for Non-Standard Products will agreed upon by the Parties.

5.5 **HUBs** SELLER will utilize BUYER-approved third party warehouses ("HUBs") located at agreed locations at or near facilities manufacturing BUYER products. SELLER will (i) bear all costs associated with warehousing PRODUCTs in HUBs; (ii) ensure that BUYER or its Designees may withdraw PRODUCTs from HUBs as needed; (iii) retain title to the PRODUCTs until they are physically delivered to BUYER, its Designees or its carrier upon withdrawal from a HUB; (iv) fully insure or require the HUB operator to fully insure all PRODUCTs in transit to or stored at a HUB against all risk of loss, theft or damage until such time as BUYER or its Designee takes title to them; and (v) require that the HUB operator take all steps necessary to protect all PRODUCTs in a HUB consistent with good commercial warehousing practice. The Parties agree that, where HUB delivery is requested by BUYER, the delivery date on PO will be the date BUYER or its Designee plans to withdraw the PRODUCTs from the HUB. The actual withdrawal date may vary depending on BUYER's or its Designee's daily build requirements. To insure that SELLER maintains a sufficient inventory of PRODUCTs in HUBs to satisfy daily build requirements, SELLER will use commercially reasonable efforts to maintain at least five (5) days of inventory ("DOI") of PRODUCTs in each HUB at all times. SELLER will issue invoices for PRODUCTs delivered to a HUB on the date of actual withdrawal from the HUB, provided that SELLER may invoice BUYER for any PRODUCTs still in a HUB after thirty (30) days from the delivery date on the PO and that any costs, risks or liabilities caused after the said thirty (30) day period will be borne by

BUYER upon the actual title transfer of such PRODUCTs to BUYER.

6.0. PRICING & PAYMENT TERMS

6.1 **Pricing** SELLER agrees to insure that the purchase price of PRODUCTs purchased by BUYER under this Agreement will not exceed the most favorable price SELLER offers to any of its customers for the same or similar PRODUCTs at like time periods, regardless of volume. Incongruities due to currency fluctuations over a period of thirty (30) days or less will not constitute a breach of this Agreement.

6.2 **Invoice and Payment** Payment will be made net thirty (30) days from the date of invoice, in U.S. dollars by a wire transfer to a bank account designated by SELLER. The invoice will be issued by SELLER upon its shipment of PRODUCTs under applicable PO, except for PRODUCTs to be delivered to HUBs which will be invoiced upon actual withdrawal from such HUB.

7.0. SPECIFICATIONS & QUALITY REQUIREMENT

All PRODUCTs supplied by SELLER will be free of defects in design, materials and workmanship and conform to all applicable specifications and quality requirements as agreed between the Parties for each specific type of PRODUCTs, for eighteen (18) months from the date of manufacture.

8.0. REMEDY

8.1 **Failure to Supply** If SELLER fails to accept or fulfill a purchase order in compliance with the terms of this Agreement and not exceeding the Agreed Volume, BUYER may:

(a) “cover” by purchasing or contracting to purchase substitute PRODUCTs elsewhere and recover from SELLER the difference between the price of the substituted product and the BUYER/SELLER PO price, together with any other costs incurred, provided such substituted products are purchased in good faith and in a commercially reasonable manner at a reasonable market price; and

(b) if after a reasonable effort to effect cover, BUYER is unable to do so, or if circumstances reasonably indicate that such effort will be unavailing, BUYER will have a right of specific performance or replevin as set forth in Section 2.716 of the Uniform Commercial Code.

The units SELLER failed to supply will apply toward BUYER's Minimum Purchase Commitment pursuant to paragraph 3.0 as if they were purchased from SELLER. BUYER may deduct all or any part of the damages resulting from SELLER's failure to supply from any amounts due to SELLER. The damages or remedies therefor pursuant to this Section 8.1 will be claimed in writing together with documentation supporting such damages within forty five (45) days after BUYER learns of SELLER's breach; provided, however, that (i) SELLER may audit BUYER's inventory and records by a third party independent auditor to verify any damages claimed pursuant to this paragraph 8.1; and (ii) any damages not claimed within forty five (45) days after BUYER learns of SELLER's breach will be waived. BUYER's remedy for SELLER's failure to supply is limited to the remedies set forth in this paragraph 8.1.

8.2 Failure to Purchase

(a) If BUYER fails to meet the Minimum Purchase Commitment in any Requirement Period, SELLER may at its discretion terminate this Agreement in accordance with paragraph 11.2. or continue to supply PRODUCTs to BUYER without its continuing supply obligation under paragraph 2.0, in the immediately following Requirement Period and BUYER will be liable for (i) the actual costs SELLER incurred for any parts or materials that SELLER ordered to fulfill BUYER's forecasted requirements with BUYER's written approval for the order of such parts or materials and that SELLER could not cancel, return for refund, or, if not BUYER proprietary, sell or use for other products to be supplied to BUYER or other customers, after its good faith and commercially reasonable efforts to do so; (ii) commercially reasonable cancellation charges, restocking fees and shipping and handling expenses actually incurred by SELLER when canceling or returning such parts and materials; (iii) where SELLER resells such parts or materials in good faith and in a commercially reasonable manner, the price difference between the purchase price SELLER actually paid to its vendors and the resale price paid to SELLER by the purchasers of such parts or materials; and (iv) where SELLER uses such parts and materials for other products in good faith and in a commercially reasonable manner, the loss of value of such reused parts or materials based on the difference between the prices of such reused parts or materials actually paid by SELLER and the prices of the same or similar parts or materials for such use offered to SELLER by its vendors at the time of such actual use for other products. In no event will BUYER's liability for SELLER's damages under this subparagraph (a) exceed the price of such PRODUCTs.

(b) If BUYER repudiates with regard to all or part of an accepted, irrevocable PO, wrongfully rejects or revokes acceptance of PRODUCTs delivered under such a PO, or fails to pay for any such PRODUCTs as required by paragraph 6.2, then with respect to any goods affected thereby, SELLER may recover damages set forth in Sections 2.702, 2.706, and 2.708 through 2.710 of the Uniform Commercial Code.

(c) Damages pursuant to this Section 8.2 will be due forty five (45) days after BUYER receives SELLER's invoice and documentation supporting such damages; provided, however, that (I) BUYER may audit SELLER's inventory and records to verify any damages claimed pursuant to this paragraph 8.2; and (ii) any damages not claimed within forty five (45) days after SELLER learns of BUYER's breach will be waived. SELLER's remedy for BUYER's failure to purchase is limited to the remedies set forth in this paragraph 8.2.

8.3 **Breach of Warranty** In the event of a breach of warranty as set forth in paragraph 7.1, BUYER or its Designees shall obtain from SELLER a Return Materials Authorization ("RMA") prior to returning said Products. PRODUCTs shipped to SELLER without an RMA shall be returned at BUYER's or its Designee's expense. SELLER, will at BUYER's option, promptly repair, replace or credit the purchase price for the non-conforming products. BUYER'S REMEDY FOR BREACH OF WARRANTY SHALL BE LIMITED SOLELY TO THE REPAIR, REPLACEMENT OR CREDIT, AT BUYER'S OPTION, AS DESCRIBED HEREIN. Except for the case of latent design defects, if the warranty period has expired, SELLER shall not be liable for any breach of warranty obligations. In no event shall SELLER's liability exceed the U.S. Dollar amount equal to the amount paid by BUYER for the PRODUCT plus the incidental costs related to the shipment of products under an RMA and/or the incidental costs associated with a BUYER product recall necessitated by a latent design failure in the PRODUCTs.

8.4 **Limitation on Warranty** SELLER's warranties contained in paragraph 7.1 shall extend directly to BUYER and its Designees, and shall not extend directly from SELLER to BUYER's affiliates or customers. BUYER may, however, obtain remedies under paragraph 8.3 for PRODUCTs it has resold to affiliates and or customers provided all other requirements for a breach of warranty under paragraph 8.3 are met. BUYER ACKNOWLEDGES AND AGREES THAT THE PROVISIONS CONTAINED IN PARAGRAPHS 8.3 AND 8.4 CONSTITUTE THE SOLE AND EXCLUSIVE

REMEDY AVAILABLE TO IT WITH REGARD TO DEFECTIVE PRODUCTS SOLD HEREUNDER.

EXCEPT FOR THE EXPRESS WARRANTIES PROVIDED HEREIN, ALL WARRANTIES, WHETHER EXPRESS, IMPLIED OR STATUTORY, ALL GUARANTEES AND ALL REPRESENTATIONS AS TO PERFORMANCE, INCLUDING ALL WARRANTIES, WHICH, BUT FOR THIS PROVISION, MIGHT ARISE FROM COURSE OF DEALING, CUSTOM OR TRADE AND INCLUDING BUT NOT LIMITED TO THE IMPLIED WARRANTIES OF MERCHANTABILITY AND FITNESS FOR A PARTICULAR PURPOSE WITH RESPECT TO THE PRODUCT FURNISHED BY SELLER HEREUNDER ARE HEREBY EXPRESSLY EXCLUDED AND DISCLAIMED BY SELLER.

8.5 **Limitation On Use** The PRODUCTs sold hereunder are not designed for, and SELLER has no desire (i) to enter the life support market or to supply its goods for use in life support systems, critical care applications, human implantation, commercial aviation, or nuclear facilities or systems where product failure could lead to injury to persons or loss of life or catastrophic property damage, or (ii) expose itself to the risk of loss, expense, cost, liability, litigation, and /or potential adverse verdict or judgement in relation to any such use of the PRODUCTs. Accordingly, SELLER disclaims any and all liability, and should BUYER knowingly or in circumstances where it reasonably should have known, use or sell such products for use in such applications, it does so at its own risk. Furthermore, in the event BUYER acts so as to bear risk under this paragraph, BUYER agrees to fully indemnify, defend, and hold SELLER harmless from and against (i) any and all claims, demands, actions litigation, and proceedings of any kind arising out of or related to such use or sale ("Use Claims") and (ii) any and all liens, liabilities, awards, judgements, damages, costs, expenses (including reasonable attorneys' fees) arising out of or related to any Use Claim.

8.6 **General Limitations** UNLESS OTHERWISE SPECIFICALLY PROVIDED IN

THIS AGREEMENT, NEITHER PARTY HAS ANY LIABILITY UNDER THIS AGREEMENT FOR INCIDENTAL, CONSEQUENTIAL OR SPECIAL DAMAGES.

9.0 SPARE PARTS

SELLER will use its commercially reasonable efforts to maintain adequate spare parts for PRODUCTs for a period of at least seven (7) years and a minimum of three (3) years following the latest production of the applicable product.

10.0. ENABLING COMMITTEE MEETINGS

SELLER and BUYER will establish an enabling committee ("Enabling Committee") to achieve close cooperation and exchange of information to insure the successful implementation of this Agreement and to enhance the PRODUCT business relations between the Parties, including but not limited to the status and implementation of this Agreement and any other interest to be developed related to the PRODUCT business. The Enabling Committee will meet quarterly and more often if reasonably requested by either Party throughout the term of this Agreement. Each Party will ensure the attendance of the appropriate sales/procurement, technical and/or management personnel, depending on the specific issues to be discussed at a specific meeting.

11.0. TERM AND TERMINATION

11.1 **Term** Except as specifically provided in this Agreement, this Agreement will be effective from the date of BUYER's completion of its Investment pursuant to the Convertible Bond Purchase Agreements ("Effective Date"), and will remain in effect until ________________ unless terminated pursuant to paragraph 11.2 or otherwise mutually terminated or extended by written agreement. The Parties acknowledge and agree that in the event the Convertible Bond Purchase Agreements are not approved by either Party's board of directors or the regulatory governmental authorities of Korea and/or U.S.A., this Agreement and any agreements made in preparation therefor or otherwise associated therewith will be automatically terminated without imposing any liability on either Party

11.2 **Termination** Either Party may terminate this Agreement if the other Party (a) materially breaches this Agreement and fails to cure the same within thirty (30) days after receipt of written notice from the non-breaching Party, (b) files or has filed against it a petition in bankruptcy, (c) has a receiver appointed to handle its assets or affairs, or (d) makes or attempts to make an assignment for the benefit of creditors.

11.3 **Dispute Resolution** All disputes arising directly under the express terms of this Agreement or the grounds for termination hereof will be resolved as follows. The senior management of both Parties will meet to attempt to resolve such dispute. If the senior management cannot resolve the dispute, either Party may make a written demand for formal dispute resolution and specify therein the scope of the dispute. Within thirty (30) days after such written notification, the Parties agree to meet for one day with an impartial mediator and consider dispute resolution alternatives other than litigation. If an alternative method of dispute resolution is not agreed upon within thirty (30) days after the one (1) day mediation, either Party may proceed as they see fit. This procedure will be a prerequisite before taking any additional action regarding disputes arising under this Agreement.

12.0. GENERAL TERMS

12.1 **Controlling Law & Jurisdiction** Any claim arising under or related to this Agreement will be governed by the substantive laws of __________, without regard to principles of conflict of laws. Each Party hereby agrees to jurisdiction and venue in the courts of ____________________ for all disputes and litigation arising under or related to this Agreement. Each

Party irrevocably waives any objection to the laying of venue or based upon the grounds of forum non conveniens, which it may now or hereafter have to the bringing of such action in such respective jurisdictions. The Parties agree that service of process in any such action may be effected by mailing a copy thereof by registered or certified mail (or any substantially similar form of mail), postage prepaid, to such Party at its address set forth herein and agree that nothing herein will affect the right to effect service of process in any other manner permitted by law.

12.2 **Survival of Provisions** The following provisions of this Agreement will survive its termination or expiration: 8.0, 9.0, 12.1, 12.2, 12.3 and 12.4.

12.3 **Confidentiality** Any Confidential Information or materials to be disclosed between the Parties in connection with this Agreement, and the existence of this Agreement and its terms, will be governed by the terms of the Non-Disclosure Agreement executed as of ________ between the Parties.

12.4 **Publicity** No public announcements concerning this Agreement will be made by any Party without the prior written consent of the other. The Parties agree that no disclosure of the existence of this Agreement or its details will be made to any third party without the specific, written consent of the other Parties except as required by any international, federal or state securities laws. If disclosure of this Agreement or any of the terms hereof is required by applicable law, rule or regulation, or is compelled by a court or governmental agency, authority or body: (i) the Parties will use all legitimate and legal means available to minimize the disclosure to third parties of the content of the Agreement, including without limitation, seeking a confidential treatment request or protective order; (ii) the disclosing Party will inform the other Party at lest ten (10) business days (i.e. not a Saturday, Sunday or a day on which banks are not open for business in the geographic area in which the non-disclosing Party's principal office is located) in advance of the disclosure; and (iii) the disclosing Party will give the other Party a reasonably adequate opportunity to review and comment upon the disclosure, and any request for confidential treatment or a protective order pertaining thereto, prior to making such disclosure.

12.5 **Force Majeure** The Parties hereto will not be liable for any failure to perform due to unforeseen circumstances or causes beyond that Party's reasonable control, provided it promptly notifies the other Party of the cause(s) and uses reasonable efforts to correct such failure or delay in its performance. If the Party subject to the Force Majeure does not resume performance within sixty (60) days of the Force Majeure event, the other party may terminate this Agreement effective immediately upon written notice. Examples of such causes include, but are not limited to, acts of God, war, riot, embargoes, acts of civil or military authority, fire, flood, accidents, earthquakes or shortages of transportation facilities, fuel or materials which cannot be reasonably replaced from other sources.

12.6 **No Partnership or Joint Venture** Performance by the Parties under this Agreement will be as independent contractors. Nothing contained herein or done under the terms of this Agreement will constitute the Parties entering upon a joint venture or partnership, or will constitute any Party as the agent of another Party for any purpose.

12.7 **Assignment** BUYER may assign or delegate its rights to buy or allocate product under this Agreement to any or all of its wholly-owned subsidiaries. Otherwise, no Party may assign or delegate its rights and obligations under this Agreement without the prior written consent of the other, provided, however, that BUYER may assign to any third party other than SELLER's competitors in manufacturing of PRODUCTs or DRAMs, all of its rights and obligations under this Agreement in connection with the sale of all or substantially all of its assets relating to its subject matter provided it gives written notice to SELLER prior to the closing of such sale.

12.8 **Trademarks** No Party has any right to use any trademark, logo, trade name or other identifying mark of another Party.

12.9 **Merger, Modification, Waiver** Failure by either Party to insist in any instance upon strict conformance to any term or condition herein, or failure by any Party to act in the event of a breach or default, will not be construed as a consent to or a waiver of that breach or default or any subsequent breach or default of the same or of any other term or condition contained herein.

12.10 **Notices** All notices and requests required under this Agreement will be in writing and deemed given when delivered personally, sent by fax or electronic data interchange, or one day after deposit with a commercial overnight carrier specifying next day delivery, with written verification of receipt to:

SELLER :	BUYER:
Legal Notice to:	Legal Notice to:

Communication by facsimile or electronic data interchange is accepted as a "writing". Signatures of the foregoing representatives of the Parties received by facsimile will constitute "original" signatures.

12.11 **Severability** If any provision or provisions of this Agreement will become or be held to be invalid, illegal or unenforceable, the validity, legality or enforceability of the remaining provisions will be in no way be affected or impaired thereby; provided, however, that if such holding substantially alters the terms and conditions of this Agreement, the Parties agree to negotiate a provision to be substituted for the eliminated provision which will, as close as possible, have the economic effect of the eliminated provision.

12.12 **Entire Agreement** This Agreement and its Exhibits and Attachment constitute the entire agreement among the Parties with respect to the subject matter hereof, merge all prior and contemporaneous agreements and negotiations, and may only be modified in a writing signed by authorized representatives of the Parties.

EXECUTED as of the date first above written.

BUYER:	**SELLER:**
______________________	______________________
Signature	*Signature*
______________________	______________________
Printed Name	*Printed Name*
______________________	______________________
Title	*Title*

EXHIBIT 1.0

LIST OF PRODUCTs

EXHIBIT 2.1

SUPPLY VOLUME

[양식 9] DEVELOPMENT AND LICENSE AGREEMENT*

This Development and License Agreement (the "Agreement") is entered into and is effective as of ________, ____(the "Effective Date"), by and between ____________, a *[설립국(주)명]* corporation having its principal place of business at _________________________ ("AMCO") and _________________, a Korean corporation having its principal place of business at __________________________("KORCO").

RECITALS

A. AMCO has developed and owns the Licensed Technology (as defined herein) and is offering the Licensed Technology for license to parties interested in manufacturing and distributing certain *[제품(군)고유명]* products incorporating the Licensed Technology.

B. AMCO is planning to further develop *[제품(군)고유명]* products based on the Licensed Technology, and KORCO desires AMCO to undertake such development works on the terms and conditions set forth below.

In consideration of the mutual promises and covenants contained in this Agreement, AMCO and KORCO hereby agree as follows:

---

* 본건 Draft의 주골격은 Computer 관련(Internet 및 game전용 system) reference platform 개발을 진행하고 있는 AMCO사의 개발계획에 복수의 licensees 중 1개사로 참여하는 구조이므로, AMCO사가 기술소유권을 보유하되, 도입자는 관련 개발비의 일부만을 부담하고 AMCO사의 기보유 기술 및 신규개발기술 등에 대한 사용료로 running royalty를 지불하는 형식이다.
보충자료로 제반 관련조항하에 여타 구조의 개발계약시 고려하여야 할 선택조항을 추록하였다.

AGREEMENT

1. DEFINITIONS

1.1 "Confidential Information" means: (a) any proprietary information provided by one party to the other party under this Agreement, including but not limited to any information relating to either party's products plans, designs, costs, prices and names, finances, marketing plans, business opportunities, personnel, research, development or know-how; that is designated by the disclosing party as confidential in writing or, if disclosed orally, designated as confidential at the time of disclosure and reduced to writing and designated as confidential in writing within thirty (30) days; and (b) the terms, conditions and existence of this Agreement; provided, however that "Confidential Information" will not include information that: (i) is or becomes generally known or available by publication, commercial use or otherwise through no fault of the receiving party; (ii) is known and has been reduced to tangible form by the receiving party at the time of disclosure and is not subject to restriction; (iii) is independently developed by the receiving party without use of the disclosing party's Confidential Information; (iv) is lawfully obtained from a third party who has the right to make such disclosure; or (v) is released for publication by the disclosing party in writing.

1.2 "Deliverables" means those items to be delivered by AMCO to KORCO as more fully described in Exhibit C.

1.3 "Developed Product(s)" means *[제품고유명 or type]*, as described in and developed pursuant to the Development Plan, that incorporates the Licensed Technology and the Developed Technology.

1.4 "Developed Technology" means any modification, enhancement or other improvement made to the Licensed Technology, and any Invention (including any underlying Intellectual Property Right), which is invented, discovered, created, or identified by either AMCO or KORCO, alone or jointly, during and in connection with the course of work on design and development of the Developed Product under this Agreement, and includes all test data, information, reports, specifications, source code, object code, documentation, diagrams, flow charts and any other tangible or intangible materials of any type whatsoever relating thereto or derived or produced by either party with respect thereto.

1.5 "Development Plan" means the initial Development Plan attached hereto as Exhibit A. The parties agree that the Development Plan will be revised from time to time and that such revisions will be made a part of this Agreement as incorporated into Exhibit A hereto.

1.6 "Licensed Technology" means any existing technology (including Intellectual Property Right thereto) owned by AMCO or licensed to AMCO from a third party (with right to sublicense) prior to the execution of this Agreement, as further described in Exhibit B, which is incorporated in the Developed Product or otherwise used for the design, development or test of the Developed Product.

1.7 "Derivatives" means any technology, designs, or products, including software or firmware therefor, developed according to such designs, which are based on or incorporate in whole or in substantial part the Licensed Technology and Developed Technology, which are basically in the nature of the improved, modified or advanced versions of the applicable Developed Product (or applicable software or firmware therefor) made after the completion of the Developed Products under the Development Plan, and which may be protected by copyright, patent and/or trade secret.

1.8 "Development Schedule" means the development schedule set forth in Exhibit C.

1.9 "Diagnostic Software" means the software in both source code form and object code form provided by AMCO to KORCO for validation testing of the Developed Products.

1.10 "DVT Units" (Design Validation Test Units) means working development units of the Prototype.

1.11 "End User" means an individual or entity that obtains a Developed Product for his or its own personal or business purposes and not for license to others.

1.12 "EVT Units" (Engineering Validation Test Units) means early working prototype of a Developed Product still under development as more fully described in Exhibit C.

1.13 "Initial Documentation" means technical documents, drawings and specifications of the type utilized by AMCO in its own implementation of the Licensed Technology, as and to the extent they are in the possession of AMCO as of the execution date of this Agreement.

1.14 "Inventions:" means all ideas, creations, works, processes, designs and methods (which are patentable, copyrightable, registrable as a mask work, protectable as a trade secret or otherwise protectable as an intellectual property right) directly incorporated in the design or function of the Developed Products, and all documentation associated therewith.

[Alternative]

"Invention" and "Invented" refer to any idea, design, concept, technique,

discovery, or improvement, whether or not patentable, made by one or more employees of a Party during the term of this Agreement if either the conception or first reduction to practice occurs during the course of the development work under this Agreement.

1.15 "Software" means the object code form and/or source code form of the system software required for the operation of a Developed Product including all major and minor releases, updates and revisions thereto associated with the Developed Product hereunder, as specified in Exhibit C.

1.16 "Technology" means the technology used or incorporated in the Developed Product and the intellectual property rights thereto, which includes the Licensed Technology and the Developed Technology.

1.17 "Prototype" means a functioning prototype of a Developed Product incorporating the Licensed Technology and the Developed Technology.

1.18 "KORCO Affiliate" means any legal entity which is controlled by or under common control with, KORCO, such control being exercised through the ownership or control, directly or indirectly, of more than fifty percent (50%) of all of the voting power of the shares entitled to vote for the election of directors or other governing authority, during the term of this Agreement, provided that such entity shall be considered to be a KORCO Affiliate only for the time during which such ownership or control exists, and as to each such entity KORCO hereby guarantees that each shall comply with the terms and conditions of this Agreement applicable to the extent of the performance of each under this Agreement.

1.19 "Services" means services to be performed by AMCO in transferring the technology licensed hereunder as set forth in Section 2.

1.20 "Specifications" means the technical and design specifications and requirements of the Developed Product *as set forth in Exhibit _ [Alternative: which will be specified in accordance with Section 2.2_ based on the preliminary specification in Exhibit A]* and as updated or supplemented by AMCO from time to time subject to KORCO's approval in writing.

2. SCOPE OF WORK

2.1 Initial Service[1]

(a) AMCO shall provide KORCO with the Initial Documentation immediately after the execution of this Agreement, but no event later than ________, ____.

(b) If the Initial Documentation supplied to KORCO is incomplete, incorrect or not legible, AMCO shall, within ________ weeks after the receipt of KORCO's written notice, provide KORCO with corrected or complete Initial Documentation.

(c) Upon KORCO's written request, AMCO shall provide KORCO with such additional technical information necessary to understand, and to implement in KORCO products, the Licensed Technology to the extent they are in the possession of AMCO.

(d) At KORCO's request and subject to agreement of the parties on a mutually convenient date, AMCO will provide an initial technical consultation to KORCO at KORCO's facility, to be attended by appropriate engineering teams for each company, and designed to provide an overview of the Licensed Technology and an introduction to the Developed Products.

---

1) 개발계약 관련된 기술제공/지원은 개발일정에 따라 진행되도록 (주된 제공은 개발완료 시) 규정하는 것(2.2조 참조)이 통상적인 관례이나, 본건 2.1조는 기반기술의 사전제공을 요구하는 규정으로, 해당 사업준비 및 기술도입자가 진행하여야 할 관련개발/생산준비 작업의 조기착수를 위한 개발대상제품/기술의 기본기술을 조기확보함으로써 개발완료 후 시장진출까지의 시간을 절감하여 경쟁력을 확보하려는 목적이다. 특히, 초기 model 및 기본 design 등이 계약체결 전에 이미 완료되어 있는 경우에는 통상적으로 이러한 규정이 요구된다.

AMCO will bear its costs for this initial consultation, up to a maximum of ________ hours at KORCO's site.

2.2 Development and Deliverables

(a) AMCO shall complete the design and development of Developed Product in accordance with the Development Schedule set forth in Exhibit B to this Agreement and provide KORCO with the Deliverables set forth in Exhibit C.

(b)[2] KORCO may dispatch its engineers, not more than __, to participate in the development under this Agreement during the development period and AMCO shall provide, without any charge to KORCO, KORCO engineers with suitable office facilities, equipment and communication capability with KORCO's facilities and arrange KORCO engineers' participation in the course of the development. All other traveling and living expenses to be incurred by KORCO engineers shall be borne by KORCO.

(c)[3] The Specification for the Developed Product shall be mutually agreed upon by AMCO and KORCO and shall be specified in writing as such on or before __________. Unless otherwise specifically agreed by the parties, such Specification should implement such functions and meet such requirements, as described by the then current {system level 제품군명}"blue book" industry standard specification, in addition to such functions and requirements as specified in the preliminary specification under Exhibit A.

(d) The Engineering Sample Test ("EST") and The Design Verification Test ("DVT") shall be done by AMCO by testing respective test items set forth in Exhibit E

---

2) 기술전수를 위해 위탁자의 기술인력을 파견, 개발과정에 참여시켜 보다 광범위하고 상세한 기술전수를 도모하고 개발일정 및 세부 진척관리 등의 효과를 거두기 위해 상기와 같은 규정을 설정하기도 한다.

3) 개발제품의 spec이 확정되지 않은 경우, 일정한 기준 또는 최소요건만을 규정하고 최종 spec은 사후 일정시점까지 합의 완료토록 하는 경우. 통상적으로 full spec의 규정에는 상당한 기술력과 시간을 요구하는 경우가 대부분인바, 위탁자는 최소한의 기준/조건만을 계약 체결 전에 제시하고, 이에 따른 상세 spec의 개발/완료도 개발자의 개발의무의 일부로 하는 경우가 많다. 단, 이 경우 위탁자가 spec에 대한 최종승인권을 갖도록 하거나, 최소한 위탁자의 임의적 판단이 아닌 일정한 승인기준(업계표준 등)에 부합토록 규정하여야 할 것이다.

at AMCO's facility by AMCO under the supervision of KORCO engineers pursuant to AMCO's standard test procedures, provided that such procedures satisfy KORCO's standard procedure, or otherwise reasonable industry standard mutually agreed between the parties. The manufacturing release of the Developed Product stated under Exhibit A shall be deemed completed upon KORCO's acceptance of EST and DVT results by satisfying the respective Specifications and criteria for each test item as set forth in Exhibit E.

[Alternative]

(d) Within___ days after KORCO's receipt of certain Deliverables, and as agreed to by the Technical Committee, KORCO shall inspect and test such Deliverables to ensure that they conform in all material respects with the acceptance criteria as defined in the Exhibit E {Alternative: to be agreed by the parties upon the agreement of the Specification}("Acceptance Criteria"). The Parties hereto acknowledge and agree that the Acceptance Criteria shall be the sole and exclusive criteria for determination of whether the Deliverables perform in accordance with the Specification.

If KORCO reasonably determines that the Deliverables fail to perform substantially in accordance with the Acceptance Criteria (the "Nonconformity"), KORCO shall provide AMCO written notice of such Nonconformity within such __ day period, which notice shall identify the Nonconformity in sufficient detail to enable AMCO to duplicate the same, and upon AMCO's receipt of KORCO's notice, AMCO shall correct such Nonconformity within ___ days. AMCO hereto shall repeat the foregoing process until the earlier of the following events (the "*Acceptance Date*")*: (I) KORCO delivers its written acceptance of the Deliverables to AMCO; or (ii) KORCO fails to provide notice of either acceptance or rejection within said ___ day period, in which case acceptance of the Deliverables shall be deemed to have occurred.*

(e) In the event that any milestone for the Developed Product is not completed within applicable Development Schedule set forth under Exhibit B or fails the DVT due to AMCO's default, KORCO may withhold the applicable payment under Exhibit B until the problem is cured. However, if the problem is cured beyond 30 days after the applicable Development Date ("Re-Test Period") under Exhibit B, KORCO shall deduct 10% of the applicable payment under Exhibit B per delayed week exceeding the Re-Test Period.[4)]

[Alternative]

(a) In the event, without any material causative fault on the part of KORCO, any milestone is not completed, or AMCO fails to correct any Nonconformity within the timetable set forth in the corresponding Development Schedule to such milestone, or the timetable modified by the Technical Committee in accordance with any applicable provision of this Agreement (the "Milestone Timetable")*, KORCO may withhold the payment set forth in the Development Schedule corresponding to such milestone until the milestone is completely remedied by AMCO. However, if the aforesaid problem is remedied beyond 30 days after the completion date set forth in the Milestone Timetable ("Cure Period"), KORCO may deduct 10% of the payment, corresponding to the milestone per delayed week exceeding the Cure Period, from the corresponding milestone payment. In the event the aforesaid problem is not remedied within 30 days after the Cure Period, KORCO may terminate this Agreement without obligating AMCO to refund to KORCO any payments already made under this Agreement, but in which case KORCO shall exclusively own all rights, title and interest in and to Developed Products, Developed Technology and any other results of the development under this Agreement as of the termination date, including designs, source code, object code, other supporting documentation thereof*

4) 지연배상 규정으로 지연 1주당 일정금액을 해당 개발비에서 공제하는 방식이다. 일반적으로 이러한 규정이 수용되는 예는 많지 않다. 통상적으로는 개발단계별 개발비 분할지급 방식으로 개발일정 관리를 하는 선에서 합의되는 것이 일반적 협상실례이다.

and Deliverables, without any further payment to AMCO.

(f) In connection with design and development of the Developed Product, AMCO shall design the equipment and software therefor as specified in Exhibit J, necessary for manufacture, tooling, assembly and test of the Developed Product, and provide KORCO with technical documents, drawings and software (in both object code form and source code form) of such designs, and at KORCO's option for an agreed upon price, actual equipment tooling.

(g) AMCO shall establish a pilot facility in *[location]* capable of producing ___ units per month which shall be used in connection with the design and development under this Agreement.

(h) Beginning with the manufacturing release for the Developed Product, AMCO shall provide ________ man-months of training and technical support to KORCO, at KORCO's facility or AMCO's facility as agreed between the parties, in the following areas[5]:

* Implementation of the Developed Product reference design;
* Impact analysis for substitute components;
* KORCO's product design integration;
* Testing diagnostics;
* Troubleshooting at the board level and for final product;
* Troubleshooting of specific problem which might arise in KORCO's implementation of the Developed Product;
* Agency/Regulatory issues; trouble shooting of EMC problem;
* Firmware customization within the calling conventions specified by AMCO engineers; and
* Customer qualification support.
* Any other consultation and support for KORCO's manufacture, test,

5) 본건 기술지원항목에 대한 표준규정은 예시적인 것으로, 해당 과제별로 그 사안에 따라 해당 연구/개발팀의 면밀한 검토 후 향후 과제진행 시 예상되는 필요항목이 누락됨이 없도록 신중하게 작성되어야 할 것이다.

maintenance and further development of the Developed Product.

Each party will bear the expenses of its travel to the other's facility incurred in the course of such additional technical supporting and training. The ____ man-moths of training and technical support in this Section 2.1 (c) shall not include the time for defect cure specified in Section 2.4, hereunder.

(i) For the technical support by AMCO specified in this Section 2, AMCO shall maintain a support team with appropriate number of qualified engineers, not less than __, in order to support KORCO's manufacturing in every aspect.

[Alternative]

AMCO shall assign and maintain at least __ engineers solely for the perfomance of the development work under this Agreement.

(j)[6] Each Party recognizes and acknowledges that changes or modifications to the Development Plan may be necessary including, without limitation, changes and modifications to the Development Schedule (a "Change Order"). The Parties agree that the Technical Committee shall negotiate in good faith and in a reasonable manner to reach a written agreement respecting any Change Order that may be reasonably necessary to complete the Development Plan.

6) 위탁자로서는 가급적 개발과제 및 일정에 대한 수정요청권을 개발자에게 부여하지 않는 것이 바람직하나, 현실적으로 개발진행상 예견할 수 없었던 문제점/장애요인이 발생하는 경우가 있을 수 있으므로 이러한 사유에 의한 개발자의 요청을 어느 정도 충족시킨 절충적 규정이다.

2.3 Delivery of Improvements[7)]

AMCO agrees to provide to KORCO all improvements, engineering changes, modifications, upgrades, and future release, and bug fixes it develops or otherwise to be made available to AMCO during the term of this Agreement, related to the Developed Product ("Improvement"), without additional payment from KORCO {but subject to the running royalty set forth in this Agreement}*. The Improvements will be included in the Developed Technology and the scope of license granted to KORCO hereunder this Agreement. Any version or future release without substantial additions in function to the Developed Product under this Agreement will be considered as Improvement under this Section 2.3.

예문 1

"Improvements (or Updates)" shall mean any bug fixes, corrections, modifications, improvements, or enhancements made and implemented by AMCO to a Developed Product,

—추가선택예문—

(i) other than functional changes to the such Developed Product, to the extent such incorporation will not be considered as a new and separate product in the industry. (OR)

(ii) other than changes to the form, fit or function of the Specifications, which are intended or designed to achieve conformance with the respective specifications for the Developed Product, or fit within the parameters thereof and which result in changes within 10% of the physical layout design of the Developed Product. (OR)

(iii) the incorporation of which, in AMCO's absolute discretion, does not constitute a new product.

---

7) 개발완료 후 일정기간 중에 개발자가 창출/습득한 improvement/ correction/ modification은 추가비용지불 없이 제공되도록 규정하여야 한다. 단, 그 수정의 정도가 신규 version의 단계이상인 경우에는 기존 개발/license 제품의 범위에 포함시키지 않는 것이 일반적인 협상 실례이다. 이 경우, update(improvement)와 future version과의 구분기준상 가급적 명확한 기술적 구분 기준을 설정해 두는 것이 사후 분쟁예방상 바람직하다.

예문 2: 통상적인 Updates 범위보다 넓게 설정된 것으로, product(or model) license가 아닌 architecture license의 경우에 적용될 수 있는 규정이다.

For the purposes of this section, "Improvements" shall include any and all Improvements, to the extent such product incorporating such Improvements is compatible in object code with the Developed Product and executes each and every instruction contained in the instruction set of the Developed Product.

2.4 **Defect Cure**[8)]

If the Initial Documentation, the Deliverables or any relevant items of the Deliverables for the Improvements are later found incomplete, incorrect, defective, not legible, or non-complying with the criteria and Specifications mutually agreed or if not agreed, reasonably required in the industry, AMCO shall, within 2 weeks after the receipt of KORCO's written notice, provide KORCO with corrected, cured or complete deliverables or updates as the case may be. The time consumed by AMCO for such defect cure shall not be included for the calculation of maximum hours for technical assistance to be provided to KORCO without any charge set forth under this Agreement.

2.5 **Technical Committee**

Both parties shall organize a technical committee for technical discussion between the parties. Each party shall designate its representative(s) who shall communicate technical issues related to the Developed Product with the other party. The representative(s) of the parties are as follow:

---

8) 본 조항은 deliverables의 접수 시 acceptance test 불합격에 따른 치유/보정에 관한 2.2조와는 다른 규정으로, 2.2조에 따른 불합격 시는 해당개발 milestone이 완료되지 않은 것으로 처리되는 반면, 본 조항은 test 합격 시 일단 개발완료로 accept된 후에 발견된 내재적 하자에 대한 치유에 관한 규정이다.

AMCO KORCO

or such other person(s) as may be designated by a party by giving written notice to the other party.

2.6. <u>**Component Source**</u>[9)]

AMCO shall identify and bring-up at least one source for each major component integrated onto the Developed Product. KORCO will be free to pursue alternative sources of its choice.

2.7* <u>**Agency Approval**</u>[10)]

AMCO shall be responsible for ensuring that the Developed Product shall meet applicable U.S. regulatory requirements. AMCO will bear no responsibility for obtaining U.S. or foreign agency regulatory approvals for the Developed Products manufactured by or for KORCO, provided however that AMCO will do its best efforts to assist KORCO in obtaining U.S. or foreign agency regulatory approvals for such developed Products.

2.8* <u>**Korean O/S**</u>[11)]

AMCO shall develop and deliver a Korean version of the Software in object code form and source code form as specified in Exhibit C, in accordance with Schedule set forth in Exhibit B. The said Korean version shall have all the function/features of the U.S. English version of the Software, except that the Korean version shall fully support input and

---

9) Optional provision: 개발자로부터 원부자재에 대한 정보를 입수해야 할 필요가 있는 경우.

10) Optional provision: 필요 시에 한한다.

11) 개발제품에 O/S가 내재된 경우, source code 없이는 한글판 O/S를 개발할 수 없고, 사후 future version은 물론 단순한 modification도 할 수 없음에 유의하여야 한다.
따라서, 향후 localization (해당지역어판 O/S) 및 수정/신판개발의 필요성이 있는 경우는 source code를 확보해 두거나, 개발자가 이러한 향후 upgrade/maintenance support를 제공토록 규정하여야 할 것이다. 단, source code는 그 특성상 기반기술의 제반 상세 정보가 포함되어 있어 기술노출의 우려가 크므로, 상당한 대가의 지불 없이는, object code만을 제공하고 source code는 제공치 않는 것이 일반적인 통례이다.

output in the Korean language and that all of the commands and message displayed in the operation and execution of the Software shall be displayed to the user in the Korean language.

2.9 **Future Version**

Both parties will do their best efforts to cooperate in developing a future version to Developed Product, subject to appropriate terms and conditions to be mutually agreed on.

3. GRANT OF LICENSE AND LICENSE RESTRICTION

[Note] 아래 예문은 3종류의 구조로 구분하여 수록하였으므로, drafting 또는 검토 시 해당 개발계약에 근접한 구조를 선택하여 고려하기 바란다.

3-A: 소유권을 개발자가 보유하고, 기술도입자에게 non-exclusive license를 허여하는 형태로 대상기술의 주된 가치가 개발자의 기존기술에 있고, 개발대상제품이 기술도입자전용(이 경우 도입자는 개발비 전액을 부담)이라기보다는 복수의 licensees를 확보하여 시장에서 개발자가 대상기술부문의 standard화를 기하여 경쟁기술대비 우위를 확보하려는 전략에서 출발한 경우는 대부분 이러한 구조를 취하고 있다. 특히, 이러한 구조하에서는 대상기술의 standard 유지를 위해 licensee의 derivative 또는 개량기술에 대한 grant-back 및 출하제품의 기준준수 및 품질관리를 위한 certification (verification)을 일반적으로 요구한다.

3-B (3-C): 개발결과물에 대한 공동소유(3-B) 또는 단독소유(3-C) 형식.

3-A에서 설명한 특수경우를 제외하고는 도입자가 개발비 전액 또는 상당부분을 부담하는 경우, 최소한 개발기술/제품에 대한 공동소유권을 확보토록 추진하여야 하며, 대부분의 경우 단독소유 주장 후 공동소유 선에서 합의가 이루어지고 있다.

단, 개발제품/기술이 도입자가 제3자로부터 허여받은 license 기술을 사용하고, 제3자 license계약상 도입자가 이에 대한 sublicense권이 없는 경우는 통상적인 license상 허용되고 있는 have-developed권이나 work for hire 개념에 의하지 않고는 달리 외주개발을 의뢰할 수 없도록 되어 있는 경우가 많음에 유의하여야 한다. 이 경우, 도입자가 개발결과에 대한 단독소유권을 확보하고 있지 않다면, have-developed나 work for hire의 요건을 충족시킬 수 없음에 각별한 주의를 요한다.

개발결과물에 대한 단독/공동소유의 경우에도, 개발의뢰자가 개발의뢰하기 전에 개발자가 기보유한 기술이 개발을 위해 사용 또는 내재되는 경우가 대부분이다. 이 경우, 통상적으로(기존기술에 대한 소유권양도에 따른 대가지불이 없는 경우) 이러한 기존기술에 대해서는 개발제품/기술의 사용을 위한 용도로 royalty-free non-exclusive license를 허여하는 선에서 합의하는 것이 일반적인 실무이다. 단, 이 경우에도 향후 derivative 제품 등의 개발가능성 등을 고려하여 이러한 응용제품군에 대한 사용권도 확보해 두도록 하여야 한다. 개발결과물에서 차지하는 기존기술의 비중(또는 가치)이 높고 이에 대한 대체가 어려운 경우, 개발자는 기존기술 사용권에 대해 별도의 license fee 또는 royalty를 요구하는 경우도 있다.

[3-A]

[Note] 3-A에서 사용된 용어에 대한 definition은 아래와 같다.

"Certification Requirements" means a set of requirements developed and specified by AMCO which establish the necessary degree of compatibility of the Developed Product with the Reference Design as specified in Exhibit _.

"Licensee" means an entity which has entered into a written license agreement with AMCO authorizing such entity to make or have made the Developed Products, but only when AMCO provides KORCO with prior written confirmation that such a license agreement exists and only for so long as such license agreement remains in effect.

"Manufacturer" means any party that manufactures or has manufactured on

its behalf the Developed Products for sale under its own label.

"Proprietary Components" means components containing AMCO's proprietary intellectual property as listed in Exhibit _.

"Reference Design" means the reference version of the Developed Product as developed by AMCO and embodied in the prototypes and the specific releases thereof described in Exhibit _.

"KORCO Products" means the Developed Products as a stand-alone or the developed Products integrated into products solely determined by KORCO, produced and distributed by KORCO under this Agreement and meeting the Certification Requirements.

3.1 **Hardware License**

(a) Subject to the terms, conditions and exceptions set forth in this Agreement, AMCO hereby grants to KORCO a worldwide, royalty-bearing, non-exclusive (but exclusive in Korea) and non-transferable license under the Technology to design, have designed, develop, have developed, make, have made (for resale by KORCO) and use the KORCO Products and any Proprietary Components thereof, and to sell, lease, distribute and/or otherwise transfer, directly or through its distributors, KORCO Products and any Proprietary Components thereof to any third party under KORCO's own labels or trademarks or under such third party's labels or trademarks.

(b) For six (6) months from the first commercial shipment of KORCO Product in Korea, AMCO hereby grants KORCO an exclusive right and license to manufacture, sell, lease, distribute and/or otherwise transfer KORCO Products and any Proprietary Components thereof in Korea.

(c) AMCO agrees that if AMCO grants to a third party any right or license to use, reproduce, incorporate, or distribute Korean version of the Software, KORCO shall be entitled to 50% of license fees and royalties as may be earned by AMCO under the said license

(d) KORCO will own the intellectual property rights in any Derivative Works KORCO creates using or based upon the Technology, but KORCO's ownership in such Derivative Works will be subject to the license set forth in this Section 3.1 to the extent the Technology provided to KORCO under this Agreement is incorporated, including all limitations set forth in this Agreement and the royalties set forth in Section 7.3.

(e) In the event that KORCO uses a third party manufacturer for the manufacture of KORCO Products on behalf of KORCO, KORCO will cause the manufacturer to agree in writing not to use the Technology or related information for any purpose other than the manufacture of KORCO Products on behalf of KORCO and not to disclose such information to any third party.

(f) KORCO is hereby authorized to manufacture Proprietary Components for its own supply or the supply of other Licensees, subject to AMCO's standard approval process for the qualification of authorized suppliers.

3.2 Software License

Subject to the terms and conditions of this Agreement, AMCO hereby grants to KORCO a non-transferable, non-exclusive, worldwide license to use, reproduce and incorporate the Software into read only memory ("ROM") devices or other applicable memory storage devices, which will be incorporated solely into KORCO Products.

3.3 Diagnostics Software License

AMCO hereby grants to KORCO a non-exclusive, world-wide license to use, solely for purposes of its internal testing of KORCO Products, the Diagnostics Software.

3.4 Retained Rights; License Restrictions

(a) AMCO Retained Rights KORCO acknowledges and agrees that the

Technology, the Software and the Diagnostics Software are proprietary to AMCO and that, except as expressly licensed or otherwise stated in this Section 3, AMCO retains all right, title and interest in and to such technology and software, including all Inventions of AMCO, and all works in process relating thereto. Such rights include, but are not limited to, patent rights, copyrights, trade secret rights, trademark rights, mask work rights and other proprietary rights throughout the world, and the right to grant licenses to others to use the Technology, the Software and the Diagnostics Software in products that are the same as or similar to the Developed Product.

(b) No Reverse Engineering KORCO may not reverse engineer, reverse compile, or otherwise disassemble the Software and/or the Diagnostics Software unless otherwise provided in elsewhere of this Agreement or agreed between the parties.

(c) Sublicensing of Software KORCO acknowledges that it has no right to sublicense the Software, the Diagnostics Software or the Technology or any portion thereof to anyone, except as may be necessary to permit its End Users to use KORCO Products for the purposes expressly authorized by this agreement, to enable the manufacture of KORCO Products by a third-party manufacturer subject to the conditions set forth in this Agreement, or to permit KORCO's distributors to distribute KORCO Products to End Users, as permitted under this Agreement.

(d) Use of Invention AMCO is free to reproduce the Inventions of AMCO for any purpose, including but not limited to, the manufacture, use and sale of products incorporating such Inventions or any portion or Derivative Work thereof, which are created or developed by AMCO. During the term of this Agreement or thereafter, KORCO will not, without AMCO's prior written consent, manufacture, sell or otherwise distribute a device that embodies any of AMCO's Inventions, either for its own account or for any third party, or assist any third party in doing so, other than as expressly permitted under this Agreement.

(e) Proprietary Rights Notices KORCO will ensure that KORCO Products bear appropriate proprietary rights notices of AMCO as set forth in Exhibit D, or such other proprietary notices as specified in writing by mutual agreement. KORCO will not remove any copyright notices or other proprietary legends contained within the Software or the Diagnostics Software.

(f) International Distribution KORCO certifies that it will not distribute the Software and/or the KORCO Products in contravention of any laws or regulations relating to export control, including, but not limited to, the United States Export Administration Act and associated regulations.

(g) Security Devices KORCO agrees that it will not disable any security device AMCO integrates into the Software and/or the Technology.

(h) Illegal Copying KORCO agrees that it will promptly report to AMCO the identity of any person or entity it knows is illegally copying the Software.

3.5 **Trademark License**

AMCO will license KORCO to use AMCO's logo pursuant to the terms and conditions of the trademark license agreement executed by the parties to this Agreement and attached hereto as Exhibit G. KORCO agrees to use the logo on all certified KORCO Products.

3.6 **License of Documentation**

Subject to the terms and conditions of this Agreement, AMCO hereby grants to KORCO a non-exclusive, non-transferable, worldwide license to use, modify, reproduce and have reproduced the End User documentation provided hereunder for distribution with KORCO Products as appropriate.

3.7 License of KORCO Derivative Works to AMCO[12)]

At AMCO's request, KORCO will grant to AMCO, during the term of this Agreement and subject to appropriate license fees and/or royalties due to KORCO from AMCO, a non-exclusive, non-transferable, worldwide license (without sublicense rights) to use, modify, reproduce, make, have made, sell, lease, and distribute Derivative Work of the Technology created by KORCO. The foregoing royalties will be credited against the royalties due to AMCO from KORCO under Section 7.3 and the excess amount will be paid to AMCO or KORCO respectively, as the case may be.

3.8 KORCO Affiliates

Any KORCO Affiliate may be included as a licensee under the licenses granted in this Section 3, provided that such Affiliate agrees in writing to assume the obligations of this Agreement and provided that KORCO also remains bound thereto.

3.9 End User Distribution And Support

3.9.1 End User License

All distributions of KORCO Products to End Users must be subject to an End User Software License Agreement no less restrictive or materially less protective of AMCO's rights in the Software than the Software License attached hereto as Exhibit E, and which has been translated into the native

---

12) 흔히 "grant-back"이라고 불리는 조항으로, License 계약에서 Licensor가 대상 기술의 standard 및 compatibility를 유지키 위함이라는 이유로 licensee가 향후 개발/발견할 improvement/modification/derivative에 대한 무상 license(sublicense권 포함)를 제공할 것을 요구하는 경우가 많다. 이 경우, licensee의 입장에서는 향후 licensee의 추가/지속 개발범위/value(가능성차원)와 licensor에 의한 개발가능성을 비교하여 무상 grant-back 여부를 판단하여야 할 것이다. 허여의 경우, 반드시 동일조건의 cross-license로 하고, 향후 경쟁관계를 고려하여 일반적으로는 sublicense권을 허여치 않는 것이 바람직하나(3-B예의 3.2 (c) 참조), sublicense권 허여가 필요한 경우에도 도입자에게 sublicense를 허여하는 여타 licensees에 한정된 sublicense권을 허여토록 하는 주의를 요한다. (예문) AMCO's right to sublicense shall be limited to such Licensees who grant to AMCO with a right to sublicense for such Licensee's Derivatives to KORCO on terms and conditions equivalent to those of KORCO's grant of license for its Derivatives to AMCO stated in this Section.

language of the country in which the KORCO Product is distributed and localized to comply with any legal requirements of such country.

3.9.2 Support

KORCO will be solely responsible for providing support to KORCO's End Users and distributors including providing appropriate manuals and documentation with respect to the KORCO Products.

3.9.3 Disclaimers in Manual

KORCO will include in a conspicuous place in the End User manual accompanying the KORCO Products, the following disclaimers of warranty and liability and/or such other disclaimers as both parties may agree on in writing:

(a) "KORCO MAKES NO WARRANTIES, EXPRESS OR IMPLIED, INCLUDING WITHOUT LIMITATION THE IMPLIED WARRANTIES OF MERCHANTABILITY AND FITNESS FOR A PARTICULAR PURPOSE, REGARDING THE SOFTWARE CONTAINED IN THE ACCOMPANYING PRODUCT. KORCO DOES NOT WARRANT, GUARANTEE OR MAKE ANY REPRESENTATIONS REGARDING THE USE OR THE RESULTS OF THE USE OF THE SOFTWARE IN TERMS OF ITS CORRECTNESS, ACCURACY, RELIABILITY, CURRENCY OR OTHERWISE. THE ENTIRE RISK AS TO THE RESULTS AND PERFORMANCE OF THE SOFTWARE IS ASSUMED BY YOU. BECAUSE THE EXCLUSION OF IMPLIED WARRANTIES IS NOT PERMITTED BY SOME STATES, THE ABOVE EXCLUSION MAY NOT APPLY TO YOU.

(b) "IN NO EVENT WILL KORCO BE LIABLE TO YOU FOR CONSEQUENTIAL, INCIDENTAL OR INDIRECT DAMAGES ARISING OUT OF THE USE OR INABILITY TO USE THIS SOFTWARE INCLUDING BUT NOT LIMITED TO LOSS OF PROFITS OR DAMAGE TO A PARTY'S BUSINESS REPUTATION HOWEVER CAUSED AND ON ANY THEORY OF LIABILITY, WHETHER IN AN ACTION FOR CONTRACT, STRICT LIABILITY OR TORT (INCLUDING NEGLIGENCE) OR OTHERWISE, WHETHER OR NOT KORCO HAS BEEN ADVISED OF THE POSSIBILITY

OF SUCH DAMAGE AND NOTWITHSTANDING THE FAILURE OF ESSENTIAL PURPOSE OF ANY REMEDY. BECAUSE SOME STATES DO NOT ALLOW THE EXCLUSION OR LIMITATION OF LIABILITY FOR CONSEQUENTIAL OR INCIDENTAL DAMAGES, THE ABOVE LIMITATIONS MAY NOT APPLY TO YOU.

3.9.4 During the term of this Agreement, AMCO may request to revise the license or disclaimer language required by Sections 3.9.1 and 3.9.3 above subject to KORCO's written consent. If KORCO consent to such revision, KORCO will incorporate such revisions within ninety (90) days of written notice from AMCO.

3.10 Acquisition/Sale Of Components

3.10.1 Proprietary Components

(a) AMCO hereby authorizes KORCO as an Authorized Supplier to manufacture and sell to other Licensees and to purchase as a Ppppp Licensee from authorized suppliers, the Proprietary Components. The terms and conditions of the purchase or sale of the Proprietary Components by KORCO will be determined by agreement between it and the Authorized Suppliers or other Licensees. AMCO is not a party to the purchase and sale transactions for the Proprietary Components between the Authorized Suppliers / Licensee and KORCO, and AMCO has no obligation or responsibility for such transactions, including but not limited to, the availability, quality, condition or delivery of the components or any payment obligation. This Agreement does not constitute a representation or commitment on the part of AMCO as to the availability of the Proprietary Components from any Authorized Vendor or purchase order for the Proprietary Components from Licensees, and AMCO reserves the right to revoke any Authorized Supplier authorization with reasonable advance notice. AMCO shall not revoke its authorization of KORCO as an Authorized Supplier of the Proprietary Components unless KORCO's rights granted under Section 3 of this Agreement are terminated pursuant to Section 13.

(b) KORCO will use or sell the Proprietary Components solely for incorporation into or servicing of KORCO Products or other Licensee's Developed Products.

3.10.2 Non-Proprietary Components

For convenience and as a courtesy to KORCO, AMCO has identified and/or provided third party vendor specifications for certain nonproprietary components. KORCO acknowledges that AMCO assumes no obligation or responsibility for the quality, availability, condition or delivery of components supplied by such third parties or for any other components identified or specified in the Specifications under the Exhibit A and not supplied by AMCO. By this Agreement, AMCO grants no license to KORCO respecting the use of any third party components not proprietary to AMCO.

3.11 Certification Of Korco Products

Each KORCO Product must meet the Certification Requirements set forth in Exhibit I prior to commercial sale and as a condition of bearing AMCO's 1ogo. Prior to the first commercial shipment of each type of KORCO Product, KORCO will submit to AMCO (or its designated agent): (i) a written certification signed by an officer or director of KORCO, that such KORCO Product meets the Certification Requirements; and (ii) three production units of the KORCO Product in commercial format, including all software, and documentation, to enable AMCO to verify KORCO's compliance. Upon certification, all KORCO Products must be marked with AMCO's logo as provided under the trademark license attached as Exhibit G. To assist KORCO in achieving the certification after an initial failure, AMCO shall provide KORCO with its test and qualification data, analysis and recommendations thereof. Both parties shall faithfully cooperate in order to resolve problem causing the failure of qualification and the parties shall repeat the above process until such KORCO Product is certified. Any

KORCO Product not disapproved by AMCO within thirty (30) days after delivery to AMCO shall be deemed approved and certified.

[3-B. OWNERSHIP AND LICENSE GRANTS.]

3.1 Ownership

(a) Ownership to Developed Technology Subject to the terms and conditions set forth in this Agreement, AMCO and KORCO shall equally and jointly own the Developed Technology and any and all Intellectual Property Rights therein in accordance with the laws of the established countries in which such joint Intellectual Property is issued or registered and subject to such statutory limitations as maybe placed thereon (such as obtaining the prior written consent of the other co-owner) by the laws of the country in which the patent (or other forms of Intellectual Property Rights) is issued, with each having the right and license (subject to any other Intellectual Property Rights of either Party, however, which may restrict such use) with prior written notice, but without accounting to the other Party. Neither Party shall have the right to cause or permit such Developed Technology or any Intellectual Property Rights therein to enter the public domain or otherwise to be wasted without the prior written consent of the other Party. The Parties agree to equally share all costs for obtaining such Intellectual Property Rights. In the event one Party elects, prior to filing, not to share such cost, the other Party paying the cost shall exclusively own the Intellectual Property Rights to be filed and the non-paying Party shall have only a perpetual, paid up, royalty free, non-exclusive, non-sublicensable, non-transferable, world-wide right and license to use the applicable Intellectual Property Rights filed by the paying party.

(b) Ownership to Derivatives Subject to the terms and conditions set forth in this Agreement, AMCO and KORCO shall each exclusively own any and all Intellectual Property Rights in the Derivatives developed by or for itself, other than the Developed Products, the Developed Technology and the

other Party's Licensed Technology, subject to the license granted to the other Party under the paragraph 8 of Section 3.2.

3.2 Grant of Right

(a) Grant of Rights to AMCO's Licensed Technology Subject to the terms and conditions set forth in this Agreement, AMCO hereby grants to KORCO and KORCO Affiliates a perpetual, paid up, royalty free, non-exclusive, non-sublicensable, non-transferable, world-wide right and license to use AMCO's Licensed Technology to the applicable Developed Product solely for the limited purpose of manufacturing, developing, selling, testing, using, and having manufactured, developed and tested for KORCO and KORCO Affiliates, the Developed Product and the Derivatives, under AMCO's Intellectual Property Rights.

(b) Grant of Rights to KORCO's Licensed Technology Subject to the terms and conditions set forth in this Agreement, KORCO hereby grants to AMCO a perpetual, paid up, royalty free, non-exclusive, non-sublicensable, non-transferable, world-wide right and license to use KORCO's Licensed Technology to the applicable Developed Product solely for the limited purpose of manufacturing, developing, selling, testing, using, and having manufactured, developed and tested for AMCO, the Developed Product and the Derivatives, under KORCO's Intellectual Property Rights. Subject to the foregoing terms and conditions of license to AMCO, KORCO shall provide AMCO with certain KORCO proprietary information as described in Exhibit _ hereto promptly after the execution of this Agreement.

(c) Grant of Rights to Derivatives Subject to the terms and conditions set forth in this Agreement, AMCO and KORCO (including KORCO Affiliates) bilaterally grant to each other a perpetual, paid up, royalty free, non-exclusive, non-sublicensable, non-transferable, world-wide right and license to the Derivatives made during the term of this Agreement solely for the limited purpose of manufacturing, developing, selling, testing, using, and having manufactured, developed and tested for the granted Party, the

Derivatives, under the granting Party's Intellectual Property Rights.

[3-C. Ownership and Grant of License]

3.1 Ownership

(a) Ownership of Developed Technology AMCO acknowledges and agrees that, as between KORCO and AMCO, KORCO shall solely and exclusively own the Developed Technology, subject only to the grant of license rights to AMCO set forth in Section 3.2. AMCO hereby assigns to KORCO all right, title and interest in and to all Developed Technology Invented by AMCO.

[(b) Ownership of Derivatives Subject to the terms and conditions set forth in this Agreement, AMCO and KORCO shall each exclusively own any and all Intellectual Property Rights in the Derivatives developed by or for itself, other than the Licensed Technology, the Developed Technology, and the other Party's proprietary technology developed or owned independent of this Agreement, subject to the license granted to the other Party set forth in Section 3.2.]

(c) Ownership of Licensed Technology KORCO acknowledges and agrees that, as between KORCO and AMCO, AMCO shall exclusively own the Licensed Technology, subject to the license rights granted to KORCO pursuant to Section 3.2.

(d) Inventions Employees of AMCO performing services under this Agreement who make an Invention, whether solely or acting with any KORCO representative, shall promptly make a complete written disclosure to AMCO for patent review of such Invention in the normal course, specifically pointing out those features or concepts believed to be new or different. AMCO agrees to promptly submit to KORCO copies, marked as Confidential Information, of any written disclosures pertaining to Inventions submitted to it, which submissions shall be subject to the provisions of the confidentiality agreements referenced in Section ___ hereof. AMCO shall

give KORCO reasonable assistance in obtaining patent protection and in preparing and prosecuting any patent application filed by KORCO relating to such Inventions as set forth in Section 3.1(a) above. AMCO shall cause to be executed assignments and all other instruments and documents as KORCO may consider necessary or appropriate to carry out the intent of this Section 3.1.

3.2 Grant of License rights

(a) Grant of License Rights to KORCO Subject to the terms and conditions set forth in this Agreement, AMCO hereby grants to KORCO and KORCO Affiliates a perpetual, paid up, royalty free, non-exclusive, non-transferable, world-wide right and license (with right to sublicense) to use the Licensed Technology solely for the limited purpose of manufacturing, developing, selling, testing, using, and having manufactured, developed and tested for KORCO and KORCO Affiliates, the Developed Products and the Derivatives [Better Alternative: any products not limited to the Developed Products and the Derivatives], under AMCO's Intellectual Property Rights.

[(b) Grant of License Rights to AMCO Subject to the terms and conditions set forth in this Agreement, KORCO hereby grants to AMCO a perpetual, paid up, royalty free, non-exclusive, non-transferable, world-wide right and license to use the Developed Technology solely for the limited purpose of manufacturing, developing, selling, testing, using, and having manufactured, developed and tested for AMCO, the Developed Product and the Derivatives, under KORCO's Intellectual Property Rights, provided that such Developed Products or Derivatives must comply with the then-current compatibility standard. AMCO shall have no right to grant any sublicense rights under its license under this Section V.2.][13]

13) 개발위탁자가 개발결과물에 대한 단독소유권을 보유하는 경우, 개발자에게 개발제품에 대한 사업을 허여하여야 하는 경우에는 상기 (b)문단을 삽입하여야 할 것이다. 상기 3.2(b)와 같은 license가 허여되지 않는 경우는 3.1(b)도 삭제하여야 할 것이다(개발자에게 Developed Tech에 대한 사용권이 없으므로, 근본적으로 개발자는 Derivative를 개발할 권리조차 없으므로).

4. PAYMENTS[14)]

4.1 Except as set forth in this Section 4, each party will bear its own costs and expenses of performance under this Agreement. Unless otherwise specifically stated in this Agreement, each and all payments set forth under this Agreement shall be made within __ days from the receipt of the respective invoice which will be issued after the occurrence of the respective payment event or schedule as set forth herein this Agreement.

4.2 **Development Fee**

In consideration of AMCO's development work and other services undertaken under this Agreement, KORCO shall pay to AMCO total development fee of ______________US dollars (U$_________) in accordance with the Development and Payment Schedule in Exhibit _.

4.2 ***Development Fee*** **[Alternative]**[15)]

AMCO and KORCO shall equally share the costs and expenses for each specific project which shall be set forth in the Development Plan as agreed and established by the Technical Committee for each specific project ("Total Development Costs"). Based upon such costs and expenses, KORCO shall pay to AMCO the amount of [one half (2) of Total Development Costs] minus [total costs to be borne or incurred by KORCO] for the development of the Developed Products hereunder in the amounts

---

14) 기술전수 및 개발계약의 경우, (i) 개발지연에 따른 penalty규정의 합의는 통상적으로 관철시키기가 어려운 것이 대부분이며, (ii) 개발지연의 책임소재를 가려내는 것도 기술적 어려움이 많고, (iii) 개발일정에 대한 절대적 의무규정도 실무상 관철시키기 어려운 것이 대부분의 사례인바, 제공자/개발자로부터 개발일정에 준수 및 priority를 보장받는 방법은 개발/전수 단계별 분할급 방식이 현실적 방안이므로, 개발 milestone과 적절한 payments를 연계하도록 장치하여야 할 것이다.

15) 순수한 의미의 공동개발 시, 개발에 소요된 총비용을 양 당사자가 1/2씩 분담, 정산하는 방식일 경우에 활용할 수 있는 예문이나, 현실적으로는 실무상 각자가 지출한 개발비용에 대한 검증 및 합리성에 대한 시비여지가 많으므로, 통상적으로는 개발과제착수 전에 예상되는 비용에 양 당사자가 사전합의하여, 일방이 타방에 일정금액을 지불/정산하는 것으로 약정하는 방식을 취한다.

and at the times as shall be set forth in the Development Plan established by the Technical Committee for each specific project

4.3 License Fee & Royalty[16)]

License fee를 지불하여야 하는 경우, 개발비와 license fee의 구분이 되어 있지 않은 경우, 국내 세무실무상 전체금액을 사용료 소득으로 간주하여 원천징수하는 경우가 대부분이므로 이러한 논란을 최소화하기 위해 license fee와 개발비를 구분해 두는 것이 바람직하다.

In consideration of the rights and licenses granted to KORCO under this Agreement, KORCO shall pay to AMCO as follows:

4.3. License Fee. KORCO shall pay to AMCO total license fee of ________________ as follows:

____

____

[Alternative]

4.3. Royalties. KORCO agrees to pay per unit royalties to AMCO calculated in accordance with the royalty table below for every units of KORCO Product shipped by KORCO. KORCO will owe no royalties with respect to KORCO Products it manufactures on behalf of other AMCO Licensees, nor shall such units be counted towards KORCO's annual unit volume.

16) 특수한 경우(제3-A조의 Note 참조)를 제외한 통상적인 개발계약에서는 개발제품/기술에 한정된 사용용도로 허여되는 개발자의 기존기술(개발제품/기술에 내재 또는 사용되었을 경우)에 대한 사용권은, 개발의뢰 목적의 실현을 위해서는 필수불가결한 것이므로, 무상으로 제공하는 것이 일반적 실무관례인바, 일반적인 개발계약에서는 하기 조항들은 삭제되어야 한다.

Unit Volume	*Per unit royalty*
n 〈 ______/yr	*$__*
n ≥ ______/yr	*$__*

Within forty five (45) days of the close of each Fiscal Half Year, KORCO shall furnish AMCO with a royalty statement certified correct by an officer of KORCO, indicating the number of units of KORCO Ppppp Products distributed by KORCO during the Fiscal Half Year for which royalties are being paid, the unit volume of the Fiscal Year in the case of the royalty statement of FH2, and the amount of royalty due. All royalty payment will be made in U.S. dollars on a six (6) month basis, within fifteen (15) business days of receipt of AMCO's invoice corresponding to the respective royalty statement. For the purpose of computing royalties for each Fiscal Year, the per unit royalty applied to the sales for FH1 will be $__, and if the annual unit volume of the Fiscal Year as of the end of FH2 turns out less than ______ unit, KORCO shall pay to AMCO any unpaid excess royalty amount over the royalty amount actually paid for the FH1 by applying $__per unit to the sales volume of FH1, together with royalties for FH2. The per unit royalty applied to the sales for FH2 will be determined based upon the actual accumulated annual sales volume made during the applicable Fiscal Year. Such royalty payments will be sent to the following address, or to such other address as AMCO may specify from time to time in writing prior to payment:

Royalty Accounting-Products Division
AMCO

____

____

For the purpose of this Section, "Fiscal Half Year" means a half of the Fiscal Year consisting of the period from January 1 through June 30 (FH1), or July 1 through December 31 (FH2), and "Fiscal Year" means a period consisting of 365 days beginning on January 1 and ending on December 31.

4.4 **Right to Audit**[17)]

KORCO shall keep and maintain all appropriate books and records necessary for verification that the applicable license and purchase fees and royalties have been paid. During the term of this Agreement and for three years thereafter, AMCO will have the right at its expense to have audited, by a certified public accountant from an internationally recognized accounting firm, KORCO records pertaining to KORCO's sales of KORCO Products to verify the number of KORCO Products shipped to third parties. Such audit may be performed on not less than thirty (30) days' prior written notice to KORCO, and may not be performed more than once in any twelve-month period. If, as a result of such audit, an underpayment by KORCO of *ten percent (10%) or more*[18)] is found, KORCO will reimburse AMCO for the cost of such audit within thirty (30) days of such finding and in addition will pay AMCO the account owed to AMCO as identified in the audit. If KORCO's royalty reports or payments include any inconsistencies or mistakes, KORCO will immediately rectify such statements and will immediately make any payments required by such rectification. Failure to pay such royalties when due as provided in this Section will be grounds for termination of this Agreement.]

---

17) royalty 지불의무가 없는 경우에는 삭제되어야 한다.
18) 일반적인 실무관례는 5~10%.

4.5 **Payment for Deliverables**[19)]

KORCO shall pay to AMCO for the prototypes and other deliverables in tangible form at the prices specified in Exhibit __ within __ days after KORCO's acceptance of respective deliverables and receipt of the respective invoice therefor.

4.6 **Taxes**

Any and all taxes, that may be levied or imposed by the any tax authorities of competent jurisdiction on any payment made to AMCO shall be borne by AMCO. KORCO shall deduct any such taxes levied by the Korea tax authorities from the payments due to AMCO and provide a certificate to verify such withholdings to AMCO.

5. WARRANTIES

5.1 AMCO represents that the Technology including the Deliverables provided hereunder to KORCO is, and shall be kept during the term of this Agreement, the most accurate, updated, cost effective technology available to AMCO, and that the Deliverables under the Exhibit C are sufficient enough for a reasonable manufacturer in the industry to manufacture the Developed Products.

5.2 AMCO represents that to the best of its knowledge the Software or Technology provided by AMCO under this Agreement does not infringe upon any third party's patents, copyright, trademark, trade secret or other intellectual property and that it has not been notified by a third party of a possibility that the Software or the Technology may infringe upon any

---

19) 국내세무상 관세대상이 될 수 있는 유형물의 입수가 필요한 경우, 본 조항의 삽입을 고려할 것. 개발결과물(e.g. prototype) 등이 국내로 반입되는 경우 통관상 관세부과와 관련하여 그러한 유형물질의 수입가격이 분명치 않은 관계로 개발비 전액을 과세기준으로 간주하는 경우도 있는바, 이러한 논란을 예방키 위해 이러한 deliverables에 대한 적정가액을 계약상 약정해 두고, 이에 대한 별도 invoice를 발급받는 등의 주의를 권고한다.

copyright, patent, trademark, trade secret or other intellectual property right of a third party. AMCO further represents that there are no pending claims or lawsuits concerning any aspect of the Technology.

5.3 AMCO warrants that the Technology, as embodied in the DVT units and the Software, will perform in substantially the manner described in the Specifications provided by AMCO and agreed by KORCO. This warranty will expire on the earlier of: (a) six (6) months from KORCO's first commercial shipment of a KORCO Product to any third party, or (b) one (1) year from the date the version of Technology or the Software found deficient is delivered to KORCO. KORCO's sole remedy for breach of this warranty is to notify AMCO of the deficiency and AMCO will, at its sole option, either provide a new version of the material or software or permit KORCO to terminate this Agreement due to AMCO's breach in accordance with Section 13 with respect to deficient material or software.

5.4 UNLESS OTHERWISE EXPRESSLY PROVIDED IN THIS AGREEMENT AMCO MAKES NO WARRANTIES, EXPRESS OR IMPLIED, INCLUDING WITHOUT LIMITATION THE IMPLIED WARRANTIES OF MERCHANTABILITY AND FITNESS FOR A PARTICULAR PURPOSE, REGARDING THE SOFTWARE, THE TECHNOLOGY, THE DIAGNOSTICS SOFTWARE, OR THE DELIVERABLES OR THEIR USE AND OPERATION ALONE OR IN COMBINATION WITH ANY OTHER SOFTWARE OR HARDWARE.

6. INDEMNIFICATION[20)]

---

20) 지재권침해 claim 시 면책규정은 license/개발계약 협상 시 가장 논쟁이 많은 규정으로, 특허를 제외한 copyright 등 기타 권리에 대해서는 indemnification을 대부분 수용하는 편이나, 특허에 대해서는 면책보장의 수용이 어려운 경우가 많다.
전 세계 특허의 사전조사는 현실적으로 불가능하고, 고의적으로 copy한 경우가 아니더라도 유사성이 존재하는 한 침해를 구성케 되는 반면, 저작권 등의 경우는 제3자의 저작물을 copy한 경우가 아니라면, 독자개발에 의해 발명/발견된 경우는 유사성이 존재하더라도 침해를 구성치 않는다.
고의로 침해한 경우[punitive damage(triple damage) 대상이 됨]에 대해서는 무제한 배상을

6.1 AMCO Indemnity

(a) AMCO will indemnify, hold harmless, and at KORCO's request, defend KORCO and KORCO's directors, officers, employees, agents and independent contractors from and against any loss, cost, liability or expense (including court costs and reasonable fees of attorneys and other professionals) arising out of or resulting from any third party claim that any Developed Products, Software or the Technology including but not limited to the Deliverables infringes patent, copyright, trade secret right or other intellectual property right. In the event of any such claim, KORCO agrees: (i) promptly to give AMCO notice in writing of any such claim or action and permits AMCO, through counsel of its choice, to answer the charge of infringement and defend such claim or action; (ii) to provide AMCO with information, assistance and authority, at AMCO's expense, to enable AMCO to defend such claim or action; and (iii) that AMCO will not be responsible for any settlement made by KORCO without AMCO's written permission. If AMCO receives notice of an alleged patent, copyright, trade secret or other intellectual property right infringement or if KORCO's use of the Developed Products, the Software or the Technology shall be prevented by permanent injunction for reasons of patent, copyright or trade secret infringement, AMCO may, at its sole option and expense, procure for KORCO the right to continued use of the Developed Products, Software and the Technology as provided hereunder, or modify the allegedly infringing item such that it is no longer infringing, or replace the allegedly infringing item.

(b) AMCO shall have no liability under this Section 9.1 for any claim or suit to the extent that any alleged infringement is based upon: (i) incorporation of KORCO-supplied designs, particular requirements, specifications or instructions into the Software, the Technology or the Developed Products; (ii) the combination, operation, or use of the Software, the Technology or

---

보장하고, 기타 지재권침해 claim에 의한 경우는 지불금액 총액 한도 내에서 합의가 이루어지는 것이 대부분의 협상례이다.

the KORCO Products with devices, parts, or software not authorized by AMCO, (iii) modifications or additions to the Developed Product, the Software or the Technology other than those made by AMCO or in accordance with AMCO's written instructions, or (iv) use of the Software, the Technology or the Developed Products other than as permitted under this Agreement, or in a manner for which it was not intended.

6.2 **Indemnity by KORCO**

KORCO will indemnify, hold harmless, and at AMCO's request, defend AMCO and AMCO's directors, officers, employees, agents and independent contractors from and against any loss, cost, liability or expense (including court costs and reasonable fees of attorneys and other professionals) arising out of or resulting from any third party claim arising from KORCO's unauthorized distribution or use of the Developed Products, the Software or the Technology by KORCO as expressly specified in Section 9.1 (b) above, except claims and remedies for which AMCO is expressly made responsible by the terms of this Agreement. In the event of any such claim, AMCO agrees: (i) promptly to give KORCO notice in writing of any such claim or action and permits KORCO, through counsel of its choice, to answer and defend such claim or action; (ii) to provide KORCO with information, assistance and authority, at KORCO's expense, to enable KORCO to defend such claim or action; and (iii) that KORCO will not be responsible for any settlement made by AMCO without KORCO's written permission.

6.3 THE FOREGOING STATES THE PARTIES' TOTAL LIABILITY AND OBLIGATION WITH RESPECT TO ANY THIRD PARTY CLAIM CONNECTED TO OR ARISING OUT OF THIS AGREEMENT AND SETS FORTH EACH PARTY'S SOLE AND EXCLUSIVE REMEDY FOR INFRINGEMENT OF THIRD PARTY RIGHTS.

7. DISCLAIMER OF CONSEQUENTIAL DAMAGES

EXCEPT AS EXPRESSLY SET FORTH IN THIS AGREEMENT, IN NO EVENT SHALL EACH PARTY BE LIABLE FOR ANY SPECIAL, INCIDENTAL, INDIRECT OR CONSEQUENTIAL DAMAGES OF ANY KIND, INCLUDING BUT NOT LIMITED TO, LOSS OF PROFITS OR DAMAGES TO THE OTHER PARTY'S BUSINESS REPUTATION HOWEVER CAUSED AND ON ANY THEORY OF LIABILITY, WHETHER IN AN ACTION FOR CONTRACT, STRICT LIABILITY OR TORT (INCLUDING NEGLIGENCE) OR OTHERWISE, WHETHER OR NOT THE PARTY HAS BEEN ADVISED OF THE POSSIBILITY OF SUCH DAMAGE AND NOTWITHSTANDING THE FAILURE OF ESSENTIAL PURPOSE OF ANY REMEDY.

8. CONFIDENTIALITY

Each party will protect the other's Confidential Information for __ ( ) years from the expiration or termination date of this agreement from unauthorized dissemination and use with the same degree of care that each such party uses to protect its own like information. Neither party will use the other's Confidential Information for purposes other than those necessary to perform its obligations or exercise its rights under this Agreement. Neither party will disclose to third parties the other's Confidential Information without the prior written consent of the other party.

[Alternative]

8.1 Confidential Information

(a) Duty of Non-Disclosure During the Term of this Agreement and for a ___ ( ) year period thereafter, the Receiving Party shall not: (I) disclose any Confidential Information to any person other than the Receiving Party's employees or consultants with a need to know and who are a party to a

written agreement containing prohibitions against disclosure at least as stringent as those set forth in this Agreement and under which they have agreed not to disclose any confidential information as to which the Receiving Party itself is bound to keep confidential under nondisclosure agreements; and (ii) use Confidential Information for any purpose other than as expressly provided in this Agreement. The Receiving Party shall protect and safeguard the Confidential Information received by it from unauthorized disclosure by procedures no less stringent than those used for protecting its own Confidential Information and in any event by use of no less than reasonable care.

(b) Exclusions Notwithstanding the foregoing, information shall not be treated as Confidential Information under this Agreement if: (i) the same information was in the public domain at the time it was disclosed or later comes within the public domain, except through the acts or omissions of the receiving party; (ii) the same information can be shown to have been known to the receiving party prior to its disclosure hereunder; (iii) the same information becomes known to the Receiving Party from a source other than the Disclosing Party without breach of an obligation of confidentiality; (iv) the same information is deliberately disclosed to one or more third parties by the Disclosing Party without restriction; or (v) the same information is independently developed by employees or representatives of the Receiving Party without access to the Confidential Information.

(c) Existing NDA Each Party acknowledges and agrees that it has prior to the date hereof performed under and complied in all respects with the terms and conditions of that certain confidentiality and nondisclosure agreement entered into as of _________, ____ by the Parties hereto (the "NDA"), and which agreement as of the execution hereof shall be superseded by this Agreement solely with respect to the subject matter hereof, and that the Parties' obligations and corresponding rights under the NDA made as of the Effective Date shall otherwise remain in full force

and effect.

(d) *Confidentiality of Agreement/Publicity* *Except as otherwise required by law or in connection with a dispute between the Parties relating to this Agreement: (i) disclosure to a third party as to any of the terms and conditions of this Agreement; and (ii) any press release or other public announcement with respect to the transactions contemplated by this Agreement shall, in each case, be made, if agreed in the Technical Committee, in the form, content, and manner as decided in the Technical Committee.*

8.2 **Non-solicitation** The parties agree not to, nor attempt to directly or indirectly, solicit, or interfere with the other party's relationships with, or entice away from the other party any customer, licensee, licensor, distributor, representative, employee, contractor, or source of supply of the other party for _ year(s) from the execution of this Agreement.

9. Marketing and Fabrication[21)]

In order to avoid competition between the Parties and to promote their mutual success, the Parties agree as follows:

9.1 Marketing

For __( )__ years after the completion of the Developed Products, in order to avoid competition between the Parties and to promote their mutual success, the Parties agree as follows:

9.1.1 Territory

(a) AMCO shall have the exclusive right to sell, promote, market or otherwise distribute the Developed Products to customers within ____ ________*("AMCO Territory").*

---

21) 이하 9조 규정은 통상적인 개발관련 계약구조하에서는 비정형적인 규정이므로 양사가 개발 결과물에 대한 영업권을 갖고 양사의 경쟁관계를 사전에 조정할 방안을 고려해야 할 필요성이 있는 경우에 참조 바란다.
단, 본 규정은 양사의 특정시장에 대한 market share 등 제반 요인과 결부하여 anti-trust 문제가 발생할 수도 있음에 유의 바란다.

(b) KORCO shall have the exclusive right to sell, promote, market or otherwise distribute the Developed Products to customers in all countries throughout the world other than AMCO Territory, and to KORCO and KORCO Affiliates for the integration and incorporation of the Developed Product into a system level product with significant added value ("Integration") throughout the world including AMCO Territory.

(c) For the avoidance of doubt, the marketing rights and limitations set forth in (a) and (b) above shall not be applicable to either Party's Derivatives unless otherwise agreed in writing between the Parties.

(d) For the purpose of this Article, a sale is to be deemed to have been made within the territory if the customer is: (a) a person with bona fide residency in the territory, or (b) a person being incorporated in or carrying on a bona fide business in the territory. The foregoing does not apply to a person who is incorporated or carrying on business in the territory for the predominant purpose of enabling that person to acquire the Developed Products from the Parties for resale, distribution or use of the Developed Products stand-alone, without Integration, outside its territory provided herein this Section.

(e) Where a customer's place of business is one Party's territory but Integration will take place in the other Party's territory, the Party in whose territory the Integration takes place will have the exclusive right to supply such customers. Where Integration will take place in one Party's territory but the destination of the end product so Integrated takes place in the other Party's territory, the Party in whose territory the Integration takes place will have the exclusive right to supply such customers.

9.1.2 Compensation[22)]

22) 양사 간의 경쟁조정을 위해 본건 제9조를 채택한 경우에도 하기 9.1.2조는 수입정산상 논란의 소지(예: 양사 간의 marketing 능력 및 투자에 따른 매출실적 차이 발생 등에 대한 합리적 배려가 반영되지 않았고, 상호 영업실적을 공개/감사하여야 하는 등 운영/관리상 문제요인이 많으므로 이러한 compensation조항이 채택되는 경우는 사실상 드물다.)

(a) The Party that derives more revenues from its sale of the Developed Products shall compensate the other Party by paying ___ percent (_%) of the amount by which its revenues exceed that of the other Party (the "Exceeding Revenue").

For the purpose of this Section, the Exceeding Revenue shall be calculated as follows: [the sales quantity difference] x [its average Net Sale Price in the arm's length transaction]

(b) The Net Sale Price shall mean the net sale price of the Developed Product, not the net sales price of the end product which the Integration is made into.

The Net Sale Price shall be the gross invoice price of the Developed Products sold or otherwise disposed of by the Party in a normal, bona-fide commercial transaction without any deduction other than the following items of expenses, if any, to the extent to which they are actually paid and included in the gross invoice price: 1) Sales discounts 2) Sales returned, 3) Indirect taxes on sales, 4) Insurance premiums on sales, 5) Packing expenses on sales, 6) Transport expenses on sales, 7) Sales commissions, and 8) Advertisement fees.

(c) The sales quantity shall include the quantity of the Developed Products integrated or incorporated into its end products by the Party, but it shall not include the quantity of the Developed Products sold by one Party to the other Party. For the Developed Products Integrated by the Party, the Net Sale Price shall be the average of the Net Sale Price of the same type of the Developed Product in function and capacity (if not available, similar type) sold to 3rd parties during the applicable quarter, in a normal, bona-fide commercial transaction, as calculated in the foregoing (b) of this Section.

9.1.3 Within thirty (30) days after the end of each calendar quarter, each Party shall furnish the other Party with a statement in suitable form showing all units of the Developed Products that were manufactured, used, sold or otherwise transferred by the Party during such quarter, and the Net revenues derived therefrom. Within thirty (30) days after receipt of such statement, the Party which has derived more revenues shall pay the other Party the Marketing Compensation calculated as provided hereunder this Section.

9.1.4 Records and Audit Each Party shall keep full and accurate records necessary to verify the Marketing Compensation payable hereunder, which shall be retained for a period of three (3) years from the date of payment notwithstanding the termination of this Agreement. Each Party shall have the right, at its expense, to appoint an independent audit professional to examine and audit, not more than once annually, and during normal business hours, all such records subject to and in accordance with such auditor's legal and professional confidentiality obligations. Prompt adjustment shall be made to compensate for any error or omission revealed by such examination or audit. If the amount of such error or omission exceeds *five percent (5%)* of the total amount due for the period under audit, the Party making such error or omission shall pay for the cost of the audit, provided that such error or omission is not caused by misinformation provided by the other Party.

9.1.5 After the aforesaid *two year* period under Section 6.1, each party shall be free to sell, promote, market or otherwise distribute the Developed Products to customers without such territory restriction and accounting to the other Party as provided under this Article 6.

9.2. Fabrication

9.2.1 AMCO grants to KORCO and KORCO Affiliates the right of first refusal on specified terms and conditions, as the case requires, for the exclusive right to manufacture and supply the Developed Products to AMCO and the designated distributor/licensee of AMCO to satisfy their requirements.

If KORCO rejects or does not accept an offer made to KORCO pursuant to the said right of first refusal within the period of thirty (30) days, AMCO may make offers to third parties on terms and conditions which, when taken as a whole, are no more favorable than those specified in the offer to KORCO.

10. TERM

This Agreement will commence on the Effective Date and will continue for a period of _____ (_) years unless earlier terminated as provided in this Agreement *{and will be renewed, for each one (1) year period, unless terminated in writing by either party with three (3) month advance notice prior to the expiration of the respective term, provided however that royalty rates for such renewed term shall not be higher than those under this Agreement or those given to AMCO's most favored Licensee at the time of such renewal}.*[23)]

11. TERMINATION

11.1 <u>Right to Terminate for Convenience</u>[24)]

AMCO may terminate this Agreement for its convenience at any time prior to KORCO's acceptance of DVT units, for any reason or for no reason, by giving KORCO written notice of termination. KORCO may terminate this Agreement for its convenience at any time, for any reason or for no reason, by giving AMCO written notice of termination. Termination will become effective upon receipt of such notice by the other party. In the event that AMCO terminates for convenience pursuant to this Section 13.1, AMCO will be required to refund to KORCO all development fees previously paid by KORCO to AMCO pursuant to this Agreement, and pay KORCO for all damages and losses due to AMCO's termination as of the effective date of termination. In the event that KORCO terminates for

23) Italic부분은 license 구조 (3-A)하에서 적용될 수 있는 규정이다.

24) 임의해제조항은 통상적 조항이 아니므로 특수한 사정이 없는 한 인정하지 않는 것이 바람직하다.

convenience pursuant to this Section 13.1, KORCO will forfeit all payments made to AMCO and will remain obligated to pay AMCO the amount due for all milestones completed and accepted by KORCO as set forth in the Development and Payment Schedule contained in Exhibit B, and the actual costs expended by AMCO to a third party towards the subsequent milestone as of the effective date of termination, provided however that such reimbursement for the said costs shall not exceed the amount set forth for the subsequent milestone under the payment schedule in Exhibit B.

11.2 <u>Termination for Cause By Either party</u>

Either party will have the right to terminate this Agreement immediately upon written notice at any time if:

(a) The other party is in material breach of any warranty, term, condition or covenant of this Agreement and fails to cure that breach within thirty (30) days after receiving written notice of that breach and of the first party's intention to terminate; or

(b) The other party: (i) becomes insolvent; (ii) admits in writing its insolvency or inability to pay its debts or perform its obligations as they mature; or (iii) makes an assignment for the benefit of creditors.

11.3 <u>Effect of Termination</u>

(a) Upon any termination of this Agreement, by AMCO due to KORCO's material breach or insolvency as specified in Section 13.2 or by KORCO for convenience as specified in Section 13.1, except as otherwise provided elsewhere in this Agreement, all licenses and other rights granted to KORCO under this Agreement will automatically terminate and each party will be released from all obligations and liabilities to the other occurring or arising after the date of such termination. In such termination event due to KORCO's default, KORCO may sell reasonable quantities of KORCO Products which are in inventory at the time of termination for up to six (6) months after termination subject to all the restrictions and conditions set forth in this Agreement.

(b) Upon any termination of this Agreement by KORCO due to AMCO's material default or insolvency as specified in Section 13.2, or by AMCO for its convenience as specified in Section 13.1, except as otherwise provided elsewhere in this Agreement, all rights and licenses granted to KORCO will survive such termination without any further payments thereafter.

(c) The provisions of Sections 1, 4.2, 8, 9, 10, 11, 13.1, 13.3, 14, 15 and 16 and any liability arising from any breach of this Agreement will survive any termination of this Agreement.

(d) Termination of this Agreement will not affect the rights of KORCO's End Users existing at the time of termination to continue to use the Software or the KORCO Products.

(e) Upon the breach by either party to this Agreement of any provision of this Agreement, the nonbreaching party shall have the right to pursue all available remedies at law or in equity it may elect, in order to obtain the benefits provided pursuant to this Agreement, or to obtain adequate recourse or compensation in the event the same are not so provided.

12. SOURCE CODE ESCROW[25)]

---

25) license 또는 일반적인 기술도입의 경우, Source Code는 개발의 직접적인 결과 외에도 그 개발사가 개발에 직접, 간접으로 사용/내재한 기술전반이 함축되어 있어, 유출 시 개발사의 해당기술 전반이 노출될 우려가 있으므로, 특수한 경우를 제외하고는 object code만을 제공하는 것이 일반적이다. 반면, licensee 또는 기술도입자로서는 개발자/기술제공자가 사업중단, 파산하거나 개발자 귀책사유로 계약해지/해제되는 경우 지속적인 개발진행, 유지보수, 개량, 응용을 제공받을 길이 봉쇄되어 뜻하지 않은 사업중단의 위험을 맞게 되는 경우를 예방키 위해 사전에 이러한 보장책으로 제3자에게 source code를 위탁보관케 하고, 특정경우 발생시 source code를 licensee/도입자에게 제공될 수 있도록 하는 구조를 취하기도 한다.

특히, 기술제공자가 매각/합병 또는 재정적 어려움이 있는 상황인 경우는 이러한 보호책이 확보되어 있어야 할 것이다.

한편, 위탁개발의 경우, 위탁자가 개발결과물에 기초한 지속적 자체 개발/응용을 계획한다면 deliverables item에 source code 필요여부를 면밀히 검토하여 해당 item에 대한 source code를 반드시 명기토록 하여야 할 것이다.

그러나, 이 경우에도 개발결과물에 개발자의 기존보유 기술이 상당부분 내재된 경우에는 이 부분에 대한 기술원리의 노출을 꺼려 할 수 있을 것이다. 기존기술이 분리가능한 block

AMCO shall deposit the Software in source code form under escrow pursuant to the source code escrow agreement attached as Exhibit K. AMCO shall pay the fees charged by a neutral escrow agent designated by the parties' agreement.

Upon occurrence of any of following conditions, the escrow agent shall release and immediately provide KORCO with the Software in source code form:

(a) if this Agreement is terminated by KORCO due to AMCO's material breach;

(b) if AMCO (i) becomes insolvent; (ii) admits in writing its insolvency or inability to pay its debts or perform its obligations as they mature; or (iii) makes an assignment for the benefit of creditors;

(c) if AMCO fails to continue to do business in the ordinary course; or

(d) if AMCO terminates this Agreement for its convenience.

13. GENERAL

13.1 Force Majeure

Neither party will be liable for any failure or delay in its performance under this Agreement due to causes, including, but not limited to, an act of God act of civil or military authority, fire, epidemic, flood, earthquake, riot, war, sabotage, labor shortage or dispute, and governmental action, which are beyond its reasonable control; provided that the delayed party: (a) gives the other party written notice of such cause promptly. and in any event within fifteen (15) days of discovery thereof; and (b) uses its reasonable efforts to correct such failure or delay in its performance. The delayed party's time for performance or cure under this Section 21.1 will be extended for a period equal to the duration of the cause or sixty (60) days whichever is less.

을 구성하는 경우는 직접개발결과에 대한 source code는 제공하고, 기존기술 block부분에 대해서는 상기 예문과 같은 escrow 방식을 중도안으로 고려해 볼 수도 있을 것이다.

13.2 <u>Relationship of Parties</u>

Neither AMCO nor AMCO's employees, consultants, contractors or agents are agents, employees or joint venturers of KORCO nor do they have any authority to bind KORCO by contract or otherwise to any obligation. They will not represent to the contrary either expressly, implicitly, by appearance or otherwise. Neither KORCO nor KORCO's employees, consultants, contractors or agents are agents, employees or joint venturers of AMCO nor do they have any authority to bind AMCO by contract or otherwise to any obligation. They will not represent to the contrary, either expressly, implicitly by appearance or otherwise.

13.3 <u>Other Tax Implications</u>

The purpose of development of the Deliverables under this Agreement is to demonstrate that the product developed hereunder will conform to the Specifications. The Deliverables have no intrinsic value as an item. As such, no value added, sales, or use taxes have been assessed or are anticipated to be required as a result of the Services performed under this Agreement.

13.4 <u>Assignment</u>

The rights and liabilities of the parties hereto will bind and inure to the benefit of their respective successors, executors and administrators, as the case may be; provided that neither party may assign or delegate its obligations under this Agreement either in whole or in part, without the prior written consent of the other party. Any attempted assignment in violation of the provisions of this Section 21.4 will be void.

13.5 <u>Applicable Law</u>

This Agreement will be governed by and construed in accordance with the laws of the ____________________ as applied to agreements entered into and to be performed entirely within ______ between ______ residents. Both parties will comply with applicable export laws and regulations and will cooperate in executing necessary documentation to comply with such laws and regulations. The parties specifically exclude applicability of the Convention Relating to Uniform Law on the International Sale of Goods.

13.6 **Arbitration**

Any dispute arising under or by virtue of this Agreement or any difference of opinion between the parties hereto concerning their rights and obligations under this Agreement shall be finally resolved by arbitration before a sole arbitrator in ______ or such mutually agreed forum in accordance with the then current version of the Arbitration Rules of the International Chamber of Commerce. The decision of the arbitration shall be final and binding upon both parties. Judgment upon the award rendered by the arbitrator may be entered in any court having jurisdiction thereof. The foregoing shall not preclude the parties from applying to any court for any preliminary or injunctive remedies available under applicable laws for any purpose, including but not limited to, securing the subsequent enforcement of any arbitration award.

13.7 **Severability**

If for any reason a court of competent jurisdiction finds any provision of this Agreement, or portion thereof, to be unenforceable, that provision of the Agreement will be enforced to the maximum extent permissible so as to effect the intent of the parties, and the remainder of this Agreement will continue in full force and effect.

13.8 **Notices**

All notices required or permitted under this Agreement will be in writing, will reference this Agreement and will be deemed given when: (a) delivered personally; (b) when sent by confirmed telex or facsimile; (c) seven (7) days after having been sent by registered or certified mail, return receipt requested postage prepaid; or (d) three (3) days after deposit with a commercial overnight carrier specifying next day delivery, with written verification of receipt. All communications will be sent to the addresses set forth below or to such other address as may be designated by a party by giving written notice to the other party pursuant to this Section 16.8:

AMCO	KORCO:
(Name)	(Name)
(Title)	(Title)
(address)	(address)

With a copy to:

13.9 No Waiver

Failure by either party to enforce any provision of this Agreement will not be deemed a waiver of future enforcement of that or any other provision.

13.10 No Rights in Third Parties

This Agreement is made for the benefit of KORCO and AMCO and their respective subsidiaries and affiliates, if any, and not for the benefit of any third parties.

13.11 Counterparts

This Agreement may be executed in one or more counterparts each of which will be deemed an original, but which collectively will constitute one and the same instrument.

13.12 Headings and References

The headings and captions used in this Agreement are used for convenience only and are not to be considered in construing or interpreting this Agreement.

13.13 Construction

This Agreement has been negotiated by the parties and their respective counsel. This Agreement will be interpreted fairly in accordance with its terms and without any strict construction in favor of or against either party.

13.14 Trademark Usage

Except as expressly stated in this Agreement, KORCO will not, without AMCO's prior written consent, use any AMCO trademarks, service marks, trade names, logos or other commercial or product designations, for any purpose, including, but not limited to, use in connection with any KORCO products, promotions, advertisements or exhibitions.

13.15 Complete Agreement

This Agreement, including all Exhibits, constitutes the entire agreement between the parties with respect to the subject matter hereof, and supersedes and replaces an prior or contemporaneous understandings or agreements, written or oral, regarding such subject matter, including the Interim License Agreement between the parties. No amendment to or modification of this Agreement will be binding unless in writing and signed by a duly authorized representative of both parties. To the extent any terms ann conditions of this Agreement conflict with the terms and conditions of any invoice, purchase order or purchase order acknowledgment placed hereunder, or any provision of any technical documentation provided hereunder, the terms and conditions of this Agreement will govern and control.

IN WITNESS WHEREOF, the parties have caused this Agreement to be executed by their duly authorized representatives:

AMCO:	KORCO:
By:__________________________	By:__________________________
Name:________________________	Name:________________________
Title:_________________________	Title:_________________________

LIST OF EXHIBIT

[참조 양식]

General Terms of Joint Development Projects (short form)

[Note] 아래 예문은 양사의 전략적 협력관계구축에 따라 향후 다수의 공동 개발과제를 진행함에 따른 운영원칙에 관한 규정으로 이 원칙하에 개별 개발과제 선정/진행/비용분담 등에 관한 구체적 합의서를 개별 과제별로 추후 별첨하는 구조이다.

1. Development Project Pursuant to the terms of this Agreement, the Parties intend to agree on, and complete the development of, at least ______ Specific Projects over the ___ year period. For each Specific Project, the Technical Committee shall agree on the scope, terms, and conditions of the Specific Project consistent with the terms set forth in this Agreement; provided, however, that the Parties already have agreed to the scope, terms, and conditions of the First Specific Project as set forth in the First Specific Project Schedule attached hereto.

2. Identifying Specific Projects The Parties shall use best efforts to assure that the Project Committee: (i) convenes a sufficient number of times per year to discuss the terms of the next Specific Project Schedule; and (ii) agrees on each Specific Project Schedule, other than the First Specific Project Schedule, on one project each year for each remaining _______ Specific Projects provided, however, that the next Specific Project shall not be initiated until and unless the then- current Specific Project is completed. In no event shall the Technical Committee meet less than on a quarterly basis to discuss the terms of the next Specific Project Schedule.

3. Specific Project Schedule

(a) Generally Prior to the commencement of a Specific Project, the Technical Committee shall agree to a Specific Project Schedule substantially similar in form, but not necessarily in content, to the First Specific Project Schedule attached hereto. Each such Specific Project Schedule shall be initialed by the Parties as agreed to, and each Specific Project Schedule shall be numbered sequentially after the First Specific Project Schedule. Each Specific Project Schedule shall include at least the following information: (i) Definition of Project; (ii) Milestone Schedule; (iii) Definition of Tasks; (iv) Acceptance Testing Protocol, including Acceptance Testing Criteria; (v) Rights to Products Developed According to the Specific Project; and (vi) Estimated Total Costs and Development Fee for the Specific Project. The terms of the Specific Project Schedule shall augment and supplement the terms of this Agreement, and shall not supersede the terms of this Agreement.

(b) First Specific Project Schedule The Parties hereto agree to the development of the First Specific Project pursuant to the terms and conditions set forth in the First Specific Project Schedule attached hereto.

4. Milestones AMCO shall use its best efforts to complete each Specific Developed Project in accordance with the Milestone Schedule associated with such Developed Project as each Milestone Schedule is set by the Project Committee. KORCO shall cooperate, at its cost to the extent reasonably necessary in each Specific Project.

5. Tasks The Specific Project shall consist of the following principal tasks, in addition to any specific tasks identified in the relevant Specific Project Schedule: (i) AMCO shall perform the initial design and layout of the Developed Product; (ii) KORCO will fabricate a number of Prototype Products incorporating the Developed Product (iii) AMCO and/or KORCO, as shall be agreed to by the Project Committee, will test the Prototype Products in accordance with acceptance criteria to be agreed to by the Technical Committee(the "Acceptance Criteria"); and (iv) if the Prototype

Products do not perform in accordance with the Acceptance Criteria set forth in the relevant Specific Project Schedule, the Parties shall cooperate to re-design or re-fabricate, as necessary, such products until they produce a number of Prototype Products to be specified by the Technical Committee which perform in accordance with the Acceptance Criteria.

6. KORCO may dispatch its engineers to participate in the development of the DBS ASIC during the development period and AMCO shall provide, without any charge to KORCO, KORCO engineers with suitable office facilities, equipment and communications capability with KORCO's facilities and arrange KORCO engineers' participation in the course of the development. All other traveling and living expenses to be incurred by KORCO engineers shall be borne by KORCO.

7. Acceptance Testing To the extent that a Specific Project Schedule includes an acceptance testing provision, the following basic Acceptance Testing Protocol shall be followed, unless expressly modified in such Specific Project Schedule:

(a) within ten (10) days after KORCO's receipt of certain Deliverables, and as agreed to by the Project Committee, KORCO shall inspect and test such Deliverables to ensure that they conform in all material respects with the Acceptance Criteria as defined in the Specific Project Schedule for such Specific Project. The Parties hereto acknowledge and agree that the Acceptance Criteria shall be the sole and exclusive criteria for determination of whether the Deliverables perform in accordance with the relevant Specific Project Schedule;

(b) if KORCO reasonably determines that the Deliverables fail to perform substantially in accordance with the Acceptance Criteria (the "Nonconformity"), KORCO shall provide AMCO written notice of such Nonconformity within such ten (10) day period, which notice shall identify the Nonconformity in sufficient detail to enable AMCO to duplicate the same; and

(c) upon AMCO's receipt of KORCO's notice, AMCO shall correct such Nonconformity within thirty (30) days. AMCO hereto shall repeat the foregoing process until the earlier of the following events (the "Acceptance Date"): (I) KORCO delivers its written acceptance of the Deliverables to AMCO; or (ii) KORCO fails to provide notice of either acceptance or rejection within said ten (10) day period, in which case acceptance of the Deliverables shall be deemed to have occurred.

(d) In the event, without any material causative fault on the part of KORCO, any milestone is not completed, or AMCO fails to correct any Nonconformity within the timetable set forth in the corresponding Milestone Schedule to such milestone, or the timetable modified by the Technical Committee in accordance with any applicable provision of this Agreement (the "Milestone Timetable"), KORCO may withhold the payment set forth in the Milestone Schedule corresponding to such milestone until the milestone is completely remedied by AMCO. However, if the aforesaid problem is remedied beyond 30 days after the completion date set forth in the Milestone Timetable ("Cure Period"), KORCO may deduct 10% of the payment, corresponding to the milestone per delayed week exceeding the Cure Period, from the corresponding milestone payment. In the event the aforesaid problem is not remedied within 30 days after the Cure Period, KORCO may terminate this Agreement without obligating AMCO to refund to KORCO any payments already made under this Agreement, but in which case KORCO shall exclusively own all rights, title and interest in and to Developed Products, Developed Technology and any other results of the development for all Specific Projects as of the termination date, including designs, source code, object code, other supporting documentation thereof and Deliverables, without any further payment to AMCO.

8. **Modifications of Development Project** Each Party recognizes and acknowledges that changes or modifications to the Specific Project may be necessary including, without limitation, changes and modifications to the Milestone Schedule (a "Change Order"). The Parties agree that the Technical Committeeshall negotiate in good faith and in a reasonable manner to reach a written agreement respecting any Change Order that may be reasonably necessary to complete the Specific Project.

9. KORCO Development Payments

(a) Development Fee AMCO and KORCO shall equally share the costs and expenses for each Specific Project which shall be set forth in the Milestone Schedule as agreed and established by the Technical Committee efor each Specific Project ("Total Development Costs"). Based upon such costs and expenses, KORCO shall pay to AMCO the amount of [one half (1/2) of Total Development Costs] minus [total costs to be borne or incurred by KORCO] for the development of the Developed Products hereunder in the amounts and at the times as shall be set forth in the Milestone Schedule established by the Technical Committee for each Specific Project.

(b) Payment Within ten (10) business days after KORCO accepts AMCO's completion of a milestone as set forth in the Milestone Schedule, KORCO shall make a payment to AMCO in the amount specified in the Milestone Schedule corresponding to such milestone by direct wire transfer pursuant to the wire instructions set forth in the Specific Project Schedule. Subject to Section 2.7 and 2.9 hereof, if KORCO fails to timely make any payment due to AMCO, AMCO may, upon providing KORCO with written notice and in addition to its other remedies provided in this Agreement: (i) suspend the Specific Project; and/or (ii) collect interest on unpaid amounts at the rate of one percent (1%) per month or such lesser amounts as required by law until KORCO is current on all payments. Failure to timely pay any portion of the

Development Fee when due shall be deemed a material breach of this Agreement.

(c) Tax If any payment under this Agreement is subject to tax by Korea, or any other country in which KORCO is operating, manufacturing, transferring or selling a Developed Product or KORCO Product, and such tax is required to be withheld from any payment by KORCO to AMCO hereunder, the amount of such tax shall be deducted from the payment of KORCO to AMCO and such amount shall be paid by KORCO on the account of AMCO to the appropriate tax authority. KORCO promptly shall furnish to AMCO the appropriate tax receipt confirming such payment.

[양식 10] PATENT LICENSE AGREEMENT*

This Patent License Agreement("Agreement"), dated and effective as of ______, ____(the "EFFECTIVE DATE") is made between XXXXX CORPORATION, a _______ corporation having a principal place of business at ________________________________, USA ("XXXXX"); and CLIENT COMPANY, LTD., a corporation existing under the laws of the Republic of Korea with a principal place of business at ________________________________, Republic of Korea ("CLIENT") (each a "Party").

ARTICLE 1 DEFINITIONS

1.1 "COVENANT PATENTS" means any PATENT identified on EXHIBIT C.

1.2 "EXCLUDED PATENTS" means any PATENT identified on EXHIBIT A.

1.3 "LICENSE FEE" has the meaning set forth in Section 3.1.

1.4 "PATENTS" means patents (including but not limited to utility patents, utility models and process patents, but excluding design patents), certificates of inventorship and the like, as well as applications therefor (including provisional applications). Except as expressly otherwise provided herein, PATENTS shall include all corresponding patents (in all countries) claiming the priority date of such PATENTS and all patents resulting from reissues, continuations, divisions, renewals, reexaminations, and extensions of such PATENTS.

1.5 "CLIENT LICENSED PATENTS" means any and all PATENTS anywhere in the world, other than the COVENANT PATENTS, which are now or

* 본건 양식은 양 당사자가 모두 동일제품군의 제조/판매업체 간의 cross-license 형식으로, client 회사가 Royalty 정산 차액을 lump-sum(정액) license fee로 지불하는 구조를 가정한 draft이고 일부 특수성에 따른 대체조항 등을 추록하여 필요에 따라 고려할 수 있도록 하였다. 또한 lump-sum royalty 지불시 client 입장에서 가장 유리한 영구(paid-up) license 구도로 draft하였다. runing royalty 구조는 양식 9의 4.3조 이하 참조 바람.

hereafter owned or controlled by CLIENT or any SUBSIDIARY of CLIENT with an effective filing date prior to the EFFECTIVE DATE or under which and to the extent CLIENT or any SUBSIDIARY of CLIENT now or hereafter has the right to grant a license of the scope set forth herein without the payment of any royalty or other sum to an unaffiliated third party.

1.6 "CLIENT LICENSED PRODUCTS" means such final set products as ______________, incorporating ______________ functions and technology.

1.7 "SUBSIDIARY" means any entity as to which a Party (also referred to as a "Parent"):

(a) now or hereafter owns or controls, or has the unrestricted right to own or control, directly or indirectly, more than fifty percent (50%) (by nominal value or number of units) of the outstanding stock conferring the right to vote, or

(b) now or hereafter owns or controls the right to elect the majority of the Board of Directors thereof or its equivalent,

provided that, in each of the foregoing cases, such entity (i) will have the benefits of this Agreement only if it agrees or has agreed to the provisions of this Agreement applicable to SUBSIDIARIES and (ii) will be deemed a SUBSIDIARY as of the later of the EFFECTIVE DATE or the date as of which such ownership or control exists. At such time as the ownership or control of a Parent fails to meet the above requirements, the affected entity shall thereupon no longer be considered to be a SUBSIDIARY for the purposes of this Agreement. The Parties acknowledge that PARC shall not be deemed a SUBSIDIARY under this Agreement.

1.8 "TERM" means the period commencing on the EFFECTIVE DATE and ending with the expiration date of the last to expire of the CLIENT LICENSED PATENTS, and XXXXX LICENSED PATENTS.

1.9 "TERRITORY" means ______________________________.

1.10 "XXXXX LICENSED PATENTS" means any and all PATENTS anywhere in the world, other than the EXCLUDED PATENTS, which are now or hereafter owned or controlled by XXXXX or any SUBSIDIARY of XXXXX with an effective filing date prior to the EFFECTIVE DATE under which and to the extent XXXXX or any SUBSIDIARY of XXXXX now or hereafter has the right to grant a license of the scope set forth herein without the payment of any royalty or other sum to an unaffiliated third party.

1.11 "XXXXX LICENSED PRODUCTS" means such final set product as ______________ ______________, incorporating ______________ functions and technology.

ARTICLE 2 RELEASES, GRANTS AND COVENANTS

2.1 On the EFFECTIVE DATE, XXXXX, on behalf of itself and its SUBSIDIARIES, hereby irrevocably releases, acquits and forever discharges CLIENT and its SUBSIDIARIES, together with their direct and indirect dealers, distributors, agents and customers with respect to products sold or otherwise disposed of by or for CLIENT/its SUBSIDIARIES, and suppliers and manufacturers with respect to products provided to CLIENT/its SUBSIDIARES, from any and all claims or liability for actual or alleged infringement of any XXXXX LICENSED PATENTS arising from the manufacture, use, sale, offer for sale, importation and/or other disposal of any product, apparatus, device, method, process or system of CLIENT or its SUBSIDIARIES occurring prior to the EFFECTIVE DATE that would have been a CLIENT LICENSED PRODUCT as that term is defined in this Agreement had this Agreement been in effect at the time of such manufacture, use, sale, offer for sale, importation and/or disposal, provided that with respect to those XXXXX LICENSED PATENTS identified in EXHIBIT B, the release from XXXXX granted in this Section shall be subject to the limitations set forth therein. Nothing set forth in this Section shall constitute a release from any infringement of any PATENT which is not a XXXXX LICENSED PATENT pursuant to this Agreement or any product which would not otherwise be considered a CLIENT LICENSED PRODUCT under this Agreement.

2.2 On the EFFECTIVE DATE and for the duration of the TERM, XXXXX, on behalf of itself and its SUBSIDIARIES, hereby grants to CLIENT a nonexclusive, royalty-free, paid-up, non-transferable (except as set forth in Section 7.1), personal, worldwide license under the XXXXX LICENSED PATENTS, including the right to sublicense only its SUBSIDIARIES (subject to the SUBSIDIARIES of CLIENT being bound by the terms of this Agreement), to make, use, have made, sell, offer for sale, import and/or otherwise dispose of CLIENT LICENSED PRODUCTS through such distribution channels as CLIENT shall determine, and to practice and have practiced any process involved in the making or use thereof; provided that with respect to those XXXXX LICENSED PATENTS identified in EXHIBIT B, the license granted in this Section shall be subject to the limitations set forth therein. The license granted in this Section with respect to each XXXXX LICENSED PATENT shall commence on the EFFECTIVE DATE and continue until the expiration of such PATENT.

2.3 On the EFFECTIVE DATE, CLIENT, on behalf of itself and its SUBSIDIARIES, hereby irrevocably releases, acquits and forever discharges XXXXX, its SUBSIDIARIES, together with their direct and indirect dealers, distributors, agents and customers with respect to products sold or otherwise disposed of by or for XXXXX/its SUBSIDIARIES, and suppliers and manufacturers with respect to products provided to XXXXX/its SUBSIDIARIES, from any and all claims or liability for actual or alleged infringement of any CLIENT LICENSED PATENTS by the manufacture, use, sale, offer for sale, importation or other disposal of any product, apparatus, device, method, process or system of XXXXX or its SUBSIDIARIES occurring prior to the EFFECTIVE DATE that would have been a XXXXX LICENSED PRODUCT as that term is defined in this Agreement had this Agreement been in effect at the time of such manufacture, use, sale, offer for sale, importation and/or disposal. Nothing set forth in this Section shall constitute a release from any infringement of any PATENT which is not a CLIENT LICENSED PATENT pursuant to this

Agreement or any product which would not otherwise be considered a XXXXX LICENSED PRODUCT under this Agreement.

2.4 On the EFFECTIVE DATE and for the duration of the TERM, CLIENT, on behalf of itself and its SUBSIDIARIES, hereby grants to XXXXX a nonexclusive, royalty-free, paid-up, non-transferable (except as set forth in Section 7.1), personal, worldwide license under the CLIENT LICENSED PATENTS, including the right to sublicense only its SUBSIDIARIES (subject to the SUBSIDIARIES of XXXXX being bound by the terms of this Agreement), to make, use, sell, offer for sale, import, and otherwise dispose of XXXXX LICENSED PRODUCTS through such distribution methods as XXXXX shall determine, and to practice and have practiced any process involved in the making or use thereof. The license granted in this Section with respect to each CLIENT LICENSED PATENT shall commence on the EFFECTIVE DATE and continue until the expiration of such PATENT.

2.5 To the extent CLIENT as of the EFFECTIVE DATE has a right to enforce COVENANT PATENTS, CLIENT covenants for the duration of the TERM, on behalf of itself and its SUBSIDIARIES, not to assert, or assist any third party in asserting (including without limitation participating in or joining an enforcement action), any COVENANT PATENT against XXXXX and/or its SUBSIDIARIES, together with their dealers, distributors, agents and customers, with respect to the manufacture, use, sale, offer for sale, importation or other disposition of XXXXX LICENSED PRODUCTS anywhere in the world. The Parties acknowledge and agree that responding to a subpoena, order or other legal process issued by a court or administrative tribunal of competent jurisdiction shall not be prohibited under the terms of this Section. In no event shall the foregoing covenant be extended to suppliers and manufacturers with respect to such parts or components including but not limited to semiconductor devices or LCDs which are provided to XXXXX/its SUBSIDIARIES. Notwithstanding the foregoing and in addition, CLIENT covenants for the duration of the TERM, on behalf of itself and its SUBSIDIARIES, not to seek to enjoin the sale or importation of products covered by any COVENANT PATENT(S) that are made by third parties for XXXXX to the extent such products are already for incorporated in XXXXX LICENSED PRODUCTS. The covenants set forth in this Section 2.5 are personal to CLIENT and its SUBSIDIARIES and shall not run with the PATENT(S) listed in EXIBIT C.

[Note] 일반적으로 covenant not to assert보다는 license 범위에 포함하는 것이 바람직하나, 일방 당사자(A)가 상대방(B)과 같은 최종 완제품(예: 휴대폰) 생산/판매는 물론, 상대방 업체의 주 영업영역이 아닌 반도체나 LCD 액정과 같은 주요 부품생산/판매업도 동시에 하는 경우, B에 대한 라이선스 범위에 반도체 또는 LCD 패널 특허/부품도 포함하게 되면, A는 반도체 또는 LCD 부품관련 경쟁업체(C)와의 특허분쟁에서 C가 B에게 판매한 반도체 또는 LCD 부품에 대한 특허침해 claim제기가 불가하게 되어, 분쟁대응상 균형을 잃게 되는 문제에 처할 수 있다. 이에 대한 대안으로 반도체 등 해당 부품 관련 특허에 대해서는 license에서 제외하되, B에 대해서는 non-assertion 특약을 제공하여, A는 C에 대해 B에 공급(또는 예정)한 반도체 등 부품에 대해서도 특허침해를 제기할 수 있도록 유보해 둘 필요성이 있다. 부품단계에서의 covenant not to assert는 exhaustion 또는 first sale doctrine에 따라 그 이후 단계의 down stream상의 제품(완제품)에 대한 침해 claim에 제약이 발생할 수 있는 반면, 최종완제품 단계에서의 non-assertion 허여와 같은 upstream 과정의 제품(부품)에 대해서는 그러한 제약이 적용되지 않는다.

2.6 To the extent XXXXX as of the EFFECTIVE DATE has a right to enforce any PATENT listed on EXHIBIT A, XXXXX covenants for the duration of the TERM, on behalf of itself and its SUBSIDIARIES, not to assert, or assist any third party in asserting (including without limitation participating in or joining an enforcement action), any PATENT listed in EXHIBIT A against CLIENT and/or its SUBSIDIARIES, together with their dealers, distributors, agents and customers, with respect to the manufacture, use, sale, offer for sale, importation or other disposition of CLIENT LICENSED PRODUCTS anywhere in the world. The Parties acknowledge and agree that responding to a subpoena, order or other legal process issued by a court or administrative tribunal of competent jurisdiction shall not be prohibited under the terms of this Section. In addition, XXXXX covenants for the duration of the TERM, on behalf of itself and its SUBSIDIARIES, not to seek to enjoin the sale or importation of products covered by any PATENT(s) listed in EXHIBIT A that are made by third parties for CLIENT to the extent such products are already incorporated in CLIENT LICENSED PRODUCTS. The covenants set forth in this Section 2.6 are personal to XXXXX and its SUBSIDIARIES and shall not run with the PATENTS listed on EXHIBIT A.

[Note] license와 달리, covenants not to assert 특약만을 제공하는 경우에는, 그 특약(계약)기간 종료 후, 이전 특약기간 중 상대방이 생산, 판매한 제품에 대한 과거분 royalty(past damage)에 대한 손해배상 청구가 가능하므로, 특약기간 종료 즉시 past release가 적용되도록 장치하여 예기치 않은 과거분 손해배상 risk가 발생하는 것을 예방해 둘 필요가 있다.

"At the end of the TERM, each Party shall give between the Parties a past release for LICENSED PRODUCTS (subject to limitations and exclusions on license grant and coverage) under EXCLUDED PATENTS or COVENANTS PATENTS (respectively) owned/controlled by such Party or its SUBSIDIARIES."

단, 본 계약은 계약체결일까지 양 당사자가 출원 또는 등록 보유한 Licensed Patents의 만료일까지인 관계로 계약 종료까지 상당히 장기간 기다려야 하는 관계로, 필요에 따라, Term 종료시 일괄 past relase 대신, 매년 말 단위로 past release하는 annual rolling past release 방식을 고려할 수도 있다.

2.7 If an entity becomes a SUBSIDIARY after the EFFECTIVE DATE, such entity will (upon becoming a SUBSIDIARY) be subject to all of the obligations and shall have all the benefits of this Agreement from and after the date such entity becomes a SUBSIDIARY. If a SUBSIDIARY ceases to be a SUBSIDIARY and such entity owns, controls, or is otherwise the licensor of any LICENSED PATENTS under the terms of this Agreement, such licenses to the other Party shall survive and continue in accordance with the terms hereof, provided that the foregoing shall only apply to LICENSED PATENTS which exist as of or issue from applications with an effective filing date prior to the date on which the SUBSIDIARY ceases to be a SUBSIDIARY. In addition, if a SUBSIDIARY ceases to be a SUBSIDIARY all sublicenses granted to such SUBSIDIARY under the terms of this Agreement shall terminate effective on the date such SUBSIDIARY status ceases to exist.

[Note] 일정한 기간에 한정된 license 허여 경우, 상대방 Licensor가 라이선스 계약기간 중 제3자에게 Licensed Patents 중 일부를 제3자 특허, NPE(troll 또는 전문 라이선싱업체)에게 매각하게 되는 경우, 금번 라이선스 계약 종료 후 재계약협상 필요시, 금기에 포함되어 해결되었던 매각특허에 대한 별도, 추가 로열티 부담이 발생하게 되는바, 이에 대한 부담을 해소키 위해 “springing license” 조항을 확보해 둘 필요가 있으나, 상대방 입장에서는 제3자에 대한 특허매각 협상시 특허가치 저하요인이 되므로 통상 잘 수용치 않으려 하는 경향이다. 단, 본 계약과 같이 특정일 이전까지 출원, 등록된 모든 Licensed Patents에 대한 영구 license 구조하에서는 해당 특허에 대한 재계약 필요성이 없으므로, springing license 또한 해당 사항이 없을 것이다.

[Springing License] If either Party or its Subsidiary sells, assigns or otherwise transfers to a third party any of its Licensed Patents, or rights to enforce thereunder during the term of this Agreement, the license to such Licensed Patent shall automatically become, immediately prior to such sale, assignment or transfer, perpetual, irrevocable, non-exclusive, non-transferable, non-assignable, royalty-free, worldwide, without the right to sublicense, to make, have made, use, sell, offer to sell, distribute, lease, import, export or otherwise dispose of LICENSED PRODUCTS of the other Party and its Subsidiaries.

[Note] 본 계약과 같이 정액 로열티 조건의 영구 license인 경우, Licensor 입장에서는 그러한 정액 로열티 총액 산정상 예정하지 않은 제3자의 물량까지 확대, 적용되는 경우를 방지하고자 “have-made” 및 foundry의 범위를 아래와 같이 제한하는 경우가 많다.

2.8 The Parties hereto agree that the right to have made LICENSED PRODUCTS granted in Section 2.2 and 2.4 shall be exercised only when all of the following conditions are met: (a) LICENSED PRODUCTS are made by any third party using manufacturing drawings and specifications originated by such one Party, or originated by any third party specifically and exclusively for such one Party, as work for hire, (b) any and all of LICENSED PRODUCTS manufactured by such third party are to be sold exclusively to such one Party, and (c) such LICENSED PRODUCTS are to be sold, used, leased or otherwise disposed of, by one Party under the trademark, trade name, or other commercial indicia, of such one Party. For the avoidance of doubt, off-the-shelf products of a third party shall not receive the benefit of the "have made" rights in Section 2.2 and 2.4.

2.9 With respect to the foundry activities by either Party hereto to manufacture products for, or for sale to, any third party to use, lease, sell, or otherwise dispose of such products under the trademark, trade name, or other commercial indicia of such third party, the grant of Section 2.2 and Section 2.4 shall exclude such activities by either Party in any instance where the manufacturing drawings and specifications are originated by, or on behalf of such third party. With respect to such foundry activities, either Party hereto agrees not to assert against the other Party any patent rights that may apply to the manufacturing drawings and specifications provided by such third party, but either Party retains the right to assert its patent rights against such third party.

ARTICLE 3 PAYMENT

3.1 In consideration for the releases and license grants provided herein, CLIENT shall, within forty-five (45) days of the EFFECTIVE DATE, pay to XXXXX the nonrefundable LICENSE FEE amount of [FILL IN] Million United States Dollars (US $[FILL IN]).

3.2 All sums to be paid by CLIENT pursuant to this Agreement are to be paid to XXXXX in United States Dollars, subject to the adjustments set forth under Section 3.3, on the date specified in Section 3.1 by wire of immediately available funds to the bank account identified in a separate business letter signed by XXXXX and delivered to CLIENT following execution of this Agreement.

3.3 Taxes

(a) All sums to be paid by CLIENT pursuant to this Agreement are to be paid to XXXXX in United States Dollars, and are subject to the adjustments set forth in paragraph (b) of this Section.

(b) CLIENT shall deduct from the payment of the LICENSE FEE under Section 3.1, such taxes imposed by Korean tax authorities on the LICENSE FEE payment made to XXXXX. CLIENT shall provide XXXXX, within a mutually agreed reasonable period after the date on which any royalty payment is due, any documents or assurances required under the Tax Convention between the U.S. and the Republic of Korea entered into force on October 20, 1979 ("US/Korean Tax Treaty") or other Korean tax regulations to obtain a reduction in or elimination of any tax withholding on any payment due to XXXXX under this Agreement ("Tax Certificates") including in such Tax Certificates any information required in respect of CLIENT. CLIENT will timely remit to the appropriate taxing authorities all taxes, levies or other imposts as required by law or by this Agreement to pay and/or remit, including any withholding or consumption taxes imposed on payments to XXXXX. XXXXX and CLIENT shall cooperate with each other and take all commercially reasonable steps to (i) file certificates and other documentation with taxing authorities and/or (ii) legitimately obtain a reduction or elimination of, or credit for, any taxes, levies or other imposts arising from transactions contemplated by this Agreement.

ARTICLE 4 TERM AND TERMINATION

4.1 This Agreement shall continue in full force and effect from the EFFECTIVE DATE for the duration of the TERM.

4.2 If CLIENT fails to remit the LICENSE FEE as required hereunder, XXXXX may give written notice thereof to CLIENT and, if within thirty (30) days from the date of CLIENT's receipt of such notice, such breach shall not have been cured, XXXXX may immediately terminate all licenses and releases granted and covenants made to CLIENT pursuant to Sections 2.1, 2.2 and 2.7 of this Agreement without prejudice to any other rights and remedies against CLIENT.

4.3 Except as expressly provided in Section 4.2, this Agreement may not be terminated in whole or in part for any reason prior to expiration of the TERM, and each Party agrees that its remedy for any breach of this Agreement (other than CLIENT's breach of its payment obligations as set forth in Section 4.2) shall be to bring a claim to recover damages and to seek any other appropriate equitable relief (other than termination of this Agreement).

ARTICLE 5 WARRANTY AND DISCLAIMER

5.1 Each Party represents and warrants that it has the right to make and grant the licenses, releases, covenants and other rights granted by it in this Agreement, and that this Agreement is and will be binding on and enforceable against it and its SUBSIDIARIES in accordance with the terms hereof.

5.2 Except as expressly provided in Section 5.1, nothing in this Agreement shall be construed as:

(a) A warranty or representation by any Party as to the validity or scope of, or commercial utility of technology covered by, any patent; or

(b) A warranty or representation that anything made, used, sold or otherwise disposed of under any license granted herein is or will be free from infringement of patents of third persons or Parties; or

(c) A requirement that any Party shall file any patent application, secure any patent, or maintain any patent in force; or

(d) An obligation to bring or prosecute actions or suits against third parties for infringement of any patent; or

(e) An obligation to furnish any manufacturing and technical information or any information concerning pending patent applications; or

(f) Conferring a right to use in advertising, publicity, or otherwise any trademark or trade name; or

(g) Granting any right to sublicense others, except as expressly provided in Article 2; or

(h) Granting, by implication, estoppel, or otherwise, any licenses or rights under patents other than those expressly granted pursuant to the terms of Article 2.

5.3 EXCEPT AS EXPRESSLY PROVIDED IN SECTION 5.1 ABOVE, NO PARTY MAKES ANY REPRESENTATIONS OR WARRANTIES OF ANY KIND, EITHER EXPRESS OR IMPLIED, INCLUDING THE IMPLIED WARRANTIES OF MERCHANTABILITY AND FITNESS FOR A PARTICULAR PURPOSE. WITHOUT LIMITING THE FOREGOING, NEITHER PARTY ASSUMES ANY RESPONSIBILITIES WHATSOEVER WITH RESPECT TO THE COMMERCIAL SUCCESS, USE, SALE, OR OTHER DISPOSITION BY OR FOR THE OTHER PARTY (OR ITS SUBSIDIARIES) OR ITS DIRECT OR INDIRECT DISTRIBUTORS, USERS, OTHER CUSTOMERS, OR SUPPLIERS OF PRODUCTS INCORPORATING OR MADE BY THE USE OF INVENTIONS LICENSED HEREIN.

ARTICLE 6 NOTICES

6.1 Except as a Party may hereafter notify the other in writing with respect to itself, the addresses of the Parties for purposes of this Agreement shall be:

TO XXXXX:

with a copy to:

TO CLIENT:

6.2 All notices, payments and communications pursuant hereto are to be delivered to the intended receiving Party by hand or by mail, postage prepaid, to the address provided in Section 6.1 hereof (or such other address as to which such Party may notify the other Party), and shall be deemed delivered when received.

ARTICLE 7 GENERAL

7.1 In the event that a Party becomes subject to a Change of Control, the licenses granted to such Party under this Agreement shall thereafter be limited to the models and versions of either XXXXX LICENSED PRODUCTS or CLIENT LICENSED PRODUCTS (as applicable) that are then being offered for commercial sale, by or for such Party or any of its SUBSIDIARIES, as of the date of the Change of Control, unless such Party delivers to the other Party, in writing within ninety (90) days of the Change of Control, a legally binding undertaking from the third party thereafter in Control of such Party (including the entity, if any, that ultimately Controls such third party), on behalf of itself and entities that would constitute SUBSIDIARIES, to be bound by the terms and conditions of this Agreement, including the licenses and releases of Article 2, to the same extent as if such third party (or such Controlling entity) were the party to this Agreement, subject to the consent of the other Party, such consent not to be unreasonably withheld. For sake of clarity withholding of consent shall not be unreasonable if the third party thereafter in Control of a Party is a direct competitor of the other Party in a substantial line of business or is then engaged in a legal action or non-litigated dispute with the other Party regarding patent infringement or licensing. As used in this Section:

(a) "Change of Control," as to a Party, shall mean any transaction or event (or series of transactions or events), whether by an acquisition of securities, merger, consolidation, proxy contest or other transaction or event (or series of transactions or events), that results in such Party being Controlled, directly or indirectly, by a third party (whether alone or with others) that did not Control such Party before such transaction or event (or series of transactions or events), whether or not such Party survives such transaction or event (or series of transactions or events).

(b) "Control"(including "Controlled,""Controls" and other forms) shall mean possession of, or the power or right to acquire possession of, directly or indirectly, the power to direct or cause the direction of the management, business affairs or policies of a Party (whether through ownership of securities, partnership or other ownership interests, by contract or otherwise).

7.2 No Party or its SUBSIDIARY(IES) shall assign or exclusively license to any third party or otherwise encumber any of the XXXXX LICENSED PATENTS or CLIENT LICENSED PATENTS (as applicable) pursuant to this Agreement, unless such assignment, exclusive license or other encumbrance is made subject to the terms and conditions of this Agreement. Subject to the provisions of Section 7.1, each Party may assign all of its rights in this Agreement only to a successor in ownership of all or substantially all of the assets of the assigning Party, which successor assumes all the assigning Party's obligations of this Agreement. Any attempted assignment or diminishing of rights in derogation of the foregoing shall be null, void and without further force or effect.

7.3 This Agreement is intended to be valid and effective throughout the world and, to the extent permissible under applicable law, shall be construed in a manner to avoid violation of or invalidity under any applicable law. Should any provision hereof nevertheless be or become invalid, illegal or unenforceable under any applicable law, the other provisions hereof shall not be affected, and to the extent permissible under applicable law, any such invalid, illegal or unenforceable provision shall be deemed amended lawfully to conform to the intent of the Parties.

7.4 The Parties agree that there shall be no third party beneficiaries of this Agreement.

7.5 The Parties acknowledge that they are entering into this Agreement for their mutual convenience to avoid the burden, expense and uncertainty of litigation. Neither this Agreement nor any terms and conditions hereof shall imply, or otherwise be construed as indicating (or used to assert), that any Party is practicing any PATENTS of any other Party or that any Party is practicing more PATENTS than are practiced by any other Party.

7.6 Each of the Parties has participated in the negotiation and drafting of this Agreement. In the event that any ambiguity or question of intent or interpretation arises, this Agreement shall be construed as if drafted jointly by all Parties and no rule of construction, presumption or burden of proof shall arise favoring one Party concerning the interpretation of ambiguous provisions or otherwise by virtue of one Party's presumed authorship of this Agreement or any provision hereof.

7.7 Nothing in this Agreement shall be construed to require XXXXX or CLIENT to provide any technical data (including but not limited to manufacturing and/or technical information) related to the XXXXX LICENSED PATENTS or CLIENT LICENSED PATENTS (as applicable) to the other. In the event a Party elects in its sole discretion to provide technical data related to the LICENSED PATENTS to the other Party in connection with this Agreement, such Party shall provide, to the extent applicable (a) the applicable export classification(s), including where applicable the date(s) and reference number(s), issued by the Bureau of Industry & Security (or other United States government agency with applicable jurisdiction or the Ministry of Economy, Trade and Industry (or other government agency of the Republic of Korea with applicable jurisdiction) (as applicable); or (b) if no export classification has been issued, information needed by the receiving Party to determine the export control status or approval regarding such technical data; and in such latter event, the receiving Party shall be responsible for obtaining, at its sole expense, any export license or approval regarding the export of such technical data. In no event will either Party, directly or indirectly, export, re-export or transmit such technical data or portion thereof to any country, person or entity to which such export or transmission is restricted by any applicable U.S. or Republic of Korea regulation or statute, without the prior written consent, if required, of the Bureau of Industry & Security or the Ministry of Economy, Trade and Industry or such other governmental entity as may have jurisdiction over such export or transmission.

7.8 No waiver of any of the provisions of this Agreement shall be deemed or shall constitute a waiver of any other provision hereof (whether or not similar), nor shall such waiver constitute a continuing waiver unless otherwise expressly provided.

7.9 Neither Party nor any of their respective SUBSIDIARIES shall use or refer to this Agreement or any provision of or rights granted under this Agreement in any publicity, advertising, or promotional activity without the express written approval of the other Party. Any required disclosure for good faith business reasons shall be made pursuant to a written confidential disclosure agreement. Notwithstanding anything in this Agreement to the contrary, each Party shall have the right to disclose the existence of this Agreement, but not its specific terms and conditions, as part of or in conjunction with the filing and publication of any quarterly, annual or other report required to be filed with the Securities Exchange Commission of the United States or a comparable agency of any foreign country with jurisdiction over the disclosing Party.

7.10 The validity, construction, and performance of this Agreement and any dispute between the Parties relating thereto shall be governed by and interpreted and determined in accordance with the laws of

__________________ (excluding its conflicts of laws provisions). The Parties hereto agree that the exclusive jurisdiction and venue for any action brought between the Parties under this Agreement shall be the courts sitting in ________________, and each Party hereby agrees and submits itself to the exclusive jurisdiction and venue of such courts for such purpose. In addition, each Party hereby waives any right to, and agrees not to seek, a trial by jury in connection with any matter arising out of or otherwise relating to this Agreement or the subject matter hereof.

7.11 This Agreement and its EXHIBITS embody the entire understanding between the Parties as to the subject matter of this Agreement and supersedes all previous discussions and documents respecting such subject matter. No amendment or modification to this Agreement shall be effective or binding on any Party unless the same has been reduced to writing and signed by an authorized representative of such Party.

7.12 This Agreement may be executed in two or more counterparts, each of which shall be deemed an original, but all of which together shall constitute but one and the same instrument. Such counterparts may be exchanged by fax, or scanned and exchanged by electronic mail, followed up with hard copy, but shall be effective upon receipt of fax/electronic mail as applicable. The Parties agree that facsimile copies of signatures shall be deemed originals for all purposes hereof and that either Party may produce such copies, without the need to produce original signatures, to prove the existence of this Agreement in any proceeding brought hereunder.

7.13 The following EXHIBITS are attached to and incorporated by reference in this Agreement:

EXHIBIT A - EXCLUDED PATENTS

EXHIBIT B - LIMITED LICENSE PATENTS

EXHIBIT C - COVENANT PATENTS DESIGNATED IN ACCORDANCE WITH SECTION 2.6

IN WITNESS WHEREOF, each of the Parties has caused this Agreement to be executed in duplicate originals by its duly authorized representatives and to be made as of the date first hereinabove written.

XXXXX CORPORATION	CLIENT ELECTRONICS CO., LTD.
BY:	BY:
SIGNATURE: ____________	SIGNATURE: ____________
TITLE:	TITLE:
DATE:	DATE:

EXHIBIT A
EXCLUDED PATENTS

[Draft Note: Excluded Patents may be specifically listed with patent registration/application numbers and titles, or as an alternative, designated by defining specific scope or filed of uses]

____

____

____

____

____

EXHIBIT B
LIMITED LICENSE PATENTS

The United States patents listed in this Exhibit B, as more fully set forth below, are excluded from XXXXX LICENSED PATENTS in certain fields of use due to encumbrances arising from pre-existing agreements with third parties.

Section B.1

The patents listed in this Section B.1 below, along with all reissues or re-examinations of all such patents and their foreign counterpart in all other countries claiming priority to such patents, are excluded from the following field of use from XXXXX LICENSED PATENTS; the fields of: (1) OPTICAL MEDIA STORAGE DEVICES, and (2) components, sub-assemblies, assemblies and modules included within OPTICAL STORAGE MEDIA DEVICES to perform the reading, recording or reproducing of information on an optical rotating rigid substrate, wherein OPTICAL MEDIA STORAGE DEVICES means apparatus for reading, recording or reproducing information on an optical rotating rigid substrate using one or more laser diodes operating at a wavelength greater than 390nm, and including, for example, current and future generation CD (Compact Disk) or DVD (Digital Video Disk) players, recorders, drives and game consoles.

____

____

____

____

____

Section B.2

The patents and patent applications listed in this Section B.2 and all corresponding patents (in all countries) claiming the priority date of such patents and all patents (including utility models, and certificates of inventorship) resulting from reissues, continuations, divisions, renewals, reexaminations, and extensions of such patents or patent applications are excluded in the following field of use from XXXXX LICENSED PATENTS; the fields where: a marking instrument, designed to be handheld, with the capability to read marks from a medium and transmit signals thereon via a wireless network, is used to provide a service via a wireless connection to a digital network.

____

____

____

____

____

Section B.3

The patent listed in this Section B.3 and all corresponding patents (in all countries) claiming the priority date of such patents and all patents (including utility models, and certificates of inventorship) resulting from reissues, continuations, divisions, renewals, reexaminations, and extensions of such patents or patent applications are exclusively licensed to a third party with the right to enforce.

____

____

____

____

____

EXHIBIT C

COVENANT PATENTS DESIGNATED IN ACCORDANCE WITH SECTION 2.6

[Draft Note] Covenant Patents may be specifically listed with patent registration/application numbers and titles, or as an alternative, designated by defining specific scope or filed of uses.

____

____

____

____

____

[양식 11] JOINT VENTURE SHAREHOLDERS AGREEMENT*

This SHAREHOLDERS AGREEMENT ("Agreement"), dated ____, ____, is entered by and among:

* ____________________, a Brazilian corporation, with principal offices at ______________________________, Federative Republic of Brazil ("BRACO");
* ___________________________, an Italian corporation with principal offices at ________________________________, Italy ("ITACO"); and
* ________________________, a Korean company with principal offices at ___________________________, Korea ("KORCO");

(hereinafter referred to individually as a "Shareholder" and collectively as the "Shareholders").

WHEREAS, BRACO currently owns one hundred percent (100%) of the issued capital stock of JVCOM EQUIPAMENTOS S.A., a Brazilian company with principal offices at ____________________ in the City of __________, State of _________ Federative Republic of Brazil, registered with the CGCMF under No.____________ ("JVCOM");

WHEREAS, KORCO manufactures and sells, inter alia, certain telecommunications products and parts and components thereof, has valuable technical experience, know-how, and intellectual property rights pertaining thereto, and entered into "the Technical License Agreement" dated ________, ____ with JVCOM to establish technical collaboration between JVCOM and KORCO in Brazil for certain telecommunications products and, desires to participate in shareholding of JVCOM for further collaboration between KORCO

* BRACO가 종전에 100% 지분 소유한 Brazil 현지회사에 KORCO와 ITACO가 새로운 주주로 참여, BRACO - KORCO - ITACO 3자간의 합작회사로 재구성, 운영하기 위한 합작계약서 draft임.

and JVCOM;

WHEREAS, ITACO ____

____

____

________.

WHEREAS, BRACO desires to permit KORCO and ITACO to purchase shares of capital stock of JVCOM and to transform JVCOM into a joint venture company to engage in manufacturing and selling certain telecommunications products in order to promote the development of telecommunications business in Brazil; and

WHEREAS, KORCO and ITACO desire to purchase JVCOM shares and become shareholders of JVCOM with BRACO.

ACCORDINGLY, the Shareholders hereby agree as follows:

ARTICLE 1. PURPOSE

The purpose of JVCOM will be to:

ARTICLE 2. REORGANIZATION

2.1 Promptly upon receipt of all necessary government approvals and validations of Brazil, Korea and/or Italy for this Agreement and the investment contemplated herein, BRACO shall take all such steps as may be necessary to convert JVCOM into a joint venture company.

2.2 The name of the joint venture company shall be "__________" in English and "____________________" in Portuguese or such other name as agreed at a General Meeting of Shareholders.

2.3 BRACO shall take all actions necessary to ensure that JVCOM's Articles of Incorporation and By-laws are amended in compliance with the terms and conditions of this Agreement and in accordance with the forms to be agreed upon by the Shareholders.

2.4 To the fullest possible extent, JVCOM shall maintain its own employee staff as existing presently and neither Shareholder shall invite or transfer to other of their offices, affiliate or subsidiary companies any of the members of JVCOM Staff, employees, officers or directors, unless otherwise agreed upon by the other Shareholders. The wages and salaries of the officers, employees and managers of the JVCOM shall be based on the average compatible levels of the Brazilian market and shall not follow Italian, Korean or international levels, even when the officers, employee, or manager will come abroad.

ARTICLE 3. SUBSCRIPTION FOR SHARES

3.1 All shares owned by the Shareholders on the Closing Date in the capital stock of JVCOM are, and such other shares hereafter subscribed to or otherwise acquired, by a Shareholder or its successor(s) or permitted transferee(s), shall be, from the moment of subscription or acquisition, subject to this Agreement. Such shares shall be hereinafter designated collectively as "Shares". The term Shares as used herein include the corresponding preemptive right of a Shareholder to subscribe to, or otherwise acquire, new shares of the capital stock of JVCOM.

3.2 Subject to the terms and conditions of this Agreement, the relevant resolutions of JVCOM's General Meeting of shareholders and Board of Directors, and payment of the subscription price as set forth in this section 3.2, BRACO shall take such steps as are necessary to cause JVCOM to issue:

a) to BRACO, and BRACO shall acquire from JVCOM, _________ shares of common stock and _________ shares of preferred stock ("BRACO Shares") in exchange for a subscription price of ________________, payable on the Closing Date.

b) to KORCO, and KORCO shall acquire from JVCOM, ________ shares of common Stock and __________ shares of preferred Stock ("KORCO Shares") in exchange for a subscription price of ____________________, payable on the Closing Date.

c) to ITACO, and ITACO shall acquire from JVCOM, __________ shares of common stock and _____________ shares of preferred Stock ("ITACO Shares") in exchange for a subscription price of ________________, payable on the Closing Date.

3.3 The closing and issuance of all or a portion of the BRACO Shares and the KORCO Shares and the ITACO Shares (hereinafter collectively referred to as the "New Shares") as provided in Paragraph 3.2 shall take place at a location to be agreed upon by the Shareholders within Brazil and on a date designated by BRACO after all necessary government approvals of Brazil, Korea, and/or Italy for investments and this Agreement ("Closing Date").

a) BRACO shall give KORCO and ITACO ____days' written notice of said Closing Date.

b) BRACO shall cause JVCOM's Board of Directors to adopt appropriate resolutions to permit JVCOM to issue the New Shares.

c) BRACO waives and surrenders any preemptive rights it may have in the New Shares so that KORCO and ITACO may acquire the full number of shares referred to in Section 3.2, and agrees to execute a written waiver to such effect after the solutions referred to in Section 3.2 above have been adopted by JVCOM's Board of Directors.

3.4 At the closing to be held on the Closing Date, following conditions shall be satisfied as conditions precedent to the obligation of KORCO and ITACO to purchase the JVCOM Shares:

a) All representations and warranties made in this Agreement are true and accurate;

b) to obtain all necessary government approvals of Brazil, Korea, and/or Italy for investments and this Agreement (hereinafter, "Government Approvals");

c) to take all necessary corporate actions for the issuance of the New Shares as required by this Agreement;

d) to make payments from JVCOM to KORCO due under and pursuant to the Technical License Agreement prior to KORCO's payment for the subscription price; and

e) to make payments by BRACO, KORCO and ITACO of the respective subscription price for the New Shares to JVCOM's account with the subscription bank.

3.5 After the issuance of the New Shares as contemplated by this Agreement, JVCOM's capital stock shall consist of ______________ ______________ shares of common stock and ____________________ shares of preferred stock, of a par value of ________ per share each, and is owned as follows:

a) Common Shares

BRACO _______shares(59%)

ITACO _______shares(20.5%)

KORCO _______shares(20.5%)

b) Preferred Shares

BRACO _______shares(30%)

ITACO _______shares(35%)

KORCO _______shares(35%)

3.6 No additional shares of JVCOM may be authorized except pursuant to a resolution of a General Meeting of Shareholders, and unless the Shareholders agree in writing otherwise, the participation ratio of Shareholders and/or their respective designees and their respective transferees, will throughout the life of this Agreement remain as set forth in Section 3.5.

3.7 BRACO shall take such steps as are necessary to cause JVCOM to issue and deliver to KORCO and ITACO their respective certificates representing the Shares duly recorded in the name of KORCO and ITACO respectively in JVCOM's shareholder name book within _____days of the Closing Date.

3.8 All Shares issued by JVCOM shall be registered in nominative form evidenced by share certificates bearing an endorsement as follows:
"This certificate is held subject to the terms of an agreement among BRACO, KORCO and ITACO, dated _______________, ____, a copy of which is on file at the office of the issuer and may not be transferred except in compliance with the terms of the said agreement,"

3.9 BRACO, KORCO and ITACO shall have preemptive rights in proportion to the number of shares of a class held by each of them with respect to any new issuance of shares of such a class.
For the avoidance of doubts, if the subject of new issuance is common stock, Shareholders' preemptive rights shall be in proportion to the number of common shares held by the respective Shareholder, and if preferred stock, in proportion to the number of preferred stock.

3.10 BRACO and JVCOM hereby represent and warrant to KORCO and ITACO as follows:

a) without including the New Shares, the authorized capital of JVCOM consists of ____________________ shares of common stock and

________________ shares of preferred stock, having a par value of ____________ per share. JVCOM has no other class of capital shares authorized, outstanding, or issued. JVCOM has issued capital stock consisting of ______________ shares of common stock and ______________ shares of preferred stock.

b) All of the issued and outstanding shares of JVCOM stock are validly issued, fully paid and non-assessable. The New Shares shall, upon issuance and payment therefor, be validly issued, fully paid and non-assessable. There are no outstanding subscriptions, options, warrants, calls, commitments or agreements to which JVCOM is bound, which relate to the issuance or sale by it of any shares of JVCOM stock nor any securities, convertible into any shares of any class, except for the issuance of shares of JVCOM stock contemplated by this Agreement.

c) No consent of any other party and no consent, license, approval or authorization of any governmental body is required in connection with the execution, delivery, validity or enforceability of this Agreement, except for the Government Approvals, and subject to the receipt of the Government Approvals, the execution, delivery and performance of this Agreement and the businesses and activities by JVCOM will not conflict with, be in violation of, or constitute a default under JVCOM's Articles of Incorporation, By-laws, any provision of any agreement, judgment, statute, government approval, rule or regulation applicable to JVCOM, KORCO or ITACO or result in a default under any mortgage, lien, encumbrance or charge upon the assets or property of JVCOM. This Agreement constitutes the valid and legally binding agreement of JVCOM and KORCO, and JVCOM and ITACO, enforceable in accordance with its terms.

d) BRACO has delivered to KORCO and ITACO financial statements of JVCOM for the fiscal year ended on ____________, which were prepared in accordance with internationally accepted accounting principles (and certified by independent public accountants), and such financial statements fairly present the financial condition of JVCOM as of such date and the results of its operations for the year ended.

e) Since the end of its fiscal year ended on ______________, JVCOM has not suffered any material adverse change in itsfinancial condition, assets, liabilities or business.

f) There are no legal actions pending or threatened against JVCOM, or any order, decree or other action of the government of Brazil, that might adversely affect this transaction or the present or future business activities of JVCOM.

3.11 The voting powers of the Shareholders shall be vested exclusively in the common stock, one vote per share, and the preferred stock shall be entitled to no voting powers, except and in the event of default in the payment of dividends upon the preferred stock, in which case the entire voting powers of the common stockholders shall pass to the holders of the preferred stock, one vote per share, and shall remain exclusively in the preferred stock, until all dividends upon preferred stock have been paid in full.

3.12 The preferred stock is entitled to preference and priority over common stock in the following manner:

3.12.1 Dividends at the rate of ______percent shall be paid on preferred stock at the end of each year, and dividends payable on that stock but not paid shall be accumulative and be paid in full for all years before dividends are declared or paid on common stock, and then, if declared, on both preferred and common stock at the same rate as declared without distinction.

3.12.2 In the event of dissolution, bankruptcy, or termination of JVCOM, the par value of all the preferred stock and all cumulative interest shall be paid in full before the common stock or common stock dividend is paid.

3.12.3 The preferred stock is redeemable at the option of JVCOM at any time within three (3) years from the Closing Date by paying the holder the subscription price per share as set forth in Section 3.2 plus accrued dividends, or the price as otherwise agreed by a unanimous vote of the General Meeting of Shareholders.
The preferred shares owned by each Shareholder, if only portions of preferred shares redeemed, shall be redeemed in proportion to its respective number of preferred shares as of the date of such resolution at the General Meeting of Shareholders.

3.12.4 Shares of preferred stock are convertible at the option of Shareholders any time after three (3) years from the Closing Date (except shares called for previous redemption) into common stock, sharefor share. Upon written request by holders of Preferred Stock, the certificates for the preferred stock shall be surrendered to JVCOM and shall be canceled, and certificates for common stock shall be issued in lieu of the preferred stock exchanged and canceled.

ARTICLE 4. RESTRICTIONS ON DISPOSAL OF SHARES

4.1 Except as otherwise specifically provided in this Agreement, for a period of five (5) years from the date hereof, no Shareholder may sell, transfer, assign, pledge, encumber or in any way whatsoever dispose of, or deal with, any of the Shares owned by it, save in accordance with the terms and provisions hereinafter set forth or upon prior written approval of the other Shareholders.

4.2 Notwithstanding any other provision of this Agreement, each of the Shareholders may, irrespective of prior approval of the other Shareholders, transfer or otherwise dispose of any of its shares to the other Shareholders, or as between itself, its parent (the parent shall be defined as a legal entity which owns more than fifty percent (50%) of the voting stock of the

Shareholder) and any wholly owned subsidiary of the Shareholder or its parent, provided, in all cases, that the transferee undertakes in writing, prior to any such transfer, to accept and be bound by the terms of this Agreement, all subsequent transfers remaining subject thereto.

4.3 Under no circumstances may any Shareholder, without first securing written approval therefor from the other Shareholders, dispose of all or a portion of its shares to a party that, due to its nationality or legal domicile (or the nationality or legal domicile, or its stockholders) will cause JVCOM to lose its status as a Brazilian company of national capital, if such status shall be essential for the business of JVCOM at the time of the disposal.

4.4 Any sale, transfer, assignment, pledge, encumbrance, or other form of disposition or dealing with the Shares in violation of the terms and provisions of this Agreement shall be null and void, and the Shares so disposed of or dealt with, shall be deemed non-existing from the time of the disposition or dealing, provided, however, that bona fide acquisitions of Shares by the Shareholders pursuant to the provisions of Article 5 hereof shall not become null and void (nor shall the Shares so acquired be deemed non-existing) upon nullification of a disposal of Shares by a Disposing Shareholder to a third party in violation of the provisions of Section 5.7 hereof.

ARTICLE 5. RIGHT OF FIRST REFUSAL

5.1 After five (5) years from the date hereof, if a Shareholder (the "Disposing Shareholder") shall receive, and wishes to accept, a bona fide offer (the "Offer") from a third party (the "Third Party") to purchase all or a portion of the Shares owned by the Disposing Shareholder, the Disposing Shareholder shall forthwith provide the other Shareholders with a notice of the prospective disposition of the Shares (the "Disposition Notice").

5.2 The Disposition Notice shall include a copy of the Offer and shall specify the quantity of Shares that the Disposing Shareholder is proposing to sell to the Third Party pursuant to the Offer (the "Offered Shares"). The Disposition Notice shall constitute an irrevocable offer by the Disposing Shareholder to sell the Offered Shares to the other Shareholders at the price and upon the terms and conditions set forth in the Offer.

5.3 No Offer shall be taken in consideration, nor shall it produce any effect hereunder, if (a) the Third Party has an affiliation with the Disposing Shareholder, other than the affiliations referred to in Section 4.2 hereof, (b) Third Party has or has had non-arm's length dealings with the Disposing Shareholder, (c) the Offer shall contain (i) any form of consideration for the Offered Shares other than a cash price or (ii) any condition the fulfillment of which by any of the other Shareholders would be illegal or impossible or (d) the Offer shall not contain the prior consent of the Third Party to be bound by the provisions of this Agreement.

5.4 Each of the other Shareholders shall have forty five (45) calendar days from the date of receipt of the Disposition Notice to notify the Disposing Shareholder in writing (the "Acquisition Notice") of its firm and irrevocable intention to acquire a quantity of the Offered Shares proportional to its holding in the capital stock of JVCOM (without taking into account the Offered Shares), and whether or not it desires to acquire an additional quantity of the Offered Shares corresponding to leftovers from other Shareholders eventually not exercising their right of first refusal hereunder (the "Leftover Shares").

Failure to give the Acquisition Notice as set forth herein shall constitute an irrevocable refusal of the Offer.

5.5 Within fifteen (15) calendar days from the expiration of the term set forth in Section 5.4, the Disposing Shareholder shall notify in writing each

Shareholder who has given an Acquisition Notice advising the quantity of the Offered Shares and, if applicable, the Leftover Shares, the Shareholder shall acquire pursuant hereto, and each said Shareholder shall acquire such Offered Shares and Leftover Shares in precisely the same terms and conditions set forth in the Offer, not later than (15) calendar days from the receipt of the aforesaid notification.

5.6 Upon the closing and consummation of the last acquisition of the Offered Shares pursuant to the provisions of Section 3.5, any directors of JVCOM designated by the Disposing Shareholder shall be required to resign or, alternatively, shall be given a thirty day advance notice of office termination.

5.7 The Disposing Shareholder shall have thirty (30) calendar days from the date of the closing to the last acquisitionof the Offered Shares by the other Shareholders within which to close and consummate the disposal to the Third Party of such Offered Shares not acquired by the other Shareholders hereunder, provided, however, that such disposal be made in precisely the same terms and conditions set forth in the Offer. Upon closing and consummation of the disposal of Shares by the Disposing Shareholder to the Third Party hereunder, the Third Party shall automatically and ipso facto be bound by the provisions of this Agreement whether or not the Third Party shall actually have executed this Agreement.

ARTICLE 6. MANAGEMENT OF JVCOM

6.1 During the life of this Agreement, JVCOM shall be managed and administered by the Shareholders, through resolutions taken at the General Meeting of Shareholders, by a Board of Directors, and by a Board of Officers with due observance of the provisions of this Agreement and the

By Laws of JVCOM, as amended from time to time (the "By Laws").

6.2 General Meeting of Shareholders

6.2.1 Save as otherwise set forth in this Agreement and in the By Laws, the resolutions at the General Meeting of the Shareholders shall be taken by the vote of Shareholders representing seventy percent (70%) of the voting stock of JVCOM.

6.2.2 The General Meeting of Shareholders may take place and validly pass resolutions on the date set forth in its first call only if representatives of ITACO, KORCO and BRACO shall be present at the opening of the session, but the foregoing requirement shall not apply to General Meeting of Shareholders taking place upon a second call (at least fifteen (15) working days thereafter) or any subsequent calls, provided, however, that Shareholders representing seventy percent (70%) of the voting stock be present at the opening of any such session.

6.2.3 Resolution with respect to the following matters shall require, as a prerequisite for their validity and binding effect on JVCOM, a unanimous vote of all Shareholders:

a) the admission of a new Shareholder
b) the concession of guarantees to third parties;
c) alteration, amendment or restatement of the Articles of Incorporation or Bylaws of JVCOM;
d) increase and reduction of the registered capital and the issuance repurchase or redemption by JVCOM of shares, any kind of bonds, debt instruments or securities;
e) declaration and distribution of dividends or profits;
f) approval of any resolution to merge, dissolve, liquidate, creditors composition ("concordata"), declaration of bankruptcy or insolvency, wind up or reorganize JVCOM and appointment and removal of liquidators other than the Directors;
g) the appointment or dismissal of the Company's statutory auditors, if

required by law;

6.2.4 At each meeting of Shareholders every shareholder having a right to vote, shall be entitled to vote in person or by proxy appointed by instrument in writing signed by that shareholder.

6.2.5 Any action required to be taken at a meeting of Shareholders may be taken without a meeting if the consent in writing, setting forth the action taken, is signed by all shareholders entitled to vote with respect to the subject matter.

6.3 Board of Directors

6.3.1 JVCOM shall have a Board of Directors composed of five (5) members, of which three (3) nominated by BRACO and one (1) by KORCO and one (1) by ITACO. The Shareholders agree to vote their respective shares to elect the respective nominees at the respective General Meeting of the Shareholders for a term of two (2) year period, reelection being permitted, as long as and only where BRACO's participation in the shares entitled to voting is more than fifty percent (50%) of all the shares entitled to voting.

6.3.2 The Board of Directors shall have a Chairman who shall be designated by BRACO and appointed by the Board from within its members as long as BRACO remains as the majority shareholder.

6.3.3 Except as otherwise provided for by this Agreement or otherwise limited by law, the overall management, supervision and control of the business of JVCOM shall be the responsibility of the Board of Directors, in particular, it shall be empowered to discuss and take action on all fundamental issues concerning the Company.

6.3.4 The Directors shall act only as a Board, and an individual Director shall have no power to individually bind JVCOM except as otherwise provided herein or in the By Laws.

6.3.5 The Directors and the Board collectively shall exercise their rights and powers to achieve the objectives of this Agreement to the fullest extent possible for the collective interest of all the Shareholders.

6.3.6 The Board of Directors may, by contract, resolution or otherwise as they may deem appropriate, delegate general or limited or special power and authority to any Director, officer, employee and/or other person to transact the general business, or any special business of JVCOM, and may execute powers of attorney to agents of JVCOM to transact any special business requiring such authorization.

6.3.7 The Board of Directors may prepare management and operating instructions in the form of resolutions of the Board of Directors to be observed by JVCOM's management and may take such steps as are necessary to ensure that these resolutions are observed.

6.3.8 Action on the following matters shall only be taken pursuant to resolutions duly adopted by a unanimous vote of Directors of JVCOM:

a) Exclusive of the construction and the equipment of the plant, all transactions regarding buildings and land, including the lease, purchase, sale and mortgage thereof;

b) Individual plans and projects which are capital in nature and for which the anticipated expenditure will exceed Three Hundred Thousand Dollars ($300,000) in the aggregate during any one fiscal year;

c) any single borrowing by JVCOM in a principal amount in excess of THREE Hundred Thousand Dollars ($300,000) during any one fiscal year and any borrowing during any period of time when the aggregate amount of JVCOM's outstanding debt exceeds the sum of ONE MILLION Dollars ($1,000,000);

d) providing loans, guarantees, or other extensions of credit other than in the ordinary course of business;

e) The approval of JVCOM's annual financial statement and any interim financial statement submitted to the Board in accordance with Article 12.1;

f) Recommendations regarding the disposition of profits;

g) The approval of JVCOM's annual budget;

h) The appointment and dismissal of the Officers;

i) Terms and conditions of employment of the Officers and the organization structure of JVCOM;

j) Employee benefit and salary plan applicable to all employees;

k) The merger, acquisition, divestiture, joint venture, or partnership with, by, or of JVCOM;

l) The agreements on royalty rates and cancellation in whole or in part of technology transfer or technical support agreements between JVCOM and a Shareholder;

m) Transfer in any one transaction or series of transactions of all or a substantial portion of JVCOM's business or assets;

n) Approval of commencement or settlement of lawsuits against third parties involving an initial claim or settlement value, as the case may be, in excess of US $ 100,000 or its equivalent in other currencies;

o) Patent license, technology license, technology transfer, or technical support agreements in nature, or agreements by which JVCOM become a distributor or agent in nature.

6.3.9 The quorum for any meeting of the Board of Directors at which a resolution involving any matter included in paragraph 6.3.8 above is presented to the meeting shall be total number of Directors of JVCOM then holding office.

6.3.10 The Board of Directors shall meet together for the dispatch of routine business regularly two (2) times in each calendar year or as agreed by all Directors amongst themselves.

6.3.11 The representation of the Shareholders on any committee or subcommittee of the Board of Directors shall be to the same extent and shall be computed in the same manner as their representation on the Board of Directors.

6.3.12 The Sections 6.2.4 and 6.2.5 shall be applicable to the Board of Directors to the extent the applicable laws permit.

6.3.13 Vacancies of Directors.

a) If a vacancy in any directorship should occur, for whatever reason, the

Shareholder who had nominated the former director shall nominate his replacement. The parties agree to vote their respective shares for the election of such nominee, as long as and only where BRACO's participation in the shares entitled to voting is more than fifty percent (50%) of all the shares entitled to voting. Vacancies shall be filled by vote of the shareholders as provided in the Bylaws.

b) A Shareholder may remove any director nominated by such Shareholder, with or without cause, and may replace such director with its nominee and other Shareholders shall vote their shares to effect such removal and replacement.

6.4 Officers of JVCOM

6.4.1 The Board of Officers comprised of 5 (five) members, shareholders or not, residing in Brazil, elected and dismissable by the Board of Directors for a term of two (2) year period, reelection being permitted, shall be responsible for the management of the day to day business of JVCOM within the limits of their respective authority as set forth herein and in the By Laws.

6.4.2 The Officers of JVCOM shall have the powers and duties as may be conferred by the Board of Directors from time to time.

6.4.3 The chief executive officer ("C.E.O.") shall have all the powers and authority to manage the day to day business of JVCOM and to oversee, and ultimately act upon, any matters or issues pertaining to the areas of responsibility of the other Officers as authorized by a unanimous vote of the Board of Directors, including the preparations of the annual budget to be submitted for approval to the Board of Directors. The budget will include, among other the following matters:

a) Investments for fixed assets and stock participation in other business entities;

b) Investments for research and development;

c) Sizing of personnel and policies thereof; and

d) Dividend policy and forecast of coverage of financial need.

6.5 Deadlock

If a resolution with respect to any of the matters listed in Section 6.2.3 hereof shall be affirmatively voted by Shareholders representing the majority of the capital stock, but cannot be carried out for lack of a unanimous affirmative vote in respect thereof, this circumstance shall be considered as a deadlock and the majority Shareholders shall then have the right, exercisable within thirty (30) calendar days from the date of the relevant General Meeting of the Shareholders (or from the date of such other corporate act chosen by the majority Shareholders to pass the resolution in question) to call for compulsory acquisition by the majority Shareholders or by any party designated by same, and in the proportion agreed upon as between themselves all and not less than all the participation of the dissenting Shareholder in the capital stock of JVCOM. If one or more of such Shareholders shall fail to exercise the call as set forth herein, then the dissenting Shareholder shall have the right, exercisable within thirty (30) calendar days from the day of expiration of the thirty (30) day term referred to hereinabove, to put for compulsory acquisition by the majority shareholders or any third party designated by same majority shareholders, as many Shares, and not less, as necessary to reduce the dissenting Shareholder's participation in the capital stock of JVCOM to zero.

The Shareholders acquiring the Shares of the dissenting Shareholder hereunder shall agree among themselves in what proportion each shall acquire such Shares. The provisions of Sections 9.2 and 9.3 hereof shall apply to the acquisitions carried out under this Section. Upon the irrevocable notice of exercise of either the put or the call option referred to herein, the majority Shareholders shall be at liberty to pass the resolution otherwise obstructed by the dissenting Shareholder (the "Obstructed Resolution"), and for such purpose the dissenting Shareholder hereby grants to the majority Shareholders an irrevocable power of attorney so that acting jointly or severally, all or either of the majority Shareholders may vote to pass the Obstructed Resolution on behalf and instead of the dissenting Shareholder, and do such other things and take such other actions, required for the validity of the Obstructed Resolution so passed, including the execution of the corresponding minutes of instruments and/or amendments to the Corporate By Laws, and the registration thereof with the competent commercial registry, provided, however, that the Power of Attorney granted in accordance with this clause should not give any of the grantees any power to do anything or take any action that is not specifically related to the Obstructed Resolution.

ARTICLE 7. CERTAIN FINANCIAL MATTERS

JVCOM's business and operations are expected to provide the Shareholders a reasonable rate of investment return. Unless agreed otherwise by all the Shareholders, JVCOM shall distribute, as dividends, profits or otherwise, an amount equivalent to ____ percent (__%) of its adjusted net profits, and shall either keep the remainder of the net profits in appropriate profit reserves, or capitalize such remainder.

Such dividends or profits shall be converted into and paid in US dollars by applying the official exchange rate published by the Buyer Central do Brazil for the purchase of U.S. dollars with cruzeiros realis in Rio de Janeiro prevailing on the last day of the respective fiscal year which such dividends or profits have been accrued from.

ARTICLE 8. AUDIT, REPORTS

The accounts and financial statements of JVCOM shall be audited each fiscal year by a registered independent auditor appointed by a unanimous vote of the Shareholders, in a form in accordance with accounting standards generally accepted in Brazil and, upon any Shareholder's request, in a form prescribed by such respective party and in accordance with internationally accepted accounting principles.

ARTICLE 9. "PUT" and "CALL" OPTIONS

9.1 ITACO and KORCO shall have the right, at any time after five (5) years from the date hereof, to put for compulsory acquisition by BRACO, or by any third party designated by BRACO all, and not less than all, their respective Shares in the capital stock of JVCOM.

9.2 The provisions of this Section9.2 and of 9.3 hereof shall apply to either the put or the call options set forth in this Agreement. The Shareholder(s) initiating the procedure for the exercise of a put or call option (the "Triggering Shareholder(s)") shall give the other Shareholder(s) obligated under the option (the "Responding Shareholders") a sixty (60) day advance notice in writing of its intention to exercise the put or call option (such notice to be designated the "Put Notice" or the "Call Notice", as the circumstances shall dictate). The put or call Notice shall be irrevocable and shall (i) specify the applicable provision of this Agreement on which the right to exercise the option is predicated and (ii) nominate the appraiser for the purposes of determination of the fair market value of each Share or all Share subject to the compulsory acquisition or disposal pursuant to the put or Call option ("Fair Market Value"). The closing of any acquisitions or disposal of Shares hereunder (the "Closing") shall take place at 10:00 p.m. of the twentieth (20th) day (or the immediately subsequent business day if such twentieth day is not a business day) following the communication to both the Triggering Shareholder(s) and the Responding Shareholder(s), of the determination of the Fair Market Value, as provided for in Section 9.3.2 hereof, at the principal office of JVCOM. The price of the Shares shall be equal to the Fair Market Value thereof and shall be paid in one installment, in immediately available cruzeiros reais or such other legal currency of the Federative Republic of Brazil, at Closing, upon execution of an amendment to the corporate By Laws of JVCOM evidencing the assignment and transfer of the Shares.

9.3.1 Upon receipt of the Put or Call Notice, the parties will negotiate in good faith the fair market value of the Shares to be so transferred. If no agreement is reached within thirty (30) days from the date of the Put of Call Notice, Section 9.3.2 will apply to the determination of the fair market value.

9.3.2. For the purpose of this Article 9, Fair Market Value shall be determined by a panel of three appraisers from internationally reputable accounting firms and having knowledge of telecommunication service industry, one to be designated by the Triggering Shareholders, one by the Responding Shareholders, and one by the two appraisers so designated. If the Triggering Shareholders or the Responding Shareholders shall fail or neglect to appoint an appraiser within thirty (30) days following the Notice of the Put or the Call as may be the case, or the two appraiser appointed shall fail or neglect to appoint a third appraiser within thirty (30) days following the latest date of appointment of either of them, then either the Triggering Shareholders or the Responding Shareholders may request that the President of the Arbitration Committee of the International Chamber of Commerce of Brazil appoints such appraiser(s) from internationally reputable accounting firm(s) with international appraisal experience and preferably knowledge of the telecommunication service industry. For purposes of determining Fair Market Value, the appraisers shall apply the formula set forth in Exhibit 9.3.2 hereof. In the event that all three appraisers do not agree upon Fair Market Value, then, the fair market value agreed upon by any two of the three appraisers shall be deemed to be the Fair Market Value of the Shares, and if no two appraisers shall agree, the average of the two closest of such appraisals shall be deemed to be the Fair Market Value.

In making their determination, such appraisers shall be provided with audited financial statements of JVCOM for each of its most recently completed fiscal years (or for such shorter periods for which audited statements are available) and unaudited financial statements for the most recently completed fiscal quarter (collectively the "Financial Statements") together with such other documents as the appraisers shall reasonably request. The determination of the appraisers as to the Fair Market Value of the Shares shall be final and binding on the Shareholders and shall communicated to them by written notice from the appraisers as soon as practicable after the determination is made; provided, however, that is no event shall the Fair Market Value of the Shares be less than the book value thereof on the books of JVCOM. All fees and disbursements of each appraiser appointed by the Shareholders (or appointed in lieu thereof as a result of such Shareholder's failure to appoint an appraiser) in connection with any such appraisal will be born by the Shareholder who appointed (or failed to appoint) such appraiser; all fees and disbursements of the appraiser designated by such appraisers or the International Chamber of Commerce of Brazil in connection with such appraisal and of any accountants or other professional assistants needed by the appraisers will be born equally by the Triggering Shareholders and the Responding Shareholders.

ARTICLE 10. FILING

This Agreement shall be filed with JVCOM and a record thereof will be made in the Book of Register of Nominative Shares as well as on the face of the Certificate of Shares and the provisions thereof are made obligation to JVCOM, pursuant to applicable laws of Brazil.

ARTICLE 11. NON-COMPETITION

11.1 During the term of this agreement, no Shareholder, either directly or through a subsidiary (the subsidiary shall be defined as a legal entity in which the Shareholder participates, directly orindirectly, with more than 50% of the corporate capital) or through an affiliate (the affiliate is defined as a legal entity in which the Shareholder participates, directly or indirectly, with more than 20% and less than 50% of the Corporate Capital) shall, without the prior written consent of the other Shareholders, promote, manufacture, distribute, act as an agent, sell or cause to have so promoted, distributed, offered or sold, in the Territory of Brazil, any of the products exclusively licensed from a Shareholder to JVCOM to manufacture or sell pursuant to separate agreements.

11.2 In case there is a decision hereunder to purchase equity participation in another company dealt with the same telecommunication products or substantially similar to JVCOM's telecommunication products and located in the Territory, such purchase option shall be first carried out through JVCOM.

11.3 If any of the Shareholders shall take a decision to manufacture telecommunications products in the Territory, JVCOM shall have the right of first refusal to do so, and if there is a refusal by JVCOM of the option herein granted, the interested Shareholders shall be free to manufacture, sell or distribute such telecommunications products in the Territory directly or through any third party.

11.4 BBACO will be a preferential supplier of JVCOM, at competitive market prices and vice versa.

11.5 ITACO and KORCO will be the preferential supplier of JVCOM, at competitive market prices.

11.6 For the purpose of this Article 11. Non-competition, the telecommunications products shall mean and be specified as follows:

____

____

ARTICLE 12. CONFIDENTIALITY

12.1 Each Shareholder agrees to cause any of their directors, managers and employees to keep strictly secret and confidential and not to disclose to any third party, any information relating to JVCOM which is not known to the general public (including without limitation such information relating to technology, equipment, manufacturing processes, products, identity and description of raw materials and services used, purchasing, accounting, engineering, customers, prospects, marketing and business records), collectively called "Confidential Information".

12.2 The Shareholders shall not use any Confidential Information for any purpose whatsoever, except in a manner expressly provided for in the performance of this Agreement.

12.3 The Shareholders shall cause their personnel to take adequate security and precautionary measures to effect compliance with this Section by JVCOM's Directors, Officers, managers, employees and agents who shall be given access to the Confidential Information. Procedures for the handling and safeguarding of Confidential Information shall be as specified from time to time by the decisions taken by the General Meeting of Shareholders.

12.4 Any and all obligations undertaken by the Shareholders pursuant to this Section shall survive the termination of this Agreement for five (5) years.

ARTICLE 13. MISCELLANEOUS PROVISIONS

13.1 All costs and expenses incurred by each Shareholder in connection with the preparation, execution and delivery of this Agreement shall be borne by the respective Shareholder. Same as otherwise agreed upon herein, all costs and expenses incurred by each Shareholder after the date hereof for the consummation of the transactions contemplated herein (including, but not limited to, all costs and expenses incurred after the date hereof in order to obtain third party, governmental and administrative consents and approvals), shall be born and paid by the JVCOM.

13.2 Any waiver, by any of the Shareholders, of its right to require from the other Shareholder the compliance of its obligations, in case of any breach of, or failure to the other Shareholder to comply with any of the provisions of this Agreement, shall not constitute a continuing waiver of such provision, or a waiver related to any other breach of, or failure to comply with, any other provision of this Agreement, nor shall it, in any way, effect the validity of this Agreement or any party thereof or the right of either Shareholder thereafter to enforce each and every provision of this Agreement.

13.3 Neither this Agreement nor any term hereof may be amended, released, discharged, abandoned, changed or modified in any manner except by an instrument in writing which refers to this Agreement and is executed by each of the Shareholders.

13.4 Each Section, sub-Section, phrase and sentence of this Agreement constitute a separate and distinct undertaking covenant and/or provision hereof. Whenever possible, each provision of this Agreement shall be interpreted in such manner as to be effective and valid under applicable law. In the event that any provision of this Agreement shall finally be determined to be unlawful, such provision shall be deemed severed from this Agreement, but every other provision of this Agreement shall remain in full force and effect, and in substitution for any such provision held unlawful, there shall be a substituted provision of similar import reflecting the original intent of the parties herein to the extent permissible under law.

ARTICLE 14. TERM and TERMINATION

14.1 This Agreement shall commence and be effective upon all necessary Government Approvals of Brazil, Italy and/or Korea and shall continue for eight (8) years thereafter, or until the dissolution of JVCOM, whichever comes earlier unless sooner terminated pursuant to Article 14.
The foregoing provisions notwithstanding, this Agreement shall terminate ipso facto with respect to a Shareholder on the date the participation of such Shareholder in the capital stock of JVCOM shall be less than ten percent (10%), and shall not regain force or effect if such participation shall thereafter reach or exceed ten percent (10%).

14.2 Termination for Bankruptcy. Any Shareholder may terminate this Agreement upon giving notice to the other Shareholders, upon the occurrence of any one or more of the following events (such party hereinafter referred to as the "Bankrupt Shareholder")

a) Appointment of a trustee or receiver for all or any part of the assets or property of one of the other Shareholders;
b) Insolvency or bankruptcy of one of the other Shareholders;
c) One of the other Shareholders make a general assignment for the benefit of creditors;
d) Attachment of substantial assets of one of the other Shareholders; or
e) Dissolution or liquidation of one of the other Shareholders.

14.3 Termination for Breach. If any Shareholder commits a material breach of this Agreement (such party hereinafter referred to as the "Breaching Shareholder"), any other Shareholders may give the Breaching Shareholder (with copies to all other Shareholders) written notice describing such breach and stating that this Agreement will terminate unless such breach is corrected as and when prescribed in this Section 14.3. If such breach is not corrected within sixty (60) days after such notice is given, this Agreement shall terminate at the end of such sixty (60) days period.

14.4 Poor Financial Performance. In the event that after the first three fiscal year of JVCOM, the accumulated losses at JVCOM exceed the sum of the paid in capital of JVCOM as carried on the books of JVCOM, any Shareholder may terminate this Agreement (such Shareholder hereinafter referred to as the "Terminating Shareholder") upon ninety (90) days prior written notice to the other Shareholders.

14.5 This Agreement shall terminate ipso facto with respect to a Shareholder on the date the participation of such Shareholder in the capital stock of JVCOM shall be less than ten percent (10%), and shall not regain force or effect if such participation shall thereafter reach or exceed ten percent (10%).

14.6 Transfer of Shares in the Event of Termination. In the event of a termination of this Agreement pursuant to paragraphs 14.2, 14.3 or 14.4 (the Bankrupt Shareholder, the Breaching Shareholder or the Terminating Shareholder hereinafter referred to as the "Selling Shareholder"), the non-Selling Shareholders shall have the right to purchase in proportion to their respective shareholdings (exclusive of the shareholding(s) of the Selling Shareholders. The purchase price per share for shares transferred pursuant to this paragraph shall be the book value per share of JVCOM determined by dividing the net assets of JVCOM as determined in accordance with generally accepted accounting principles consistently applied and adjusted by the total issued and outstanding shares of JVCOM. In the event that the non-Selling Shareholders fail to purchase all of the shares owned by the Selling Shareholder, the Shareholders shall liquidate and dissolve JVCOM pursuant to Section 14.7.

14.7 Effect of Termination. The termination of this Agreement shall not in any way operate to impair or destroy any of the rights or remedies of any Shareholder, or to relieve any party of its obligations to comply with any of the provisions of this Agreement, which shall have accrued prior to the effective date of termination. In the event that the shares are not transferred pursuant to the provisions of Section 14.6, upon termination of this Agreement, the Shareholders shall vote their respective shares and cause the Board of Directors to take such actions as are necessary to liquidate and dissolve JVCOM in accordance with applicable provisions under this Agreement and laws.

ARTICLE 15. NOTICES

All notices or other communications required or permitted to be given hereunder shall be in writing and shall be delivered by hand or sent by postage prepaid registered, certified mail, or by telex or facsimile, confirmed by postage prepaid registered or certified mail, and shall be deemed given when received at the addresses specified below:

(a) If to BRACO, to :

____

____

Brazil

(b) If to ITACO, to :

____

____

Italy

(c) If to KORCO, to:

____

____

Korea

(d) If to JVCOM, to :

____

____

Brazil

or in any case to such other address as hereinafter shall be furnished as provided in this Section by any of the parties to this Agreement to the other.

ARTICLE 16. GOVERNING LAW

The organization and operation of internal affairs of JVCOM shall be governed by the laws of the Federative Republic of Brazil. To the extent permitted by the laws of Brazil, in case of disputes between or among Shareholders with respect to this Agreement and the right of the Shareholders hereunder, the laws of the state of New York, United States of America shall govern.

ARTICLE 17. LANGUAGE

This Agreement is executed in English.

ARTICLE 18. SETTLEMT OF DISPUTES

18.1 Any and all disputes arising out of or in connection with the negotiation, execution, interpretation, performance and nonperformance of this Agreement shall be finally settled by a panel of three (3) arbitrators in accordance with the Rules of Conciliation and Arbitration of the International Chamber of Commerce, Paris (the "ICC Rules") with the observance of the provisions of Sections 18.2 through 18.7 herein below.

18.2 The Shareholders agree that the award of the arbitrators shall be final and the sole and exclusive remedy between or among them regarding any claims, counterclaims, issues or accounting presented to the arbitrators.

18.3 All of the arbitrators shall be lawyers familiar with international joint ventures. The Party electing arbitration shall so notify the other Shareholders in writing in accordance with the ICC Rules, and such notice shall be accompanied by the name of the arbitrator selected by the Shareholder serving the notice. The second arbitrator shall be chosen by the other Shareholders, and a neutral arbitrator shall be chosen by the two arbitrators so selected. If a Shareholder fails to select an arbitrator or to advise the other Shareholders of its selection within thirty (30) days after receipt by such a Shareholder of the notice of the intent to arbitrate, the second arbitrators shall be selected by the President of the Arbitration Committee of International Chamber of Commerce of New York.

18.4 All arbitration proceedings shall be conducted in the English language pursuant to the ICC Rules. All such proceedings shall be conducted in New York City, United States. The Shareholders agree to facilitate the arbitration by (i) making available to each other and to the arbitrators for inspection and extraction all documents, books, records and personnel under their control, as the arbitrators shall determine to be relevant to the dispute; (ii) conducting arbitration hearings to the greatest extent possible on successive, contiguous days; and (iii) observing strictly the time periods established by the ICC Rules or by the arbitrators for the submission of evidence and briefs.

18.5 Any monetary award of the Panel of Arbitrators shall be made and payable in New York City in freely available United States dollars free of any tax and reductions. Any such monetary award shall include interest from the date any breach or any violation of this Agreement. The arbitrators shall fix an appropriate rate of interest from the date of the breach or other violation to the date when the award is paid in full. In no event shall the interest rate during such period be lower than the lowest prime, base or equivalent commercial lending rate announced by any member banks of the new York Clearinghouse Association at the New York, for ninety day loans for responsible and substantial commercial borrowers. In the event any Shareholder is unable to deliver United States dollars in discharge of an arbitral award as a result of any then applicable legal prohibition in the Federative Republic of Brazil, such Party shall deliver sufficient cruzeiros reais, or such other legal currency of the Federative Republic of Brazil, to produce the amount of freely available United States dollars in the United States of America that the prevailing Shareholder is entitled to receive pursuant to the award. The paying Shareholder further undertakes to hold the prevailing Shareholder harmless and indemnify it for any loss or discount produced upon the sale of cruzeiros reais with respect to the amount of freely available United States dollars that the prevailing Shareholder should have received as payment of the United States dollars determined to be due pursuant to the award. Such indemnification shall be carried out by the paying Shareholder through the delivery of additional cruzeiros reais which may be necessary to ensure that the prevailing Shareholder receives in the United States of America the exact amount of freely available United States dollars determined to be due pursuant to the award. If payment of the United States dollars determined to be due pursuant to the award is made in cruzeiros reais, the amount of cruzeiros reais to be delivered by the

Shareholder making payment to the prevailing Shareholder or to JVCOM in the event JVCOM is the beneficiary shall be equal to the sum of United States dollars determined on the basis of the free or similar average rate of exchange published by the Buyer Central do Brazil for the purchase of United States dollars with cruzeiros reais in Rio de Janeiro prevailing on the date which is one banking day immediately percentage the date of the actual payment date.

18.6 Any payment due to JVCOM hereunder, in the event JVCOM is a beneficiary of an indemnity due to the fact that it has suffered the damage so indemnified shall be made Brazilian currency in Brazil.

18.7 The Shareholders agree that judgment on the arbitration award may be entered in any court having jurisdiction over the Shareholders or their assets.

ARTICLE 19. TRANSITORY PROVISIONS

KORCO and ITACO shall not have the right to receive dividends or any other distribution of profits arising out of the fiscal year ____.

IN WITNESS WHEREOF, the parties have caused this Agreement to be duly executed in ( ) counterparts each of which deemed to be an original before the undersigned witnesses on the date first above written.

BRACO
by: ______________________
name:
title:

ITACO

by: ____________________________

name:

title:

KORCO

by: ________________________________

name:

title:

JVCOM

by : _______________________________

name:

title:

[양식 12] BUSINESS TRANSFER AGREEMENT(ASSET ACQUISITION)*

THIS BUSINESS TRANSFER AGREEMENT (the "Agreement"), dated ________, is by and between ____________, a corporation organized under the laws of the Republic of Korea ("Seller"), and ____________, a _____ corporation ("Buyer").

WHEREAS, Seller is engaged in the Business (as defined) and owns the Conveyed Assets (as defined);

WHEREAS, the parties hereto desire that Seller shall sell and transfer to Buyer and Buyer shall purchase and acquire from Seller all of the Conveyed Assets and Buyer shall assume all of the Assumed Liabilities (as defined), upon the terms and conditions set forth herein; and

WHEREAS, the parties hereto agree that on and after the Transfer Date (as defined), the Business be operated such that any economic benefit or detriment of the ownership of the Conveyed Assets and the Assumed Liabilities (including the Transferred Employees (as defined)) inure to the account of Buyer.

NOW, THEREFORE, in consideration of the premises and the representations, warranties, covenants and agreements contained herein and the agreements contemplated hereby, and for other good and valuable consideration, the receipt and sufficiency of which are hereby acknowledged, and intending to be legally bound hereby, the parties hereto hereby

* Seller의 여러 사업부문 중 특정사업 전체를 Buyer에게 양도하는 계약으로, 특정사업과 관련된 공장, 시설, 개발, 지적재산권, 영업 등 포괄적 영업양도(자산양도) 방식의 거래를 가정한 draft임.

agree as follows:

ARTICLE Ⅰ. Certain Definitions

As used herein, unless the context otherwise requires, the following terms (or any variant in the form thereof) have the following respective meanings. Terms defined in the singular shall have a comparable meaning when used in the plural, and vice versa, and the reference to any gender shall be deemed to include all genders. Unless otherwise defined or the context otherwise clearly requires, terms for which meanings are provided herein shall have such meanings when used in the Schedules hereto and each collateral document and certificate executed or required to be executed pursuant hereto or thereto or otherwise delivered, from time to time, pursuant hereto or thereto.

"Accounts Receivable" shall mean (i) all trade accounts receivable and other rights to payment from customers of the Business and the full benefit of all security for such accounts or debts, including all trade accounts receivable representing amounts receivable in respect of goods shipped or products sold or services rendered to customers of the Business, and (ii) all other accounts or notes receivable representing amounts receivable in respect of goods shipped or products sold or services rendered to customers of the Business relating to the Business and the full benefit of all security for such accounts or notes, and (iii) any claims, remedies and other rights related to any of the foregoing.

"Action" means any litigation or legal or other action, arbitration, counterclaim, investigation, proceeding, request for material information by or pursuant to the order of any Governmental Authority, or suit at law or in arbitration, equity or admiralty commenced by any Person.

"Additional Statements" mean (i) the unaudited statements of net assets of the Business as of _______, ___ and ______, ___ and the unaudited statements of revenues and operating expenses of the Business for the twelve-month period ended ______, ___ and each of the nine-month periods ended _________, ___and ___, in each case, adjusted to give pro forma effect to the consummation of transactions contemplated hereby as though the Closing Date had occurred, and such transactions had been consummated, on the first day of the relevant period, including adjustments necessary to reflect on a pro forma basis, the terms of the agreements referenced in Article V hereof and (ii) the unaudited historical statements of net assets of the Business as of _____, ___, ______, ___ and _______, ___ and the unaudited historical statements of revenues and operating expenses of the Business for the twelve-month period ended ____________ and each of the nine-month periods ended ____________ and__________.

"Adverse" or "Adversely" when used in conjunction with "Affect," "Change" or "Effect" shall mean, with respect to Seller or Buyer, whichever is the obligor in the context to which such term applies, or the Business, as applicable, any related events, conditions or circumstances which individually or in the aggregate could reasonably be expected to (a) adversely affect the enforceability of this Agreement by the obligee or (b) adversely affect the assets, liabilities, properties, financial condition or results of operation of Seller or Buyer, whichever is the obligor in the context to which such term applies, or the Business, as applicable, or (c) impair the obligor's ability to fulfill its obligations under the terms of this Agreement or (d) adversely affect the aggregate rights and remedies of the obligee under this Agreement; and, with respect to clauses (a)-(d), unless otherwise specifically set forth, in a material respect or manner or to a material degree. "Materiality" as used in this definition, unless specifically stated to the contrary, shall be determined without regard to the fact that various provisions of this Agreement set forth specific dollar amounts or the basis for calculating such amounts.

"Affiliate" means, with respect to any Person, any other Person controlling, controlled by or under common control with, such Person, with "control" for such purpose meaning the possession, directly or indirectly, of the power to direct or cause the direction of the management and policies of a Person, whether through the ownership of voting securities or voting interests, by contract or otherwise.

"Assigned Technology" means all Intellectual Property owned by Seller on the Closing Date and used primarily in connection with the Business.

"Assumed Liabilities" means, other than Retained Liabilities, any and all of the debts, losses, liabilities, claims, damages and obligations, whether due or to become due, whether accrued, contingent or otherwise incurred by or relating to the Business on or prior to the Closing Date in the ordinary course of business, including (i) those reflected, reserved against or disclosed on the Closing Balance Sheet (as defined), arising out of Contracts not fully performed as of the Closing Date, or attributable to the receipt, processing and return of products in connection with customer returns or credits, (ii) those expressly designated an Assumed Liability on any Schedule hereto, (iii) all liabilities for deferred employee compensation except to the extent that the accrual for such liabilities exceeds the sum of advances to employees and deposits for deferred employee compensation by more than ____________________; (iv) the liabilities expressly assumed by Buyer pursuant to the provisions hereof, (v) all liabilities for (A) Taxes, other than Income Taxes, attributable to the operation of the Business accrued as a current liability and unpaid as of the Transfer Date and

(B) Income Taxes attributable to the operation of the Business (determined without regard to any gain or loss recognized by Seller on Seller's disposition of the Business) for any period following the Transfer Date, (vi) except as set forth herein, accrued wages, benefits and other entitlements owed to Employees but only to the extent they are reflected, disclosed or reserved on the Closing Balance Sheet and (vii) any liabilities or obligations of Buyer described in Section 4.2 hereof or for any other professional, financial advisory or consulting, fees and expenses incident to or arising out of the negotiation, preparation, approval or authorization of this Agreement and the transactions contemplated hereby, including without limitation, the fees, expenses and disbursements of Buyer's counsel and accountants.

"Balance Sheet" means the audited statement of net assets of the Business as of _____, _____, including the notes thereto.

"Best Efforts" is defined to require that the obligated party make a diligent, reasonable and good faith effort to accomplish the applicable objective. Such obligation, however, does not require any significant expenditure of funds or the incurrence of any significant liability on the part of the obligated party, nor the incurrence of any expenditure or liability which is unreasonable in light of the related objective, nor does it require that the obligated party act in a manner which would otherwise be contrary to prudent business judgment or normal commercial practices in order to accomplish the objective. The fact that the objective is not actually accomplished is no indication that the obligated party did not in fact utilize its Best Efforts in attempting to accomplish the objective.

"XXX Facility" means the land, building and improvements constituting the manufacturing facilities existing and owned or held on the date hereof by Seller at XXX factory, ____________________, as detailed in Schedule I hereto.

"Business" shall mean the business of developing, manufacturing and selling (but expressly excluding for purposes of this definition, epi assembly and final testing) the full range of ____________________ devices (except for a range of the products described in the Foundry Sale Agreement (as defined) which are not transferred pursuant to this Agreement) as conducted on the Closing Date by Seller.

"Business Product" means any ________________________ device manufactured, marketed, under design or development or sold by the Business on the Closing Date, or historically manufactured by the Business, or any Derivative Product derived or based upon any of the foregoing.

"Cash" means cash, time deposits, certificates of deposit and other cash equivalents, excluding customer deposits, deposits for deferred employee compensation and restricted cash.

"Closing" means the consummation of the transactions contemplated by Section 2.1 hereof.

"Closing Date" means the later of (i) the third business day after expiration or termination of all waiting periods prescribed under the HSR Act and the FTA, and (ii) the date on which the conditions set forth in Articles IX and X shall be satisfied or duly waived; provided, however, that if Seller and Buyer mutually agree on a different date, the Closing Date shall be the date upon which they have mutually agreed.

"Code" means the Korean Tax Code, as amended, and any successor thereto.

"Contract" means any written note, bond, mortgage, indenture, lease, contract, instrument, license, agreement, sales order, purchase order, open bid or other obligation or commitment and all rights therein.

"Conveyed Assets" means, other than Excluded Assets, (i) all of the tangible personal property owned or held by Seller and located within the premises of the XXX Facility and (ii) all of the other assets, property and rights owned or held by Seller and employed for the purpose of conducting the Business, whether characterized as tangible or intangible, real, personal or mixed, fixed, contingent or otherwise, wherever such may be located, in both cases consisting of:

(a) real property interests (including leases), land, plants, buildings, improvements and accessories set forth on Schedule II hereto;
(b) machinery, equipment, vehicles, furniture and fixtures, leasehold improvements, supplies, repair parts, tools, plant, laboratory and office equipment and other tangible personal property, together with any rights or claims arising out of the breach of any express or implied warranty by the manufacturers or sellers of any of such assets or any component part thereof;
(c) inventories, including raw materials, work-in-process, goods in transit and finished goods wherever located;
(d) notes, loans and Accounts Receivable (except to the extent specified in clause (b) of the definition of "Excluded Assets"), interests as beneficiary under letters of credit, advances and performance and surety bonds;
(e) financial, accounting and operating data and records, including books, records, electronic data, notes, sales and sales promotional data, advertising materials, credit information, cost and pricing information, customer and supplier lists, reference catalogs, payroll and personnel records and other similar information;
(f) Assigned Technology;

(g) Contracts;

(h) prepaid expenses, deposits and retentions held by third parties and Cash held for deferred employee compensation, if any;

(i) originals (or to the extent required by applicable Laws to be retained by Seller, copies) of (A) all customer and vendor lists relating primarily to the Business; (B) all files and documents (including credit information) relating primarily to customers and vendors of the Business; and (C) all other business, personnel and financial records, files, books and documents (whether in hard copy or computer format) relating primarily to the Business;

(j) Licenses and the immunities granted to Buyer pursuant to Section 5.9 hereof;

(k) claims, causes of action, choses in action, rights of recovery, rights of set-off, and rights of subrogation to the extent that such items arise out of any Conveyed Assets;

(l) any property owned by Seller and consigned to a third-party to support assembly and test operations relating to the Business;

(m) any assets, property or rights reflected on the Balance Sheet except inventory disposed of in the ordinary course of business prior to the Closing; and

(n) goodwill and going concern value of the Business other than that attributable to Seller or any of its Affiliates or Seller's ownership, management and control of the Business and other than that attributable to Seller Trademarks and trade names.

"Copyrights" means all copyrighted works in any country, whether registered or unregistered, applications for copyright registrations and application specific software (e.g., net lists).

"Derivative Product" means any product that (i) was derived from or based upon a Business Product or fulfills substantially the same function as a

Business Product (as determined from said product's data sheet), (ii) was designed by or for the Business and (iii) involves or embodies the Assigned Technology or Seller Licensed IP, in each case, to the extent such product does not compete, directly or indirectly, with any product of Seller or any of its Affiliates.

"Employee" means any individual who as of the Closing Date shall be an employee of Seller who performs services primarily on behalf of the Business.

"Employee Benefit Plan" means an employee pension benefit plan, an employee welfare benefit plan or any bonus, incentive compensation, profit sharing, retirement, pension, group insurance, death benefit, health, cafeteria, flexible benefit, medical expense reimbursement, dependent care, stock option, stock purchase, stock appreciation rights, savings, deferred compensation, consulting, severance pay or termination pay, vacation pay, life insurance, welfare or other employee benefit or fringe benefit plan, program or arrangement.

"Entity" means any Person other than a natural person.

"Environmental Law" shall mean any applicable Law or Order as in effect at the Closing Date relating to the protection of the environment (including, without limitation, air, water vapor, surface water, groundwater, drinking water supply, surface or subsurface land), including the exposure to, or the use, storage, recycling, treatment, generation, transportation, processing, handling, labeling, recycling, release or disposal of, hazardous substances.

"Environmental Liability" means the claims, liabilities and losses resulting from or relating to (a) the failure to comply with any requirement of an Environmental Law; (b) the failure to obtain or comply with any required

Environmental Permit; (c) a Remediation; (d) a Release; or (e) harm or injury to any real property (other than a Remediation), to any person, to public health, or natural resource as a result of exposure to Hazardous Substances.

"Environmental Permits" means a permit, approval, authorization, license, variance, registration or permission held by Seller pursuant to an Environmental Law.

"Excluded Assets" means:

(a) Cash (other than prepaid expenses and Cash held in respect of severance payments);
(b) all intercompany receivables (other than the trade receivables and other rights to payment and any security, claims and other rights relating thereto falling within clauses (i) and (ii) of the definition of Accounts Receivable);
(c) all losses, loss carry forwards and rights to receive refunds, credits and credit carry forwards with respect to any and all Taxes, to the extent attributable to a taxable period ending on or prior to the Closing Date, including, without limitation, interest thereon, whether or not the foregoing are derived from the Business;
(d) the corporate books and records, stock records and corporate seal (chop) of Seller; ledger books and all other books and records which Seller is required by applicable Law to retain;
(e) the trademark, logo and product code of Seller;
(f) all property and assets expressly designated in Schedule III; and
(g) Intellectual Property not related primarily to the Business.

"FTA" shall mean the Monopoly Regulations and Fair Trade Act of Korea and enforcement decrees and regulations issued thereunder.

"GAAP" shall mean U.S. generally accepted accounting principles.

"Governmental Authorization" means any approval, concession, consent, franchise, license, permit, plan, registration or other authorization of any Governmental Authority.

"Governmental Authority" means any nation or government, any state or other political subdivision thereof, any federal, state, local or foreign Entity exercising executive, legislative, judicial, regulatory or administrative functions of or pertaining to government, including any government authority, agency, department, board, commission, or instrumentality and any tribunal or arbitral authority of competent jurisdiction, and any self-regulatory organization.

"Hazardous Substance" means any material, substance or waste that causes any damage to property or personal injury, including death, or threat to the environment, including without limitation, those substances defined, listed, designated or classified as hazardous, toxic, radioactive, or dangerous or otherwise regulated or governed under any applicable environmental requirements, including without limitation, any petroleum product or by-product, crude oil or any fraction thereof, natural gas, natural gas liquids, liquefied natural gas, synthetic gas usable as fuel, polychlorinated biphenyls, caustic, chlorine or chlorine-based compounds.

"HSR Act" means the Hart-Scott-Rodino Antitrust Improvements Act of 1976, as amended.

"Income Taxes" means federal, state or local income or franchise taxes or other taxes measured by income and all other taxes reported on Tax Returns which include federal, state, local or foreign income or franchise taxes or other taxes measured by income, together with any interest or penalties imposed with respect thereto.

"Intellectual Property" means Patents, Invention Disclosures, Trademarks, Mask Works, Copyrights and Know-How.

"Invention Disclosures" means unfiled invention disclosures.

"Know-How" means know-how, technology, processes, methods, manufacturing procedures, trade secrets, technical information, information related to packaging designs, product designs and products in development, information related to software source code, documentation therefor, notebooks and drawings, and information contained in Invention Disclosures and pending applications that are not Patents.

"Knowledge" (including the term "to the knowledge of") means, with respect to (i) the Seller, the actual knowledge of the president, any vice president or the chief financial officer of Seller or the Persons named on Schedule IV hereto, and (ii) any other Entity, the actual knowledge of the executive officers of such Entity, in case of either clause (i) or (ii), after reasonable investigation (other than with respect to environmental matters and intellectual property matters, as to which no separate investigation beyond normal inquiry of employees has been made).

"Korea" means the Republic of Korea.

"Korean GAAP" means generally accepted accounting principles in effect in Korea.

"Laws" means statutes, regulations, ordinances, rules and other laws promulgated by a Governmental Authority.

"Licenses" means permits, registrations, approvals, franchises or other authorizations including without limitation authorizations with respect to patents, patent applications, trademarks, service marks, trade names, copyrights, computer software programs, technology, trade secrets and know-how, and means, when used as a verb, the act of granting a License.

"Libor Rate" means the U.S. Dollar rate (rounded upward to the nearest one-sixteenth of one percent (1/16%) listed on Telerate page 3750 (i.e., the Libor page) of the Bridge Information Systems service titled British Banker Association Interest Settlement Rates for a designated maturity of one (1) month determined as of 11:00 a.m., London time, on the second (2nd) full Eurodollar business day next preceding the first day of each month with respect to which interest is payable hereunder (unless such date is not a business day in which event, the next succeeding Eurodollar business day which is also a business day will be used).

"Lien" means an adverse claim, restriction on voting or transfer or pledge, lien, mortgage, hypothecation, collateral assignment, charge, encumbrance, easement, covenant, restriction, title defect, encroachment or security interest of any kind.

"Mask Works" means all mask works of any country, whether registered or unregistered and applications for mask work registration.

"Orders" means judgments, orders, injunctions, decrees, stipulations or awards (whether rendered by a court, administrative agency, arbitrator or other tribunal) and whether imposed or entered by consent.

"Patents" means patents, patent applications, and industrial design registrations, together with any continuations, continuations-in-part or divisional applications thereof, and all patents issuing thereon (including reissues, renewals and reexaminations of the foregoing).

"Permitted Liens" means any Liens (i) for Taxes attributable to any taxable period beginning on or prior to the Closing Date and not yet due or payable or being contested in good faith and for which appropriate reserves have been established on the Closing Balance Sheet, (ii) that are not material and constitute mechanics', carriers', workers' or like liens incurred in the ordinary course of business, or (iii) utility easements, encroachments and other imperfections in title that individually or in the aggregate do not Adversely Affect the use or value of the property.

"Person" means a natural person, a corporation, a limited liability company, a partnership, an association, a trust or any other entity or organization, including a government or political subdivision or any agency or instrumentality thereof.

"Purchase Price" means, subject to Section 5.4(d)(vi) and Section 5.26, ____________________ Dollars ($__________), plus any applicable VAT, representing the aggregate consideration to be paid by Buyer on the Closing Date pursuant hereto, before giving effect to any adjustments pursuant to Sections 2.4 and 5.26 hereof; provided, however, that to the extent required by applicable law, the portion of the Purchase Price (which would otherwise be payable in U.S. dollars) relating to goodwill shall be payable in Korean Won in an amount determined at an exchange rate equal to the midrate quoted by the Korea Exchange Bank at the time of payment; provided, further, that Seller acknowledges and agrees that it is Buyer's intention that a Korean subsidiary of Buyer will acquire the Conveyed Assets and assume the Assumed Liabilities and pay the Purchase Price hereunder.

"Remediation" means any investigation, clean-up or other response action in connection with the presence or Release of Hazardous Substances.

"Release" means any spilling, leaking, pumping, pouring, emitting, emptying, discharging, injecting, escaping, leaching, dumping or disposing into the environment.

"Retained Liabilities" means any and all of the debts, losses, liabilities, claims, damages and obligations, whether due or to become due, whether accrued, contingent or otherwise, incurred by or relating to the Business on or prior to the Closing Date other than in the ordinary course of business, including:

(i) contingent liabilities not disclosed in any Schedule hereto or in the Balance Sheet;
(ii) all liabilities and obligations arising out of, resulting from or relating to claims, whether founded upon negligence, strict liability in tort or other similar legal theory, seeking compensation or recovery for or relating to injury to person or damage to property arising out of the conduct of the Business;
(iii) product warranty claims other than for repair or replacement of or credit for customers with respect to the Business;
(iv) liabilities with respect to Excluded Assets;
(v) the liabilities expressly retained by Seller pursuant to the provisions hereof, including liabilities for Taxes retained by Seller under Article VII or expressly designated as Retained Liabilities on Schedule V hereto;
(vi) liabilities relating to retention payments to Employees, agreed to be paid on or prior to the Closing Date;
(vii) any intercompany loans account;
(viii) all Employee liabilities to the extent relating to the period prior to the Closing Date other than (A) accrued wages, benefits and entitlements owed to Employees and (B) liabilities for Unfunded Severance Liabilities in respect of Employees in an amount not to exceed ________________;

(ix) liabilities arising from any claim or allegation first arising prior to the Closing Date, including, without limitation, claims existing on the date hereof with International Rectifier, Northern Telecom, SGS Thompson and Rohm;

(x) capitalized lease obligations; and

(xi) any liabilities or obligations of Seller described in Section 3.13 hereof or for any other professional, financial advisory or consulting fees and expenses incident to or arising out of the negotiation, preparation, approval or authorization of this Agreement and the transactions contemplated hereby, including without limitation, the fees, expenses and disbursements of Seller's counsel and accountants (including accountants' fees, expenses and disbursements in connection with the preparation of the Financial Statements, but excluding the fees and expenses contained in the proviso in Section 13.4).

"Seller Licensed IP" has the meaning set forth in Section 3.5(b).

"Schedule" means any Schedule hereto.

"Seller Benefit Plans" shall mean each Employee Benefit Plan maintained or contributed to by Seller for the benefit of any Employees other than plans, programs or arrangements required to be maintained or contributed to by the Laws of Korea or any other relevant jurisdiction.

"Tax" or "Taxes" shall mean all taxes, charges, duties, fees, levies or other assessments, including income, corporation, excise, property, sales, value added, gross receipts, profits, gains, license, withholding (with respect to compensation or otherwise), payroll, employment, unemployment, disability, wealth, welfare, net worth, capital gains, purchase, transfer, stamp, registration, social security, environmental, occupation, franchise, alternative minimum, estimated or other similar taxes, imposed by any Governmental

Authority, and including any interest, penalties and additions attributable thereto.

"Tax Claim" shall have the meaning set forth in Section 7.6(a).

"Tax Return" or "Tax Returns" shall mean any return, report, declaration, information return, statement or other document filed or required to be filed with any Governmental Authority, in connection with the determination, assessment or collection of any Tax or the administration of any Laws relating to any Tax.

"Third-Party Claim" means any Action by or before any Governmental Authority asserted by a Person other than any party hereto or their respective Affiliates which gives rise to a right of indemnification hereunder.

"Third-Party Licensed IP" means the Intellectual Property which has been previously licensed to Seller by third parties in connection with the Business pursuant to license agreements which are in force as of the Closing Date; provided, however, that Third-Party Licensed IP does not include commercial off-the-shelf software which is used by Seller pursuant to company-wide agreements.

"Trademarks" means registered and unregistered trademarks, service marks, trade names, and applications for any of the foregoing.

"Transfer Date" means 11:59 p.m. (Seoul time) on ______________, ____.

"Transferring Employee" means an Employee who shall accept an offer of employment from Buyer, whether or not such Employee works for Buyer or any of its Affiliates at least one day.

"Unfunded Severance Liability" means deferred employee compensation liability less deposits for deferred employee compensation less advances to employees, in each case, as reflected on the Closing Balance Sheet.

"Working Capital of the Business" shall mean the current assets (except for prepaid expenses relating to Intellectual Property Licenses which are not used in connection with the Business) less the current liabilities (except for accrued expenses relating to Intellectual Property Licenses which are not used in connection with the Business) of the Business, determined in accordance with GAAP on a basis consistent with the preparation of the Balance Sheet provided that there shall be excluded from such determination the Excluded Assets and the Retained Liabilities.

ARTICLE Ⅱ. PURCHASE AND Sale; Closing

Section II.1 Purchase and Sale Upon the terms and conditions set forth herein, at the Closing, Seller shall sell, convey, assign and transfer to Buyer and Buyer shall purchase, acquire and accept from Seller, free and clear of all Liens, other than Permitted Liens, the Conveyed Assets and Buyer shall assume the Assumed Liabilities (the payment of the Purchase Price and the assumption of the Assumed Liabilities collectively referred to as the "Consideration").

Section II.2 Closing Documents At the Closing

(a) Seller will deliver or cause to be delivered to Buyer the instruments and documents set forth in Exhibit A.

(b) Buyer shall pay by wire transfer the Purchase Price in immediately available funds to the account specified by Seller and assume the Assumed Liabilities and deliver or cause to be delivered to Seller the instruments and documents set forth in Exhibit B; and

(c) Seller and Buyer shall deliver the certificates and other documents required to be delivered under Articles IX and X hereof (together, with the other documents specified in Sections 2.2(a) and 2.2(b) hereof, the "Closing Documents").

Section II.3 Time and Place of Closing The Closing shall take place on the Closing Date at 10:00 a.m., local time, at the offices of Seller in Seoul, Korea, or such other place or time as the parties may agree.

Section II.4 Purchase Price Adjustment

(a) Within thirty (30) days after the Closing Date, Seller shall deliver to Buyer a balance sheet of the Business as of the Transfer Date (the "Closing Balance Sheet"), including a statement of the Working Capital of the Business as of the Transfer Date (the "Working Capital Statement"). The Closing Balance Sheet and Working Capital Statement shall be audited in accordance with GAAP, the cost and expense of which shall be borne by Buyer; provided that Seller shall have first prepared, at its cost and expense, an audited balance sheet as of the Transfer Date and a statement of Working Capital of the Business as of the Transfer Date prepared in accordance with Korean GAAP; provided, however, that such costs and expenses to be borne by Seller shall not be treated as expenses of the Business for purposes of the net income before Income Tax calculations to be made pursuant to Section 5.26 hereunder. The Closing Balance Sheet shall fairly present the financial position of the Business and shall be prepared using the same accounting methods, policies, practices and procedures with consistent classifications, judgments, and valuation and estimation methodologies as used in the calculation of such items on the Balance Sheet except that (i) reserves shall not be reduced for reasons other than in respect of cash payments since the date of the Balance Sheet and (ii) for purposes of the Working Capital Statement, current assets shall be increased by an amount equal to the reduction in Loans to Employees during the period between June 30, 1998 and the Transfer Date, to the extent such reduction resulted in a decrease during such period in current assets and a corresponding decrease during such period in long-term liabilities that are Assumed Liabilities related to employee severance payments. Buyer shall provide Seller with access to the books, records, and personnel of the Business necessary for Seller to prepare the Closing Balance Sheet and Working Capital Statement.

(b) Buyer may dispute the amounts reflected on the line items of the Closing Balance Sheet and Working Capital Statement (a "Disputed Item"), but only on the basis that (i) an entry is based on facts or occurrences arising solely between June 30, 1998 and the date of the Closing Balance Sheet and Working Capital Statement, and (ii) a Disputed Item does not reflect, or has not been made in a manner consistent with, the provisions of this Agreement; provided, however, that Buyer shall notify Seller in writing of each Disputed Item, and specify the amount thereof in dispute and the basis therefor, within forty (40) days after receipt of the Closing Balance Sheet and Working Capital Statement. The failure by Buyer to provide a notice of Disputed Items to Seller within such forty (40) day period will constitute Buyer's acceptance of all the items in the Closing Balance Sheet and Working Capital Statement.

(c) If a notice of Disputed Items shall be timely delivered pursuant to subclause (b) above, Seller and Buyer shall, during the thirty (30) Business Days following the date of such delivery (the "Resolution Period"), negotiate in good faith to resolve the Disputed Items. If, during such Resolution Period, the parties are unable to reach agreement, Seller and Buyer shall refer all unresolved Disputed Items to Arthur Andersen LLP or such other independent accounting firm as Seller and Buyer shall mutually agree upon (the "Independent Accountant"). The Independent Accountant shall make a determination, acting as an expert and not as an arbitrator, with respect to each unresolved Disputed Item within forty-five (45) days after its engagement by Seller and Buyer to resolve such Disputed Items which determination shall be made in accordance with the rules set forth in this Section 2.4. The Independent Accountant shall deliver to Seller and Buyer, within such forty-five (45) day period, a report setting forth its adjustments, if any, to the Closing Balance Sheet or Working Capital Statement and the calculations supporting such adjustments. Such report shall be final, binding on the parties and conclusive. Seller and Buyer shall each pay one-half of all the costs incurred in connection with the engagement of the Independent Accountant. As used herein, "Closing Working Capital" shall mean (i) if no notice of Disputed Items is delivered by Buyer within the period provided in subclause (b) above, the Working Capital of the Business as shown in the Working Capital Statement as prepared by Seller, or (ii) if such a notice of Disputed Items is delivered by Buyer, either (x) the Working Capital of the Business as agreed to in writing by Seller and Buyer, or (y) the Working Capital of the Business as shown in the Independent Accountant's calculation delivered pursuant to this subclause (c).

(d) If the Closing Working Capital is less than the Working Capital of the Business as set forth on the Balance Sheet, then Seller shall, within ten (10) days after the determination of the Closing Working Capital, pay to Buyer, by wire transfer of immediately available funds in accordance with written instructions given to Seller by Buyer, the amount of such shortfall in U.S. dollars, together with interest on such amount from the Closing Date to the date of such payment at a rate equal to the Libor Rate plus 200 basis points. If the Closing Working Capital is greater than the Working Capital of the Business as set forth on the Balance Sheet, then Buyer shall, within ten (10) days after the determination of the Closing Working Capital, pay to Seller, by wire transfer of immediately available funds in accordance with written instructions given by Seller to Buyer, the amount of such excess in U.S. dollars, plus any applicable VAT, together with interest on such amount from the Closing Date to the date of such payment at a rate equal to the Libor Rate plus 200 basis points.

Section II.5 Allocation of the Consideration Seller and Buyer covenant to use their respective Best Efforts to, on or prior to the Closing Date, agree on the allocation of the Consideration to be set forth in Schedule 2.5, subject to such adjustment as Seller and Buyer may agree to reflect any adjustment to the Purchase Price pursuant to Section 2.4. If Seller and Buyer fail to reach agreement on the adjustment of the allocation of the Consideration (as adjusted) within thirty (30) days after the date of any payment pursuant to Section 2.4(d), the allocation of Consideration (as adjusted) shall be adjusted pro rata for each category of assets reflected in Schedule 2.5 (the allocation of the Consideration, as so adjusted, is hereinafter referred to as the "Allocation"). Seller, on the one hand, and Buyer, on the other, shall (i) be bound by any Allocation for purposes of determining any Taxes, (ii) prepare and file its Tax Returns on a basis consistent with any Allocation, and (iii) take no position inconsistent with any Allocation on any applicable Tax Return or in any Action before any Governmental Authority or otherwise. In the event that the Allocation is disputed by any Governmental Authority, the party receiving notice of the dispute shall promptly notify the other party hereto concerning resolution of the dispute. Seller and Buyer acknowledge that the Allocation will be prepared at arm's length based upon a good faith estimate of fair market values.

Section II.6 Nonassignable Contracts Anything in this Agreement to the contrary notwithstanding, this Agreement shall not constitute an agreement to assign any claim, contractual obligation, Governmental Authorization, lease, commitment, sales, service or purchase order, or any claim, right or benefit arising thereunder or resulting therefrom, if the transfer of the Conveyed Assets to Buyer would be deemed an attempted assignment thereof without the required consent of a third-party thereto and would constitute a breach thereof or in any way affect the rights of Seller or Buyer thereunder. If such consent is not obtained, or if the transfer of the Conveyed Assets to Buyer would affect the rights of Buyer thereunder so that Buyer would not in fact receive the benefit of all such rights, Seller shall use its best efforts to cooperate with Buyer in any arrangement designed to provide for the benefits thereof to Buyer, including subcontracting, sublicensing or subleasing to Buyer or enforcement for the benefit of Buyer of any and all rights of Seller against a third-party thereto arising out of the breach or cancellation by such third-party or otherwise; and any assumption by Buyer of obligations thereunder whether by operation of Law or in connection with the transfer of the Conveyed Assets to Buyer which shall require the consent or approval of any third-party shall be made subject to such consent or approval being obtained.

ARTICLE Ⅲ. Representations and Warranties of Seller

Seller hereby represents and warrants to Buyer as follows:

Section Ⅲ.1 <u>Incorporation; Authorization; Capitalization; Etc.</u>

(a) Seller is duly organized and validly existing under the laws of Korea and is in good standing and qualified (with all requisite power and authority) to transact business in each jurisdiction in which the nature of property owned or leased by it in the conduct of the Business requires it to be so qualified, except where the failure to be in good standing or to be duly qualified to transact business, would not, individually or in the aggregate, reasonably be expected to have an Adverse Effect on the Business.

(b) Seller has all requisite power and authority to own the Conveyed Assets, to execute and deliver this Agreement and to consummate the transactions contemplated hereby. Seller has all requisite power and authority to carry on the Business as it is now being conducted. The execution and delivery of this Agreement and the consummation of the transactions contemplated hereby have been duly and validly authorized by all necessary corporate proceedings on the part of Seller. The execution, delivery and performance of this Agreement and the consummation of the transactions contemplated hereby do not and will not (i) violate any provision of Seller's certificate of incorporation or bylaws, (ii) except as disclosed in Schedule 3.1(b) hereto, violate or conflict with any provision of, or be an event that is (or with the passage of time will result in) a violation of or conflict with, or result in the acceleration of or entitle any Person to accelerate or cancel (whether after the giving of notice or lapse of time or both) any obligation under, or result in the imposition of any Lien upon any of the Conveyed Assets, pursuant to any Contract or Order to which Seller is a party or by which Seller is bound or (iii) except as listed on Schedule 3.1(b), violate or conflict with any other material restriction of any kind or character to which Seller is subject, that, in the case of clauses (ii) or (iii), would, individually or in the aggregate, reasonably be expected to Adversely Affect the Business. This Agreement has been duly executed and delivered by Seller and, assuming the due execution hereof by Buyer, this Agreement constitutes the legal, valid and binding obligation of Seller, enforceable in accordance with its terms.

Section Ⅲ.2 Financial Statements Attached hereto as Schedule 3.2 are true and complete copies of the audited statements of net assets of the Business as of ________, ____ and ____ and ________, ____ and the statements of revenues and operating expenses of the Business for the years ended ________, ____, ____ and ____ and the six months ended ________, ____ (collectively, the "Financial Statements"). As of the respective dates thereof, the Financial Statements fairly present in all material respects the financial position and results of operations of the Business in accordance with GAAP.

Section Ⅲ.3 Undisclosed Liabilities Except for the Assumed Liabilities, the Business has no liabilities or obligations that would reasonably be expected to have an Adverse Effect on the Business.

Section Ⅲ.4 Properties; Sufficiency of Assets

(a) With the exception of properties disposed of in the ordinary course of business since the date of the Balance Sheet, Seller has (or will have prior to the Closing Date) and upon consummation of the transactions contemplated hereby, Buyer will have, good and marketable title to, all real and tangible personal property constituting Conveyed Assets, free and clear of all Liens except Permitted Liens.

(b) Except for (i) the Excluded Assets, (ii) assets disposed of by Seller prior to the date of the Balance Sheet, (iii) assets disposed of in the ordinary course of business since the date of the Balance Sheet and (iv) Intellectual Property not constituting Conveyed Assets, the Conveyed Assets constitute or will constitute as of the Closing Date all of the assets used or employed for the purpose of conducting the Business.

(c) Except as set forth in Schedule 3.4(c), the Conveyed Assets do not include any ownership interest in a corporation or partnership (or other entity treated as a corporation or partnership for U.S. income tax purposes) or in any debt or equity security of any other person or entity.

(d) The Conveyed Assets have been or are currently in use in connection with the Business.

(e) On the Closing Date, all of the real property (whether leased or owned) included in the Conveyed Assets (the "Real Property") will be free and clear of any and all encumbrances of record or not of record which either individually or in the aggregate, could prohibit or materially adversely interfere with Buyer's use of such property except for Permitted Liens. No material default or breach exists under any of the covenants, conditions, restrictions, rights-of-way or easements, if any, affecting all or any portion of the Real Property.

(f) Except as set forth in Schedule 3.4(f), the current zoning and other similar regulations applicable to the Real Property permits the operator of such property to use such property for the Buyer's intended use thereof in all material respects, provided that such use is substantially similar to Seller's use thereof. Except as set forth in Schedule 3.4(f), Seller has not made any application for a rezoning of any Real Property. To Seller's knowledge, there is no proposed or pending change to any zoning regulations materially affecting any of the Real Properties.

(g) Except as set forth in Schedule 3.4(g), all utilities, including without limitation, potable water, sewer, gas, electric, telephone, and other public utilities and all storm water drainage required by law or necessary for the operation of the Real Property, (i) either enter such properties through open public streets adjoining them, or, if they pass through adjoining private land, do so in accordance with valid public or private easements or rights of way which will inure to the benefit of Buyer the failure of which would not, individually or in the aggregate, have an Adverse Effect, (ii) are installed, connected, operating and adequate, in all material respects, for the operation of the Business as it has been previously conducted by Seller, with all installation and connection charges paid in full, including, without limitation, connection and the right to discharge sanitary waste into the collector system of the appropriate sewer utility, and (iii) are adequate (in both quality and quantity) to service, in all material respects, the Real Properties for their respective use in the Business as presently conducted thereon;

(h) Each Real Property is located along one or more dedicated public streets or has access thereto and all curb-cut and street-opening permits or licenses required for vehicular access to and from such properties to any adjoining public street or to any parking spaces utilized in connection with them have been obtained and paid for, are in full force and effect and shall inure to the benefit of Buyer, in each case, the failure of which would not, individually or in the aggregate, have an Adverse Effect.

(i) The improvements located on the Real Property, including the roof, structure, soil, elevators, walls, heating, ventilation, air conditioning, plumbing, electrical, drainage, fire alarm, communications, security and exhaust systems and their component parts, or other improvements on or forming a part of such properties, are adequate in all material respects for the operation of the Business as it has been previously conducted by Seller. Seller has not received any notification of and there are no outstanding or incomplete work orders in respect of any of the buildings, improvements or other structures constructed on the Real Properties or of any current non-compliance with applicable statutes and regulations or building and zoning laws and regulations which, individually or in the aggregate, would have an Adverse Effect.

Section Ⅲ.5 Intellectual Property

(a) Schedule 3.5(a) hereto contains a complete and correct list (subject to Section 3.5(f)), as of the date hereof, of all Patents, registrations of Trademarks, registrations of Copyrights and registrations of Mask Works and applications for any of the foregoing primarily used in connection with the Business, which are owned by Seller and which, in each case, are included among the Assigned Technology, specifying as to each item, as applicable, (i) the jurisdiction in which the item is issued or registered, including the respective issuance or registration number and (ii) the filing date and, in the case of issued patents, the expiration date. All such Patents, registrations of Trademarks, registrations of Copyrights and registrations of Mask Works included in Schedule 3.5(a) hereto are in full force, all maintenance fees thereon due prior to thirty (30) days after the Closing Date have been paid or will be paid by the Closing Date, and to Seller's knowledge, as of the date hereof, none of such Patents, Trademarks, Copyrights or Mask Works is subject to any cancellation or reexamination proceeding or any other actual or threatened proceeding challenging its scope or validity.

(b) Schedule 3.5(b) hereto contains a complete and correct list as of the date hereof (subject to Section 3.5(g)), of all Patents, registrations of Copyrights and registrations of Mask Works and applications for any of the foregoing used in connection with the Business, which are Licensed by an Affiliate of Seller to Seller or owned by Seller and not set forth on Schedule 3.5(a) (the "Seller Licensed IP"), specifying as to each item, as applicable, (i) the jurisdiction in which the item is issued or registered, including the respective issuance or registration number and (ii) the filing date and, in the case of issued patents, the expiration date.

(c) Schedule 3.5(c) contains a complete and correct list as of the date hereof (subject to Section 3.5(h)), of all Licenses to Third-Party Licensed IP.

(d) Except as otherwise disclosed on Schedule 3.5(d) hereto, (i) Seller is the owner of all right, title and interest in, and has the right to bring actions for the infringement of all Assigned Technology free and clear of all Liens, and (ii) to Seller's knowledge, no notice of actual, potential or alleged infringement has been received by it as of the date hereof, nor to Seller's knowledge, do any actual, potential or alleged claims of infringement of the Intellectual Property rights of any third parties exist based upon the current or past use by the Business of the Assigned Technology, Seller Licensed

IP or the Third-Party Licensed IP. Seller has not made any current claim that a third-party has violated or infringed any of the Assigned Technology, or with respect to the operations of the Business, the Seller Licensed IP or the Third-Party Licensed IP.

(e) Except for commercial, off-the-shelf software which is used by Seller pursuant to company wide license agreements and company wide support Intellectual Property (which shall be provided to Buyer in the manner set forth in the Intellectual Property Assignment and License Agreement), and except as set forth in Schedule 3.5(e), there is no other Intellectual Property which either is owned by Seller or an Affiliate of Seller and used by the Business, or which is licensed to Seller in connection with the Business other than Assigned Technology, Seller Licensed IP and Third-Party Licensed IP, provided that Buyer acknowledges the possibility that certain Intellectual Property may have been omitted from Schedules 3.5(a)-(c), which omissions will be remedied in accordance with Sections 3.5(f)-(h).

(f) To the extent that there is any Intellectual Property owned by Seller which prior to the Closing Date was used primarily by the Business which was omitted from the Intellectual Property assigned to Buyer pursuant to the Intellectual Property Assignment and License Agreement, and Seller becomes aware of that omission within two years from the Closing Date, or Buyer brings that Intellectual Property to the attention of Seller within two years from the Closing Date, Seller will assign such Intellectual Property to Buyer.

(g) To the extent that prior to the Closing Date there was any Intellectual Property (other than Trademarks not included in the Assigned Technology) owned by Seller which prior to the Closing Date was used in connection with the Business which was omitted from the Intellectual Property Assignment and License Agreement, and Seller becomes aware of that omission within two years from the Closing Date, or Buyer brings such Intellectual Property to the attention of

Seller within two years from the Closing Date, Seller will add or use its Best Efforts to cause its Affiliates to add, as the case may be, such Intellectual Property to the Seller Licensed IP and license it to Buyer in accordance with the terms of the License identified in Section 5.14 that then apply.

(h) To the extent that prior to Closing there is any license under Third-Party Licensed IP which was omitted from Schedule 3.5(c) and Seller becomes aware of that omission within two years from the Closing Date, or Buyer brings such license to the attention of Seller within two years from the Closing Date, Seller shall, subject to the consent of the licensor (if required), transfer its rights under such license to Buyer.

Section Ⅲ.6 Absence of Certain Changes Except as disclosed herein or in the Schedules hereto, the Business has been conducted in all material respects only in the ordinary course and since ________, _____, there has been:

(a) no change (or series of changes) in the business, financial condition or results of operations of the Business, other than changes arising in the ordinary course of business, which changes, individually or in the aggregate, have had or reasonably would be expected to have an Adverse Effect, except for any change resulting from general economic, market or industry conditions;

(b) no physical damage, destruction or loss that would reasonably be expected to have an Adverse Effect on the Business;

(c) no material strike, walkout, labor trouble or any other similar event with respect to the Business;

(d) with respect to Transferring Employees, no increase in the salaries or other compensation or benefits payable or to become payable to such employees and no advance (excluding advances for ordinary business expenses) or loan to, any officer or employee of the Business except in the ordinary course of business and consistent with past practice;

(e) no surrender by the Business of any material right and no cancellation or waiver of any debts or claims of substantial value except in the ordinary course of business;

(f) no sale, transfer or other disposition of any Conveyed Assets, except in the ordinary course of business;

(g) no change of which Seller has been notified in its relations with any customers accounting for five percent or more of the annual sales of the Business;

(h) no Adverse Change with respect to the Business of which Seller has been notified in its relations with Employees or with any sole source supplier; and

(i) no material change in the accounting practices of Seller with respect to the Business.

Section Ⅲ.7 Litigation; Orders Except as disclosed in Schedule 3.7 hereto, there are no Actions pending, or to Seller's knowledge, threatened against it that would, individually or in the aggregate, reasonably be expected to have an Adverse Effect on the Business. Except as disclosed in Schedule 3.7 hereto, as of the date hereof, there are no Orders against Seller or the Conveyed Assets that would, individually or in the aggregate, reasonably be expected to have an Adverse Effect on the Business. Except as disclosed in Schedule 3.7 hereto, to Seller's knowledge, there are no events or conditions which would reasonably be expected to result in an Action against it that would, individually or in the aggregate, reasonably be expected to have an Adverse Effect on the Business.

Section Ⅲ.8 Licenses, Approvals, Other Authorizations, Consents, Reports, Etc. Except as disclosed on Schedule 3.8 hereto and except as provided herein, Seller has (or will have prior to the Closing Date) and upon consummation of the transactions contemplated hereby, Buyer will have, all Licenses relating to the Business (except as relates to Licenses under Environmental Laws) that are required to permit Buyer to carry on the Business as it is presently conducted, except where the failure to have such Licenses would not, individually or in the aggregate, reasonably be expected to have an Adverse Effect on the Business. All such Licenses are in full force and effect, and Seller is in compliance with the terms of such Licenses, except where the failure of such Licenses to be in full force and effect, or of the Seller to be in compliance with such Licenses would not, individually or in the aggregate, reasonably be expected to have an Adverse Effect on the Business, provided that all representations and warranties with respect to Intellectual Property Licenses are set forth in Section 3.5.

Section Ⅲ.9 Labor Matters To the knowledge of Seller, as of the date hereof, the relations of Seller with the Transferring Employees are proper for the conduct of the Business in the ordinary course. Schedule 3.9(i) hereto sets forth, as of the date hereof, a list of all agreements with labor unions or associations representing employees of Seller. No material work stoppage against Seller is pending or, to Seller's knowledge, threatened. Seller is not involved in or, to Seller's knowledge, threatened with, any labor dispute, arbitration, lawsuit or administrative proceeding relating to labor matters involving the Transferring Employees (excluding routine workers' compensation claims) that would, individually or in the aggregate, reasonably be expected to have an Adverse Effect on the Business. Schedule 3.9(ii) hereto sets forth all Employees.

Section Ⅲ.10 Compliance with Laws Except as set forth on Schedule 3.10(i) hereto, the conduct of the Business by Seller complies with all Laws and Orders applicable thereto, except for violations or failures so to comply, if any, that would not reasonably be expected to have an Adverse Effect on the Business. This Section 3.10 does not relate to employee benefits matters (for which Section 3.11 is applicable), Tax matters (for which Section 3.16 is applicable) or environmental matters (for which Section 3.15 is applicable). Schedule 3.10(ii) hereto and the Licenses listed on other Schedules hereto list all material Licenses issued by any Governmental Authority.

Section Ⅲ.11 Employee Benefits

(a) Set forth on Schedule 3.11 is a list of each Seller Benefit Plan in effect as of the date of this Agreement.

(b) As applicable with respect to each Seller Benefit Plan, Seller has made or will make available to Buyer, copies of (i) each Seller Benefit Plan, including all amendments thereto, and (ii) the current summary plan description and each summary of material modifications thereto.

(c) Each Seller Benefit Plan has been maintained, operated and administered in compliance in all material respects with its terms and the applicable Law, except where such noncompliance would not have an Adverse Effect on the Business.

Section Ⅲ.12 Material Contracts Except as set forth on Schedule 3.12 hereto, with respect to the Business, Seller is not a party to any (a) employment agreement requiring payments of base compensation in excess of $_______ per year or consulting agreement requiring payments in excess of $_______ per year, (b) distributor or manufacturer's representative Contract which is not terminable on four months' (or less) notice, (c) joint venture or similar Contract or any Contract containing "non-compete" or similar restrictions on the business activities of Seller except for foundry agreements, buy-sell agreements and customer agreements entered into in the ordinary course of business, (d) Contract (other than Seller Licensed IP and Third-Party Licensed IP) that is material to the Business that terminates or is terminable or that requires the consent, authorization, approval or waiver thereof by the other party thereto upon consummation of the transactions contemplated by this Agreement, (e) note, mortgage, indenture, other obligation, agreement or other instrument for or relating to any lending or borrowing relating to any Conveyed Asset, (f) Contract for the purchase by Seller of goods and/or services involving an estimated total future payment or payments in excess of $________, (g) Contract for the sale by Seller of goods and/or services involving total future payments in excess of $________ (all of which Contracts represent more than ninety percent (90%) of the backlog of the Business as of the stated date) or (h) other Contract entered into other than in the ordinary course of business, involving a total future payment in excess of $_______ and, with respect to all such Contracts, except as set forth on Schedule 3.12 hereto, each is in full force and effect and Seller is not, and to Seller's knowledge, no other party to any such Contract is in breach thereof or default thereunder, and there does not exist under any provision thereof, any event that, with the giving of notice or the lapse of time or both, would constitute such a breach or default, except for breaches, defaults and events as to which requisite waivers or consents have been or are obtained or which failures to be in full force and effect, and breaches, defaults and events which would not, individually or in the aggregate, reasonably be expected to have an Adverse Effect on the Business. Except as set forth on Schedule 3.12 hereof, Seller is not obligated under any Contract in connection with the Business to any Affiliate of Seller.

Section III.13 <u>Brokers, Finders, Etc.</u> Seller has not employed, and is not subject to any valid claim of, any broker, finder, consultant or other intermediary in connection with the transactions contemplated hereby who might be entitled to a fee or commission in connection therewith.

Section III.14 <u>No Implied Representation</u> Notwithstanding anything contained in this Article III or any other provision of this Agreement, it is the explicit intent of each party hereto that Seller is making no representation or warranty whatsoever, express or implied, beyond those expressly given in this Agreement, including any implied warranty or representation as to condition, merchantability, or suitability as to any of the Conveyed Assets and it is understood that Buyer takes the Business and the Conveyed Assets without recourse to Seller as to claims based on any inadequacy of condition, impaired merchantability or lack of suitability. It is understood that any cost estimates, projections or other predictions contained or referred to in the offering materials that have been provided to Buyer are not and shall not be deemed to be representations or warranties of Seller.

Section Ⅲ.15 Environmental Matters Except as set forth in Schedule 3.15:

(a) the XXX Facility (i) is in compliance with all applicable Environmental Laws and/or Environmental Permits, and (ii) the XXX Facility is not undertaking, nor has Seller received notice that it is subject to, Remediation or enforcement action under any applicable Environmental Laws and/or Environmental Permits, except for such non-compliance, Remediation or enforcement actions that would not have an Adverse Effect on the Business;

(b) the Business has obtained all Environmental Permits required under all applicable Environmental Laws in relation to the XXX Facility, except for such failures as would not have an Adverse Effect on the Business; and

(c) no claims have been made or threatened that would reasonably be expected to result in Environmental Liability arising from, or as a result of, (i) on-site exposures to hazardous substances at the XXX Facility; (ii) Releases of Hazardous Substances at or from the XXX Facility; (iii) off-site treatment, storage or disposal of Hazardous Substances from the XXX Facility; (iv) the handling of products by employees of others or by the Release of products into the environment as a result of treatment, storage or disposal from the XXX Facility; or (v) noncompliance with any Environmental Law at the XXX Facility.

Section Ⅲ.16 Tax Matters

(a) Seller has (i) timely filed all Tax Returns required to be filed by it, (ii) paid all Taxes shown to have become due pursuant to such Tax Returns and (iii) paid all other Taxes for which a notice of assessment or demand for payment has been received. All Tax Returns are true, correct and complete; have been prepared in accordance with all applicable laws and requirements; and accurately reflect the taxable income (or other measure of tax) of Seller. The accruals for Taxes, other than Income Taxes, contained in the Closing Balance Sheet will be adequate to cover all liabilities for Taxes, other than Income Taxes, of Seller for all periods ending on or before the Closing Date in accordance with GAAP, and nothing has occurred subsequent to such dates to make any of such accruals inadequate. All Taxes, other than Income Taxes, of Seller for periods after ________, ____ through the Closing Date have been paid or are adequately reserved against on the books of Seller. Seller has timely filed all information returns or reports that are required to be filed and has accurately reported all information required to be included on such returns or reports.

(b) Except as disclosed on Schedule 3.16 hereto, there are no proposed assessments of Taxes against Seller, no proposed adjustments to any Tax Return pending against Seller and no proposed adjustments to the manner in which any Tax of Seller is determined. Except as disclosed on Schedule 3.16 hereto, each Tax Return of Seller has been audited by the relevant authorities (and all deficiencies or proposed deficiencies resulting from such audits have been paid or are adequately provided for in the Financial Statements), or the statute of limitations with respect to each Tax Return or Tax payment has expired, and no Tax Return is under examination by any taxing authority. No claim has been made by a taxing authority in a jurisdiction where Seller does not pay Taxes or file Tax Returns that Seller is or may be subject to taxation by that jurisdiction.

(c) Except as disclosed on Schedule 3.16 hereto, Seller has never (i) executed a waiver or consent extending any statute of limitation for any Tax liability that remains outstanding, (ii) joined in or been required to join in filing a consolidated or combined federal, state or local income Tax Return, (iii) been the subject of a Tax ruling that will have continuing adverse effect following the Closing, (iv) been the subject of a closing agreement with any taxing authority that will have continuing adverse effect following the Closing, or (v) granted a power of attorney with respect to any Tax matter that has continuing adverse effect.

Section Ⅲ.17 <u>Licenses, Approvals, Other Authorizations, Consents, Reports, etc.</u> Other than the HSR Act and the FTA, no filing with, notice to or authorization, consent or approval of, any Governmental Authority is required to be made, filed, given or obtained by Seller or any of its Affiliates, in connection with the consummation of the transactions contemplated hereby except for (i) those that become applicable solely as a result of the specific regulatory status of Buyer, or (ii) the failure to make, file, give or obtain which would not, individually or in the aggregate, reasonably be expected to have an Adverse Effect on the Business or Seller and its subsidiaries, taken as a whole.

Section Ⅲ.18 <u>Schedules</u>

(a) Any matter described in any Schedule hereto shall be deemed to be referred to on all other Schedules hereto to which such matter logically relates if such relationship can reasonably be inferred from the description of the matter provided in the first such Schedule.

(b) The inclusion of any item on any Schedule to this Agreement shall not be construed as an indication that such item is material in any respect.

ARTICLE Ⅳ. Representations and Warranties of Buyer

Buyer hereby represents and warrants to Seller as follows:

Section IV.1 Incorporation; Authorization; Etc. Buyer is a corporation duly incorporated, validly existing and in good standing under the laws of the State of Delaware. Buyer has full corporate power to execute and deliver this Agreement, to perform its obligations hereunder and to consummate the transactions contemplated hereby. The execution and delivery of this Agreement, the performance of Buyer's obligations hereunder and the consummation of the transactions contemplated hereby have been duly and validly authorized by the Board of Directors of Buyer and no other corporate proceedings or actions on the part of Buyer, its Board of Directors or stockholders are necessary therefor. The execution, delivery and performance of this Agreement will not (i) violate any provision of the charter or bylaws or similar organizational instrument of Buyer or any of its Affiliates, (ii) violate any provision of, or be an event that is (or with the passage of time will result in) a violation of, or result in the acceleration of or entitle any party to accelerate (whether after the giving of notice or lapse of time or both) any obligation under, or result in the imposition of any Lien upon or the creation of a security interest in any of Buyer's or any of its Affiliates' assets or properties pursuant to, any Contract or Order to which Buyer or any of its Affiliates is a party or by which Buyer or any of its Affiliates is bound, or (iii) violate or conflict with any other material restriction of any kind or character to which Buyer or any of its Affiliates is subject, that, in the case of clauses (ii) and (iii), would, individually or in the aggregate, reasonably be expected to have an Adverse Effect on Buyer or Buyer and its subsidiaries, taken as a whole. This Agreement has been duly executed and delivered by Buyer, and, assuming the due execution hereof by Seller, this Agreement constitutes the legal, valid and binding obligation of Buyer, enforceable against Buyer in accordance with its terms.

Section Ⅳ.2 Brokers, Finders, Etc. Except for the services of ________________ (which shall be paid for by Buyer), Buyer has not employed, and is not subject to the valid claim of, any broker, finder, consultant or other intermediary in connection with the transactions contemplated by this Agreement who might be entitled to a fee or commission from Seller in connection therewith.

Section Ⅳ.3 Licenses, Approvals, Other Authorizations, Consents, Reports, Etc. Other than the HSR Act and the FTA, no filing with, notice to or authorization, consent or approval of, any Governmental Authority is required to be made, filed, given or obtained by Buyer or any of its Affiliates, in connection with the consummation of the transactions contemplated hereby except for (i) those that become applicable solely as a result of the specific regulatory status of Seller, or (ii) the failure to make, file, give or obtain which would not, individually or in the aggregate, reasonably be expected to have an Adverse Effect on the Business or Buyer and its subsidiaries, taken as a whole.

Section Ⅳ.4 Acquisition of the Conveyed Assets and Operation of Business for Investment Buyer has such knowledge and experience in financial and business matters that it is capable of evaluating the merits and risks of its purchase of the Conveyed Assets and operation of the Business. Buyer confirms that Seller has made available to Buyer the opportunity to ask questions of the officers of Seller and to acquire additional information about the business and financial condition of Seller and the Business.

ARTICLE Ⅴ. Covenants of Seller and Buyer

Section Ⅴ.1 Investigation of Business; Access to Properties, Records and Employees

(a) Seller shall afford to representatives of Buyer reasonable access to the offices, plants, properties, personnel, books and records of Seller during normal business hours, in order that Buyer may have full opportunity to make such investigations (including, without limitation, environmental assessments or studies) as it desires of the affairs of Seller; provided, however, that such investigation shall not unreasonably disrupt the personnel and operations of the Business. If, in the course of any investigation pursuant to this Section 5.1 between the execution of this Agreement and the Closing Date, Buyer discovers any breach of any representation or warranty contained in this Agreement that would constitute grounds upon which Buyer could refuse to close the transactions contemplated hereby or any circumstance or condition that, to the knowledge of the chief financial officer or general counsel of Buyer, would upon Closing constitute such a breach, Buyer covenants that it will promptly so inform Seller and may not rely on any such breach not disclosed as grounds for refusing to close the transactions contemplated hereby, provided that no failure by Buyer to disclose any such breach to Seller shall be used by Seller as a defense to Seller's duty to indemnify for any such breach under Section 11.2 hereof. Seller acknowledges that its representations and warranties in this Agreement shall not otherwise be affected or mitigated by any investigation conducted by Buyer or its representatives prior to Closing, or by any Knowledge of Buyer.

(b) Any information provided to Buyer or its representatives pursuant to this Agreement shall be held by Buyer and its representatives in accordance with, and shall be subject to the terms of, the Confidentiality Agreement dated __________, ____ (the "Confidentiality Agreement") by and between Seller and Buyer, which is hereby incorporated in this Agreement as though fully set forth herein. From the date hereof to the Termination Date, Seller shall not, and shall not permit any of its Affiliates or any Person acting on behalf of Seller or any Affiliate to, directly or indirectly, initiate, solicit, negotiate, encourage, accept or otherwise pursue any offer or inquiry from any other Person relating to the sale or acquisition of the Business.

(c) Buyer agrees to (i) hold all of the books and records of the Business existing on the Closing Date and not to destroy or dispose of any thereof for a period of five (5) years from the Closing Date or such longer time as may be required by law, and thereafter, if it desires to destroy or dispose of such books and records, to offer first in writing at least sixty (60) days prior to such destruction or disposition to surrender them to Seller and (ii) following the Closing Date to afford Seller, its accountants and counsel, during normal business hours, upon reasonable request, reasonable access to such books, records and other data and to the employees of the Buyer to the extent that such access may be requested for any legitimate purpose, including without limitation, responding to Governmental Authorities, defending or prosecuting litigation and preparing Income Tax Returns and other tax filings, at no cost to Seller (other than for reasonable out-of-pocket expenses); provided, however, that nothing herein shall limit any of Seller's rights of discovery. Buyer shall have the same rights, and Seller the same obligations, as are set forth above in this Section 5.1(c), with respect to any books and records of Seller pertaining to the Business that are retained by Seller, with the exception of Returns relating to Taxes that are not the responsibility of Buyer.

Section V.2 <u>Best Efforts; Obtaining Consents</u>.

(a) Subject to the terms and conditions herein provided, each of Seller and Buyer agrees to use its Best Efforts to take, or cause to be taken, all actions and to do, or cause to be done, all things necessary, proper or advisable to consummate and make effective as promptly as practicable, the transactions contemplated by this Agreement and to cooperate with each of the others in connection with the foregoing, including using its Best Efforts (i) to obtain all necessary waivers, consents and approvals from other parties to material Contracts, (ii) subject to subsection (b) below, to obtain all consents, approvals and authorizations that are required to be obtained under any Law, (iii) subject to subsection (b) below, to lift or rescind any Order adversely affecting the ability of the parties hereto to consummate the transactions contemplated hereunder, (iv) to effect all necessary registrations and filings including filings under the HSR Act and the FTA and submissions of information requested by Governmental Authorities, and (v) to fulfill all conditions to this Agreement (it being understood that such efforts shall not include any requirement of Buyer or Seller to expend material sums of money or grant any material financial or other accommodation). Seller and Buyer further covenant and agree, with respect to a threatened or pending Order or Law that would adversely affect the ability of the parties hereto to consummate the transactions contemplated hereunder, to use their respective Best Efforts to prevent the entry, enactment or promulgation thereof, as the case may be (it being understood that such efforts shall not include any requirement of Buyer or Seller to expend material sums of money or grant any material financial or other accommodation).

(b) (i) Seller and Buyer shall (A) make or cause to be made the filings required of such party or any of its subsidiaries or Affiliates under the HSR Act and the FTA with respect to the transactions contemplated hereby as promptly as practicable and in any event within five (5) days after the date of this Agreement, (B) comply at the earliest practicable date with any request under the HSR Act and the FTA for additional information, documents, or other materials received by such party or any of its subsidiaries from the Federal

Trade Commission or the Department of Justice or any other Governmental Authority in respect of such filings or such transactions, and (c) cooperate with the other party in connection with any such filing (including, with respect to the party making a filing, providing copies of all such documents to the non-filing party and its advisors prior to filing and, if requested, to accept all reasonable changes suggested in connection therewith) and in connection with resolving any investigation or other inquiry of any such agency or other Governmental Authority under any Antitrust Laws (as defined in Section 5.2(b)(ii) hereof) with respect to any such filing or any such transaction. Each party shall use its Best Efforts to furnish to each other all information required for any application or other filing to be made pursuant to any applicable Law in connection with the transactions contemplated hereunder. Each party shall promptly inform the other party of any communication with, and any proposed understanding, undertaking, or agreement with, any Governmental Authority regarding any such filings or any such transaction. Neither party shall independently participate in any formal meeting with any Governmental Authority in respect of any such filings, investigation or other inquiry without giving the other party prior notice of the meeting and, to the extent permitted by such Governmental Authority, the opportunity to attend and/or participate. The parties hereto will consult and cooperate with one another in connection with any analyses, appearances, presentations, memoranda, briefs, arguments, opinions and proposals made or submitted by or on behalf of any party hereto in connection with proceedings under or relating to the HSR Act, the FTA or other Antitrust Laws.

(ii) Each of Seller and Buyer shall use its Best Efforts to resolve such objections, if any, as may be asserted by any Governmental Authority with respect to the transactions contemplated by this Agreement under the HSR Act, the FTA, the Sherman Act, as amended, the Clayton Act, as amended, the Federal Trade Commission Act, as amended, and any other federal, state or foreign statutes, rules, regulations, orders, decrees, administrative or judicial doctrines or other laws that are designed to prohibit, restrict or regulate actions having the purpose or effect of monopolization or restraint of trade (collectively, "Antitrust Laws"). In connection therewith, if any administrative or judicial action or proceeding is instituted (or threatened to be instituted) challenging any transaction contemplated by this Agreement as violative of any Antitrust Law, each of Seller and Buyer shall cooperate and use its Best Efforts vigorously to contest and resist any such action or proceeding, including any legislative, administrative or judicial action, and to have vacated, lifted, reversed or overturned any decree, judgment, injunction or other order, whether temporary, preliminary or permanent, that is in effect and that prohibits, prevents, or restricts consummation of the transactions contemplated hereunder, and vigorously to pursue all available avenues of administrative and judicial appeal and all available legislative action, unless by mutual agreement Seller and Buyer decide that litigation is not in their respective best interest. Each of Seller and Buyer shall use its Best Efforts to take such action as may be required to cause the expiration of the notice period under the HSR Act, the FTA, or other Antitrust Laws with respect to such transactions as promptly as possible after the execution of this Agreement.

(c) [Reserved]

(d) In case at any time after the Closing any further action is necessary or desirable to carry out the purposes of this Section 5.2, the proper officers and/or directors of Seller and Buyer or any of their Affiliates, including, to the extent applicable, any Entity designated to hold the Conveyed Assets, shall take all such necessary action.

Section V.3 <u>Further Assurances</u> Seller and Buyer agree that, from time to time, whether before or after the Closing, each of them will execute and deliver such further instruments of conveyance and transfer and take such other action as may be reasonably required or desirable to carry out the purposes and intent of this Agreement, including (i) allocating rights and obligations under Contracts and other arrangements, if any, relating to business of Seller and its Affiliates (other than the Business), on the one hand, and relating to the Business on the other, (ii) transferring assets to the Buyer, and (iii) entering into any service or other sharing agreements on a mutually acceptable arm's-length basis that may be necessary to assure a smooth and orderly transition. In case at any time after the Closing Date, any further action is necessary or desirable to carry out the purposes of this Agreement, the proper officers and directors of each party to this Agreement shall take all such necessary or desirable action.

Section V.4 <u>Conduct of Business</u> From the date hereof through the Closing, except as disclosed on Schedule 5.4 hereto or otherwise provided for in, or contemplated by, this Agreement, and, except as consented to or approved by Buyer in writing (which consent shall not be unreasonably withheld or delayed), Seller covenants and agrees that:

(a) Seller shall use reasonable efforts to operate the Business for the benefit of Buyer in the ordinary and usual course in all material respects in accordance with past practices;

(b) except in the ordinary course of business or as required by Law, Contract or the terms of a Seller Benefit Plan existing on the date hereof, Seller shall not hereafter, with respect to the Business, (i) increase the base compensation of, or enter into any new bonus or incentive agreement or arrangement with, any of the senior management employees employed by the Seller; (ii) pay or agree to pay any pension, retirement allowance or other employee benefit to any Transferring Employee, whether past or present not otherwise required by Contract or under any Employee Benefit Plan in effect on the date hereof; (iii) enter into any express new employment, severance, consulting or other compensation agreement with any Transferring Employee; or (iv) commit itself to any pension, profit sharing, deferred compensation, group insurance, severance pay, retirement or other employee benefit plan, fund or similar arrangement in addition to those in effect on the date hereof and intended exclusively for Transferring Employees, or amend or commit itself to amend any of such plans or similar plans intended for the benefit of Seller's employees generally if the effect thereof would exclusively benefit Transferring Employees, funds or similar arrangements in existence on the date hereof.

(c) Seller shall not, with respect to the Business, (i) cancel or compromise, except in the ordinary course of business consistent with past practice, any debts owed to it, (ii) waive or release any rights of material value or (iii) close any plants or any other material facilities.

(d) Seller shall not, with respect to the Business, (i) sell, transfer, distribute as a dividend in kind or otherwise dispose of any material asset (other than inventory in the ordinary course of business consistent with past practice), (ii) create or permit to exist any new material security interest, lien or encumbrance on its assets, (iii) except in the ordinary course of business, enter into any joint venture, partnership or other similar arrangement or form any other new material arrangement for the conduct of its business, (iv) except in the ordinary course of business, purchase any asset, (v) implement or effect any change with respect to its billing or collection practices, or (vi) make any capital expenditures (other than those required to be made pursuant to clause (iv) of Section 5.5); provided, however, that any capital expenditures approved by Buyer that are not required to be made pursuant to clause (iv) of Section 5.5 shall increase the Purchase Price on a dollar-for-dollar basis.

(e) From the Transfer Date to the Closing, Seller shall operate the Business for the sole benefit of Buyer.

Section V.5 Preservation of Business From the date hereof to the Closing Date, subject to the terms and conditions of this Agreement, Seller shall use its Best Efforts (i) to keep available to Buyer the services of the Transferring Employees (ii) to retain the employees set forth on Schedule 5.5 in the employment of Seller (iii) to preserve the goodwill of customers and others having business relations with the Business and (iv) to make capital expenditures with respect to the maintenance of the Conveyed Assets consistent with past practices.

Section V.6 Public Announcements From the date hereof to the Closing Date, Seller and Buyer will consult with each other before issuing, or permitting any agent or Affiliate to issue, any press releases or otherwise making or permitting any agent or Affiliate to make, any public statements with respect to this Agreement and the transactions contemplated hereby, and, except as may be required by Law or any listing agreement with any securities exchange, will not issue any such press release or make any such public statement, unless the text of such statement shall have been agreed upon by the parties.

Section V.7 [Reserved.]

Section V.8 Performance of Obligations to Seller Buyer agrees from and after the Closing Date to perform and fulfill (or cause to be performed and fulfilled) all Contracts, existing as of the Closing Date, between the Business and any Affiliate of Seller.

Section V.9 Non-Infringement Seller agrees that neither itself nor its Affiliates will, in connection with the conduct of the Business, assert against Buyer, or its Affiliates, any claims for infringement of (i) any Patent, Copyright, or Mask Work which on the Closing Date it owns or under which it has a right to grant a License without obligation or accounting to others, or (ii) any of the foregoing which may later issue on an application owned by Seller and pending on the Closing Date.

Section Ⅴ.10 Buyer's Warranty Obligation

(a) To the extent not retained by Seller under clause (iii) of the definition of Retained Liabilities, Buyer covenants and agrees that it will honor fully and perform diligently all of the product warranty, guaranty and product return obligations, express or implied, of the Business which arise from or are related to products manufactured or services provided prior to the Closing Date by the Business in the ordinary course of business, including, with respect to products manufactured for or services provided to any Affiliate of Seller, provided that Buyer shall not have responsibility or liability for any such obligations constituting Retained Liabilities as set forth in paragraph (iii) of the definition of Retained Liabilities.

(b) From and after the Closing Date, Buyer shall indemnify and hold harmless Seller from and against any and all Covered Liabilities (as defined in Section 11.2 hereof), suffered, incurred by or asserted, directly or indirectly, against Seller by reason or arising out of the covenants set forth in Section 5.10(a) hereof. Claims for breaches of covenant of Buyer in Section 5.10(a) hereof may be asserted until 60 days after the running of the applicable statute of limitations.

Section Ⅴ.11 Patent Indemnification

(a) Subject to the limitations set forth in this Section 5.11, for the three (3) year period beginning on the Closing Date, Seller shall indemnify, save and hold harmless Buyer, its Affiliates and for each such Entity, their respective officers, directors, employees, agents, distributors and users of Business Products from and against money damages (including royalties) and/or costs awarded arising out of any claims by any third-party that the design, development, making, having made, use, offer for sale, import, package or sale of Business Products by the Business infringes any patent issued prior to the

Closing Date in any country in which the allegedly infringing Business Product had been made, used or sold prior to Closing; provided, however, that such indemnification shall not apply to a Business Product if the infringement of a third-party's patent would have been avoided but for a post-Closing change in manufacturing, design or packaging of a Business Product, or but for a change in the combination of products with which a Business Product is sold or offered for sale.

(b) Upon its receipt of a claim giving rise to a claim for indemnity under this Section 5.11, including receipt by it of any notification, communication, demand, assertion, claim, action, judicial proceeding, administrative proceeding, or other proceeding by any third-party that Buyer infringes or has misappropriated such a third-party's patent, Buyer will give prompt written notice thereof to Seller. Buyer's failure to notify Seller promptly of a claim will relieve Seller of its obligations under this Section 5.11 only if the failure has an Adverse Effect on Seller's ability to defend or settle that claim, and such failure shall only affect Seller's obligations with respect to that claim. Seller shall promptly address all claims received from Buyer. Seller shall act in good faith in evaluating a settlement of a claim and shall consider the following factors in the evaluation: (i) the validity of the claim, (ii) the monetary limitations of the indemnity under this Section 5.11, (iii) the effect of the claim being upheld in litigation upon the Business, and (iv) the mutual desire of the parties to minimize the expense of the indemnity.

(c) The indemnity set forth in Section 5.11 shall apply for the enforceable life of the asserted patent with respect to any claims filed prior to the expiration of the three year period set forth in Section 5.11(a).

(d) With respect to any claim which Seller is called upon to indemnify Buyer under the terms of this Section 5.11, Seller shall have the exclusive control of the defense of such suit and all negotiations relative to the settlement thereof. Buyer shall provide all reasonable information and assistance, at Seller's sole expense, as Seller may request, including, if commercially reasonable, redesigning the Buyer's products to make them non-infringing. The commercial reasonableness of a redesign of a product includes, without limitation, the retention of all performance features that materially affect the marketability of the product, the lack of any material effect on Buyer's ability to obtain orders and to obtain and retain customers for the product, and the avoidance of any material increased manufacturing costs. Seller shall be permitted to settle such claims, upon reasonable prior notice to, and after consultation with, Buyer, at its sole expense, provided Buyer shall not have any obligation for future expense or payment and provided that the settlement agreement shall not result in any requirement that Buyer cease, alter (except for a redesign provided for by this Section 5.11(d)) or curtail the manufacturing, importation, marketing or sale of any product. Buyer shall have the right, but not the obligation, to participate in such legal proceedings with counsel of its own selection and its own expense. Buyer agrees that Seller shall be authorized in the settlement of such claims to grant licenses under Patents that are Assigned Technology or Seller Licensed IP, provided that Buyer receives from the licensee of such patents a reciprocal patent license of comparable weight and scope.

(e) Seller's liability under this Section 5.11 and Section 5.23 (including all third-party costs and out-of-pocket expenses incurred by it exclusive, however, of any internal Seller man-hour costs (salaries plus applicable mark-ups for fringes and overhead) for the time its employees spent on the matter) shall in no event exceed __________ dollars ($____________); provided, however, that if this liability limit will be exceeded by virtue of any proposed settlement, Seller shall not make such a settlement without the prior written consent of Buyer provided that Buyer shall be responsible for and shall assume all costs in excess of said limit of liability and provided that Buyer shall not unreasonably withhold its consent to any proposed settlement; provided further, that no Retained Liability shall be included in the foregoing limit.

(f) The indemnity provided in this Section 5.11 shall not apply if (i) the claimed infringement is the result of the Buyer's breach of any obligation under any License or (ii) the damages and/or costs being claimed have previously been recovered under Section 11.2.

Section Ⅴ.12 Absence of Debt Seller covenants to Buyer that, except for Retained Liabilities, the Business has no outstanding debt obligations (including without limitation letters of credit or surety obligations) as of the date hereof and will have no such debt obligations as of the Closing Date.

Section Ⅴ.13 Noncompetition and Nonsolicitation

(a) Seller agrees, on behalf of Seller and the Affiliates of Seller (the "Seller Group"), that for a period of five (5) years after the date hereof (the "Restricted Period"), no member of the Seller Group will engage directly or indirectly in competition with the Business, whether individually or as a consultant, partner, owner or stockholder of an Entity. Notwithstanding the foregoing, nothing herein shall prohibit any member of the Seller Group from (i) owning, directly or indirectly, less than ten percent (10%) of any class of securities listed on a national securities exchange or traded publicly in the over-the-counter market, (ii) directly or indirectly acquiring a business which engages in the Business if such business is twenty percent (20%) or less (measured by net revenues) of a larger business acquired by a member of the Seller Group, provided that Seller shall not make any Seller Licensed IP available to such business, (iii) acquiring a business which engages in the Business if such business is more than twenty percent (20%) but less than fifty percent (50%) (measured by net revenues) of a larger business acquired by a member of the Seller Group, provided that (A) such member of the Seller Group places such competitive business for sale promptly after its acquisition and uses commercially reasonable efforts to complete such sale within the Restricted Period and (B) Seller shall not make any Seller Licensed IP available to such business, and (iv) continuing to produce and sell those products now being produced and sold by members of the Seller Group (including within the foregoing all products that were under development as of the date hereof), except those silicon semiconductor devices that have substantially similar specifications to those manufactured by the Business. Notwithstanding, anything to the contrary, nothing contained herein shall prohibit or limit the ability of Seller or its Affiliates to perform their respective obligations under the certain services agreement, dated as of _______, ____, with THIRD PARTY COMPANY.

(b) For a period of one year from and after the Closing Date, neither party hereto will, and the parties hereto will cause their respective Affiliates not to, directly or indirectly, solicit or induce any person or entity who is a director, officer, employee or agent of the other party or any of its Affiliates to terminate his, her or its relationship with, or employment by, such entity. In the event an employee of either party hereto seeks employment with the other party hereto without any solicitation of such other party, then the party with whom such employee is seeking employment shall consult with the other party prior to making any hiring decision.

Section V.14 Intellectual Property Assignment and License Agreement; Delivery of Files On the Closing Date, Buyer and Seller will enter into an Intellectual Property Assignment and License Agreement in the form attached hereto as Exhibit C and Seller shall deliver to Buyer the file histories for the Intellectual Property identified in Schedule 3.5(a) which is being transferred to Buyer pursuant to Intellectual Property Assignment and License Agreement identified in this Section 5.14.

Section Ⅴ.15 Transitional Services Agreement At the Closing, Buyer and Seller shall enter into, execute and deliver a transitional services agreement substantially to the effect set forth in Exhibit D whereby Seller agrees to provide administrative services and manufacturing services to Buyer (the "Transitional Services Agreement").

Section Ⅴ.16 Assembly and Test Services Agreement At the Closing, Buyer and Seller shall enter into, execute and deliver a test services agreement on substantially the terms set forth in Exhibit E whereby Seller agrees to provide assembly and test services for Buyer (the "Test Services Agreement").

Section Ⅴ.17 Trademark License Agreement (a) At the Closing, Buyer and Seller shall enter into, execute and deliver a trademark license agreement on substantially the terms set forth in Exhibit F whereby Seller grants to Buyer a non-exclusive short-term transition license to continue use of certain Inventory and packaging bearing trademark, logo and product code of Seller (the "Trademark License Agreement").

Section Ⅴ.18 Foundry Sale Agreement At the Closing, Buyer and Seller shall enter into, execute and deliver a foundry service agreement on substantially the terms set forth in Exhibit G whereby Buyer agrees to provide a wafer foundry service for Seller for up to three (3) years from the Closing (the "Foundry Sale Agreement").

Section Ⅴ.19 Product Supply Agreement At the Closing, Buyer and Seller shall enter into, execute and deliver a product supply agreement on substantially the terms set forth in Exhibit H whereby Buyer agrees to provide and Seller agrees to purchase, over a three year period, certain products as set forth in such agreement (the "Product Supply Agreement").

Section Ⅴ.20 Employment Agreement At the Closing, Buyer shall enter into, execute and deliver an employment agreement with Mr. D.J. Kim in form and substance reasonably satisfactory to the parties thereto (the "Employment Agreement").

Section V.21 YYY Supply Agreement At the Closing, Buyer and Seller shall enter into, execute and deliver an YYY supply agreement on substantially the terms set forth in Exhibit I (the "YYY Supply Agreement").

Section V.22 ZZZ Agreement At the Closing, Buyer and Seller shall enter into, execute and deliver a ZZZ Supply Agreement on substantially the terms set forth in Exhibit J.

Section V.23 Intellectual Property Claims In the event that any claim is made against Buyer with respect to any design, development, making, having made, using, offering for sale, importing, exporting, or selling of Business Products as a result of the fact that Seller failed to identify in Schedule 3.5(c) any license for Third-Party Licensed IP and that, as a consequence thereof, failed to request the required consents to transfer such license rights to Buyer, then in such case Seller shall, subject to the limit of liability set forth in Section 5.11(e), indemnify, save and hold harmless Buyer from and against any money damages (including royalties) and/or costs awarded arising out of any such claim to the extent that such amounts are in excess of the license fees and royalties which would have been payable had the license been identified and transferred. The limit of liability under Section 5.11(e) is an aggregate limit for claims arising under both Section 5.11 and this Section 5.23. Seller shall have no liability if it requests and obtains the required consents with retroactive application and Seller shall have no liability, resulting from a licensor's refusal to grant the consents when requested to do so. The indemnity provided in this Section 5.23 shall not apply if the damages and/or costs being claimed have previously been recovered under Section 11.2 hereof.

Section V.24 Financing Buyer shall use its Best Efforts to obtain adequate financing to fund the Purchase Price on or prior to ___________, ____.

Section V.25 Subcontractors At the Closing, Seller shall provide Buyer with assurances, reasonably satisfactory to Buyer, that Buyer will have commitments from current subcontractors to provide adequate assembly and testing services for a period of one year following the Closing on terms consistent with past practice with respect to volume, capacity and price protection.

Section V.26 Income Calculation

On or prior to the Closing, Seller shall calculate the net income before Income Taxes (as calculated in accordance with GAAP) generated by the Business from the Transfer Date to __________, ___, which calculation shall be reasonably satisfactory to Buyer. The Purchase Price shall be adjusted on a dollar-for-dollar basis to reflect net income (loss) before Income Taxes (as calculated in accordance with GAAP) for such period. On or prior to the date that is thirty (30) days following the Closing Date, Seller shall calculate the net income before Income Taxes (as calculated in accordance with GAAP) generated by the Business from _________, ___ to the Closing Date, which calculation shall be reasonably satisfactory to Buyer. Within five (5) days after Buyer's acceptance of such calculation, either Seller shall pay Buyer an amount equal to any net income before Income Taxes (as calculated in accordance with GAAP) for such period or Buyer shall accept any net (loss) before Income Taxes (as calculated in accordance with GAAP) for such period. For purposes of the calculations required under this Section 5.26, expenses of the Business shall not include, and net income of the Business shall not be reduced by, any payments or accruals in respect of Retained Liabilities and shall not be increased by any revenues related to Excluded Assets.

Section V.27 Business Registration Buyer shall, on or prior to the Transfer Date, receive a business registration from the appropriate authorities in Korea.

Section V.28 Sale of Inventory With respect to any inventory that would be included as Conveyed Assets pursuant to clause (c) of the definition of Conveyed Assets but for Seller's sale of such inventory to subsidiaries of Seller prior to the Closing Date ("Retained Inventory"), Seller shall not, without the prior written consent of Buyer, sell, and Seller shall use its reasonable efforts to cause such subsidiaries to refrain from selling, the Retained Inventory, and Buyer shall have the right on behalf of Seller, and shall use its reasonable efforts, to sell the Retained Inventory in due course. Seller shall pay to Buyer a commission equal to 9% of gross sales on the Retained Inventory.

ARTICLE Ⅵ. Employees, Employee BENEFITS and Other Transitional Matters

Section VI.1 Employees; Offer of Employment; Severance Buyer agrees to offer employment to each Employee located in Korea, and to enter into an Employee Transfer Agreement in form and substance reasonably satisfactory to the parties as of 12:01 a.m. on the day immediately following the Closing Date in the same or a comparable position and at a rate of pay at least equal to the Employee's rate of pay in effect on the Closing Date and with the same or comparable benefits and subject to the same or comparable terms, conditions and work rules as are applicable to the respective Employee on the Closing Date or as required by Law. For purposes of this Article VI, references to "pay" shall include monthly pay plus any bonus or incentive pay. Schedule 6.1 shall set forth the name of each Employee, and his or her current rate of pay, position and date of hire. Buyer shall have no obligation whatsoever with regard to (i) former employees of the Business who are retired, or who are not or shall have ceased to be Employees as of the Closing Date, or (ii) Employees who do not accept the offer of employment or continuation of employment given by Buyer in accordance with this Section 6.1.

Section VI.2 Accrued Entitlements Except as set forth herein, Buyer shall be responsible for all accrued entitlements, including vacation days, severance and retirement obligations, for all Transferring Employees as of the Closing Date consistent with Seller's policy in respect thereof to the extent that the same are accrued as liabilities on the Closing Balance Sheet.

Section VI.3 Medical and Welfare Plan Obligations Prior to the Closing Date, Buyer agrees to establish, amend or maintain through transition services agreements, welfare, medical, dental and short-term and long-term disability plans with comparable benefits as are applicable to the Transferring Employees on the Closing Date. Commencing as of 12:01 a.m. on the day immediately following the Closing Date, Buyer shall include the Transferring Employees in such welfare plans and agrees to waive any waiting periods or limitations for preexisting conditions under its new or amended medical, dental, life and short-term and long-term disability plans and shall ensure that Employees are given credit for any amounts paid toward deductibles, out-of-pocket limits or other fees on or prior to the Closing Date. Claims by a Transferring Employee for medical and dental services rendered as of 12:01 a.m. on the day immediately following the Closing Date shall be the responsibility of the medical and dental plans provided by Buyer to the Employees. Claims incurred for medical and dental services for Transferring Employees rendered prior to and including the Closing Date shall be the responsibility of the group medical and dental plans of Seller which covered such Employees prior to and including the Closing Date.

Section VI.4 No Third-Party Beneficiaries Except as expressly provided herein, nothing contained herein, expressed or implied, is intended to confer upon any Employee any benefits under any benefit plans, programs, policies or other arrangements, including, but not limited to, severance benefits or right to employment or continued employment with Buyer or any Affiliate of Buyer for any period by reason of this Agreement. In addition, the provisions of this Agreement, in particular this Article VI, are for the sole benefit of the parties to this Agreement and are not for the benefit of any third-party.

ARTICLE Ⅶ. Tax Matters

Section Ⅶ.1 Preparation and Filing of Tax Returns Seller shall prepare and timely file or shall cause to be prepared and timely filed all Tax Returns in respect of the Conveyed Assets or the Business that (a) are required to be filed (taking into account extensions) on or before the Transfer Date, or (b) are required to be filed (taking into account extensions) after the Transfer Date and (i) are with respect to Income Taxes and are required to be filed on a separate Tax Return basis for any tax period ending on or before the Transfer Date, or (ii) are required under applicable law to be filed by Seller. Buyer shall prepare or cause to be prepared and shall file or cause to be filed all other Tax Returns required to be filed after the Transfer Date with respect to the Conveyed Assets or the Business. Any such Tax Returns that include periods ending on or before the Transfer Date or that include the activities of the Business prior to the Transfer Date shall, insofar as they relate to Seller prior to the Transfer Date, be on a basis consistent with the last previous such Tax Returns filed in respect of the Conveyed Assets or the Business, unless Seller or Buyer, as the case may be, concludes that there is no reasonable basis for such position. Neither Buyer nor any of its Affiliates shall file any amended Tax Returns for any periods for or in respect of the Conveyed Assets or the Business with respect to which Buyer is not obligated to prepare or cause to be prepared the original such Tax Returns pursuant to this Section 7.1 without the prior written consent of Seller.

Section Ⅶ.2 Payment of Taxes Seller shall pay or cause to be paid (i) all Taxes due with respect to Tax Returns which Seller is obligated to prepare and file or cause to be prepared and filed pursuant to Section

7.1, and (ii) all Taxes due on or before the Transfer Date for which no Tax Return is required to be filed. Buyer shall pay or cause to be paid all Taxes due with respect to those Tax Returns which Buyer is obligated to prepare and file or cause to be prepared and filed pursuant to Section 7.1 other than Taxes which Seller shall pay or cause to be paid in accordance with the preceding sentence, provided, that any liability for Income Taxes attributable to the Conveyed Assets or the Business for any period after the Transfer Date shall be the sole responsibility of Buyer.

Section Ⅶ.3 Refunds Seller shall be entitled to retain, or receive immediate payment from Buyer or any of its subsidiaries or Affiliates, of any refund or credit with respect to Taxes (including, without limitation, refunds and credits arising by reason of amended Tax Returns filed after the Transfer Date or otherwise) with respect to any Tax period ending on or before the Transfer Date relating to the Conveyed Assets or the Business. Buyer shall be entitled to retain, or receive immediate payment from Seller of, any refund or credit with respect to Taxes with respect to any taxable period beginning after the Transfer Date relating to any of the Conveyed Assets or the Business.

Section Ⅶ.4 Tax Cooperation Each of Buyer and Seller shall provide the other party with such information and records and make such of its officers, directors, employees and agents available as may reasonably be requested by such other party in connection with the preparation of any Tax Return or any audit or other Action that relates to Taxes with respect to the Conveyed Assets or the Business.

Section Ⅶ.5 Tax Indemnification

(a) Seller shall be responsible for and shall indemnify, defend and hold Buyer and its Affiliates harmless from and against (i) all liability for Taxes, other than Income Taxes, with respect to the Conveyed Assets or the Business for any taxable period that ends on or before the Transfer Date including, without limitation, (ii) all liability for

Income Taxes with respect to the Conveyed Assets or the Business for any taxable period, or portion thereof, that ends on or before the Transfer Date, (iii) all liability for any breach of Seller's representations and warranties contained in Section 3.16, and (iv) all liability for reasonable legal, accounting and appraisal fees and expenses with respect to any item described in clauses (i), (ii) or (iii) above; provided, however, that Seller's responsibility and indemnity obligation for Taxes pursuant to this Section 7.5(a) shall be reduced by refunds of Taxes with respect to such periods received after the Closing Date by Buyer or any of its Affiliates and not previously remitted to Seller. Seller's obligation to indemnify, defend or hold harmless Buyer or any of its Affiliates from any liability shall terminate effective with the expiration of the applicable statute of limitations (including extensions) in respect of such liability.

(b) Buyer shall be responsible for and shall indemnify, defend and hold Seller and its Affiliates harmless from and against (i) all liability for Taxes with respect to the Conveyed Assets or Business, except to the extent Seller is otherwise required to indemnify Buyer for such Tax pursuant to Section 7.5(a), and (ii) all liability for reasonable legal, accounting and appraisal fees and expenses with respect to any item described in clause (i). Purchaser's obligation to indemnify, defend or hold harmless Seller or any of its Affiliates from any liability shall terminate effective with the expiration of the applicable statute of limitations (including extensions) in respect of such liability.

(c) Any indemnity payment required to be made pursuant to this Section 7.5 shall be paid within thirty (30) days after the indemnified party makes written demand upon the indemnifying party, but in no case earlier than five (5) Business Days prior to the date on which the relevant Taxes are required to be paid to the relevant Governmental Authority together with the submission of evidence reasonably establishing the right to receive the payment.

Section Ⅶ.6 Tax Contests

(a) If a claim shall be made by any Governmental Authority (a "Tax Claim") which, if successful, might result in an indemnity payment to Buyer or any of its Affiliates pursuant to Section 7.5, Buyer shall promptly notify Seller of such claim; provided, however, that the failure to give such notice shall not affect the indemnification provided hereunder except to the extent Seller has actually been prejudiced as a result of such failure and for this purpose, any failure to give such notice that results in Seller not controlling or participating in any Actions with respect to such Tax Claim shall be deemed to prejudice Seller.

(b) With respect to any Tax Claim relating to a taxable period ending on or before the Closing Date, Seller shall control all Actions and may make all decisions taken in connection with such Tax Claim (including selection of counsel) and, without limiting the foregoing, may in its sole discretion pursue or forego any and all administrative appeals, hearings, conferences and other Actions with any Governmental Authority with respect thereto, and may, in its sole discretion, either pay the Tax claimed and sue for a refund where applicable Law permits such refund suits or contest the Tax Claim in any permissible manner. Buyer shall be entitled to be informed of such Tax Claim within a reasonable time after such Tax Claim is asserted and the developments with respect to such Tax Claim at any administrative meeting, conference, hearing or other Actions.

(c) Except as otherwise provided in Section 7.6(b), Buyer shall control all Actions with respect to Taxes for any taxable period beginning after the Closing Date, and may make all decisions taken in connection with such Tax Claim (including selection of counsel) and, without limiting the foregoing, may in its sole discretion pursue or forego any and all administrative appeals, hearings, conferences and other Actions with any Governmental Authority with respect thereto, and may, in its sole discretion, either pay the Tax claimed and sue for a refund where applicable Law permits such refund suits or contest the Tax Claim in any permissible manner. Seller shall be entitled to be informed of such Tax Claim within a reasonable time after such Tax Claim is asserted and the developments with respect to such Tax Claim at any administrative meeting, conference, hearing or other Actions.

(d) Buyer and its Affiliates, on the one hand, and Seller and its Affiliates, on the other, shall cooperate in contesting any Tax Claim, which cooperation shall include the retention and (upon request) the provision to the requesting party of records and information which are reasonably relevant to such Tax Claim, and making employees available on a mutually convenient basis to provide additional information or explanation of any material provided hereunder or to testify at proceedings relating to such Tax Claim.

ARTICLE Ⅷ
[Reserved]

ARTICLE Ⅸ. Conditions of buyer's obligation to close

Buyer's obligation to consummate the transactions contemplated by this Agreement shall be subject to the satisfaction on or prior to the Closing Date of all of the following conditions:

Section IX.1 <u>Representations, Warranties and Covenants of Seller</u>

(a) The representations and warranties of Seller contained in this Agreement (which for purposes of this paragraph shall be read as though none of them contain any Adverse Affect, Change or Effect or other materiality qualifier individually or in the aggregate) shall be true and correct on and as of the Closing Date with the same effect as though such representations and warranties had been made on and as of such date (except for representations and warranties that speak as of a specific date or time, which need only be true and correct as of such date or time), except where the failure of the representations and warranties in the aggregate to be true and correct in all respects would not have an Adverse Effect on the Business.

(b) Seller shall have performed in all material respects each obligation and agreement and shall have complied in all material respects with each covenant to be performed and complied with by them hereunder at or prior to the Closing (other than Seller's covenants pursuant to Section 2.2 (a) and (c) hereof with respect to delivery of documents at the Closing, which shall be performed in all respects).

(c) Buyer shall receive at or prior to the Closing a certificate as to the matters set forth in paragraphs (a) and (b) of this Section 9.1, dated the Closing Date, and validly executed by the Vice President of Seller.

Section IX.2 Filings; Consents; Waiting Periods All waiting periods applicable under the HSR Act and the FTA shall have expired or been terminated, and all registrations, filings, applications, notices, consents, approvals (including consents and approvals set forth on Schedule 3.12 hereto pursuant to Section 3.12(d) hereof which are designated as Closing consents), Orders, qualifications and waivers required to be obtained or made as of the Closing Date in order to consummate the transactions contemplated hereby and to transfer the Licenses and Contracts contemplated hereby shall have been filed, made or obtained, except for such registrations, filings, notices, consents, approvals, Orders, qualifications and waivers the lack of which would not reasonably be expected to have an Adverse Effect on the Business.

Section IX.3 No Injunction At the Closing Date, there shall be no Order of any nature of any Governmental Authority of competent jurisdiction that is in effect that restrains or prohibits the consummation of the transactions contemplated hereby, and no Law shall have been enacted by any Governmental Authority which prevents consummation of the transactions contemplated hereby.

Section IX.4 Financing Buyer shall have obtained financing on terms reasonably satisfactory to it that is adequate to fund the Purchase Price.

ARTICLE X. Conditions to seller's obligation to close

Seller's obligation to consummate the transactions contemplated by this Agreement is subject to the satisfaction on or prior to the Closing Date of all of the following conditions:

Section X.1 Representations, Warranties and Covenants of Buyer

(a) The representations and warranties of Buyer contained in this Agreement (which for purposes of this paragraph shall be read as though none of them contain any Adverse Affect, Change or Effect or other materiality qualifier individually or in the aggregate) shall be true and correct on and as of the Closing Date with the same effect as though such representations and warranties had been made on and as of such date (except for representations and warranties that speak as of a specific date or time, which need only be true and correct as of such date or time), except where the failure of the representations and warranties in the aggregate to be true and correct in all respects would not have an Adverse Effect on Buyer or Buyer and its subsidiaries, taken as a whole.

(b) Buyer shall have performed in all material respects each obligation and agreement and shall have complied in all material respects with each covenant to be performed and complied with by it hereunder at or prior to the Closing.

(c) Seller shall receive at or prior to the Closing a certificate as to the matters set forth in paragraphs (a) and (b) of this Section 10.1, dated the Closing Date, and validly executed by an executive officer of Buyer on behalf of Buyer.

Section X.2 <u>Filings: Consents: Waiting Periods</u> All waiting periods applicable under the HSR Act and the FTA shall have expired or been terminated, and all registrations, filings, applications, notices, consents, approvals, Orders, qualifications and waivers required to be obtained or made as of the Closing Date in order to consummate the transactions contemplated hereby shall have been filed, made or obtained, except for such registrations, filings, notices, consents, approvals, Orders, qualifications and waivers the lack of which would not reasonably be expected to have an Adverse Effect on Buyer or Buyer and its subsidiaries, taken as a whole.

Section X.3 <u>No Injunction</u> At the Closing., Date, there shall be no Order of any nature of any Governmental Authority of competent jurisdiction that is in effect that restrains or prohibits the consummation of the transactions contemplated hereby, and no Law shall have been enacted by any Governmental Authority which prevents consummation of the transactions contemplated hereby.

ARTICLE XI. Survival: Indemnification

Section XI.1 <u>Survival Periods</u> Except as provided in Section 11.4, all representations and warranties contained or made in, or in connection with, this Agreement or in any Schedule, or any certificate, document or other instrument delivered in connection herewith, shall survive the Closing for a period of eighteen months.

Section XI.2 <u>Indemnification by Seller</u> From and after the Closing Date, Seller shall indemnify and hold harmless Buyer, its Affiliates, each of their directors, officers, employees and agents, and each of the heirs, executors, successors, transferees and assigns of any of the foregoing (collectively, the "Buyer Indemnified Parties") from and against any and all damages, claims, losses, expenses, costs, obligations and liabilities, including without limitation liabilities for all reasonable attorneys', accountants', and experts' fees and expenses including those incurred to enforce the terms of this Agreement (collectively, "Covered Liabilities"), suffered, incurred by or asserted, directly or indirectly, against the Buyer Indemnified Parties by reason or arising out of (i) any breach of any representation or warranty, covenant or agreement of Seller contained herein or in any instrument or certificate delivered pursuant hereto (each of which for purposes of this paragraph shall be read as though none of them contains any Adverse Affect, Change or Effect or other materiality qualifier), (ii) any Retained Liability or (iii) any Environmental Liability; provided, however, that, except for a breach of any representation or warranty in Section 3.15, Seller shall not be required to indemnify the Buyer Indemnified Parties with respect to any claim for indemnification pursuant to clause (i) of this Section 11.2 unless and until the aggregate amount of all claims against Seller under this Section 11.2 exceeds $__________ and then only to the extent such aggregate amount exceeds such amount, and; provided, further, that in no event shall Seller be required to pay or otherwise be liable for an amount in excess of $__________ with respect to claims made under clause (i) and (iii) of this Section. The indemnity provided in this Section 11.2 shall not apply if the Covered Liability previously has been recovered under Section 5.11 or Section 5.23 hereof.

Section XI.3 <u>Indemnification by Buyer</u> From and after the Closing Date, Buyer shall indemnify and hold harmless Seller, its Affiliates, each of their directors, officers, employees and agents, and each of the heirs, executors, successors and assigns of any of the foregoing (collectively, the "Seller Indemnified Parties") from and against any and all Covered Liabilities suffered, incurred by or asserted, directly or indirectly, against by the Seller Indemnified Parties by reason or arising out of (i) any breach of any representation or warranty, covenant or agreement of Buyer contained herein or in any instrument or certificate delivered pursuant hereto (each of which for purposes of this paragraph shall be read as though none of them contains any Adverse Affect, Change or Effect or other materiality qualifier), or (ii) any Assumed Liability; provided, however, that Buyer shall not be required to indemnify the Seller Indemnified Parties with respect to any claim made for indemnification pursuant to clause (i) of this Section 11.3 unless and until the aggregate amount of all claims against Buyer under this Section 11.3 exceeds $____________ and then only to the extent such aggregate amount exceeds such amount, and; provided, further, that in no event shall Buyer be required to pay or otherwise be liable for an amount in excess of $__________ with respect to claims made under clause (i) of this Section.

Section XI.4 Time Limit on Certain Indemnification Claims Claims by Buyer Indemnified Parties for breaches of the representations and warranties of Seller in Section 3.1 hereof or by Seller Indemnified Parties for breaches of' the representations and warranties of Buyer in Section 4.1 hereof in each case relating to corporate formation, may be asserted indefinitely. Claims for breaches of all other representations and warranties in Sections 3.1 and 4.1, and for breaches of representations and warranties in Sections 3.15 and 3.16 may be asserted until 60 days after the running of the applicable statute of limitations. Time periods for indemnities provided for in ancillary agreements will be governed by the provisions of such ancillary agreements.

Section XI.5 Indemnification Procedures

(a) If any indemnified party receives notice of the assertion of any Third-Party Claim with respect to which an indemnifying party is obligated under this Agreement to provide indemnification, such indemnified party shall give such indemnifying party written notice thereof (together with a copy of such Third-Party Claim, process or other legal pleading) promptly after becoming aware of such Third-Party Claim; provided, however, that the failure of any indemnified party to give notice as provided in this Section 11.5 shall not relieve any indemnifying party of its obligations under this Section 11.5, except to the extent that such indemnifying party is actually prejudiced by such failure to give notice. Such notice shall describe such Third-Party Claim in reasonable detail.

(b) An indemnifying party, at such indemnifying party's own expense and through counsel chosen by such indemnifying party (which counsel shall be reasonably acceptable to the indemnified party), may elect to defend any Third-Party Claim; provided, however, that by assuming such defense, the indemnifying party shall be deemed to have agreed that it will be liable for such Third-Party Claim. If an indemnifying party elects to defend a Third-Party Claim, then, within ten (10) business days after receiving notice of such Third-Party Claim (or sooner, if the nature of such Third-Party Claim so requires), such indemnifying party shall notify the indemnified party of its intent to do so, and such indemnified party shall cooperate in the defense of such Third-Party Claim (and pending such notice and assumption of defense, an indemnified party may take such steps to defend against such Third-Party Claim as, in such indemnified party's good-faith judgment, are appropriate to protect its interests). Such indemnifying party shall pay such indemnified party's reasonable out-of-pocket expenses incurred in connection with such cooperation. Such indemnifying party shall keep the indemnified party reasonably informed as to the status of the defense of such Third-Party Claim. After notice from an indemnifying party to an indemnified party of its election to assume the defense of a Third-Party Claim, such indemnifying party shall not be liable to such indemnified party under this Section 11.5 for any legal or other expenses subsequently incurred by such indemnified party in connection with the defense thereof other than those expenses referred to in the preceding sentence; provided, however, that such indemnified party shall have the right to employ one law firm as counsel, together with a separate local law firm in each applicable jurisdiction ("Separate Counsel"), to represent such indemnified party in any action or group of related actions (which firm or firms shall be reasonably acceptable to the indemnifying party) if, in such indemnified party's reasonable judgment at any time, either a conflict of interest between such indemnified party and such indemnifying party exists in respect of such claim, or there may be defenses available to such indemnified party which are different from or in addition to those available to such indemnifying party and the representation of both parties by the same counsel would be inappropriate, and in that event (i) the reasonable fees and expenses of such Separate Counsel shall be paid by such indemnifying party (it being understood, however, that the indemnifying party shall not be liable for the expenses of more than one Separate Counsel (excluding local counsel) with respect to any Third-Party Claim (even if against multiple indemnified parties)), and (ii) each of such indemnifying party and such indemnified party shall have the right to conduct its own defense in respect of such claim. If an indemnifying party elects not to defend against a Third-Party Claim, or fails to notify an indemnified party of its election as provided in this Section 11.5 within the period of ten (10) business days described above, the indemnified party may defend, compromise, and settle such Third-Party Claim and shall be entitled to indemnification hereunder (to the extent permitted hereunder); provided, however, that no such indemnified party may compromise or settle any such Third-Party claim without the prior written consent of the indemnifying party, which consent shall not be unreasonably withheld or delayed. Notwithstanding the foregoing, the indemnifying party shall not, without the prior written consent of the indemnified party, (i) settle or compromise any Third-Party Claim or consent to the entry of any judgment which does not include as an unconditional term thereof the delivery by the claimant or plaintiff to the indemnified party of a written release from all liability in respect of such Third-Party Claim, or (ii) settle or compromise any Third-Party Claim in any manner that would reasonably be expected to have a material adverse effect on the indemnified party.

Section XI.6 Certain Limitations

(a) The amount of any Covered Liabilities for which indemnification is provided under this Agreement shall be net of any amounts actually recovered by the indemnified party from third parties (including amounts actually recovered under insurance policies, but only to the extent any recovered insurance proceeds exceed costs of collecting such proceeds and premium increases, whether retrospective or prospective, that are certified by the underwriter to result from the claim for such proceeds) with respect to such Covered Liabilities. Any indemnifying party hereunder shall be subrogated to the rights of the indemnified party upon payment in full of the amount of the relevant indemnifiable loss. An insurer who would otherwise be obligated to pay any claim shall not be relieved of the responsibility with respect thereto or, solely by virtue of the indemnification provision hereof, have any subrogation rights with respect thereto. If any indemnified party recovers an amount from a third-party in respect of an indemnifiable loss for which indemnification is provided in this Agreement after the full amount of such indemnifiable loss has been paid by an indemnifying party or after an indemnifying party has made a partial payment of such indemnifiable loss and the amount received from the third-party exceeds the remaining unpaid balance of such indemnifiable loss, then the indemnified party shall promptly remit to the indemnifying party the excess of (A) the sum of the amount theretofore paid by such indemnifying party in respect of such indemnifiable loss plus the amount received from the third-party in respect thereof, less (B) the full amount of such Covered Liabilities.

(b) Any indemnity payment made under this Agreement shall be treated by Buyer and Seller as an adjustment to the Purchase Price, and Seller and Buyer agree not to take any position inconsistent therewith for any purpose.

(c) Claims indemnifiable hereunder that are asserted within the periods permitted under Sections 11.1 and 11.4 shall, notwithstanding the passage of time beyond such periods, remain indemnifiable until enforced or compromised and satisfied in favor of, or withdrawn by, the Indemnitee. The limitations on liability for indemnification set forth in the proviso clauses of Sections 11.2 and 11.3 shall not apply to any Covered Liability resulting from (i) a breach of representation or warranty contained herein committed with the Knowledge of Seller or Buyer, as the case may be, or (ii) a willful intentional breach of a covenant within the control of Seller or Buyer, as the case may be.

Section XI.7 Exclusivity of Indemnification This Article XI shall not limit any right of indemnification for Tax Matters (for which Article VII is applicable) or of indemnification for intellectual property matters (for which Article V and ancillary agreements are applicable).

Section XI.8 Sole Remedy/Waiver The parties hereto acknowledge and agree that the remedies provided for in this Article XI or expressly provided for elsewhere in this Agreement or any ancillary agreement shall be the parties' sole and exclusive remedies after Closing with respect to the subject matter of this Agreement. In furtherance of the foregoing, the parties hereby waive, to the fullest extent permitted by applicable Law, any and all other rights, claims and causes of action with respect to the subject matter of this Agreement (including rights of contribution, if any) known or unknown, foreseen or unforeseen, which exist or may arise in the future, that it may have against Seller or any of its Affiliates, or Buyer or any of its Affiliates, as the case may be, arising under or based upon any Law or Order.

ARTICLE XII. Termination

Section XII.1 Termination This Agreement may be terminated at any time prior to the Closing by:

(a) The mutual written consent of Seller and Buyer; or

(b) Either Seller or Buyer if the Closing has not occurred by the close of business on _______, ___ (the "Termination Date") (which date shall be extended until two (2) days after expiration of the notice period under the HSR Act, the FTA or receipt by each of notice of clearance under the HSR Act), and if the failure to consummate the transactions contemplated hereby on or before such date did not result from the failure by the party seeking termination of this Agreement to fulfill any undertaking or commitment provided for herein that is required to be fulfilled prior to Closing; provided, however, that in the event that Seller fails to deliver the Additional Statements to Buyer on or prior to _______, ___, then the Termination Date shall be extended by one calendar day for each calendar day occurring between ______, ___ and the date on which the Additional Statements are delivered (including such date of delivery); provided, however, that if the Termination Date as so extended would fall on a Saturday, Sunday or Federal U.S. banking holiday, then the Termination Date shall be extended to the next business day.

(c) Seller, provided that it is not then in breach of any of its obligations hereunder, if Buyer fails to perform in any material respect any covenant in this Agreement when performance thereof is due or Buyer shall have breached in any material respect any of the representations or warranties contained in this Agreement and does not cure the failure or breach within thirty (30) business days after Seller delivers written notice thereof; or

(d) Buyer, provided it is not then in breach of any of its obligations hereunder, if Seller fails to perform in any material respect any covenant in this Agreement when performance thereof is due or Seller shall have breached in any material respect any of the representations and warranties contained in this Agreement and does not cure the failure or breach within thirty (30) business days after Buyer delivers written notice thereof.

Section XII.2 Procedure and Effect of Termination In the event of termination of this Agreement by either or both of Seller and Buyer pursuant to Section 12.1, written notice thereof shall forthwith be given by the terminating party to the other party hereto, and this Agreement shall thereupon terminate and become void and have no effect, and the transactions contemplated hereby shall be abandoned (including, without limitation, operation of the Business for the benefit of Buyer and no amounts shall be payable in respect thereof) without further action by the parties hereto, except that the provisions of Sections 5.1(b) and 13.4 hereof shall survive the termination of this Agreement; provided, however, that such termination shall not relieve any party hereto of any liability for any breach of this Agreement. If this Agreement is terminated as provided herein, all filings, applications and other submissions made pursuant to Sections 3.8 and 4.3 hereof shall, to the extent practicable, be withdrawn from the agency or other persons to which they were made.

ARTICLE XIII. MISCELLANEOUS

Section XIII.1 Counterparts This Agreement may be executed in two or more counterparts, all of which shall be considered one and the same agreement, and shall become effective when one or more counterparts have been signed by each of the parties and delivered to the other party.

Section XIII.2 Governing Law; Consent to Jurisdiction This Agreement shall be governed by and construed in accordance with the laws of Korea without reference to the choice of law principles thereof. Buyer and

Seller consent to and hereby submit to the non-exclusive jurisdiction of the Seoul District Court located in the Republic of Korea in connection with any action, suit or proceeding arising out of or relating to this Agreement, and each of the parties hereto irrevocably waives, to the fullest extent permitted by law, any objection which it may now or hereafter have to the laying of the venue of any such proceeding brought in such a court and any claim that any such proceeding brought in such a court has been brought in an inconvenient forum.

Section XIII.3 Entire Agreement This Agreement (including agreements incorporated herein), the Confidentiality Agreement and the Schedules and Exhibits hereto contain the entire agreement between the parties with respect to the subject matter hereof and there are no agreements, understandings, representations or warranties between the parties other than those set forth or referred to herein.

Section XIII.4 Expenses Except as set forth in this Agreement, whether the transactions contemplated hereby are or are not consummated, all legal and other costs and expenses incurred in connection with this Agreement and the transactions contemplated hereby shall be paid by the party incurring such costs and expenses; provided that Buyer shall pay all costs and expenses incurred in connection with an audit of the Business in accordance with U.S. generally accepted accounting principles, which costs and expenses shall not exceed $_______. In addition, Buyer shall pay all costs and expenses incurred in connection with the preparation of the Additional Statements. Notwithstanding the foregoing, provided that Seller shall have performed, in all material respects, its obligations under this Agreement, in the event that this Agreement is terminated by Seller pursuant to Section 12.1(b) hereof due to the failure of Buyer to comply with the condition provided in Section 9.4 hereof on or prior to the date of such termination, then Buyer shall promptly reimburse Seller for its actual legal, accounting and other professional costs, fees and expenses incurred in connection with this Agreement and the transactions contemplated hereby up to a maximum amount of $____________.

Section XIII.5 Notices All notices hereunder shall be sufficiently given for all purposes hereunder if in writing and delivered personally, sent by documented overnight delivery service or, to the extent receipt is confirmed, telecopy, telex or other electronic transmission service to the appropriate address or number as set forth below. Notices to Seller shall be addressed to:

Attention:

with a copy to:

or at such other address and to the attention of such other Person as Seller may designate by written notice to Buyer. Notices to Buyer shall be addressed to:

____

Attention: __________________________________

with a copy to:

____

Attention: __________________________________

or at such other address and to the attention of such other Person as Buyer may designate by written notice to Seller.

Section XIII.6 Successors and Assigns This Agreement shall be binding upon and inure to the benefit of the parties hereto and their respective successors and assigns; provided, however, that no party hereto will assign its rights or delegate its obligations under this Agreement without the express prior written consent of each other party hereto, except that (i) Buyer may assign its rights hereunder as collateral security to any bona fide financial institution engaged in acquisition financing in the ordinary course providing financing to consummate the transactions contemplated hereby or any bona fide financial institution engaged in acquisition financing in the ordinary course through which such financing is refunded, replaced or refinanced and any of the foregoing financial institutions may assign such rights in connection with a sale of Buyer in the form then being conducted by Buyer substantially as an entirety, (ii) Seller and Buyer each may assign its rights and obligations under this Agreement to any Entity that succeeds to substantially all of its assets and liabilities and (iii) Buyer may assign its rights hereunder to one or more of its affiliates to be established in Korea; provided, however, that Buyer shall continue to remain liable for all of its obligations and liabilities hereunder.

Section XIII.7 Headings: Definitions The section and article headings contained in this Agreement are inserted for convenience of reference only and will not affect the meaning or interpretation of this Agreement. All references to Sections or Articles contained herein mean Sections or Articles of this Agreement unless otherwise stated.

Section XIII.8 Amendment This Agreement may not be amended, modified, superseded, canceled, renewed or extended except by a written instrument signed by the party to be charged therewith.

Section XIII.9 Waiver; Effect of Waiver No provision of this Agreement may be waived except by a written instrument signed by the party waiving compliance. No waiver by any party hereto of any of the requirements hereof or of any of such party's rights hereunder shall release the other parties from full performance of their remaining obligations stated herein. No failure to exercise or delay in exercising on the part of any party hereto any right, power or privilege of such party shall operate as a waiver thereof, nor shall any single or partial exercise of any right, power or privilege preclude any other or further exercise thereof or the exercise of any other right, power or privilege by such party.

Section XIII.10 No Third-Party Beneficiaries Nothing in this Agreement, express or implied, is intended to or shall (i) confer on any Person other than the parties hereto and their respective successors or assigns any rights (including third-party beneficiary rights), remedies, obligations or liabilities under or by reason of this Agreement, or (ii) constitute the parties hereto as partners or as participants in a joint venture. This Agreement shall not provide third parties with any remedy, claim, liability, reimbursement, cause of action or other right in excess of those existing without reference to the terms of this Agreement.

Section XIII.11 Interpretation; Absence of Presumption

(a) For the purposes hereof, (i) words in the singular shall be held to include the plural and vice versa and words of one gender shall be held to include the other gender as the context requires, (ii) the terms "hereof," "herein," and "herewith" and words of similar import shall, unless otherwise stated, be construed to refer to this Agreement as a whole (including all of the Schedules hereto) and not to any particular provision of this Agreement, and Article, Section, paragraph and Schedule references are to the Articles, Sections, paragraphs and Schedules to this Agreement unless otherwise specified, (iii) the word "including" and words of similar import when used in this Agreement means "including, without limitation," unless the context otherwise requires or unless otherwise specified, (iv) the word "or" shall not be exclusive, (v) provisions shall apply, when appropriate, to successive events and transactions, and (vi) all references to any period of days shall be deemed to be to the relevant number of calendar days.

(b) This Agreement shall be construed without regard to any presumption or rule requiring construction or interpretation against the party drafting or causing any instrument to be drafted.

(c) For the purposes of this Agreement, a "subsidiary" of a Person means any corporation more than 50% of whose outstanding voting securities are directly or indirectly owned by such other Person.

Section XIII.12 [Reserved]

Section XIII.13 Specific Performance The parties hereto each acknowledge that, in view of the uniqueness of the subject matter hereof, the parties hereto would not have an adequate remedy at law for money damages in the event that this Agreement were not performed in accordance with its terms, and therefore agree that the parties hereto shall be entitled to specific enforcement of the terms hereof in addition to any other remedy to which the parties hereto may be entitled at law or in equity.

Section XIII.14 Remedies Cumulative Except as otherwise provided in Article XI, all rights, powers and remedies provided under this Agreement or otherwise available in respect hereof at law or in equity shall be cumulative and not alternative, and the exercise or beginning of the exercise of any thereof by any party shall not preclude the simultaneous or later exercise of any other such right, power or remedy by such party. Notwithstanding the foregoing, however, no party hereto shall be liable for and no remedy under this Agreement or at law or in equity shall include, provide for or permit the payment of multiple, exemplary, punitive or consequential damages or any equitable equivalent thereof or substitute therefor, and the burden shall be on the party claiming loss to show actual loss in the amount claimed.

Section XIII.15 Governing Language This Agreement is written in the English language, and in the event of a conflict between this Agreement and any translation thereof the English version of this Agreement shall prevail.

[The remainder of this page has been intentionally left blank.]

IN WITNESS WHEREOF, the parties hereto have caused this Agreement to be duly executed on their behalf as of the date first written above.

SELLER

By:____________________

Name: _______________

Title: __________________

BUYER

By: __________________

Name: ________________

Title: ________________

[양식 13] STOCK PURCHASE AGREEMENT*

This Agreement entered into on __________, ____ (the "Effective Date"), by and among _________________, a ______ corporation ("AMCO"), and _________ ("KORCO"), a Korean corporation (individually "Seller" and collectively the "Sellers"), and _______________, a _______ corporation (the "Buyer"). The Buyer and the Sellers are referred to collectively herein as the "Parties."

WITNESSETH:

Whereas, the Sellers in the aggregate own all of the outstanding shares of _______________, a corporation organized and existing under the laws of Portugal (the "Company"); and

Whereas, this Agreement contemplates a transaction in which the Buyer will purchase from the Sellers, and the Sellers will sell to the Buyer, all of the outstanding shares of the Company.

Now, therefore, in consideration of the premises and the mutual promises herein made, and in consideration of the representations, warranties, and covenants herein contained, the Parties agree as follows.

ARTICLE 1. DEFINITIONS

"Adverse Consequences" means all actions, suits, proceedings, hearings, investigations, charges, complaints, claims, demands, injunctions, judgments, orders, decrees, rulings, damages, dues, penalties, fines, costs, amounts paid in

* KORCO와 AMCO의 포르투갈 소재 합작회사 지분 100%를 Buyer에게 매각하는 주식양도 계약 draft.

settlement, Liabilities, obligations, Taxes, liens, losses, expenses, and fees, including court costs and reasonable attorneys' fees and expenses.
"Affiliate" means any corporation or other juridical entity which owns or controls directly or indirectly more than fifty percent (50%) of the voting rights with respect to the election of directors, or which has practical control of any Party to this Agreement or of which more than fifty percent (50%) of the voting rights with respect to the election of directors is owned directly or indirectly by any Party.

"Ancillary Agreements" means the agreements of even date between AMCO and the Company, and between KORCO and the Company, relating to assembly/test services, technology, and information technology services.

"Buyer" has the meaning set forth in the preface above.

"Company" has the meaning set forth in the preface above.

"Company Shares" means any shares of the Company.

"Closing" has the meaning set forth in Section 2.3 below.

"Closing Date" has the meaning set forth in Section 2.3 below.

"Confidential Information" means any information concerning the businesses and affairs of the Company that is not already generally available to the public.

"Dedicated Manufacturing Operation" or "DMO" means AMCO's or KORCO's separate manufacturing unit in the Company.

"Disclosure Schedule" has the meaning set forth in Article 4 below.

"Dollar" or the symbol of "$" means U.S. Dollars. The rate of exchange for the purposes of this Agreement shall be 185 escudos.
"Employee Benefit" means the compulsory benefits required by Portuguese legislation or, where applicable, those benefits conferred upon Company employees.

"Environmental, Health, and Safety Requirements" means all statutes, regulations, ordinances and other provisions having the force or effect of law, and all judicial and administrative orders and determinations, and all contractual obligations concerning public health and safety, worker health and safety, and pollution or protection of the environment, including without limitation all those relating to the presence, use, production, generation, handling, transportation, treatment, storage, disposal, distribution, labeling, testing, processing, discharge, release, threatened release, control, or cleanup of any hazardous materials, substances or wastes, chemical substances or mixtures, pesticides, pollutants, contaminants, toxic chemicals, petroleum products or byproducts, asbestos, polychlorinated biphenyls, noise or radiation, each as amended and as in effect on or prior to the Closing Date.

"Financial Statement" has the meaning set forth in Section 4.7 below.

"GAAP" means generally accepted accounting principles as in effect from time to time.

"Intellectual Property" means (a) all inventions (whether patentable or unpatentable and whether or not reduced to practice), all improvements thereto, and all patents, patent applications, and patent disclosures, together with all reissuances, continuations, continuations-in-part, revisions, extensions, and reexaminations thereof, (b) all trademarks, service marks, trade dress, logos, trade names, and corporate names, together with all translations, adaptations, derivations, and combinations thereof and including all goodwill associated therewith, and all applications, registrations, and renewals in connection therewith, (c) all copyrightable works, all copyrights, and all applications, registrations, and renewals in connection therewith, (d) all mask works and all applications, registrations, and renewals in connection therewith, (e) all trade secrets, (f) all computer software (including data and related documentation), (g) all other proprietary rights, and (h) all copies and tangible embodiments thereof in whatever form or medium.

"Investment Contract" means the contract between the Portuguese government, Sellers and the Company dated ________, ____, together with the attachments referenced therein.

"Knowledge of the Sellers" means the actual knowledge of *[LIST NAMES OF BOD MEMBERS AND CEO, CFO AND CTO]*.

"Liability" means any liability (whether known or unknown, whether asserted or unasserted, whether absolute or contingent, whether accrued or unaccrued, whether liquidated or unliquidated, and whether due or to become due), including any liability for Taxes.

"Most Recent Fiscal Year End" means _____________, ____.

"Ordinary Course of Business" means the ordinary course of business consistent with past custom and practice, including with respect to quantity and frequency.

"Party" has the meaning set forth in the preface above.

"Person" means an individual, a partnership, a corporation, an association, a joint stock company, a trust, a joint venture, an unincorporated organization, or a governmental entity (or any department, agency, or political subdivision thereof).

"Shareholders' Agreement" means that certain agreement, named as the Shareholders' Agreement, between AMCO and KORCO dated ______________, ____.

"Security Interest" means any mortgage, pledge, lien, encumbrance, charge, or other security interest, other than (a) mechanic's, material-men's, and similar liens, (b) liens for Taxes not yet due and payable or for Taxes that the taxpayer is contesting in good faith through appropriate proceedings, (c) purchase money liens and liens securing rental payments under capital lease arrangements, and (d) other liens arising in the Ordinary Course of Business and not incurred in connection with the borrowing of money.

"Sellers" has the meaning set forth in the preface above.

"Tax" means any Portuguese or foreign income, gross receipts, license, payroll, employment, excise, severance, stamp, occupation, premium, windfall profits, environmental, customs duties, franchise, profits, withholding, unemployment, disability, real property, personal property, sales, use, transfer, registration, value added, estimated, or other tax of any kind whatsoever, including any interest, penalty, or addition thereto, whether disputed or not.

"Tax Return" means any return, declaration, report, claim for refund, or information return or written statement relating to Taxes, including any schedule or attachment thereto, and including any amendment thereof.

"Third Party Buyer Claim" has the meaning set forth in Section 9.3 below.

"Third Party Seller Claim" has the meaning set forth in Section 9.5 below.

ARTICLE 2. PURCHASE AND SALE OF COMPANY SHARES

2.1 **Basic Transaction** On and subject to the terms and conditions of this Agreement, the Buyer agrees to purchase from each of the Sellers, and each of the Sellers agrees to sell to the Buyer, all of its Company Shares for the consideration specified in this Section 2.2 below.

2.2 **Purchase Price** Subject to adjustment procedures set out in Section 2.5, the purchase price is set forth in Annex A, attached hereto and incorporated herein by reference. The purchase price and its payment shall be denominated and made in U.S. dollars.

2.3 **The Closing** The closing of the transactions contemplated by this Agreement (the "Closing") shall take place at the offices of the Company in ______________, commencing at 9:00 a.m. local time on the date five (5) business days following the satisfaction or waiver of all conditions to the obligations of the Parties to consummate the transactions contemplated hereby (other than conditions with respect to actions the respective Parties will take at the Closing itself) or such other date as the Buyer and the Sellers may mutually determine (the "Closing Date").

2.4 **Deliveries at the Closing** At the Closing, (i) the Sellers will deliver to the Buyer the various certificates, instruments, and documents referred to in Section 7.1 below, (ii) the Buyer will deliver to the Sellers the various certificates including the certificate of register, instruments, and documents referred to in Section 7.2 below, (iii) the Buyer shall pay the amount specified in Table 2 of Annex A by wire transfer of immediately available funds to the specified bank accounts. The Buyer shall pay the purchase price per Annex B. [open as method of payment].

2.5 **Purchase Price Adjustment**

(a) As soon as practicable, but in no event later than sixty days following the Closing Date, the Buyer shall cause the Company to prepare an unaudited consolidated balance sheet of the Company and balance sheet of each DMO (such balance sheet subject to auditing procedures applied in the audit of the consolidated balance sheet), as of the Closing Date (collectively the "Closing Date Balance Sheet"). The Closing Date Balance Sheet shall be prepared in accordance with Portuguese GAAP applied on a consistent basis and in the same manner as in the Most Recent Fiscal Year End balance sheet of the Company.

(b) The Buyer shall cause the Company to deliver a copy of the Closing Date Balance Sheet to the Sellers and to the Buyer promptly after it had been prepared. After receipt of the Closing Date Balance Sheet, each Party shall have thirty days to review the Closing Date Balance Sheet, together with the work-papers used in the preparation thereof. Each Party and its authorized representatives shall have full access to all relevant books and records and employees of the Company to the extent required to complete their review of the Closing Date Balance Sheet. Unless either Party delivers written notice to the other Party on or prior to the thirtieth day after the receipt of the Closing Date Balance Sheet specifying in reasonable detail all disputed items and the basis therefor, the Closing Date Balance Sheet shall be deemed to have been accepted and agreed to. If any Party so notifies the other Parties of its objection to the Closing Date Balance Sheet, the Buyer and Sellers shall, within thirty days following such notice (the "Resolution Period"), attempt to resolve their differences and any resolution by them as to any disputed differences and any resolution by them as to any disputed amounts shall be final, binding and conclusive.

(c) At the conclusion of the Resolution Period all amounts remaining in dispute, if such amounts exceed, in the aggregate, the sum of $_______, shall be promptly submitted to the office of ____________________ (the "Neutral Auditors") for final determination. Each Party agrees to execute, if requested by the Neutral Auditors, a reasonable engagement letter. All fees and expenses relating to the work to be performed by the Neutral Auditors shall be borne equally by the Sellers and the Buyer. The Neutral Auditors shall act as an arbitrator to determine, based solely on the presentations by the Sellers and the Buyer, and not by independent review, only those issues still in dispute. The Neutral Auditors' determination shall be made within twenty days of the submission of the dispute for determination, shall be set forth in a written statement delivered to the Sellers and to the Buyer and shall be final, binding and conclusive. The term "Adjusted Closing Date Balance Sheet," as hereinafter used, shall mean the definitive Closing Date Balance Sheet agreed to by the Sellers and the Buyer in accordance with Section 2.5 (b) or the definitive Closing Date Balance Sheet resulting from the determinations made by the Neutral Auditors in accordance with this Section 2.5 (c) (in addition to those items theretofore agreed by the Sellers and the Buyer).

(d) If the amount shown on the Valuation Table as revised and based on the Closing Date Balance Sheet is greater by $________ or more than the original purchase price shown on Annex A, the Buyer shall pay the Sellers an amount equal to such difference as an increase in the purchase price payable hereunder. If the revised amount is lower by more than $_______ than the original purchase price shown on Annex A, the Sellers shall pay an amount equal to such difference as a reduction in the purchase price payable hereunder. Any amounts required to be paid pursuant to this Section 2.5 (d) shall be paid by wire transfer in immediately available funds to the account specified by the Party to whom such payment is owed within five business days after the Adjusted Closing Date Balance Sheet is agreed to by the Buyer and Sellers or any remaining disputed items are ultimately determined by the Neutral Auditors. Any amount paid by the or to the Sellers pursuant to this Section 2.5 (d) shall be distributed between the Sellers using the same methodology as used to prepare the Valuation Table in Annex A.

ARTICLE 3. REPRESENTATIONS AND WARRANTIES CONCERNING THE PARTIES

3.1 <u>**Representations and Warranties of the Sellers**</u> In each case with respect to itself only, each of the Sellers represents and warrants to the Buyer that, except as set forth in Annex I attached hereto, the statements contained in this Section 3.1 are correct and complete as of the date of this Agreement as to its representations and warranties and will be correct and complete as of the Closing Date as though made then and as though the Closing Date were substituted for the date of this Agreement throughout this Section 3.1.

(a) Organization of Sellers. Such Seller is duly organized, validly existing, and in good standing under the laws of the jurisdiction of its incorporation.

(b) Authorization of Transaction. Such Seller has full power and authority to execute and deliver this Agreement and to perform its obligations hereunder. This Agreement constitutes the valid and legally binding obligation of such Seller, enforceable in accordance with its terms and conditions except as may be limited by applicable bankruptcy, insolvency, reorganization, moratorium or other similar laws affecting creditors' rights generally or by equitable principles (regardless of whether enforcement is sought in a proceeding in equity or in law). Such Seller has obtained all necessary authorizations, consents, or approvals of any government or governmental agency, including but not limited to approval by the Portuguese government, in order to consummate the transactions contemplated by this Agreement.

(c) Non-contravention. Neither the execution and the delivery of this Agreement, nor the consummation of the transactions contemplated hereby, will (i) violate any constitution, statute, regulation, rule, injunction, judgment, order, decree, ruling, charge, or other restriction of any government, governmental agency, or court to which such Seller is subject or, any provision of its charter or by-laws, or (ii) conflict with, result in a breach of, constitute a default under, result in the acceleration of, create in any party the right to accelerate, terminate, modify, or cancel, or require any notice under any agreement, contract, lease, license, instrument, or other arrangement to which such Seller is a party or by which it is bound or to which any of its assets is subject.

(d) Brokers' Fees. Such Seller has no Liability or obligation to pay any fees or commissions to any broker, finder, or agent with respect to the transactions contemplated by this Agreement for which the Buyer could become liable or obligated.

(e) Company Shares. Such Seller owns the Company Shares set forth next to its name in Section 4.2 of the Disclosure Schedule, free and clear of any restrictions on transfer, Taxes, Security Interests, options, warrants, purchase rights, contracts, commitments, equities, claims, and demands. Such Seller is not a party to any option, warrant, purchase right, or other contract or commitment that could require the Seller to sell, transfer, or otherwise dispose of any Shares of the Company. Such Seller is not a party to any voting trust, proxy, or other agreement or understanding with respect to the voting of any Shares of the Company.

3.2 **Representations and Warranties of the Buyer.** The Buyer represents and warrants to the Sellers that, except as set forth in Annex I attached hereto, the statements contained in this Section 3.2 are correct and complete as of the date of this Agreement and will be correct and complete as of the Closing Date as though made then and as though the Closing Date were substituted for the date of this Agreement throughout this Section 3.2.

(a) Organization of the Buyer. The Buyer is a corporation duly organized, validly existing, and in good standing under the laws of the jurisdiction of its incorporation.

(b) Authorization of Transaction. The Buyer has full power and authority to execute and deliver this Agreement and to perform its obligations hereunder. This Agreement constitutes the valid and legally binding obligation of the Buyer, enforceable in accordance with its terms and conditions, except as may be limited by applicable bankruptcy, insolvency, reorganization, moratorium or other similar Laws affecting creditors' rights generally or by equitable principles (regardless of whether enforcement is sought in a proceeding in equity or in law). The Buyer has obtained all necessary authorizations, consents, or approvals of any government or governmental agency, including but not limited to the Portuguese and Korean governments, in order to consummate the transactions contemplated by this Agreement.

(c) Non-contravention. Neither the execution and the delivery of this Agreement, nor the consummation of the transactions contemplated hereby, will (i) violate any constitution, statute, regulation, rule, injunction, judgment, order, decree, ruling, charge, or other restriction of any government, governmental agency, or court to which the Buyer is subject or any provision of its Articles of Incorporation, or (ii) conflict with, result in a breach of, constitute a default under, result in the acceleration of, create in any party the right to accelerate, terminate, modify, or cancel, or require any notice under any agreement, contract, lease, license, instrument, or other arrangement to which the Buyer is a party or by which it is bound or to which any of its assets is subject.

(d) Brokers' Fees. The Buyer has no Liability or obligation to pay any fees or commissions to any broker, finder, or agent with respect to the transactions contemplated by this Agreement for which any Seller could become liable or obligated.

ARTICLE 4. REPRESENTATIONS AND WARRANTIES CONCERNING THE COMPANY

Except for any transactions contemplated under this Agreement, including annexes and the Ancillary Agreements, which are hereby deemed disclosed to the Buyer, the Sellers represent and warrant to the Buyer that the statements contained in this Article 4 are correct and complete as of the date of this Agreement and will be correct and complete as of the Closing Date as though made then and as though the Closing Date were substituted for the date of this Agreement throughout this Article 4, except as set forth in the disclosure schedule delivered by the Sellers to the Buyer on the date hereof and initialed by the Parties (the "Disclosure Schedule"). Nothing in the Disclosure Schedule shall be deemed adequate to disclose an exception to a representation or warranty made herein, however, unless the Disclosure Schedule identifies the exception with particularity and describes the relevant facts. The Disclosure Schedule will be arranged in sections corresponding to the numbered sections contained in this Article 4.

4.1 **Organization, Qualification, and Corporate Power.** The Company is duly organized, validly existing, and in good standing under the laws of Portugal. The Company has full corporate power and authority and all licenses (either directly or indirectly through the Sellers), permits, and authorizations necessary to carry on the business in which it is currently engaged and to own and use the properties owned and used by it. Section 4.1 of the Disclosure Schedule lists the directors and officers of the Company. The Sellers have delivered to the Buyer correct and complete copies of the certificate of commercial register and by-laws of the Company, as amended to date. The minute books (containing the records of meetings of the shareholders, the board of directors, and any committees of the board of directors) of the Company are correct and complete in all material respects. The Company is not in default under or in violation of any provision of its by-laws.

4.2 **Capitalization.** The Sellers own all of the shares, and no third party has any interest, voting rights, option, or claim on the shares.

4.3 **Non-contravention.** Neither the execution and the delivery of this Agreement, nor the consummation of the transactions contemplated hereby, will (i) violate any constitution, statute, regulation, rule, injunction, judgment, order, decree, ruling, charge, or other restriction of any government, governmental agency, or court to which the Company is subject or any provision of the by-laws of the Company, or (ii) conflict with, result in a breach of, constitute a default under, result in the acceleration of, create in any party the right to accelerate, terminate, modify, or cancel, or require any notice under any agreement, contract, lease, license, instrument, or other written arrangement to which the Company is a party or by which it is bound or to which any of its assets is subject or result in the imposition of any Security Interest upon any of its assets.

4.4 **Brokers' Fees.** The Company does not have any Liability or obligation to pay any fees or commissions to any broker, finder, or agent with respect to the transactions contemplated by this Agreement.

4.5 **Title to Assets.** The Company has good title to, or a valid leasehold interest, including rentals, in the properties and assets purported to be owned, leased or rented by the Company, including the property and assets shown on the Most Recent Fiscal Year End balance sheet or acquired after the date thereof, free and clear of all Security Interests, except for properties and assets disposed of in the Ordinary Course of Business since the date of the Most Recent Fiscal Year End balance sheet.

4.6 **Subsidiaries.** The Company does not have any subsidiaries.

4.7 **Financial Statements.** Attached hereto as Exhibit 4.7 are the following financial statements (collectively the "Financial Statements"): (i) audited consolidated balance sheets, statements of income and management reports, as of and for the fiscal years ended December 31, ____, December 31, ____, December 31, ____, and December 31, ____ for the Company; and (ii) balance sheets and statements of income for the DMO's that have been subjected to auditing procedures applied in the audit of the consolidated financial statements as of and for the fiscal years ended December 31, ____, December 31, ____, and December 31, ____ for the AMCO and KORCO DMO's of the Company. The Financial Statements (including the notes thereto) have been prepared in accordance with Portuguese GAAP applied on a consistent basis throughout the periods covered thereby, present fairly in all material respects the financial condition of the Company as of such dates and the results of operations of the Company for such periods, and are consistent with the books and records of the Company, which books and records are maintained pursuant to Portuguese GAAP.

4.8 <u>**Events Subsequent to Most Recent Fiscal Year End**</u> Since the Most Recent Fiscal Year End, there has not been any material adverse change in the business, financial condition or operation of the Company. Without limiting the generality of the foregoing, since that date:

(a) The Company has not sold, leased, transferred, or assigned any of its assets, tangible or intangible, other than for a fair consideration in the Ordinary Course of Business;

(b) The Company has not entered into any agreement, contract, lease, or license either outside the Ordinary Course of Business or involving more than $__________ singly;

(c) No party has accelerated, terminated, modified, or cancelled any agreement, contract, lease, or license involving more than $__________ singly to which the Company is a party or by which it is bound;

(d) The Company has not imposed any Security Interest upon any of its assets, tangible or intangible;

(e) The Company has not made any capital expenditure (or series of related capital expenditures) involving more than $__________ singly or outside the Ordinary Course of Business;

(f) The Company has not made any capital investment in, any loan to, or any acquisition of the securities or assets of, any other Person either involving more than $100,000 singly or $_________ in the aggregate or outside the Ordinary Course of Business;

(g) The Company has not issued any note, bond, or other debt security or created, incurred, assumed, or guaranteed any indebtedness for borrowed money or capitalized lease obligation either involving more than $_________ singly or $_________ in the aggregate;

(h) The Company has not delayed or postponed the payment of accounts payable and other Liabilities outside the Ordinary Course of Business;

(i) The Company has not cancelled, compromised, waived, or released any right or claim either involving more than $_________ singly or $_________ in the aggregate or outside the Ordinary Course of Business;

(j) The Company has not granted any license or sublicense of any rights under or with respect to any Intellectual Property;

(k) There has been no change made or authorized in the by-laws of the Company;

(l) The Company has not issued, sold, or otherwise disposed of any of its shares, or granted any options, warrants, or other rights to purchase or obtain (including upon conversion, exchange, or exercise) any of its shares;

(m) Except for dividend for the fiscal year of ____, the Company has not declared, set aside, or paid any dividend or made any distribution with respect to its shares (whether in cash or in kind);

(n) The Company has not experienced any material damage, destruction, or loss (whether or not covered by insurance) to its property;

(o) The Company has not made any loan to, or entered into any other financial transaction with, any of its directors, officers, and employees outside the Ordinary Course of Business;

(p) The Company has not entered into any employment contract or collective bargaining agreement, written or oral, or modified the terms of any existing such contract or agreement outside the Ordinary Course of Business;

(q) The Company has not granted any increase in the base compensation of any of its directors, officers, and employees outside the Ordinary Course of Business;

(r) The Company has not adopted, amended, modified, or terminated any bonus, profit-sharing incentive, severance, or other plan, contract, or commitment for the benefit of any of its directors, officers, and employees outside the Ordinary Course of Business;

(s) The Company has not made any other change in employment terms for any of its directors, officers, and employees outside the Ordinary Course of Business;

(t) The Company has not made or pledged to make any charitable or other capital contribution outside the Ordinary Course of Business; and

(u) The Company has not committed to any of the foregoing.

4.9 **Undisclosed Liabilities** Except to the extent set forth in this Article 4, the Company does not have any material Liability that would be required or to be set forth in, or disclosed in, a balance sheet prepared in accordance with Portuguese GAAP except for (i) Liabilities reflected on the face of or in the notes to, the Most Recent Fiscal Year End balance sheet, and (ii) Liabilities which have arisen after the Most Recent Fiscal Year End in the Ordinary Course of Business.

4.10 **Legal Compliance** The Company has complied, in all material respects, with all applicable laws (including rules, regulations, codes, plans, injunctions, judgments, orders, decrees, rulings, and charges thereunder) of governments and all agencies thereof, and to the Knowledge of the Sellers, no action, suit, proceeding, hearing, investigation, charge, complaint, claim, demand, or written notice has been filed or commenced against the Company alleging any failure so to comply.

4.11 **Tax Matters**

(a) The Company has filed all Tax Returns that it was required to file. All such Tax Returns were correct and complete in all material respects. All Taxes owed and due already by the Company (whether or not shown on any Tax Return) have been paid. The Company currently is not the beneficiary of any extension of time within which to file any Tax Return. No claim has ever been made by an authority in Portugal that the Company has not filed a Tax return that it was required to file. There are no Security Interests on the assets of the Company that arose in connection with any failure (or alleged failure) to pay any Tax when due.

(b) The Company has withheld and paid all Taxes required to have been withheld and paid in connection with amounts paid or owing to any employee, independent contractor, creditor, stockholder, or other third party.

(c) No Seller or director or officer (or employee responsible for Tax matters) of the Company expects any authority to assess any additional Taxes for any period for which Tax Returns have been filed. There is no dispute or claim concerning any Tax Liability of the Company either (i) claimed or raised by any authority in writing, or (ii) as to which any of the Sellers and the directors and officers (and employees responsible for Tax matters) of the Company has Knowledge based upon personal contact with any agent of such authority. Section 4.11 of the Disclosure Schedule lists all Portuguese income Tax Returns filed with respect to the Company for taxable periods ended on or after January 1, ____, indicates those Tax Returns that have been audited, and indicates those Tax Returns that currently are the subject of audit. The Sellers have delivered to the Buyer correct and complete copies of all Portuguese Tax Returns, examination reports, and statements of deficiencies assessed against or agreed to by the Company since January 1, ____.

(d) The Company has not waived any statute of limitations in respect of

Taxes or agreed to any extension of time with respect to a Tax assessment or deficiency.

(e) Section 4.11 of the Disclosure Schedule sets forth the following information with respect to the Company as of the most recent practicable date: the amount of any net operating loss, net capital loss, unused investment or other credit, unused foreign tax, or excess charitable contribution allocable to the Company.

(f) The unpaid Taxes of the Company (i) did not, as of the Most Recent Fiscal Year End, exceed the reserve for Tax Liability set forth on the face of the Most Recent Fiscal Year End balance sheet; and (ii) do not exceed that reserve as adjusted for the passage of time through the Closing Date in accordance with the past custom and practice of the Company in filing its Tax Returns, except for one tax claim under adjudication.

4.12 **Real Property**

(a) Section 4.12(a) of the Disclosure Schedule lists and describes briefly all real property that the Company owns. With respect to each such parcel of owned real property:

(i) the identified owner has good title to the parcel of real property, free and clear of any Security Interest, easement, covenant, or other restriction, except for installments of special assessments not yet delinquent and recorded easements, covenants, and other restrictions which do not impair the current use, occupancy, or value, of the property subject thereto;

(ii) there are no pending or, to the Knowledge of the Sellers, threatened condemnation proceedings, lawsuits, or administrative actions relating to the property or other matters affecting adversely the current use, occupancy, or value thereof;

(iii) the legal description for the parcel contained in the deed thereof describes such parcel fully and adequately, the buildings and improvements are located within the boundary lines of the described parcels of land, are not in violation of applicable setback requirements, zoning laws, and ordinances, and do not encroach on any easement which may burden the land, and the land does not serve any adjoining property for any purpose inconsistent with the use of the land, and the property is not located within any flood plain or subject to any similar type restriction for which any permits or licenses necessary to the use thereof have not been obtained;

(iv) all facilities have received all approvals of governmental authorities (including licenses and permits) required in connection with the ownership or operation as currently constituted thereof and have been operated and maintained in accordance with applicable laws, rules, and regulations;

(v) there are no leases, subleases, licenses, concessions, or other agreements, written or oral, granting to any party or parties the right of use or occupancy of any portion of the parcel of real property;

(vi) there are no outstanding options or rights of first refusal to purchase the parcel of real property, or any portion thereof or interest therein;

(vii) there are no parties in possession of the parcel of real property, other than tenants under any leases disclosed in Section 4.12(a) of the Disclosure Schedule who are in possession of space to which they are entitled; and

(viii) all facilities located on the parcel of real property are supplied with utilities and other services necessary for the current operation of such facilities.

(b) Section 4.12(b) of the Disclosure Schedule lists and describes briefly all real property leased or subleased to the Company. The Sellers have delivered to the Buyer correct and complete copies of the leases identified in Section 4.12(b) of the Disclosure Schedule (as amended to date). With respect to each lease and sublease listed in Section 4.12(b) of the Disclosure Schedule:

(i) the lease is legal, valid, binding, enforceable, and in full force and effect;

(ii) the lease will continue to be legal, valid, binding, enforceable, and in full force and effect on identical terms following the consummation of the transactions contemplated hereby;

(iii) neither the Company, nor to the Sellers' Knowledge, any other party to the lease, is in breach or default, and no event has occurred which, with notice or lapse of time, would constitute a breach or default or permit termination, modification, or acceleration thereunder;

(iv) no party to the lease has repudiated any provision thereof;

(v) there are no disputes or oral agreements, in effect as to the lease;

(vi) there is no sublease;

(vii) the Company has not assigned, transferred, conveyed, mortgaged, or encumbered any interest in the leasehold;

(viii) all facilities leased thereunder have received all approvals of governmental authorities (including licenses and permits) required by the Company in connection with the operation thereof and have been operated and maintained in accordance with applicable laws, rules, and regulations;

(ix) all facilities leased thereunder are supplied with utilities and other services necessary for the operation of said facilities; and

(x) to the Knowledge of the Sellers, the owner of the facility has good title.

4.13 **Intellectual Property**

(a) To the Knowledge of the Sellers, the Company has the right to use pursuant to license, sublicense, agreement, or permission all Intellectual Property necessary for the operation of the businesses of the Company as presently conducted. Each item of Intellectual Property used by the Company immediately prior to the Closing hereunder will be available for use by the Company immediately subsequent to the Closing hereunder, on such terms and conditions only as provided under certain technology agreements between KORCO and the Company, and between AMCO Inc. and the Company, to be executed on the Closing Date ("Technology Agreements"). Notwithstanding any provisions of Section 4.13 hereof, the Buyer acknowledges that all items of Intellectual Property used by the Company immediately prior to the Closing hereunder will be owned by AMCO or KORCO, and that under this Agreement the Sellers are not intended to transfer, or to grant a license for the use of, any items of Intellectual Property to the Buyer or Company except as specifically provided in the Technology Agreements.

(b) To the Knowledge of the Sellers, the Company has not interfered with, infringed upon, misappropriated, or otherwise come into conflict with any Intellectual Property rights of third parties, and none of the Sellers and the directors and officers (and employees with responsibility for Intellectual Property matters) of the Company has ever received any charge, complaint, claim, demand, or notice alleging any such interference, infringement, misappropriation, or violation (including any claim that the Company must license or refrain from using any Intellectual Property rights of any third party). To the Knowledge of any of the Sellers and the directors and officers of the Company, no third party has interfered with, infringed upon, misappropriated, or otherwise come into conflict with any Intellectual Property rights of the Company.

(c) Section 4.13(c) of the Disclosure Schedule identifies each patent or registration which has been issued to the Company with respect to any of its Intellectual Property, identifies each pending patent application or application for registration which the Company has made with respect to any of its Intellectual Property, and identifies each license, agreement, or other permission which the Company has granted to any third party with respect to any of its Intellectual Property. The Sellers have delivered to the Buyer correct and complete copies of all such

Company patents, registration, applications, licenses, agreements, and permissions (as amended to date). Section 4.13(c) of the Disclosure Schedule also identifies each trade name or unregistered trademark used by the Company in connection with any of its businesses.

4.14 **Tangible Assets** Subject to Section 4.15, the Company owns, rents or leases all buildings, machinery, equipment, and other tangible assets (excluding the inventory described in Section 4.15) necessary for the conduct of its current businesses, and those that are currently in use have been maintained in accordance with normal industry practice and are used appropriately for the current purposes of the Company and are suitable for the purposes for which they are presently used.

4.15 **Inventory** The inventory carried on the books of the Company, excluding dies, consists of raw materials and supplies, manufactured and purchased parts, goods in process, and finished goods, all of which are fit for the purpose for which they were procured or manufactured, and none of which in material respects is obsolete, damaged, or defective.

4.16 **Contracts** Section 4.16 of the Disclosure Schedule lists the following contracts and other agreements to which the Company is a party:

(a) any current agreement for the lease of personal property to or from any Person providing for lease payments in excess of $________ per annum;

(b) any current agreement for the purchase or sale of raw materials, commodities, supplies, products, or other personal property, or for the furnishing or receipt of services, the performance of which will extend over a period of more than one year, result in a material loss to the Company, or involve consideration in excess of $_______.

(c) any current agreement concerning a partnership or joint venture;

(d) any current agreement under which it has created, incurred, assumed, or guaranteed any indebtedness for borrowed money, or any capitalized lease obligation, in excess of $_______ or under which it has imposed a Security Interest on any of its assets, tangible or intangible;

(e) any current agreement concerning confidentiality or noncompetition, except for the Company's employee confidentiality agreement, a form of which is attached to Section 4.16 of the Disclosure Schedule;

(f) any current agreement (excluding purchase orders) with any of the Sellers and their Affiliates (other than the Company);

(g) any current profit sharing, deferred compensation, severance, or other plan or arrangement for the benefit of its current or former directors, officers, and employees, which is in effect as of today;

(h) any current collective bargaining agreement;

(i) any current agreement for the employment of any individual on a full-time, part-time, consulting, or other basis providing annual compensation in excess of $_______ ;

(j) any current agreement under which the Company has advanced or loaned any amount to any of its directors, officers, and employees outside the Ordinary Course of Business;

(k) any current agreement under which the consequences of a default or termination could have a materially adverse effect on the business, financial condition, operations, or results of operations, of the Company; or

(l) any other current agreement, the performance of which involves consideration in excess of $_______.

The Sellers have delivered to the Buyer a correct and complete copy of each written agreement listed in Section 4.16 of the Disclosure Schedule (as amended to date). With respect to each such agreement: (i) the agreement is legal, valid, binding, enforceable, and in full force and effect; (ii) subject to Section 4.3, the agreement will continue to be legal, valid, binding, enforceable and in full force and effect on identical terms following the consummation of the transactions contemplated hereby; (iii) the Company is not in breach or default, and no event has occurred which with notice or lapse of time would constitute a breach or default, or permit termination, modification, or acceleration, under the agreement; and (iv) the Company has not repudiated any provision of the agreement.

4.17 **Notes and Accounts Receivable** All accounts receivable and material promissory notes of the Company are reflected properly on its books and records, are valid receivables subject to no setoffs or counterclaims, are current and collectible, and are expected to be collected in accordance with their terms at their recorded amounts, subject only to the reserve for bad debts set forth on the face of the Most Recent Fiscal Year End balance sheet as adjusted for the passage of time through the Closing Date in accordance with the past custom and practice of the Company.

4.18 **Powers of Attorney** There are no outstanding powers of attorney executed on behalf of the Company.

4.19 **Insurance** Section 4.19 of the Disclosure Schedule sets forth the following information with respect to each insurance policy (including policies providing property, casualty, liability, and workers' compensation coverage and bond and surety arrangements) to which the Company has been a party, a named insured, or otherwise the beneficiary of coverage at any time within the past three years:

(a) the name, address, and telephone number of the agent;

(b) the name of the insurer, the name of the policyholder, and the name of each covered insured;

(c) the policy number and the period of coverage;

(d) the scope (including an indication of whether the coverage was on a claims made, occurrence, or other basis) and amount (including a description of how deductibles and limits are calculated and operate) of coverage; and

(e) a description of any retroactive premium adjustments or other loss-sharing arrangements.

With respect to each such insurance policy: (i) the policy is legal, valid, binding, enforceable, and in full force and effect; (ii) excluding those policies scheduled in Section 4.3 of Annex III, the policy will continue to be legal, valid, binding, enforceable, and in full force and effect on identical terms following the consummation of the transactions contemplated hereby; (iii) neither the Company nor, to the Knowledge of the Sellers, any other party to the policy is in breach or default (including with respect to the payment of premiums or the giving of notices), and no event has occurred which, with notice or the lapse of time, would constitute such a breach or default, or permit termination, modification, or acceleration, under the policy; and (iv) neither the Company, nor to the Knowledge of the Sellers, no party to the policy has repudiated any provision thereof. The Company has been covered during the past three years by insurance in scope and amount reasonable for the business in which it has engaged during the aforementioned period. Section 4.19 of the Disclosure Schedule describes any self-insurance arrangements of the Company.

4.20 **Litigation** Section 4.20 of the Disclosure Schedule sets forth each instance in which the Company (i) is subject to any outstanding injunction, judgment, order, decree, ruling, or charge or (ii) is a party or, to the Knowledge of the Sellers, is threatened to be made a party to any action, suit, proceeding, hearing, or investigation of, in, or before any court or quasi-judicial or administrative agency of Portuguese or foreign jurisdiction or before any arbitrator. None of the actions, suits, proceedings, hearings, and investigations set forth in Section 4.20 of the Disclosure Schedule could result in any material adverse change in the business, financial condition, operations or results of operations of the Company.

4.21 **Product Warranty and Liability** The Company has provided no products to any party other than the Sellers or their Affiliates. Sellers will bring no claim for product warranty or product liability against the Company for products manufactured prior to Closing.

4.22 **Employees** To the Knowledge of any of the Sellers and the directors and officers of the Company, no executive, key employee, or group of employees has any plans to terminate employment with the Company. The

Company is not a party to or bound by any collective bargaining agreement, nor has it experienced any strikes, grievances, claims of unfair labor practices, or other collective bargaining disputes. To the Knowledge of any of the Sellers and the director and officers of the Company, the Company has not committed any unfair labor practice. The Sellers have no Knowledge of any organizational effort presently being made or threatened by or on behalf of any labor union with respect to employees of the Company.

4.23 Employee Benefits

Section 4.23 of the Disclosure Schedule lists each Employee Benefit that the Company maintains or to which any of the Company contributes.

(a) Each such Employee Benefit complies in form and in operation in all respects with the applicable requirements of applicable laws.

(b) All contributions (including all employer contributions and employee salary reduction contributions) which are due have been paid to each such Employee Benefit and all contributions for any period ending on or before the Closing Date which are not yet due have been paid to each such Employee Benefit or accrued in accordance with the past custom and practice of the Company. All premiums or other payments for all periods ending on or before the Closing Date have been paid with respect to each such Employee Benefit.

4.24 Guaranties The Company is not a guarantor or otherwise liable for any Liability or obligation (including indebtedness) of any other Person.

4.25 Environmental, Health, and Safety Matters

(a) The Company has complied and is in compliance with all Environmental, Health, and Safety Requirements.

(b) Without limiting the generality of the foregoing, the Company has obtained and complied with, and is in compliance with, all permit, licenses and other authorizations that are required pursuant to Environmental, Health, and Safety Requirements for the occupation of its facilities and the operation of its business.

(c) The Company has not received any written or oral notice, report or other information regarding any actual or alleged violation of Environmental, Health, and Safety Requirements, or any liabilities or potential liabilities (whether accrued, absolute, contingent, unliquidated or otherwise), including any investigatory, remedial or corrective obligations, relating to any of them or its facilities arising under Environmental, Health, and Safety Requirements.

(d) None of the following exists at any property or facility owned or operated by the Company: (i) underground storage tanks, (ii) asbestos containing material in any form or condition, (iii) materials or equipment containing polychlorinated biphenyls, or (iv) landfills, surface impoundments, or disposal areas.

(e) The Company has not treated, stored, disposed of, arranged for or permitted the disposal of, transported, handled, or released any substance, including without limitation any hazardous substance, or owned or operated any property or facility (and no such property or facility is contaminated by any such substance) in a manner that has given or would reasonably be expected to give rise to liabilities, including any liability for response costs, corrective action costs, personal injury, property damage, natural resources damages or attorney fees.

(f) Neither this Agreement nor the consummation of the transaction that is the subject of this Agreement will result in any obligations for site investigation or cleanup, or notification to or consent of government agencies or third parties, pursuant to any of Environmental, Health, and Safety Requirements.

(g) The Company has not, either expressly or by operation of law, assumed or undertaken any liability, including without limitation any obligation for corrective or remedial action, of any other Person relating to Environmental, Health, and Safety Requirements.

(h) No facts, events or conditions relating to the past or present facilities, properties or operations of the Company will prevent, hinder or limit continued compliance with Environmental, Health, and Safety Requirements, give rise to any investigatory, remedial or corrective obligations pursuant to Environmental, Health, and Safety Requirements, or give rise to any other liabilities (whether accrued, absolute, contingent, unliquidated or otherwise) pursuant to Environmental, Health, and Safety Requirements, including without limitation any relating to onsite or offsite release or threatened releases of hazardous materials, substances or wastes, personal injury, property damage or natural resources damage.

ARTICLE 5. PRE-CLOSING COVENANTS

The Parties agree as follows with respect to the period between the execution of this Agreement and the Closing.

5.1 **General** Each of the Parties will use commercially reasonable efforts to take all action and to do all things necessary in order to consummate and make effective the transactions contemplated by this Agreement.

5.2 **Notices and Consents** The Sellers will cause the Company to give any notices to third parties, and will cause the Company to use commercially reasonable efforts to obtain any third party consents, including the Portuguese Government in relation to the Investment Contract that the Buyer may request in connection with the matters referred to in Section 4.3 above. Each of the Parties will, and the Sellers will cause the Company to, give any notices to, make any filings with, and use commercially reasonable efforts to obtain any authorizations, consents, and approvals of governments and governmental agencies in connection with the matters referred to in Sections 3.1(b), 3.2(b) and 4.3 above. Without limiting the generality of the foregoing, each of the Parties will file, and the Sellers will cause the Company to file any Notification and Report Forms and related material that it may be required to file with the

Portuguese Government and the European Commission. Each of the Parties will use commercially reasonable efforts to obtain, and the Sellers will cause the Company to use commercially reasonable efforts to obtain any third party consents, including the Portuguese Government in relation to the Investment Contract, that the Buyer may request in connection with the matters referred to in Section 4.3 above. Buyer will use commercially reasonable efforts (a) to obtain assumption of the Investment Contract for Phase 2, and (b) to assist the Sellers in obtaining a full release of the Sellers from the Investment Contract with Portuguese Government.

5.3 **Operation of Business** The Sellers will not cause or permit the Company to engage in any practice, take any action, or enter into any transaction outside the Ordinary Course of Business. Without limiting the generality of the foregoing, the Sellers will not cause or permit the Company to (i) take any action contrary to Portuguese corporate law resulting from declaring, setting aside, or paying any dividend or making any distribution with respect to its shares or redeem, purchase, or otherwise acquiring any of its shares, or (ii) except as contemplated and described in Section 4.8 of the Disclosure Schedule, otherwise engage in any practice, take any action, or enter into any transaction of the sort described in Section 4.8 above without the Buyer's consent, which shall not be unreasonably withheld, to the extent such practice, action, or transaction is within Sellers' power.

5.4 **Preservation of Business** The Sellers will cause the Company to use commercially reasonable efforts to keep its business and properties substantially intact, including its present operations, physical facilities, working conditions, and relationship with lessors, licensors, suppliers, customers, and employees.

5.5 **Full Access** Each of the Sellers will permit, and the Sellers will cause the Company to permit, representatives of the Buyer to have full access at all reasonable times, and in a manner so as not to interfere with the normal business operations of the Company, to all premises, properties, personnel, books, records, contracts, and documents of or pertaining to the

Company. Buyer shall maintain the confidentiality of any information received from such access.

5.6 <u>Notice of Developments</u> The Sellers will give prompt written notice to the Buyer of any material adverse development causing a breach of any of the representations and warranties in Article 4 above. Each Party will give prompt written notice to the others of any material adverse development causing a breach of any of its own representations and warranties in Article 3 above.

5.7 <u>Exclusivity</u> None of the Sellers will, and the Sellers will not cause or permit the Company to, (i) solicit, initiate, or encourage the submission of any proposal or offer from any Person relating to the acquisition of any shares, or any substantial portion of the assets, of the Company (including any acquisition structured as a merger, consolidation, or share exchange); or (ii) participate in any discussions or negotiations regarding, furnish any information with respect to, assist or participate in, or facilitate in any other manner any effort or attempt by any Person to do or seek any of the foregoing. None of the Sellers will vote their Company Shares in favor of any such acquisition structured as a merger, consolidation, or share exchange. The Sellers will notify the Buyer immediately if any Person makes any proposal, offer, inquiry, or contact with respect to any of the foregoing.

5.8 <u>Compliance Audit</u> As soon as reasonably practicable but in no event more than fourteen (14) calendar days after the Effective Date, the Sellers, at their expense, shall commission [list applicable governmental authority], to audit the material compliance of the site, including the soil, the buildings situated thereon (the "Buildings"), and the machinery and other equipment thereof, with the requirements of applicable environmental, health and safety laws and regulations of Portugal, such audit to be completed as soon as possible after being commissioned. The Parties shall require the auditor(s) to prepare an audit report or audit reports stating whether, and to what extent, the site is in material noncompliance with such requirements. The Sellers shall cause the Company to comply with all the corrective measures at the expense of the Sellers, if any is advised to be taken by said institution. If there is no corrective measures required under such audit or upon completion of its corrective measures, the representation and warranty as set forth in Section 4.25 shall be deemed satisfied. Notwithstanding anything contrary contained herein, the Buyer shall only be allowed to claim non-compliance with applicable environmental laws by the Company prior to the Effective Date, if and to the extent that the Buyer is able to prove:

a) that the Sellers have not caused the Company to implement the corrective measures in accordance with the assessment carried out by the above mentioned institution; or

b) that any environmental problem after the cited audit has been, or is, caused exclusively by the Sellers prior to the Effective Date.

5.9 **Due Diligence Cooperation** The Sellers shall cooperate and make the Company to cooperate with the Buyer for the due diligence of the Company. The Sellers shall provide all commercially reasonable support to the Buyer or its designated personnel. The due diligence shall start not later than ____________, ____ and shall be continued no longer than fourteen (14) days. The Buyer shall inform the Sellers in writing within two weeks following completion of the due diligence whether it intends to exercise the condition under Section 7.1 (j), and if such period of time lapses without such written notice, the condition of Section 7.1 (j) shall no longer be effective.

5.10 [Reserved]

ARTICLE 6. POST-CLOSING COVENANTS

The Parties agree as follows with respect to the period following the Closing.

6.1 General If at any time after the Closing any further action is necessary to carry out the purposes of this Agreement, each of the Parties will take such further action, including the execution and delivery of such further instruments and documents, as any other Party may reasonably request, all at the sole cost and expense of the requesting Party (unless the requesting Party is entitled to indemnification therefor under Article 8 below). The Sellers acknowledge and agree that from and after the Closing the Buyer will be entitled to possession of all documents, books, records (including Tax records), agreements, and financial data of any sort relating to the Company.

6.2 Litigation Support In the event and for so long as any Party actively is contesting or defending against any action, suit, proceeding, hearing, investigation, charge, complaint, claim, or demand in connection with (i) any transaction contemplated under this Agreement or (ii) any fact, situation, circumstance, status, condition, activity, practice, plan, occurrence, event, incident, action, failure to act, or transaction on or prior to the Closing Date involving the Company, each of the other Parties will cooperate with it and its counsel in the contest or defense, make available their personnel, and provide such testimony and access to their books and records as shall be necessary in connection with the contest or defense, all at the sole cost and expense of the contesting or defending Party (unless the contesting or defending Party is entitled to indemnification therefor under Article 8 below).

6.3 Transition None of the Sellers will take any action that is designed or intended to have the effect of discouraging a lessor, licensor, customer, supplier, or other business associate of the Company from maintaining the same business relationships with the Company after the Closing as it maintained with the Company prior to the Closing.

6.4 **Confidentiality** Each of the Parties will treat and hold as such all of the Confidential Information, refrain from using any of the Confidential Information except in connection with this Agreement, and deliver promptly to the rightful owner or destroy, at the request and option of the owner, all tangible embodiments (and all copies) of the Confidential Information which are in its possession. In the event that any of the Parties is requested or required to disclose any Confidential Information, that Party will notify the owner promptly of the request or requirement so that the owner may seek an appropriate protective order or waive compliance with the provisions of this Section 6.4. If, in the absence of a protective order or the receipt of a waiver hereunder, any of the Parties is, on the advice of counsel, compelled to disclose any Confidential Information to any tribunal or else stand liable for contempt, that Party may disclose the Confidential Information to the tribunal; provided, however, that the disclosing Party shall use its best efforts to obtain, at the request of the owner, an order or other assurance that confidential treatment will be accorded to such portion of the Confidential Information required to be disclosed as the owner shall designate. The foregoing provisions shall not apply to any Confidential Information which is generally available to the public immediately prior to the time of disclosure.

6.5 **Obligations under the Investment Contract** Buyer will comply with all material provisions of the Investment Contract.

6.6 **Name of Company** Buyer will, immediately upon Closing, commence the process of changing the name of the Company to another name not affiliated with, or a variation of, any of the names of the Sellers or the Company.

6.7 **Employment** For ___ years following the Closing Date, Buyer will cause Company (i) not to reduce the current pay and benefits of people employed by the Company immediately preceding the Closing Date, and (ii) not to terminate, other than for cause or by reason of such person's voluntary retirement, the employment of any person who is an employee of the Company immediately preceding the Closing Date.

6.8 [Reserved]

6.9 **Ancillary Agreements** The Sellers shall, and the Buyer shall cause the Company to, maintain all the Ancillary Agreements in accordance with the terms and conditions thereof.

ARTICLE 7. CONDITIONS TO OBLIGATION TO CLOSE

7.1 **Conditions to Obligation of the Buyer** The obligation of the Buyer to consummate the transactions to be performed by it in connection with the Closing is subject to satisfaction of the following conditions, the failure of any one of which, or in the aggregate, has a material adverse effect on the overall and future businesses, earning or financial position of the Company:

(a) the representations and warranties set forth in Articles 3 and 4 above shall be true and correct in all material respects at and as of the Closing Date;

(b) the Sellers shall have performed and complied with all of their covenants hereunder in all material respects through the Closing;

(c) the Company shall have procured, in all material respects, all third party consents referenced in Section 5.2 above;

(d) no action, suit, or proceeding shall be pending or threatened before any court or quasi-judicial or administrative agency of Portugal or foreign jurisdiction or before any arbitrator wherein an unfavorable injunction, judgment, order, decree, ruling, or charge would (i) prevent consummation of any of the transactions contemplated by this Agreement, (ii) cause any of the transactions contemplated by this Agreement to be rescinded following consummation, or (iii) affect adversely the right of the Buyer to own the Company Shares and to control the Company, or (iv) in material aspects, adversely affect the right of the Company to own its assets and to operate its businesses, and no such injunction, judgment, order, decree, ruling or charge shall be in effect;

(e) the Sellers shall have delivered to the Buyer a certificate to the effect that each of the conditions specified above in Sections 7.1(a)-(d) is satisfied in all respects;

(f) the Parties and the Company shall have received all authorizations, consents, and approvals of governments and governmental agencies referred to in Sections 3.1(b), 3.2(b) and 4.3 above;

(g) the Parties shall have entered into Ancillary Agreements in form and substance as set forth in Exhibits 7.1 (g)(1) and (2) attached hereto and the same shall be in full force and effect;

(h) the Buyer shall have received the resignations, effective as of the Closing, of each director and officer of the Company other than those whom the Buyer shall have specified in writing at least ten business days prior to the Closing;

(i) the Buyer shall have received the certificates from the Sellers confirming that all the currently effective agreements between any of the Sellers and the Company have been terminated on or prior to the Closing;

(j) subject to Section 5.9, the outcome of the due diligence of the Company is commercially reasonable and satisfactory to the Buyer in all material aspects;

(k) the Buyer shall have received a letter from the Sellers evidencing that the Sellers have received a complete release, without giving material adverse impact on the Company's business following the Closing Date, from any obligation in relation to, or in connection with the Phase 1 investment under the Investment Contract, provided however that such release shall not give a negative impact on the terms and conditions of the Buyer's Phase 2 investment;

(l) the Buyer shall have received an approval for its investment and business plan for the Phase 2 investment under the Investment Contract.

The Buyer may waive any condition specified in this Section 7.1 if it executes a writing so stating at or prior to the Closing.

7.2 **Conditions to Obligation of the Sellers** The obligation of the Sellers to consummate the transactions to be performed by them in connection with the Closing is subject to satisfaction of the following conditions:

(a) the representations and warranties set forth in Section 3.2 above shall be true and correct in all material respects at and as of the Closing Date;

(b) the Buyer shall have performed and complied with all of its covenants hereunder in all material respects through the Closing;

(c) no action, suit, or proceeding shall be pending or threatened before any court or quasi-judicial or administrative agency of any jurisdiction or before any arbitrator wherein an unfavorable injunction, judgment, order, decree, ruling, or charge would (i) prevent consummation of any of the transactions contemplated by this Agreement or (ii) cause any of the transactions contemplated by this Agreement to be rescinded following consummation and no such injunction, judgment, order, decree, ruling, or charge shall be in effect;

(d) the Buyer shall have delivered to the Sellers a certificate to the effect that each of the conditions specified above in Section 7.2(a)-(c) is satisfied in all respects;

(e) the Parties and the Company shall have received all other authorizations, consents, and approvals of governments and governmental agencies referred to in Sections 3.1(b), 3.2(b) and 4.3 above;

(f) the relevant parties shall have entered into Ancillary Agreements in form and substance as set forth in Exhibits 7.1 (g)(1) through (__) and the same shall be in full force and effect;

(g) the Sellers shall have received from the Portuguese government and any applicable bank carrying a bank guarantee securing Phase 1 investment, a full and complete release in writing of the Sellers from any obligation under the Investment Contract.

The Sellers may waive any condition specified in this Section 7.2 if they execute a writing so stating at or prior to the Closing.

ARTICLE 8. INDEMNITY OBLIGATIONS UNDER INVESTMENT CONTRACT

Notwithstanding anything to the contrary contained in this Agreement, if a future claim arises due to the breach of an obligation under the Investment Contract, then the Party who breached shall be responsible for the claim and indemnify and hold harmless any other Party from and against any and all liabilities in connection with, or in relation to, such breach of the Investment Contract. If the Parties have a dispute regarding which Party bears the responsibility for the breach, then the Parties will submit such dispute to arbitration as specified in Clause Fourteen of the Investment Contract.

ARTICLE 9. REMEDIES FOR BREACHES OF THIS AGREEMENT

9.1 **Survival of Representations and Warranties** All of the representations and warranties, and covenants of the Parties contained in this Agreement shall survive the Closing hereunder for two years.

9.2 **Indemnification Provisions for Benefit of the Buyer**

(a) Except as provided in Article 8, in the event any of the Sellers breaches, or in the event any third party alleges facts that, if true, would mean any of the Sellers has breached, any of their representations, warranties, and covenants contained herein, then each of the Sellers agrees to indemnify the Buyer from and against the entirety of any Adverse Consequences the Buyer may suffer through and after the date of the claim for indemnification resulting from, arising out of, relating to, in the nature of, or caused by the breach or the alleged breach.

(b) Except as provided in Article 8, the Sellers will indemnify and hold harmless the Buyer and, as of the Closing, will cause the Company to indemnify and hold harmless the Buyer, from and against any and all Adverse Consequences which the Buyer may suffer or incur, insofar as such losses, liabilities, damages, costs, or obligations (or actions or claims in respect thereof) arise out of, are based upon or relate to any activity of the Sellers from and after the Closing, including, but without limitation, any failure of the Sellers or the Company to timely comply with applicable legal or contractual requirements or obligations.

9.3 **Matters Involving Third Parties**

(a) If any third party shall notify the Buyer with respect to any matter (a "Third Party Buyer Claim") which may give rise to a claim for indemnification against the Seller or Sellers under this Article 9, then the Buyer shall immediately notify each Seller thereof in writing.

(b) A Seller will have the right to defend the Buyer against the Third Party Buyer Claim with counsel of Seller's choice reasonably satisfactory to the Buyer so long as (i) the Seller or Sellers notify the Buyer in writing within fifteen (15) days after the Buyer has given notice of the Third Party Buyer Claim that the Seller or Sellers will indemnify the Buyer from and against the entirety of any Adverse Consequences the Buyer may suffer resulting from, arising out of, relating to, in the nature of, or caused by the Third Party Buyer Claim, (ii) settlement of, or an adverse judgment with respect to, the Third Party Buyer Claim is not, in the good faith and reasonable judgment of the Buyer, likely to establish a precedential custom or practice materially adverse to the continuing business interests of the Buyer, and (iii) the Seller or Sellers conduct the defense of the Third Party Buyer Claim actively and diligently.

(c) So long as the Seller or Sellers are conducting the defense of the Third Party Buyer Claim in accordance with Section 9.3(b) above, (i) the Buyer may retain separate co-counsel at its sole cost and expense and participate in the defense of the Third Party Buyer Claim, (ii) the Buyer will not consent to the entry of any judgment or enter into any settlement with respect to the Third Party Buyer Claim without the prior written consent of the Seller or Sellers, and (iii) the Seller or Sellers will not consent to the entry of any judgment or enter into any settlement with respect to the Third Party Buyer Claim without the prior written consent of the Buyer.

(d) In the event any of the conditions in this Section 9.3(b) above is or becomes unsatisfied, however, following written notice to the Seller, (i) the Buyer may defend against, and, with consent of the Sellers, may consent to the entry of any judgment or enter into any settlement with respect to, the Third Party Buyer Claim in any manner it may deem appropriate, (ii) the Sellers will reimburse the Buyer promptly and periodically for the reasonable costs of defending against the Third Party Buyer Claim (including reasonable attorneys' fees and expenses), and (iii) the Sellers will remain responsible for any Adverse Consequences the Buyer may suffer resulting from, arising out of, relating to, in the nature of, or caused by the Third Party Buyer Claim to the fullest extent provided in this Article 9.

9.4 <u>Indemnification Provisions for Benefit of the Seller</u>

(a) Except as provided in Article 8, in the event Buyer breaches, or in the event any third party alleges facts that, if true, would mean Buyer has breached, any of its representations, warranties, and covenants contained herein, then Buyer agrees to indemnify the Sellers from and against the entirety of any Adverse Consequences the Sellers may suffer through and after the date of the claim for indemnification resulting from, arising out of, relating to, in the nature of, or caused by the breach or the alleged breach.

(b) Except as provided in Article 8, Buyer will indemnify and hold harmless Sellers and, as of the Closing, will cause the Company to indemnify and hold harmless Sellers, from and against any and all Adverse Consequences which any Seller may suffer or incur, insofar as such losses, liabilities, damages, costs, or obligations (or actions or claims in respect thereof) arise out of, are based upon or relate to any activity of Company from and after the Closing, including, but without limitation, any failure of Company to timely comply with applicable legal or contractual requirements or obligations (by way of example, and not of limitation, this is meant to include in Buyer's and Company's indemnification obligation, any legal obligation toward employees and any obligations arising under the Investment Contract), even if Sellers have joint and several liability with Company as a matter of law.

9.5 <u>Matters Involving Third Parties</u>

(a) If any third party shall notify any Seller with respect to any matter (a "Third Party Seller Claim") which may give rise to a claim for indemnification against the Buyer under this Article 9, then such Seller shall immediately notify Buyer and the other Seller thereof in writing.

(b) Buyer will have the right to defend the Sellers against the Third Party Seller Claim with counsel of Buyer's choice reasonably satisfactory to the Seller so long as (i) Buyer notifies the Sellers in writing within fifteen (15) days after any Seller has given notice of the Third Party Seller Claim that Buyer will indemnify the Sellers from and against the entirety of any Adverse Consequences the Sellers may suffer resulting from, arising out of, relating to, in the nature of, or caused by the Third Party Seller Claim, (ii) settlement of, or an adverse judgment with respect to, the Third Party Seller Claim is not, in the good faith and reasonable judgment of the Sellers, likely to establish a precedential custom or practice materially adverse to the continuing business interests of any Seller, and (iii) Buyer conducts the defense of the Third Party Seller Claim actively and diligently.

(c) So long as Buyer is conducting the defense of the Third Party Seller Claim in accordance with Section 9.5(b) above, (i) the Seller may retain separate co-counsel at its sole cost and expense and participate in the defense of the Third Party Seller Claim, (ii) the Seller will not consent to the entry of any judgment or enter into any settlement with respect to the Third Party Seller Claim without the prior written consent of Buyer, and (iii) Buyer will not consent to the entry of any judgment or enter into any settlement with respect to the Third Party Seller Claim without the prior written consent of each Seller.

(d) In the event any of the conditions in this Section 9.5(b) above is or becomes unsatisfied, however, following written notice to the Buyer, (i) the Seller may defend against, and consent to the entry of any judgment or enter into any settlement with respect to, the Third Party Seller Claim in any manner it may deem appropriate, (ii) the Buyers will reimburse the Seller promptly and periodically for the reasonable costs of defending against the Third Party Seller Claim (including reasonable attorneys' fees and expenses), and (iii) the Buyers will remain responsible for any Adverse Consequences the Sellers may suffer resulting from, arising out of, relating to, in the nature of, or caused by the Third Party Seller Claim to the fullest extent provided in this Article 9.

9.6 Limitations on Indemnification

The following limitations do not apply to breaches of the Investment Contract or the Ancillary Agreements:

(a) Maximum Amount. The maximum aggregate amount of indemnification which may be required of Sellers collectively under Sections 9.2 and 9.3 or of Buyer under Sections 9.4(a) and 9.5 shall not exceed ______________ U.S. Dollars (U.S. $__________). No limitation applies to a claim for indemnification under Article 8.

(b) De Minimis Amount. Sellers are not required to indemnify, defend or hold Buyer harmless pursuant to Sections 9.2 and 9.3 unless and until the aggregate amount of all liabilities actually incurred by Buyer that may be asserted under Sections 9.2 and 9.3 exceeds ____________________ U.S. Dollars (U.S. $______), at which time Sellers shall be obligated to indemnify Buyer with respect to the amount of such liabilities in excess of ______________________ U.S. Dollars (U.S. $______). Buyer is not required to indemnify, defend or hold Sellers harmless pursuant to Sections 9.4 and 9.5 unless and until the aggregate amount of all liabilities actually incurred by Seller or Sellers that may be asserted under Sections 9.2 and 9.3 exceeds ____________________ U.S. Dollars (U.S. $______), at which time Buyers shall be obligated to indemnify such Seller or Sellers with respect to the amount of such liabilities in excess of ____________________ U.S. Dollars (U.S. $______).

(c) No Party can bring a claim if it knew of any misrepresentation or breach of warranty or covenant at the time of Closing.

(d) Time Limitation. The right to indemnification for a failure of a representation or warranty sought under Sections 9.2, 9.3, 9.4 and 9.5 applies only to those claims for indemnification notice of which is given to the indemnifying Party within two years of the Closing Date. No time limit shall apply to any claim for indemnification under Article 8.

9.7 **<u>Exclusive Remedy</u>** Subject to Article 8, the foregoing indemnification provisions of this Article 9 are the exclusive remedy the Parties may have against each other with respect to the Company, or the transactions contemplated by this Agreement.

ARTICLE 10. TERMINATION

10.1 **Termination of Agreement** Certain of the Parties may terminate this Agreement as provided below:

(a) the Buyer and the Sellers may terminate this Agreement by mutual written consent at any time prior to the Closing;

(b) the Buyer may terminate this Agreement by giving written notice to the Sellers at any time prior to the Closing (i) in the event any of the Sellers has breached any representation, warranty, or covenant contained in this Agreement that has a material adverse effect on the overall and future businesses, earnings or financial position of the Company, the Buyer has notified the Sellers of the breach in writing, and the breach has continued without cure for a period of thirty days after the notice of breach, or (ii) if the Closing shall not have occurred on or before ____________, ____, by reason of the failure of any condition precedent under Section 7.1 above (unless that failure results primarily from the Buyer itself breaching any representation, warranty, or covenant contained in this Agreement); and

(c) the Sellers may terminate this Agreement by giving written notice to the Buyer at any time prior to the Closing (i) in the event the Buyer has breached any representation, warranty, or covenant contained in this Agreement that has a material effect on the consummation of this transaction, any of the Sellers has notified the Buyer of the breach in writing, and the breach has continued without cure for a period of thirty days after the notice of breach, or (ii) if the Closing shall not have occurred on or before ____________, ____, by reason of the failure of any condition precedent under Section 7.2 above (unless the failure results primarily from any of the Sellers themselves breaching any representation, warranty, or covenant contained in this Agreement).

10.2 **Effect of Termination** If any Party terminates this Agreement pursuant to Section 10.1 above, all rights and obligations of the Parties hereunder shall terminate without any Liability of any Party to any other Party except for any Liability of any Party then in breach. The Ancillary Agreements will terminate upon termination of this Agreement under Section 10.1. Upon termination, each Party must return the confidential information it collected from any other Party or the Company.

ARTICLE 11. MISCELLANEOUS

11.1 **Nature of Certain Obligations**

(a) The covenants of each of the Sellers in Section 2.1 above concerning the sale of its Company Shares to the Buyer and the representations and warranties of each of the Sellers in Section 3.1 above concerning the transaction are several obligations. This means that the particular Seller making the representation, warranty, or covenant will be solely responsible to the extent provided in Article 9 above for any Adverse Consequences the Buyer may suffer as a result of any breach thereof.

(b) The remainder of the representations, warranties, and covenants in this Agreement (Article 4 in particular) are joint and several obligations. This means that each Seller will be responsible to the extent provided in Articles 8 and 9 above for the entirety of any Adverse Consequences the Buyer may suffer as a result of any breach thereof.

11.2 **Press Releases and Public Announcements** No Party shall issue any press release or make any public announcement of, or in any other way reveal to any Person not a Party to this Agreement, any information relating to the subject matter of this Agreement without the prior written approval of the Buyer and the Sellers.

11.3 **Entire Agreement** This Agreement constitutes the entire agreement among the Parties and supersedes any prior understandings, agreements, or representations by or among the Parties, written or oral, to the extent they related in any way to the subject matter hereof.

11.4 **Succession and Assignment** This Agreement shall be binding upon and inure to the benefit of the Parties named herein and their respective successors and permitted assigns. No Party may assign either this Agreement or any of its rights, interests, or obligations hereunder without the prior written approval of the Buyer and the Sellers, except that pursuant to Section 7.1(i), Buyer may assign the right to purchase up to 49% of the Company Shares of this contract to one of its Affiliates, upon written consent by Sellers, not unreasonably withheld, on the condition that such assignee shall promise not to contravenue either this Agreement or the Investment Contract.

11.5 **Counterparts** This Agreement may be executed in one or more counterparts, each of which shall be deemed an original but all of which together will constitute one and the same instrument.

11.6 **Headings** The article and section headings contained in this Agreement are inserted for convenience only and shall not affect in any way the meaning or interpretation of this Agreement.

11.7 **Notices** All notices, requests, demands, claims, and other communications hereunder will be in writing. Any notice, request, demand, claim, or other communication hereunder shall be given by personal delivery, registered airmail, postage prepaid or facsimile followed by confirming letters, and addressed to the intended recipient as set forth below:

If to AMCO: ________________

With copy to: ________________

If to KORCO: ________________

With copy to: ________________

If to BUYER: ________________

With copy to: ________________

Such notice, request, demand, claim, or other communication shall be deemed received on the date of delivery if delivered into person, on the date fourteen (14) days after posting if sent by airmail, or the twenty-four (24) hours after transmission if sent by facsimile. Any Party may change the address to which notices, requests, demands, claims, and other communications hereunder are to be sent by giving the other Parties notice in the manner herein set forth.

11.8 **Governing Law and Jurisdiction** This Agreement shall be governed by and construed in accordance with the laws of Portugal without giving effect to any choice or conflict of law provision or rule thereof. The parties consent to the jurisdiction of the courts in Lisbon, Portugal.

11.9 **Amendments and Waivers** No amendment of any provision of this Agreement shall be valid unless the same shall be in writing and signed by the Buyer and the Sellers. Nor waiver by any Party of any default, misrepresentation, or breach of warranty or covenant hereunder, whether intentional or not, shall be deemed to extend to any prior or subsequent default, misrepresentation, or breach of warranty or covenant hereunder or affect in any way any rights arising by virtue of any prior or subsequent such occurrence.

11.10 **Severability** Any term or provision of this Agreement that is invalid or unenforceable in any situation in any jurisdiction shall not affect the validity or enforceability of the remaining terms and provisions hereof or the validity or enforceability of the offending term or provision in any other situation or in any other jurisdiction.

11.11 **Expenses** Each of the Parties and the Company will bear its own costs and expenses (including legal fees and expenses) incurred in connection with this Agreement and the transactions contemplated hereby. The Sellers agree that the Company has not borne and will not bear any of the Sellers' costs and expenses (including any of their legal fees and expenses) in connection with this Agreement or any of the transactions contemplated hereby. Buyer will pay all costs that Sellers incur prior to Closing to reduce any tax liabilities the Buyer would incur for the purchase of the Company, and should any tax benefits accrue that are not documented on the Closing Date Balance Sheet, such benefits shall be paid by Buyer to Seller. Buyer will pay any and all Tax associated with the transactions contemplated hereunder.

11.12 **Incorporation of Exhibits, Annexes, and Schedules** The Exhibits, Annexes, and Schedules identified in this Agreement are incorporated herein by reference and made a part hereof, but the Ancillary Agreements shall not be considered a part of this Agreement.

IN WITNESS WHEREOF, the Parties hereto have executed this Agreement on as of the date first above written.

AMCO

By: ______________________________

Name: ___________________________

Title: ____________________________

KORCO

By: ______________________________

Name: ___________________________

Title: ____________________________

BUYER

By: ______________________________

Name: ___________________________

Title: ____________________________

찾아보기

[ㅅ]

[ㅇ]

[ㅈ]

이 용 태

미국(뉴욕주) 변호사
現) 미얀마연방 기획재정부 법률고문
삼성SDI 준법지원팀장/전무
삼성전자 지적재산센터 상무
삼성전자 법무팀 해외법무 담당 변호사

미국 West Virginia 주립대 Law School (J.D.) 및 경북대 법대(학사) 졸업

미얀마 중앙공무원연수원, 국제협력전문과정 강사(국제무역법)
경기도 국제비즈니스 지원센터 전문자문위원(국제무역)
WIPO, 특허청, 발명진흥회 자문위원 및 산업기술진흥협회 등 전문강사(특허)

국제상거래 계약실무

2016 년 6월 20일 초판 인쇄
2016 년 6월 30일 초판 발행

저 자 이 용 태
발행인 이 방 원
발행처 세창출판사
서울 서대문구 냉천동 경기대로 88 냉천빌딩 4층
전화 723-8660 팩스 720-4579
E-mail: sc1992@empal.com
Homepage: www.sechangpub.co.kr
신고번호 제300-1990-63호

정가 45,000원

ISBN 978-89-8411-615-3 93360